Contrastes

Grammaire du français courant

SECOND EDITION

Denise Rochat

Smith College

Prentice Hall
Upper Saddle River London Singapore
Toronto Tokyo Sydney Hong Kong Mexico City

Senior Acquisitions Editor: Rachel McCoy
Editorial Assistant: Bethany Gilmour Williamson
Executive Marketing Manager: Kris Ellis-Levy
Marketing Coordinator: Bill Bliss
Senior Managing Editor (Production):
   Mary Rottino
Associate Managing Editor (Production):
   Janice Stangel
Production Supervision: Nancy Stevenson
Composition/Full-Service Project Management:
   Assunta Petrone, Preparé Inc.
Development Editor for Assessment:
   Melissa Marolla Brown
Media/Supplements Editor: Meriel Martínez
Senior Media Editor: Samantha Alducin

Editorial Coordinator/Assistant Developmental
   Editor: Jennifer Murphy
Senior Operations Supervisor: Brian Mackey
Operations Specialist: Cathleen Petersen
Interior Design: Wanda España, Wee Design Group
Manager, Visual Research: Beth Brenzel
Manager, Cover Visual Research & Permissions:
   Karen Sanatar
Publisher: Phil Miller
Printer/Binder: LSC Communications, Crawfordsville
Cover Printer: Phoenix Color Corp.
Cover and interior art: Elenasz/123RF

This book was set in 10/12 Minion.

Library of Congress Cataloging-in-Publication Data
Rochat, Denise.
   Contrastes : grammaire du français courant / Denise Rochat.—2nd ed.
      p. cm.
   Includes index.
   ISBN 0-205-64699-9
   1. French language—Grammar. 2. French language—Textbooks for foreign
   speakers—English. I. Title.
PC2112.R58 2009
448.2'421—dc22   2008030197

57 2022

Prentice Hall
is an imprint of

www.pearsonhighered.com

ISBN 10:0-205-64699-9
ISBN 13:978-0-205-64699-9

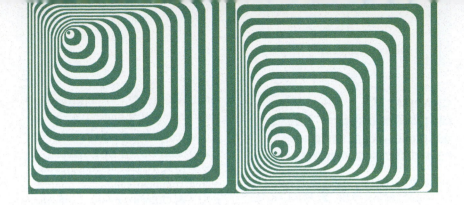

▦ Table des matières

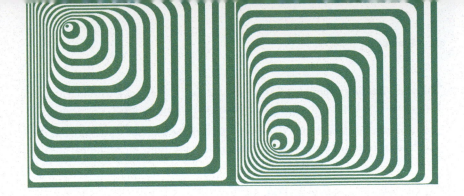

Preface

The second edition of *Contrastes: grammaire du français courant* remains precisely what the first set out to be: a comprehensive French grammar review geared specifically to English-speaking students at the intermediate and advanced levels. It is meant for those who have already acquired a foundation in French through contextual or communicative approaches, and who wish to review and expand upon what they already know. *Contrastes* is designed specifically for instructors who prefer to use a straightforward grammar textbook in addition to their own choice of cultural and literary materials.

Contrastes is written in French but provides occasional footnotes in English for particularly difficult points. Its treatment of grammar is sufficiently thorough to cover those areas that are most perplexing to English speakers. Complex or confusing constructions in French are clarified through contrasting examples that also underline the syntactical differences between French and English. *Contrastes* further illuminates intricate grammatical issues by illustrating (in strike-through style) common mistakes and explaining how to avoid them.

Key pedagogical features

➤ Written in **French**, *Contrastes* offers idiomatic **North-American translations** of all examples, to assist comprehension throughout.

➤ **Grammatical points**, clearly numbered for easy reference, can be studied in various sequences, depending on professors' preference and students' needs. Separately numbered and titled **Nota Bene** boxes draw attention to exceptions, contrasts, or frequent errors.

➤ **Charts** and **Tableaux synthétiques** allow visual learners to grasp information at a glance.

➤ **Generous lists** of frequently used verbs, helpful vocabulary, and familiar idiomatic expressions foster easier learning and retention.

➤ *Short verification exercises* (with answers at the back of the book) help students master fundamental concepts and rules, and give them immediate feedback.

➤ An *accompanying Workbook*, cross-referenced with the textbook, closely follows the presentation of each chapter, and provides ample opportunity for additional practice.

New to the second edition

➤ *New materials.* Two chapters were added: Chapter 20, on *indefinite adjectives, pronouns, adverbs and locutions*, and Chapter 21, on *special issues related to plural and agreement*. The *récit au passé* (in Chapter 16 of the first edition), has been condensed and transferred to the second part of Chapter 9, while the section on *rare or literary tenses* now occupies Appendix 3. Appendix 1 on *prepositions*, and Appendix 2 on *reflexive verbs* are also new, while Appendix 4 provides a more compact version of *conjugation tables*.

➤ *Revised explanations.* Grammar explanations have been streamlined, clarified, and simplified. Some arcane or difficult constructions have been moved to the ends of chapters, or into appendices.

➤ *Filtering of material according to level.* A newly designed *marginal color band* on the outside edge of the page marks particularly advanced or complex topics within each chapter. Instructors and students at the intermediate level may now more easily tailor the book to their own pedagogical needs and filter out sections specifically geared to the advanced levels. This will permit students to use *the same textbook* as they progress through the curriculum and beyond.

➤ *A separate verb index* refers to conjugations or particular verbal constructions, allowing ready access to commonly used verbs.

➤ *An interactive version of the Contrastes* Workbook is now available on **MyFrenchLab**™, a new, nationally-hosted online learning system, which brings together—in one convenient, easily navigable site—a wide array of language-learning tools and resources. It includes Readiness Checks and English Grammar tutorials with personalized instruction to meet the unique needs of individual students. Instructors can use this system to make assignments, set grading parameters, and provide feedback on student work, at no charge. Students can purchase access codes either online or at their local bookstore.

Although the 1990 French spelling reform has now been in existence for almost two decades, it has yet to be widely or systematically implemented. For this reason, *Contrastes* follows only a few of the many recommendations set forth by the Académie française. These include the French plural form of foreign words, now perfectly common (e.g., *des cappuccinos*, see Chapter 21, section 7); the hyphenation of all composed numbers (e.g., *vingt-et-un, trois-cent-cinquante-deux*); the use of the *accent grave* in future and conditional forms of verbs such as *préférer* (e.g., *je préfèrerai/préfèrerais*, see note 3, p. 145); and the non-agreement of the past participle of *laisser* when followed by an infinitive (see Chapter 18, section 11). Other thorny issues of usage, such as the hyphenation and plural forms of composed nouns, and the no less vexing question of the *accent circonflexe*, are mentioned as variants, either in notes or within square brackets. However, both the old and new spelling variants have been provided in the Workbook answer keys as possible alternatives.

Acknowledgments

I wish to express my gratitude to Peter Bloom, of Smith College, for his generous assistance with English translations. Any remaining *maladresses* are strictly my own. I am also indebted to Christophe Camard, of Université Pierre et Marie Curie (Paris VI), for sharing with me his work on prepositions, and especially for permission to use his ingenious way of determining the correct grammatical gender of countries and states. I am grateful to Catherine Bloom, for her meticulous reading of page proofs and her helpful suggestions, and to colleagues, instructors, and students from various institutions for their help and encouragement. I extend my heartfelt thanks to Karen Hohner and Katherine Gilbert, copyeditors, and to Assunta Petrone, compositor, for their support and kind consideration. Many other people at Pearson Prentice Hall were instrumental in ensuring the successful production of this second edition of *Contrastes*: Rachel McCoy, Senior Acquisitions Editor; Phil Miller, Publisher; Bethany Gilmour, Editorial Assistant; Nancy Stevenson, Senior Production Editor; Janice Stangel, Associate Managing Editor (Production); Mary Rottino, Senior Managing Editor (Production); Christine Wilson, proofreader; Meriel Martínez, Media Editor; Melissa Marolla Brown, Development Editor for Assessment; and Samantha Alducin, Senior Media Editor. Finally, I wish to recognize the following reviewers for their careful reading and constructive comments:

Anne L. Birberick, Northern Illinois University
Jeff Chamberlain, George Mason University
Stacy DuBravac, University of Kentucky
Laura Florand, Duke University
Sabine Gabaron, University of Michigan-Ann Arbor
Hannelore Jarausch, University of North Carolina-Chapel Hill
Pascale Hubert-Leibler, Columbia University
John Moran, New York University
Deb Reisinger, Duke University
Evelyn H. Zepp, University of Wisconsin-Parkside

Denise Rochat

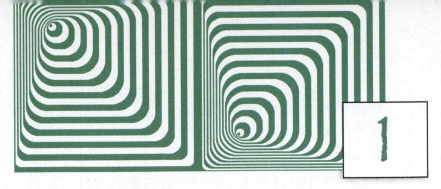

Le présent de l'indicatif
L'impératif

Le présent de l'indicatif

1   Formation

1a. Verbes réguliers en **-er**

arriv**er** (*to arrive*)	
j'arriv**e**	nous arriv**ons**
tu arriv**es**	vous arriv**ez**
il/elle arriv**e**	ils/elles arriv**ent**

1b. Verbes réguliers en **-ir**

fin**ir** (*to finish*)	
je fin**is**	nous fin**issons**
tu fin**is**	vous fin**issez**
il/elle fin**it**	ils/elles fin**issent**

1c. Être et **avoir**

être (*to be*)		avoir (*to have*)	
je suis	nous sommes	j'ai	nous avons
tu es	vous êtes	tu as	vous avez
il/elle est	ils/elles sont	il/elle a	ils/elles ont

Pour les verbes irréguliers courants, voir Appendice 4.

2   Changements orthographiques dans certains verbes en -er

2a. Verbes en -ger

À la 1re personne du pluriel, la terminaison des verbes en **-ger** est **-geons**.

chan**ger** (*to change*)   nous changeons
man**ger** (*to eat*)   nous mangeons
parta**ger** (*to share*)   nous partageons

2b. Verbes en -cer

À la 1re personne du pluriel, la terminaison des verbes en **-cer** est **-çons**.

annon**cer** (*to announce*)   nous annonçons
commen**cer** (*to start*)   nous commençons

2c. Appeler et jeter

Les verbes **appeler** et **jeter** doublent la consonne **l** ou **t** devant une syllabe <u>muette</u> (c'est-à-dire au singulier et à la 3e personne du pluriel).

appeler (*to call*)	
j'appe**ll**e	nous appelons
tu appe**ll**es	vous appelez
il/elle appe**ll**e	ils/elles appe**ll**ent

jeter (*to throw*)	
je je**tt**e	nous jetons
tu je**tt**es	vous jetez
il/elle je**tt**e	ils/elles je**tt**ent

2d. Acheter

Le verbe **acheter** prend un **è** devant une syllabe <u>muette</u> (c'est-à-dire au singulier et à la 3e personne du pluriel).

acheter (*to buy*)	
j'ach**è**te	nous achetons
tu ach**è**tes	vous achetez
il/elle ach**è**te	ils/elles ach**è**tent

2e. Verbes contenant **e/é** dans l'avant-dernière syllabe de l'infinitif

Les verbes contenant **e** ou **é** dans l'avant-dernière syllabe de l'infinitif prennent un **è** devant une syllabe <u>muette</u> (c'est-à-dire au singulier et à la 3e personne du pluriel).

espérer (*to hope*)	j'espère tu espères il/elle espère	nous espérons vous espérez ils/elles espèrent
se lever (*to get up*)	je me lève tu te lèves il/elle se lève	nous nous levons vous vous levez ils/elles se lèvent

2f. Verbes en **-oyer** et en **-uyer**

Les verbes en **-oyer** et en **-uyer** changent <u>obligatoirement</u> le **y** en **i** devant une syllabe <u>muette</u> (c'est-à-dire au singulier et à la 3e personne du pluriel).

emplo**yer** (*to use*)	j'emploie tu emploies il/elle emploie	nous employons vous employez ils/elles emploient
s'ennu**yer** (*to be bored*)	je m'ennuie tu t'ennuies il/elle s'ennuie	nous nous ennuyons vous vous ennuyez ils/elles s'ennuient

2g. Verbes en **-ayer**

Les verbes en **-ayer** peuvent soit garder le **y** partout, soit le changer en **i** devant une syllabe <u>muette</u> (c'est-à-dire au singulier et à la 3e personne du pluriel).

ess**ayer** (*to try*)	j'essaye/essaie tu essayes/essaies il/elle essaye/essaie	nous essayons vous essayez ils/elles essayent/essaient
p**ayer** (*to pay*)	je paye/paie tu payes/paies il/elle paye/paie	nous payons vous payez ils/elles payent/paient

3 Emplois du présent de l'indicatif

3a. Action ayant lieu au moment où l'on parle, action habituelle ou fait vrai

Comme en anglais,[1] le présent de l'indicatif exprime une action qui a lieu au moment où l'on parle, une action habituelle, un fait vrai ou ayant une valeur générale (vérité ou proverbe).

Elle **travaille**.	She works. OR She does work.
	OR She is working.
J'**ai** faim.	I am hungry.
Nous **faisons** du tennis tous les samedis.	We play tennis every Saturday.
La lune **tourne** autour de la terre.	The moon rotates around the earth.
«La patience **est** la mère de toutes les vertus.» [proverbe]	Patience is the mother of all virtues.

N.B. 1-1
Être en train de + infinitif

Pour souligner le fait qu'une action présente continue encore au moment où l'on parle, on peut utiliser l'expression **être en train de** (au présent) + infinitif.[2]

Nous **sommes en train de** <u>dîner</u>.	We are [in the middle of] eating dinner.
Ne la dérange pas, elle **est en train de** <u>travailler</u>.	Don't disturb her; she's [busy] working.

3b. Analyses, critiques, résumés et commentaires

Comme en anglais, le présent s'emploie également pour les analyses, les critiques, les résumés de texte, les commentaires, etc.

Son dernier film **décrit** la société française des années cinquante.	Her/His latest movie describes French society in the fifties.
Le roman **met** en scène des personnages de milieux très divers.	The novel presents characters from very different social milieus.

---

[1] En anglais, il existe plusieurs formes possibles pour exprimer le présent. Ce n'est pas le cas en français: *He is sleeping/asleep.* OR *He sleeps/does sleep.* → Il **dort**. Il faut donc bien se garder de traduire la forme en *-ing* littéralement.

[2] L'expression **être en train de** + infinitif peut aussi s'employer à d'autres temps: J'**étais en train de** prendre une douche quand on a sonné à la porte. (*I was [in the middle of] taking a shower when someone rang the doorbell.*) Ne venez pas demain matin: je **serai en train de** faire mes bagages; venez plutôt ce soir. (*Don't come tomorrow morning: I'll be [busy] packing; come tonight instead.*)

3c. Passé très récent ou futur très proche

Le présent peut aussi exprimer un passé très récent ou un futur très proche.

Je **sors** tout juste de son bureau.	*I've just come from his/her office.*
Ne cours pas! Je t'**attends**.	*Don't run! I'll wait for you.*

N.B. 1-2
Autres façons d'exprimer les passé et futur proches

Pour exprimer une action au passé proche ou au futur proche, on peut aussi employer respectivement **venir de** (au présent) + infinitif et **aller** (au présent) + infinitif. (Voir Chapitre 9, section 3 et Chapitre 11, section 1.)

Il **vient d'**arriver.	*He's just arrived.*
Nous **allons** repartir ce soir.	*We're going to go back* OR *to leave tonight.*

3d. Après un **si** de condition

On emploie le présent après un **si** de condition lorsque cette condition est possible. (Pour cette construction, voir Chapitre 14, section 2.)

Si j'**arrive** à économiser assez d'argent, je prendrai une année de congé pour voyager.	*If I can save enough money, I'll take a year off to travel.*

3e. Le présent de narration (ou présent historique)

Le présent s'emploie parfois dans un récit au passé pour rendre l'action plus vivante.

L'éléphant était à moins de vingt mètres quand, tout à coup, il **se tourne**, nous **aperçoit** et **fonce** sur nous.	*The elephant was less than twenty meters away when, suddenly, it turns around, sees us, and charges.*

3f. Avec «**depuis** OU **Il y a/Cela (Ça) fait... que**» (durée rétrospective)

Le présent s'emploie avec des expressions de temps telles que **depuis/depuis que...** OU **Il y a/Cela (Ça) fait... que** pour indiquer une durée rétrospective dans une phrase affirmative. (En anglais, ces constructions correspondent souvent à *I have been . . . for/It has been . . . since.*) En revanche, si la phrase est négative, le verbe peut se mettre soit au **présent**, soit au **passé composé**. (Pour ces constructions, voir Chapitre 17, section 8.)

COMPAREZ:

Il **pleut** [ET NON: a~~ plu~~] sans arrêt depuis deux jours. OU

   Il y a/Cela (Ça) fait deux jours qu'il **pleut** [ET NON: a~~ plu~~] sans arrêt.
It has been raining nonstop for two days.

MAIS: Il **ne pleut plus** OU il **n'a pas plu** depuis deux ans dans cette région.
   [ON PEUT DIRE AUSSI: Il y a/Cela (Ça) fait deux ans qu'il **ne pleut plus**
   OU qu'il **n'a pas plu** dans cette région.]
   It hasn't rained in this region for two years.

Vérification et récapitulation. Complétez les phrases suivantes en
mettant les verbes entre parenthèses à la forme qui convient.

Je t' (1) _____ (appeler) ce soir, d'accord? (*I'll call you tonight, OK?*)

Nous (2) _____ (manger) toujours à sept heures. (*We always eat at seven.*)

Désolé(e), je (3) _____ (travailler). (*Sorry, I'm busy working right now.*)

Elle (4) _____ (être) à Paris depuis deux semaines. (*She has been in Paris for two weeks now.*)

 # L'impératif

---

4   ## Formation

4a. Principe général

L'impératif se construit à partir du présent de l'indicatif. Notez que les verbes
réguliers en **-er** ainsi que le verbe irrégulier **aller** perdent le **s** final de la
2ᵉ personne du singulier du présent, sauf lorsqu'ils sont suivis des pronoms
-en ou **-y** (le **s** final est alors maintenu pour des raisons d'euphonie). (Pour
l'impératif passé, beaucoup plus rare, voir Appendice 3, section 6.)

INFINITIF	PRÉSENT	IMPÉRATIF
acheter (*to buy*)	tu achètes nous achetons vous achetez	Achète du pain. MAIS: Achète**s**-en. achetons achetez
aller (*to go*)	tu vas nous allons vous allez	Va à Paris! MAIS: Va**s**-y! allons allez
choisir (*to choose*)	tu choisis nous choisissons vous choisissez	choisis choisissons choisissez

4b. Exceptions: **être**, **avoir** et **savoir**

À l'impératif, les verbes **être**, **avoir** et **savoir** ont la même forme qu'au subjonctif.

être (*to be*)	**avoir** (*to have*)	**savoir** (*to know*)
sois	aie	sache
soyons	ayons	sachons
soyez	ayez	sachez

4c. Le verbe **vouloir**

Le verbe **vouloir** a **deux impératifs**.

➤ À la forme <u>affirmative</u>, il existe théoriquement trois formes (**veuille**, **veuillons**, **veuillez**), mais la langue courante utilise uniquement **veuillez** + infinitif.
Il s'agit alors d'une formule de politesse qui signifie **ayez l'obligeance de faire telle et telle chose** (*please do such and such*).

➤ À la forme <u>négative</u> toutefois, notamment avec le verbe **en vouloir à quelqu'un** (*to be mad/cross at sb*), on emploie couramment **veux**, **voulons**, **voulez**.
(L'emploi de **veuille**, **veuillons**, **veuillez** est possible mais très soutenu.)

COMPAREZ:

FORME AFFIRMATIVE	FORME NÉGATIVE
Veuillez sonner avant d'entrer.	Ne m'en **veux/voulez** pas.
Please ring before entering.	[OU Ne m'en **veuille/veuillez** pas.]
	Don't be mad at me.
Veuillez vous adresser au guichet.	Ne leur en **voulons** pas trop.
For information, please go to the	[OU Ne leur en **veuillons** pas trop.]
ticket counter.	*Let's not be too mad at them.*

4d. Place des pronoms à l'impératif

À la forme affirmative, les pronoms se placent immédiatement <u>après</u> l'impératif. Ils sont toujours précédés d'un trait d'union. À la forme négative en revanche, les pronoms se placent <u>devant</u> l'impératif (sans trait d'union). (Voir aussi Chapitre 3, sections 8 et 10.)

COMPAREZ:

Donne ce livre à ta sœur.	*Give this book to your sister.*
→ Donne-**le** à ta sœur.	→ *Give it to your sister.*
→ Donne-**le-lui**.	→ *Give it to her.*
→ Ne **le lui** donne pas.	→ *Don't give it to her.*

4e. Verbes pronominaux à l'impératif

À l'impératif affirmatif, le pronom réfléchi, toujours précédé d'un trait d'union, se place immédiatement <u>après</u> le verbe (et **te** devient **-toi**). À la forme négative, il se place <u>devant</u> le verbe (sans trait d'union). (Voir Appendice 2, section 2b.)

INFINITIF	PRÉSENT	IMPÉRATIF AFFIRMATIF	IMPÉRATIF NÉGATIF
se lever (*to get up*)	tu **te** lèves nous **nous** levons vous **vous** levez	lève-**toi** levons-**nous** levez-**vous**	ne **te** lève pas ne **nous** levons pas ne **vous** levez pas

5   Emplois de l'impératif

5a. Ordre, souhait, prière...

Comme en anglais, l'impératif exprime un ordre, un souhait ou une prière, selon le sens du verbe. Suivi du futur, il a parfois le sens d'une supposition.

Sortez immédiatement!	*Get out immediately!*
Amuse-toi bien!	*Have fun!*
Arrête!	*Stop!*
Oh! **Excuse(z)-moi**!	*Oh, sorry!*
Allons-nous-en.	*Let's go.*
Aide-toi, le ciel t'<u>aidera</u>. [proverbe] [= **Si** tu t'aides toi-même, le ciel t'aidera.]	*God helps those who help* *themselves.*

5b. Formules de politesse

Ces formules s'emploient avec les verbes **vouloir** et **avoir**.

Veuillez agréer, Monsieur, ...	*Sincerely yours, . . .*
Ayez l'amabilité de + infinitif	*Be kind enough to . . .*

5c. **Allons/Allez** ou **Tiens/Tenez** + autre impératif

Dans la langue orale, l'expression **allons/allez** placée devant un autre impératif, signifie *Oh, come on!; Tsk-tsk!; OK!; All right . . .* , tandis que **tiens/tenez** est l'équivalent de *Here . . . [do this, take that].* Prise seule, l'expression «**Tiens, tiens**» signifie la surprise, l'étonnement.

Allons, ne fais pas cette tête-là!	*Oh, come on! Don't sulk/make* *such a face!*
Allez, viens OU venez!	*OK, come along now!*
Tiens, prends OU **Tenez**, prenez celui-là!	*Here, take that one!*
Tiens, tiens!	*Well, well! Fancy that!*

N.B. 1-3
Comment exprimer un ordre à la 3ᵉ personne?

Pour exprimer un ordre à la 3ᵉ personne du singulier ou du pluriel, on emploie **que + subjonctif**. (Voir aussi Chapitre 12, section 15.)

Qu'il vienne quand il voudra!   *Let him come whenever he wants!*

Vérification et récapitulation. Complétez les phrases suivantes en mettant les verbes entre parenthèses à la forme qui convient.

Tu veux aller au cinéma? Eh bien, (1) _____-y (aller)! (*You want to go to the movies? Well, go!*)

(2) _____ (finir) d'abord ce chapitre. (*Let's finish this chapter first.*)

En cas d'absence, (3) _____ (vouloir) nous prévenir vingt-quatre heures à l'avance. (*In case of absence, please inform us a day in advance.*)

(4) _____ (se mettre) entre David et Michel. (*Take a seat between David and Michael.*)

(5) _____ (se lever)! Il est déjà tard. (*Get up! It's late already.*)

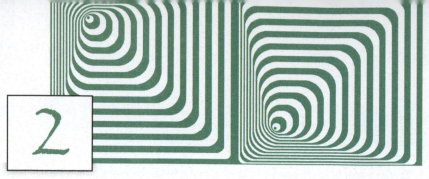

2

Les articles

Quantités, préparations et substances

Omission de l'article

 Les articles

1   Les articles définis

1a.   Formes de l'article défini

Les articles définis sont **le, la, les. Le** et **la** deviennent **l'** devant une voyelle ou un **h** muet (ou non aspiré).[1]

COMPAREZ:

le collègue (*the colleague*)	**l'**ami (*the friend*)
le dortoir (*the dormitory*)	**l'**hôtel (*the hotel*)
la pendule (*the clock*)	**l'**horloge (*the clock*)
le héros (*the hero*)	**l'**héroïne (*the heroine*)

---

[1]   Lorsqu'un mot commence par un **h** aspiré, on ne fait ni liaison ni élision avec l'article qui précède; en revanche, s'il commence par un **h** muet (ou non aspiré), la liaison et l'élision sont obligatoires. Seul l'usage permet de savoir si un **h** est aspiré ou muet (il n'y a pas de règle). COMPAREZ: **h aspiré** —le hamac (*the hammock*); la haie (*the hedge*); les haricots (*the beans*); **h muet**—l'harmonie (*the harmony*); l'hélicoptère (*the helicopter*), l'heure (*the hour/time*).

> ### N.B. 2-1
> **Contraction des articles définis après les prépositions à et de**
>
> Après les prépositions **à** et **de**, les articles **le** et **les** se contractent pour faire **au/aux** et **du/des**. Les autres formes de l'article défini (**l'/la**) ne changent pas.
>
> | | |
> |---|---|
> | Nous avons parlé **du** film, **de l'**opéra, **de la** pièce, **des** acteurs... | *We spoke about the movie, the opera, the play, the actors. . .* |
> | J'ai parlé **au** professeur, **à l'**étudiant(e), **à la** secrétaire et **aux** parents. | *I spoke to the professor, the student, the secretary, and the parents.* |

1b. Emplois de l'article défini

On emploie l'article défini dans les cas suivants:

➤ Lorsque le nom est connu.

Avez-vous entendu **les** dernières nouvelles?	*Have you heard the latest news?*

➤ Lorsque le nom désigne une catégorie générale ou un nom abstrait.

J'adore **le** camembert.	*I love camembert.*
«**L'**argent ne fait pas **le** bonheur.» [proverbe]	*Money can't buy happiness.*

➤ Lorsque le nom est défini par un complément de nom.

C'est **la** voiture de Jean.	*It's John's car.*

On emploie également l'article défini devant:

➤ Les noms de saisons: **l'**hiver (m.), **le** printemps, **l'**été (m.), **l'**automne (m.) (*winter, spring, summer, fall*)
➤ Les noms de famille: **les** Durand, **les** Leclerc (*the Durands, the Leclercs*) [Notez qu'au pluriel, les noms propres ne prennent normalement pas de **s** en français; pour plus de détails, voir Chapitre 21, section 6d.]
➤ Les titres suivis d'un qualificatif ou d'un nom propre: **l'**ambassadeur de France à Washington, **le** professeur Laroche (*the French ambassador in Washington, Professor Laroche*)
➤ Les dates: **le** 15 janvier (*January 15*); fêter **le** 14 Juillet[2] (*to celebrate Bastille Day*)
➤ Les parties de la journée: **le** matin, **l'**après-midi, **le** soir (*in the morning, in the afternoon, at night*) (Pour le pluriel de ces mots, voir Chapitre 21, section 2.)

---

[2] Si l'on se réfère à la fête nationale française, le nom du mois s'écrit exceptionnellement avec une majuscule. Évidemment, s'il s'agit simplement d'une date parmi d'autres (il est né le 14 juillet 1995), le mois s'écrit sans majuscule.

- Les parties du corps, lorsque le possesseur est évident: Elle s'est lavé **les** cheveux. (*She washed her hair.*) (Pour l'article défini avec les parties du corps, voir Chapitre 7, section 6.)
- Les noms de repas: **Le** dîner est servi. (*Dinner is served.*)
- Les noms de couleurs: **Le** vert est ma couleur préférée. (*Green is my favorite color.*)
- Un adjectif seul pour désigner une chose déjà connue: Quel pull préfères-tu? **Le** bleu, **le** vert ou l'autre? (*Which sweater do you prefer? The blue one, the green one, or the other one?*)[3]
- Une quantité utilisée pour indiquer un prix: Les cerises sont à trois euros **le** kilo. (*Cherries are three euros a kilo.*)
- Le superlatif: C'est **le** meilleur film de l'année. (*This is the best film of the year.*)
- Les noms de peuples, de pays et les noms géographiques: **les** Américains, **les** Français, l'Italie, **le** Canada, **la** Normandie (*Americans, French people, Italy, Canada, Normandy*). (Pour le genre des noms de pays et d'états, voir Appendice 1, sections 2a et 4a.)

CAS PARTICULIERS:

- **Certains pays** et **petites îles** ne prennent pas d'article (voir Appendice 1, sections 2c et 3b).

Cuba, Israël, Madagascar, Chypre (*Cyprus*), Tahiti, Haïti, Bornéo, Malte (*Malta*), Porto Rico, etc.

ON DIT CEPENDANT: **la** Martinique, **la** Guadeloupe, **la** Réunion, **la** Sardaigne, **la** Corse...

- Les **noms de jour** ne prennent pas d'article, sauf pour marquer l'habitude. (Voir aussi Chapitre 21, section 2.)

Je dois aller chez le dentiste lundi.
I must go to the dentist on Monday.

MAIS: **Le** lundi [= Tous les lundis], je joue au tennis.
On Mondays, I play tennis.

- La plupart des **noms de ville** ne prennent pas d'article, sauf si la ville est qualifiée ou si l'article défini fait partie intégrante du nom (voir Appendice 1, section 1).

Paris, Londres, Lyon

MAIS: **Le** Havre, **La** Nouvelle-Orléans (*New Orleans*), **Le** Caire (*Cairo*), **le** Tout-Paris [idiomatique] (*Paris Society = the Parisian upper crust*)

---

[3] ATTENTION: C'est le cas uniquement lorsque *the one(s)* est précédé d'un **adjectif**. Dans tous les autres cas, il faut utiliser **celui/celle(s)/ceux** (voir Chapitre 5, section 3c).

2 Les articles indéfinis

2a. Formes de l'article indéfini

Les articles indéfinis sont **un**, **une**, **des**. Devant un <u>adjectif</u>, **des** devient **de**. (Pour plus de détails, voir section 3b ci-dessous).

COMPAREZ:

J'ai trouvé **des** tulipes au marché.
I found tulips at the market.

MAIS: J'ai trouvé **de belles** tulipes au marché.
I found beautiful tulips at the market.

2b. Emplois de l'article indéfini

On emploie l'article indéfini lorsque le nom n'est pas encore connu, identifié, précisé ou compté, ou lorsqu'il s'agit simplement d'une chose ou d'une personne parmi d'autres. Par contre, dans la négation absolue, il faut employer **pas de** (voir section 5 ci-dessous). (Pour l'emploi de l'article indéfini avec les parties du corps, voir Chapitre 7, section 6d.)

COMPAREZ:

Elle vient d'avoir **un** enfant: je crois que c'est **une** fille.
She's just had a baby; I think it's a girl.

Il vous reste **des** places pour le concert de demain?
Do you have [some/any] seats left for tomorrow's concert?

MAIS: Elle n'a **pas de** voiture.
[ET NON: Elle n'a ~~pas une~~ voiture.]
She doesn't have a car.

3 Les articles partitifs

3a. Formes de l'article partitif

Les articles partitifs sont **du**, **de la**, **des** (comme vous pouvez le constater, l'article **des** peut être aussi bien partitif qu'indéfini). **Du** et **de la** deviennent **de l'** devant une voyelle ou un **h** muet (ou non aspiré).

Vous avez **du** pain?
Do you have [some/any] bread?

Il faut **de la** patience pour comprendre tout cela.
One needs [some] patience to understand all this.

A-t-il **de l'**argent (m.)?
Does he have [some/any] money?

Tu préférerais **de l'**eau (f.)?
Would you prefer [some/any] water?

As-tu acheté **des** légumes?
Did you buy [some/any] vegetables?

3b. **Des** (indéfini ou partitif) + adjectif → **de/d'**

À l'écrit, lorsque **des** (indéfini ou partitif) est suivi d'un adjectif, il devient **de** (ou **d'** devant une voyelle ou un **h** muet). Toutefois, si l'adjectif est placé après le nom, ou si l'adjectif fait partie d'un nom composé (voir ci-dessous), **des** ne change pas.

➤ NOMS COMPOSÉS COURANTS: des **jeunes gens** (*young people*), des **grands magasins** (*department stores*), des **petits choux** à la crème (*cream puffs*), des **petits pains** (*rolls*), des **petits pois** (*peas*), des **petits-fours** (*petits-fours*), des **courts/moyens métrages** (*short/medium-length films*), des **longs métrages** (*feature-length films*)

COMPAREZ:

J'ai aperçu **de** jeunes enfants qui jouaient dans la rue.
I saw young children playing on the street.

MAIS: J'ai aperçu **des** jeunes gens qui sortaient de la salle de cours. [nom composé]
I saw young people leaving the classroom.

J'ai trouvé **de** jolies petites aubergines au marché.
I found beautiful small eggplants at the market.

MAIS: Achetons **des** petits-fours. [nom composé]
Let's buy petits-fours.

3c. **D'autres** vs **des autres**

Devant **autre(s)**, on emploie toujours **d'** à la place de **des**, sauf si **des autres** signifie **de + les autres**. (Voir aussi Chapitre 20, section 2a.)

COMPAREZ:

Elle a **d'**autres enfants.
She has other children.

MAIS: La petite Malika a peur **des** autres enfants. [ici, **des** = de + les]
*Little Malika is afraid **of the** other children.*

3d. Emplois de l'article partitif

Dans une phrase affirmative, on emploie l'article partitif devant un nom pour indiquer qu'il s'agit d'une partie d'un tout ou d'une quantité vague, indéterminée ou indéterminable. Par contre, dans la négation absolue, il faut employer **pas de** (voir section 5 ci-dessous).

COMPAREZ:

Vous voulez **du** fromage?

Qu'est-ce que tu as mis dans ta
   sauce? **Du** lait ou **de la** crème?

MAIS: Elle n'a **pas d'**amis.
   [ET NON: Elle n'a ~~pas des~~ amis.]

Do you want [some/any] cheese?

*What did you put in your sauce? Milk
   or cream?*

She has no friends.

N.B. 2-2
Quel article employer avec **aimer, préférer, adorer** et **détester?**

Lorsque ces verbes ont pour complément une <u>quantité vague, indéterminée</u> ou
<u>indéterminable</u> de quelque chose, on emploie l'**article partitif**. En revanche, si ce
complément représente une certaine <u>catégorie</u> de choses, on emploie l'**article
défini**.

COMPAREZ:

J'aimerais **du** café OU **des** frites.

MAIS: J'aime/adore **le** café OU **les** frites.

Vous préférez **du** thé ou **du**
   café?

MAIS: J'ai toujours préféré **le** thé **au**
   [à + le] café.

I would like [some] coffee OR fries.

I like/love coffee OR fries.

*Do you prefer [some] tea or [some]
   coffee?*

I've always preferred tea to coffee.

N.B. 2-3
Faire + sport/instrument/sujet d'études: article partitif

Lorsque le verbe **faire** a pour complément un nom représentant un <u>sport</u>, un
<u>instrument de musique</u> ou un <u>sujet d'études</u>, ce nom est toujours introduit par un
article partitif. Par contre, avec le verbe **étudier**, on emploie toujours l'**article défini**.

COMPAREZ:

Elle fait **du** tennis et **de l'**escrime.

Il fait **de la** guitare. [ON PEUT DIRE AUSSI:
   Il joue **de la** guitare.]

Elle fait **du** français et **de la** chimie.

MAIS: Elle étudie **le** français et **la** chimie.

She plays tennis and she fences.

He plays the guitar.

She's taking French and chemistry.

She's studying French and chemistry.

Vérification. Complétez les phrases suivantes par l'article qui convient.

Pourquoi ne lui offres-tu pas (1) _____ belles roses blanches? Elles ne sont qu'à douze euros (2) _____ bouquet! (*Why don't you give her [some] beautiful white roses? They're only twelve euros a bunch!*)

Je n'étudie pas (3) _____ histoire, je fais (4) _____ biologie. (*I am not studying history; I'm taking biology.*)

Vous voulez (5) _____ bière ou (6) _____ eau minérale? (*Do you want beer or mineral water?*)

C'est (7) _____ bureau de ma mère. (*This is my mother's office.*)

Comment est-ce que tu t'es cassé (8) _____ bras? (*How did you break your arm?*)

4 Nature et fonction de **du, de la, de l', des**

Ne confondez pas les articles commençant par la lettre **d** (c'est-à-dire **du, de la, de l', des**) et les articles définis (**le, la, l', les**) contractés ou combinés avec la préposition **de**. Cette distinction est importante lorsqu'on met les articles à la forme négative. (Voir section 5 ci-dessous.)

COMPAREZ:

Tu as commandé **de la** bière?
Did you order [any] beer?

MAIS: Pour cette recette, je me servirai **de la** bière que tu as achetée hier.
  [se servir **de** + **la** bière]
  For this recipe, I'll use the beer you bought yesterday.

Elle a acheté **des** pêches au marché.
She bought peaches at the market.

MAIS: Elle a profité **des** pêches du marché pour faire des confitures.
  [profiter **de** + **les** pêches]
  She took advantage of the peaches from the market to make jams.

5 La négation des articles

5a. Articles définis, indéfinis et partitifs

Dans la négation <u>absolue</u>, les articles **définis** (y compris les articles définis combinés ou contractés avec les prépositions **à** ou **de**) ne changent pas. En revanche, les articles **indéfinis** et **partitifs** font **pas de/d'**, **plus de/d'**. (Voir aussi Chapitre 8, section 2.)

	FORME AFFIRMATIVE	NÉGATION ABSOLUE
articles définis et définis contractés	J'aime **le** jazz. *I like jazz.*	Je n'aime **pas le** jazz. *I don't like jazz.*
	J'aime **la** sangria. *I like sangria.*	Je n'aime **pas la** sangria. *I don't like sangria.*
	Elle se sert toujours **du** [de + le] même ordinateur. *She always uses the same computer.*	Elle **ne** se sert **jamais du** même ordinateur. *She never uses the same computer.*
	Ils sont allés **au** [à + le] cinéma. *They went to the movies.*	Ils **ne** sont **pas** allés **au** cinéma. *They did not go to the movies.*
articles indéfinis	J'ai **un** reçu. *I have a receipt.*	Je n'ai **pas de** reçu. *I have no receipt.* [ET NON: Je n'ai ~~pas un reçu~~.]
	Nous avons **une** réservation. *We have a reservation.*	Nous n'avons **pas de** réservation. *We have no reservation.* [ET NON: Nous n'avons ~~pas une réservation~~.]
	Je veux **des** croissants. *I want croissants.*	Je **ne** veux **pas de** croissant(s). *I don't want any croissants.* [ET NON: Je ne veux ~~pas des croissants~~.]
articles partitifs	Il reste encore **du** pain. *There is still some bread left.*	Il **ne** reste **plus de** pain. *There is no bread left.* [ET NON: Il ne reste ~~plus du pain~~.]
	Il veut **de l'**argent. *He wants some money.*	Il **ne** veut **pas d'**argent. *He doesn't want any money.* [ET NON: Il ne veut pas ~~de l'argent~~.]
	Elle a acheté **de la** moutarde. *She bought mustard.*	Elle n'a **pas** acheté **de** moutarde. *She didn't buy any mustard.* [ET NON: Elle n'a pas acheté ~~de la moutarde~~.]
	Il reste **de l'**eau minérale. *There is some mineral water left.*	Il **ne** reste **plus d'**eau minérale. *There is no mineral water left.* [ET NON: Il ne reste ~~plus de l'eau~~ minérale.]
	Vous avez **des** billets pour ce soir? *Do you have [any] tickets for tonight?*	Vous n'avez **pas de** billets pour ce soir? *You don't have [any] tickets for tonight?* [ET NON: Vous n'avez ~~pas des billets~~...]

> ### N.B. 2-4
> **Exceptions: pas un(e) et sans un(e)**
>
> Lorsque **un** ou **une** signifient **un seul** ou **une seule**, on garde l'article indéfini, même à la forme négative.
>
> | | |
> |---|---|
> | Elle était furieuse: elle **n**'a **pas** dit **un** mot. | *She was furious: she didn't say a [single] word.* |
> | Il est parti **sans un** sou. | *He left without a [single] cent in his pocket.* |

5b. «Ce n'est pas du sucre, c'est du sel...» (négation partielle)

Dans la négation <u>partielle</u> (lorsqu'on oppose simplement une chose à une autre), les articles indéfinis ou partitifs ne changent pas. Notez que la 2ᵉ partie de l'opposition peut être sous-entendue. (Voir aussi Chapitre 8, section 3.)

COMPAREZ:

NÉGATION PARTIELLE	NÉGATION ABSOLUE
Ce **n**'est **pas de la** glace à la vanille, c'est **du** sorbet au citron. *It's not vanilla ice cream; it's lemon sorbet.*	MAIS: Je **ne** veux **pas de** glace. *I don't want any ice cream.*
Je n'ai **pas une** voiture rouge, j'ai **une** voiture bleue. *I don't have a red car, I have a blue car.*	MAIS: Je n'ai pas **de** voiture. *I don't have a car.*

5c. «Vous n'auriez pas une petite pièce?» (négation rhétorique)

Lorsque la négation est purement rhétorique, les articles indéfinis ou partitifs ne changent pas non plus. (Voir aussi Chapitre 8, section 9b.)

COMPAREZ:

NÉGATION RHÉTORIQUE	NÉGATION ABSOLUE
Vous **n**'auriez **pas une** petite pièce? *You wouldn't have a little change, would you?*	MAIS: Non, je **n**'ai **pas d**'argent. *No, I don't have any money.*
Il **n**'a **pas des** amis qui pourraient l'aider? *Doesn't he have [some] friends who could help him?*	MAIS: Non, il **n**'a **pas d**'amis. *No, he doesn't have any friends.*

5d. «Il n'a **ni** frère **ni** sœur…» (quantités négatives multiples)

Lorsqu'on a plusieurs quantités négatives, on emploie soit **ni… ni…**, soit **pas/jamais de… ni de…** (Voir aussi Chapitre 8, section 5.)

Elle prend **du** beurre et **du** sel.
→ Elle ne prend **ni** beurre **ni** sel. OU Elle **ne** prend **jamais de** beurre **ni de** sel.
She takes neither butter nor salt. OR *She never takes any butter or salt.*

Il a **un** frère et **deux** sœurs.
→ Il n'a **ni** frère **ni** sœur. OU Il **n'a pas de** frère **ni de** sœur.
He has no brother or sister. OR *He doesn't have any brother or sister.*

6 Récapitulation: **pas le** vs **pas un** vs **pas du** vs **pas de**

COMPAREZ:

Elle aime **les** chiens. → Elle **n'**aime **pas les** chiens.
She likes dogs. → *She doesn't like dogs.*

MAIS: Elle a **un** chien. → Elle **n'**a **pas de** chien.
She has a dog. → *She doesn't have a dog.*

J'aime **le** tennis. → Je **n'**aime **pas le** tennis.
I like tennis. → *I don't like tennis.*

MAIS: Je fais **du** tennis. → Je **ne** fais **pas de** tennis.
I play tennis. → *I don't play tennis.*

Elle m'a donné **une** explication. → Elle **ne** m'a **pas** donné **d'**explication(s).
She gave me an explanation. → *She didn't give me any explanations.*

MAIS: Elle m'a donné **une** explication. → Elle **ne** m'a **pas** donné **une** [seule] explication.
She gave me an explanation. → *She didn't give me a single explanation.*

J'aime **la** pizza et **les** lasagnes. → Je **n'**aime **ni la** pizza **ni les** lasagnes.
I like pizza and lasagna. → *I like neither pizza nor lasagna.*

MAIS: J'ai acheté **de la** pizza et **des** lasagnes. → Je **n'**ai acheté **ni** pizza **ni** lasagnes.
OU Je **n'**ai **pas** acheté **de** pizza **ni de** lasagnes.
I bought pizza and lasagna. → *I bought neither pizza nor lasagna.*

Attention, ce **n'**est **pas de l'**eau, c'est **de la** vodka!
Be careful! That's not water; it's vodka!

MAIS: Ah non, désolé(e), je n'ai **plus de** vodka.
Oh no, sorry, I don't have any vodka left.

Vérification.   Complétez les phrases suivantes en ajoutant un article, si nécessaire.

Je n'aime pas (1) _____ chats. (*I don't like cats.*)

Je n'ai pas (2) _____ chat. (*I don't have a cat.*)

Vous n'auriez pas (3) _____ euro (m.) par hasard? (*You wouldn't have a euro by any chance?*)

Je n'ai pas commandé (4) _____ poisson (m.), j'ai commandé (5) _____ agneau (m.)! (*I didn't order fish; I ordered lamb!*)

Merci, mais je ne prends pas (6) _____ crème (f.) dans mon café. (*Thank you, but I don't take [any] cream in my coffee.*)

Il n'a pas fait (7) _____ commentaires (m.). (*He didn't make any comments.*)

Elle n'a pas dit (8) _____ mot (m.). (*She didn't say a [single] word.*)

Il n'aime ni (9) _____ ballet (m.) ni (10) _____ opéra (m.). (*He doesn't like either the ballet or the opera.*)

 # Quantités, préparations et substances

7   Quantités indéterminées ou indéterminables

RAPPEL: Lorsqu'une quantité ou une substance sont <u>indéterminées</u> ou <u>indéterminables</u>, on emploie les articles partitifs **du, de la, de l', des.**

Qu'est-ce qu'il y a dans ce verre?   *What's in that glass?*
   De l'eau, **du** gin ou **de la** vodka?   *Water, gin, or vodka?*

Donnez-moi **des** haricots verts.   *Give me some green beans.*

8   Quantités déterminées

Pour se référer à une <u>quantité déterminée</u>, il existe un grand nombre d'**expressions de quantité** (voir Tableau 1 ci-dessous). La majorité d'entre elles sont suivies de la préposition **de**. Notez que les articles commençant par la lettre **d** (c'est-à-dire **du, de la, de l'** et **des**) <u>disparaissent</u> après la préposition **de**, y compris après les quantités «zéro» telles que **ne... pas de, ne... plus de** et **ne... jamais de**. (Pour **la plupart** <u>des</u>, **la moitié** <u>des</u>, **bien** <u>des</u>, etc., voir N.B. 2-5 ci-dessous.)

Achète-moi **une livre** <u>de</u> fraises, s'il te plaît. [ET NON: Achète-moi ~~une livre des fraises.~~]
Buy me a pound of strawberries, please.

Elle a **beaucoup d'**amis. [ET NON: Elle a ~~beaucoup des amis.~~]
She has lots of friends.

Apportez-moi **un verre d'**eau, s'il vous plaît. [ET NON: Apportez-moi ~~un verre de l'eau.~~]
Bring me a glass of water, please.

Je **n'**ai **plus de** pain. [ET NON: Je n'ai ~~plus du pain.~~]
I don't have any bread left.

N.B. 2-5
Cas spéciaux: **la moitié, la plupart, bien, encore**

La moitié (*half*), **la plupart** (*most*) et **bien** (*many*) sont toujours suivis de l'article **des**. Lorsque ces expressions introduisent un nom sujet, le verbe est toujours au pluriel. Après **encore** (*some more*), on peut utiliser les articles **indéfinis** ou **partitifs**, suivant le cas.

La moitié des étudiants étaient absents ce week-end.	*Half of the students were absent this weekend.*
La plupart des Français partent en vacances en juillet ou en août.	*Most French people go on vacation in July or August.*
À Paris, **bien des** gens préfèrent prendre le métro.	*In Paris, a good many people prefer to take the metro.*
Il reste **encore du** pain, **de la** viande et **des** pâtes.	*There's some bread, meat and pasta left.*

Tableau 1

QUANTITÉS DÉTERMINÉES—EXPRESSIONS COURANTES

Il a **un** chien et **deux** chats.	*He has **one** dog and **two** cats.*
Il a **quelques** amis en haut lieu.	*He has **a few** friends in high places.*
Elle a **beaucoup de** travail.	*She has **a lot of** work.* OR *She's very busy.*
Ce restaurant est toujours **plein de** monde.	*This restaurant is always **full of** people.*
Nombre d'ouvriers sont au chômage.	***A good many*** *workers are unemployed.*
Pas mal de gens sont en vacances. [familier]	***Quite a lot of*** *people are on vacation.*
Il a **tant de** ou **tellement de** talent!	*He has **so much** talent!*
Elle a **assez de** problèmes comme cela!	*She has **enough** problems as it is!*
Elle a **plus de** ou **davantage de** travail que toi.	*She has **more** work than you do.*

(suite)

Nous avons **trop de** devoirs.	We have **too much** homework.
Il reste **très peu de** billets.	There are **very few** tickets left.
Vous prendrez bien **un peu de** vin?	You'll have **a little** wine, won't you?
Il y a **moins de** gens aujourd'hui.	There are **fewer** people today.
Donnez-moi **une bouteille de** OU **une carafe de** OU **un pichet de** vin rouge.	Give me **a bottle** OR **a carafe** OR **a pitcher of** red wine.
Portez **un litre d'**eau à ébullition.	Bring **one liter of** water to a boil.
Je voudrais **200 grammes de** fromage.	I'd like **200 grams of** cheese.
J'ai besoin d'**une livre de** sucre.	I need **a pound of** sugar.
J'aimerais **un kilo de** pommes.	I'd like **a kilo of** apples.
Donne-lui **un morceau de** pain.	Give him **a piece of** bread.
Prends **quelques tranches de** salami.	Take **a few slices of** salami.
Elle nous a laissé **un tas de** OU **une pile de** romans policiers.	She left us **a stack of** detective stories.
J'ai **un tas de** choses à te dire.	I have **lots** [of things] to tell you.
Ajoutez **une cuillerée d'**huile d'olive.	Add **a spoonful of** olive oil.
Prends **une assiette de** crudités.	Have **a plate of** [raw] vegetable hors d'œuvres.
Non merci, je prendrai **un bol de** soupe.	No thanks, I'll have **a bowl of** soup.
Prends au moins **une bouchée de** pâté.	Have at least **a bite of** pâté.
Il a eu ce tableau pour **une bouchée de** pain. [idiomatique]	He bought this painting **for peanuts**.
Achète-moi **un sac d'**oranges.	Buy me **a bag of** oranges.
Ajoutez **une pincée de** sel.	Add **a pinch of** salt.
Je prendrais bien **une goutte de** cognac.	I'd love **a drop of** cognac.
Puis-je vous offrir **un doigt de** porto, **une larme de** lait, **un nuage de** crème? [expressions idiomatiques]	May I offer you **a touch** OR **a drop of** port, milk, cream?

9   «Une soupe de tomates…» vs «une soupe à la tomate…»

Si l'ingrédient est la **composante essentielle** du plat (*dish*), employez la préposition **de** (sans article). En revanche, s'il s'agit d'un **ingrédient parmi d'autres**, employez la préposition **à** + **article défini** (attention à la contraction). Notez que cette distinction n'existe pas en anglais.

COMPAREZ:

À + ARTICLE DÉFINI	DE (SANS ARTICLE)
C'est un potage **aux pommes de terre** et **au safran**.	MAIS: J'ai préparé une bonne soupe **de** légumes.
This is a potato and saffron soup.	*I prepared a hearty vegetable soup.*
J'ai acheté une tarte **aux** fraises.	MAIS: J'adore la confiture **de** fraises.
I bought a strawberry pie.	*I love strawberry jam.*
Pour mon anniversaire, ma mère m'a confectionné une tarte **aux pommes** et un gâteau **au chocolat**.	MAIS: En été, nous mangeons souvent de la salade **de** pommes de terre.
For my birthday, my mother made me an apple pie and a chocolate cake.	*In the summer, we often eat potato salad.*

10 «C'est une chaise **en/de** plastique...» vs «C'est **du** plastique...»

Lorsqu'on décrit un objet en se référant à sa matière, on emploie **c'est quelque chose en/de + matière** (sans article). En revanche, si on se réfère <u>uniquement</u> à la matière, on emploie **c'est + du/de la/de l' + matière**.

COMPAREZ:

C'est <u>une table</u> **en/de** bois.	MAIS: C'est **du** bois.
This is a wood table. OR *This table is made out of wood.*	*This is wood.*
C'est <u>une chaise</u> **en/de** plastique.	MAIS: C'est **du** plastique.
This is a plastic chair. OR *This chair is made out of plastic.*	*This is plastic.*
C'est <u>une robe</u> **en/de** coton, laine, soie, microfibre, etc.	MAIS: C'est **du** coton, **de la** laine, **de la** soie, **de la** microfibre, etc.
This is a dress made out of cotton, wool, silk, microfiber, etc.	*This is cotton, wool, silk, microfiber, etc.*
C'est <u>une veste</u> **en/de** cuir.	MAIS: C'est **du** cuir.
This is a leather jacket. OR *This jacket is made out of leather.*	*This is leather.*
C'est <u>un verre</u> **en/de** cristal.	MAIS: C'est **du** cristal.
This is a crystal glass. OR *This glass is made out of crystal.*	*This is crystal.*

N.B. 2-6
«Santé de fer et cœur de marbre...»: matières prises au sens figuré

Lorsqu'une **matière** est prise au <u>sens figuré</u>, elle est généralement précédée de la préposition **de**. Dans certains cas cependant, on emploie la préposition **en**. Ces usages sont très idiomatiques.

Il a une santé **de** fer.	*He has an iron constitution.*
Elle a une peau **de** satin.	*Her skin is smooth as silk.*
Elle a un cœur **de** marbre ou **d'**or.	*She has a heart of stone* OR *of gold.*
«La parole est **d'**argent mais le silence est **d'**or.» [proverbe]	*Speech is silver but silence is golden.*
MAIS ON DIRA: C'est un poste **en** or ou un mari **en** or.	*This is an ideal job.* OR *He is an ideal husband.*

Vérification et récapitulation. Complétez les phrases suivantes en ajoutant un article et/ou une préposition, si nécessaire.

J'adore (1) _____ melon (m.). (*I love melon.*)

J'ai trouvé (2) _____ beau melon au marché. (*I found a beautiful melon at the market.*)

Nous avons commencé par (3) _____ soupe (f.) (4) _____ légumes. (*To start with, we had a vegetable soup.*)

Nous n'avons pas (5) _____ saumon aujourd'hui. (*We don't have any salmon today.*)

(6) _____ Coca-Cola (m.) est (7) _____ boisson inventée par (8) _____ Américains. (*Coca-Cola is a beverage invented by Americans.*)

Ce n'est pas (9) _____ Coca, c'est (10) _____ limonade (f.). (*It isn't Coke; it's lemonade.*)

J'ai préparé (11) _____ omelette (12) _____ fines herbes (f.). (*I prepared an herb omelet.*)

Malheureusement, (13) _____ café (m.) m'empêche de dormir. (*Unfortunately, coffee keeps me from sleeping.*)

Je ne prends jamais (14) _____ café (15) _____ soir. (*I never have any coffee at night.*)

C'est un pull (16) _____ coton (m.)? —Oui, c'est (17) _____ coton. (*Is this a cotton sweater? —Yes, it's cotton.*)

Julien est étudiant: il fait (18) _____ allemand et (19) _____ russe. (*Julian is a student: he's taking German and Russian.*)

Est-ce qu'elle étudie (20) _____ chinois? (*Is she studying Chinese?*)

 # Omission de l'article

11 Nationalité et profession

11a. «**Il est a**méricain...» vs «**C'est un A**méricain...»

Pour répondre à une question portant sur la **nationalité**, on emploie soit **il/elle est + nationalité** (sans article, et avec une <u>minuscule</u>, car il s'agit alors d'un adjectif), soit **c'est + article indéfini + nationalité** (avec une <u>majuscule</u>, car il s'agit alors d'un nom). (Voir aussi Chapitre 5, section 5a.)

COMPAREZ:

Quelle est la nationalité de Leïla? —**Elle est f**rançaise [notez la minuscule].
    OU **C'est une F**rançaise [notez la majuscule].
What is Leila's nationality? —She's French.

11b. «**Il est** étudiant...» vs «**C'est un** étudiant...»

Pour répondre à la question **Quelle est sa profession/son occupation?** OU **Qu'est-ce qu'il/elle fait dans la vie?**, on emploie **il/elle est + profession** (<u>sans</u> article). Toutefois, pour répondre à la question **Qui est-ce?** (identification), on emploie **C'est + le/la/un(e)/mon,** etc. **+ profession.** (Voir aussi Chapitre 5, section 5b.)

COMPAREZ:

Que fait Leïla dans la vie? —**Elle est** médecin. [ET NON: ~~Elle est un médecin.~~]
What does Leila do for a living? —She's a doctor.

MAIS: Qui est-ce? OU Qui est cette dame? —**C'est un** médecin. OU **C'est le** médecin de ma mère. OU **C'est son** médecin.
    Who is this lady? —She's a doctor. OR *She's my mother's doctor.* OR *She's her doctor.*

12 On omet l'article...

12a. Après la préposition **de**

RAPPEL: Les articles commençant par la lettre **d** (c'est-à-dire **du, de la, de l', des**) disparaissent après la préposition **de**, notamment après les **expressions de quantité**, y compris les quantités «zéro» telles que **ne... pas de, ne... plus de** et **ne... jamais de**.

J'ai besoin **de** calme. [ET NON: J'ai ~~besoin du calme.~~]
I need calm.

J'ai acheté **un kilo de** pommes. [ET NON: ~~un kilo des pommes~~]
I bought a kilo of apples.

Je ne bois qu'**une seule tasse de** café le matin. [ET NON: ~~une seule tasse du café~~]
I don't drink more than one cup of coffee in the morning.

12b. Après **sans**

Après la préposition **sans**, les articles **définis** ne changent pas mais les articles **indéfinis** et **partitifs** disparaissent, sauf si **un** ou **une** signifient **un seul** ou **une seule** (voir N.B. 2-4).

COMPAREZ:

Je suis **sans** voiture aujourd'hui.
I am without a car today.
  [ET NON: Je suis ~~sans une voiture~~...]

MAIS: Il est revenu, mais **sans le** journal que je lui avais demandé d'acheter.
      He came back, but without the newspaper I had asked him to buy.

Elle prend son café **sans** sucre.
She takes her coffee without [any] sugar.
  [ET NON: ~~sans du sucre~~...]

MAIS: Elle est partie **sans un** sou.
      She left without a [single] penny.

12c. Devant un complément de nom introduit par **à/de**

Les articles disparaissent aussi devant un complément de nom introduit par **à** ou **de** lorsque celui-ci représente simplement une <u>sous-catégorie</u> du premier nom.

Va chercher mon **album de photos**. *Go get my photo album.*
  [Un **album de photos** est un type
  d'album.]
J'ai oublié ma **brosse à dents**. *I forgot my toothbrush.*
Apporte-moi la **corbeille à pain**. *Bring me the breadbasket.*

Cependant, lorsque le nom est <u>qualifié</u> ou qu'il a un sens <u>spécifique</u>, on garde l'article (défini ou indéfini) ou tout autre déterminant après **de**.

COMPAREZ:

SOUS-CATÉGORIE	SENS SPÉCIFIQUE
J'ai trouvé **des clés <u>de</u> voiture** au fond d'un tiroir.	MAIS: J'ai retrouvé **les** clés <u>**de la**</u> OU <u>**de ma**</u> voiture.
I found some car keys at the bottom of a drawer.	*I found the car keys OR my car keys.*

12d. Après **avec, en, par** et **comme**

Les articles disparaissent après **avec**, **en**, **par** et **comme** lorsque le nom qui suit a un <u>sens abstrait ou général</u>. Par contre, lorsque le nom a un <u>sens concret ou particulier</u>, on conserve l'article (défini, indéfini ou partitif, selon le sens).

COMPAREZ:

SENS GÉNÉRAL → PAS D'ARTICLE	SENS PARTICULIER → ARTICLE
Il m'a répondu **avec gentillesse.** *He answered me with kindness.*	MAIS: Je prends toujours mon café **avec <u>du</u>** ou **<u>un</u> sucre.** *I always take my coffee with sugar* OR *a lump of sugar.*
Dans ce conte de fées, la reine se métamorphose **en sorcière.** *In this fairy tale, the queen changes into a witch.*	MAIS: Dans ce conte de fées, la reine se métamorphose **en <u>une</u> horrible sorcière.** *In this fairy tale, the queen changes into a horrible witch.*
Je l'ai rencontrée **par hasard.** *I met her by chance.*	MAIS: Je l'ai rencontrée **par <u>le</u> plus grand des hasards.** *I met her through the most unusual coincidence.*
Il travaille **comme serveur.** *He works as a waiter.*	MAIS: Il travaille **comme <u>un</u> fou.** [idiomatique] *He is working like mad.*

Vérification. Complétez les phrases suivantes en ajoutant, si nécessaire, la préposition **de** et/ou un article.

J'aimerais une tranche (1) _____ pâté (m.). (*I'd like a slice of pâté.*)

Elle met toujours (2) _____ confiture (f.) sur son pain. (*She always puts jam on her bread.*)

Mon frère se comporte comme (3) _____ idiot. (*My brother is acting like a fool.*)

Qui est ce monsieur? —C'est (4) _____ physicien. (*Who is this man? —He is a physicist.*)

Que fait son père? —Il est (5) _____ médecin. (*What does her father do? —He is a physician.*)

Je n'ai pas (6) _____ moment de libre cette semaine. (*I don't have a single free moment this week.*)

Elle l'a fait sans (7) _____ enthousiasme. (*She did it without enthusiasm.*)

La bouteille était pleine (8) _____ poison (m.)! (*The bottle was full of poison!*)

Il est (9) _____ japonais? —Oui, c'est (10) _____ Japonais. (*Is he Japanese ? —Yes, he's Japanese.*)

(11) _____ père de Victor est (12) _____ journaliste. (*Victor's father is a journalist.*)

13   Article ou pas d'article après la préposition de?

13a. De + le, la, l', les

RAPPEL: Après la préposition **de**, les articles définis se combinent ou se contractent.

➤ **de + le/les → du/des**
➤ **de + l'/la → de l'/de la**

Il sortait **du** [de + le] métro quand je l'ai croisé.	*He was coming out of the metro when I ran into him.*
Je me sers **de l'**ordinateur de Jean.	*I'm using John's computer.*
As-tu besoin **de la** voiture?	*Do you need the car?*
Tu peux t'occuper **des** [de + les] enfants ce soir?	*Can you take care of the children tonight?*

13b. De + un/une

Les articles **un/une** suivent tout simplement la préposition **de** qui s'élide pour donner: **d'un/d'une**.

Sers-toi **d'un** stylo rouge.	*Use a red pen.*
J'ai besoin **d'une** nouvelle cartouche pour mon imprimante.	*I need a new cartridge for my printer.*

13c. De + du, de la, de l', des

Comme nous l'avons déjà mentionné (voir section 12a ci-dessus), les articles commençant par la lettre **d** (**du, de la, de l'** et **des**) <u>disparaissent</u> après la préposition **de**, notamment après les expressions de quantité (**un kilo de, une tranche de**), y compris les quantités «zéro» telles que **ne... pas de, ne... plus de** et **ne... jamais de**.

Elle s'occupe **de** vieilles personnes.	*She takes care of old people.*
Il me faut **une livre de** chocolat.	*I need a pound of chocolate.*
Je **n'**ai **plus de** dentifrice.	*I don't have any toothpaste left.*

COMPAREZ:

J'ai besoin **de** conseils. [de + des → de]
I need some advice.

MAIS: J'ai besoin **d'un** conseil. OU J'ai besoin **du** [= de + le] conseil de mes parents.
I need a piece of advice. OR *I need my parents' advice.*

Pour cette recette, j'ai besoin **de** farine, **de** sucre et **de** beurre. [de + de la/du → de]
For this recipe, I need flour, sugar, and butter.

MAIS: Pour ce genre de travail, il aurait besoin **d'un** ordinateur plus puissant.
For this kind of work, he would need a more powerful computer.

Servez-vous **de** salade. [de + de la → de]
Take some salad.

MAIS: Est-ce que je peux me servir **d'une** calculatrice OU **de la** calculatrice de Nicole?
Can I use a calculator? OR *Can I use Nicole's calculator?*

Elle s'occupe **d'**enfants handicapés. [de + des → de]
She takes care of handicapped children.

MAIS: Elle s'occupe **des** [= de + les] enfants de Claire deux fois par semaine.
She takes care of Claire's children twice a week.

Vérification.
Complétez les phrases suivantes en ajoutant la préposition **de** et/ou un article, si nécessaire.

J'ai besoin (1) _____ voiture (f.) pour ce soir. (*I need __a__ car for tonight.*)

J'ai envie (2) _____ crevettes (f.) ce soir. (*I feel like having shrimp tonight.*)

Nous ne mangeons jamais (3) _____ frites (f.). (*We never eat fries.*)

Où se trouve l'arrêt (4) _____ bus 91? (*Where is the number 91 bus stop?*)

Je cherche un arrêt (5) _____ bus. (*I am looking for a bus stop.*)

3

Les pronoms objets directs et indirects

Les pronoms y et en

Place des pronoms

Les pronoms objets directs et indirects

1 **Les pronoms objets directs le, la, les**

1a. Fonction

Les pronoms **le, la, les** sont compléments d'objet directs[1] [c.o.d.]. Ils représentent ou remplacent des noms compléments rattachés <u>directement</u> au verbe (sans l'intermédiaire d'une préposition). Ces noms peuvent être des choses, des personnes ou des animaux. Notez que devant une voyelle ou un **h** muet, **le** et **la** deviennent **l'**.

J'adore **ce roman policier.** → Je **l'**adore.
I love this detective story. → *I love it.*

N'oubliez pas **ces clés!** → Ne **les** oubliez pas!
Don't forget those keys. → *Don't forget them!*

---

[1] A *direct* object [c.o.d.] is called *direct* because it is *directly* targeted by the verb and therefore never depends on a preposition. It answers the question **Qui est-ce que/qu'** [for people] or **Qu'est-ce que/qu'** [for things]. J'aime **mes parents**: Qui est-ce <u>que</u> j'aime? **mes parents** = c.o.d. Il ne comprend pas **cette équation**: Qu'est-ce <u>qu'</u>il ne comprend pas? **cette équation** = c.o.d.

1b. Accord du participe passé

Le participe passé des verbes conjugués avec **avoir** s'accorde avec les pronoms objets directs **la** et **l'** (pour le féminin) et **les** (pour le pluriel). (Pour l'accord du participe passé, voir Chapitre 10, sections 5 à 13.)

Elle a réorganisé **ses photos** (f. pl.). → Elle **les** a réorganisé<u>es</u>.
She reorganized her pictures. → *She reorganized them.*

1c. Les pronoms objets directs **le, la, les** peuvent représenter...

➤ Un nom propre:

J'ai vu **Françoise** l'autre jour. → Je **l'**ai vu<u>e</u> l'autre jour.
I saw Françoise the other day. → *I saw her the other day.*

➤ Un nom précédé d'un article défini:

Nous avons regardé **les informations télévisées.** → Nous **les** avons regardé<u>es</u>.
We watched the news on television. → *We watched it.*

➤ Un nom précédé d'un adjectif possessif (**mon, ta, votre, nos, leurs,** etc.) ou démonstratif (**ce, cet, cette, ces**):

Vous connaissez **leurs parents**? → Vous **les** connaissez?
Do you know their parents? → *Do you know them?*

Tu as essayé **cette robe**? —Oui, je **l'**ai essayé<u>e</u>.
Did you try on that dress? —Yes, I tried it on.

N.B. 3-1
Le, la, les: articles définis vs pronoms objets directs

Les articles définis sont toujours suivis d'un nom, alors que les pronoms objets directs représentent ou remplacent un nom. Notez également que les articles **le/les** se contractent toujours avec les prépositions **à** et **de**, tandis que les pronoms objets directs ne se contractent jamais.

COMPAREZ:

Je n'ai pas encore vu **le** film.
I haven't seen the movie yet. [article défini]

MAIS: Je n'ai pas encore pu **le** voir.
I haven't been able to see it yet. [pronom objet direct]

Ils nous ont parlé **des** [= de + les] films à l'affiche cette semaine.
They spoke to us about the movies that are playing this week. [article défini]

MAIS: Nous nous réjouissons de **les** voir prochainement.
We are looking forward to seeing them soon. [pronom objet direct]

N.B. 3-2

Regarder, écouter, chercher et **attendre**: différences entre l'anglais et le français

ATTENTION: Les verbes **regarder**, **écouter**, **chercher** et **attendre** ne se construisent pas de la même manière en anglais et en français.

COMPAREZ:

regarder	Elle a regardé **sa mère**. → Elle **l'**a regardé**e**.
	She looked at her mother. → *She looked at her.*
	[ET NON: ~~Elle lui a regardé.~~]
écouter	Elle n'écoute jamais **sa mère**. → Elle ne **l'**écoute jamais.
	She never listens to her mother. → *She never listens to her.*
	[ET NON: ~~Elle ne lui écoute jamais.~~]
chercher	Elle cherche **ses lunettes**. → Elle **les** cherche.
	She's looking for her glasses. → *She's looking for them.*
	[ET NON: ~~Elle cherche pour elles.~~]
attendre	Elle a attendu **sa mère**. → Elle **l'**a attendu**e**.
	She waited for her mother. → *She waited for her.*
	[ET NON: ~~Elle lui a attendu/Elle a attendu pour elle.~~]

2 «J'aime ça…» vs «je l'aime…»

2a. «J'aime ça/J'adore ça…»

Lorsque les verbes **aimer**, **adorer**, **détester**, **trouver**, **préférer**, etc., ont pour complément d'objet direct <u>une chose générique ou abstraite</u>, on remplace souvent cette chose par le pronom **ça** plutôt que par un pronom objet direct.

Vous aimez **le chocolat** [le chocolat en général]? —Oui, j'adore **ça**.
Do you like chocolate? —Yes, I love it.

Vous aimez **les huîtres** [les huîtres en général]? —Non, je déteste **ça**.
Do you like oysters? —No, I can't stand them.

Tu préfères **les maths** [les maths en général] à la chimie? —Oui, je trouve **ça** fascinant.
Do you prefer math to chemistry? —Yes, I find it fascinating.

2b. «Je l'aime/Je l'adore…»

En revanche, si les verbes **aimer**, **adorer**, **détester**, **trouver**, **préférer**, etc., ont pour complément d'objet direct <u>une personne ou une chose spécifiques</u>, on emploie le pronom objet direct.

> Elle aime bien **Robert**. → Elle **l'**aime bien.
> *She likes Robert. → She likes him.*
>
> J'adore **ces** chocolats [chocolats spécifiques]. → Je **les** adore.
>   OU Je **les** trouve délicieux.
> *I love these chocolates. → I love them.* OR *I think they are delicious.*
>
> J'aime bien **cette** robe [robe spécifique]; je **la** trouve très élégante.
> *I like this dress; I find it very elegant.*

3 | Le pronom neutre le

Le pronom neutre **le** ou **l'** devant une voyelle ou un **h** muet est invariable. Il a plusieurs fonctions.

3a. **Le** = adjectif attribut

Le pronom neutre **le/l'** peut représenter ou remplacer un **adjectif** ou une **locution attributs** du sujet. Dans ces cas-là, le pronom neutre **le/l'** ne se traduit pas en anglais.

> Fabienne est très patiente, mais sa petite sœur n'est pas **patiente** du tout.
>   → Fabienne est très patiente, mais sa petite sœur ne **l'**est pas du tout.
> *Fabienne is very patient, but her little sister isn't patient at all.*
>   → *Fabienne is very patient, but her little sister isn't at all.*
>
> Mon grand-père est à la retraite, mais ma grand-mère n'est pas encore **à la retraite**.
>   → Mon grand-père est à la retraite, mais ma grand-mère ne **l'**est pas encore.
> *My grandfather is retired, but my grandmother isn't retired yet.*
>   → *My grandfather is retired, but my grandmother isn't yet.*

3b. **Le** = subordonnée c.o.d. ou infinitif c.o.d.

Le pronom neutre **le/l'** peut aussi représenter ou remplacer une **subordonnée** ou un **infinitif** ayant la même fonction qu'un complément d'objet direct.

> J'ai vu à la télévision **qu'il y avait des grèves à Paris**. → Je **l'**ai vu à la télévision.
> *I saw on television that there were strikes in Paris. → I saw it on television.*
>   [J'ai vu quoi? Qu'il y avait des grèves à Paris. ⇒ **l'**]
>
> Elle a voulu savoir **s'il reviendrait bientôt**. → Elle a voulu **le** savoir.
> *She tried to find out if he would come back soon. → She tried to find it out.*
>   [Elle a voulu savoir quoi? S'il reviendrait bientôt. ⇒ **le**]

Ils m'ont demandé **où était la gare**, mais je ne **le** savais pas.
They asked me where the station was, but I didn't know [it].
[Je ne savais pas quoi? Où était la gare. ➡ **le**]

N.B. 3-3
Omission du pronom neutre avec **aimer** et **vouloir**

Lorsque les verbes **aimer** et **vouloir** ont pour complément un **infinitif**, on omet le pronom neutre pour éviter les ambiguïtés, mais on ajoute l'adverbe **bien** (uniquement à la forme affirmative).

Vous aimez **venir à Paris en vacances**? —Oui, j'aime **bien**. ou Non, je n'aime pas.
Do you like coming to Paris on vacation? —Yes, I do/I like it. or *No, I don't.*
[ET NON: Oui, je l'aime. NI Non, je ne l'aime pas.]

Tu veux **visiter le Louvre avec moi demain matin**? —Oui, je veux **bien**.
Do you want to visit the Louvre with me tomorrow morning? —Sure.
[ET NON: Oui, je le veux.]

Vérification et récapitulation. Complétez les phrases suivantes en remplaçant les mots **en gras** par le pronom qui convient, si nécessaire.

Tu me prêteras **ton ordinateur**? → Tu me (1) _____ prêteras?
(*Will you lend me your computer?* → *Will you lend it to me?*)

Je cherche **mes clés** partout. → Je (2) _____ cherche partout. (*I've been looking for my keys everywhere.* → *I've been looking for them everywhere.*)

Tom? Je (3) _____ aime beaucoup; il est très sympathique. (*Tom? I like him a lot; he's very nice.*)

En général, vous aimez **les moules**? —Non, je n'aime pas beaucoup (4) _____.
(*Do you like mussels? —No, I don't like them very much.*)

Tu savais **qu'ils avaient gagné la compétition**? —Ah non, je ne (5) _____ savais pas!
(*Did you know they won the competition? —No, I didn't know [it]!*)

Ce petit garçon est plutôt **timide** mais sa sœur (6) _____ est beaucoup moins.
(*This little boy is rather shy but his sister is much less so.*)

Tu veux **dîner au restaurant avec moi demain soir**? —Oui, je (7) _____ veux bien, avec grand plaisir! (*Would you like to go out for dinner with me tomorrow night? —Sure! I'd love to!*)

4 Les pronoms objets indirects **lui** et **leur**

Lui et **leur** sont des pronoms compléments d'objet indirects[2] [c.o.i.]. Ils peuvent être aussi bien masculins que féminins. Ils représentent des noms de **personnes** (rarement des choses) dépendant de verbes dont la préposition **à** introduit <u>principalement</u> un nom de **personne** (voir Tableau 1 ci-dessous). Notez que le participe passé des verbes conjugués avec **avoir** ne s'accorde jamais avec **lui** ni avec **leur**.

> Je parle souvent **à la dame qui habite à côté de chez moi.** → Je **lui** parle souvent.
> *I often speak to the lady who lives next door to me.* → *I speak to her often.*

> Nous avons téléphoné **à nos amis.** → Nous **leur** avons téléphoné.
> *We called our friends.* → *We called them.*
>   [ET NON: ~~Nous les avons téléphonés.~~]

> Répondez **à ces gens** que je ne suis pas disponible. → Répondez-**leur** que je ne suis pas disponible.
> *Tell these people that I'm not available.* → *Tell them that I'm not available.*
>   [ET NON: ~~Répondez les...~~]

Tableau 1

VERBES COURANTS CONSTRUITS AVEC À + <u>PRINCIPALEMENT</u> UN NOM DE **PERSONNE**

accorder (qqch) à qqn	*to grant (sth) to sb*
appartenir à qqn	*to belong to sb*
apporter OU rapporter (qqch) à qqn	*to bring OR bring back (sth) to sb*
confier (qqch) à qqn	*to share (sth) with sb/to entrust (sth) to sb*
demander (qqch) à qqn	*to ask (sth) of sb*
devoir (qqch) à qqn	*to owe (sth) to sb*
dire (qqch) à qqn	*to say (sth) to sb*
distribuer (qqch) à qqn	*to distribute (sth) to sb*
donner OU offrir (qqch) à qqn	*to give OR offer (sth) to sb*
écrire (qqch) à qqn	*to write (sth) to sb*
en vouloir à qqn	*to be mad at sb*
envoyer (qqch) à qqn	*to send (sth) to sb*
expliquer (qqch) à qqn	*to explain (sth) to sb*
faire peur à qqn	*to scare sb*

---

[2] An *indirect* object [c.o.i.] is called *indirect* because it depends on a preposition or on a verb constructed with a preposition.

(suite)

faire plaisir ou de la peine à qqn	*to please sb* OR *to hurt sb's feelings*
mentir à qqn	*to lie to sb*
obéir à qqn[3]	*to obey sb*
parler à qqn	*to speak to sb*
permettre à qqn (de faire qqch)	*to allow sb (to do sth)*
préférer (qqn/qqch) à qqn/qqch d'autre	*to prefer sb/sth to sb/sth else*
proposer ou suggérer (qqch) à qqn	*to suggest (sth) to sb*
réclamer (qqch) à qqn	*to demand* OR *claim (sth) back from sb*
rendre (qqch) à qqn	*to return (sth) to sb*
répondre (qqch) à qqn[4]	*to answer (sth) to sb*
ressembler à qqn	*to resemble sb*
sourire ou faire un sourire à qqn	*to smile at sb*
téléphoner à qqn	*to call* OR *telephone sb*

Vous remarquerez qu'un grand nombre des verbes ci-dessus peuvent avoir à la fois un complément d'objet **direct** et un complément d'objet **indirect**.

N.B. 3-4
Cas spéciaux: verbes construits avec à + pronom disjoint

ATTENTION: Il existe une vingtaine de verbes qui, bien que construits avec la préposition **à**, ne prennent pas un pronom objet indirect mais un **pronom disjoint** pour les personnes (voir Chapitre 4, sections 1 et 2). Il s'agit:

➤ de tous les verbes **pronominaux** construits avec **à**

➤ des verbes **être à** (*to belong to sb*) et **avoir affaire à** (*to have to deal with sb*)

➤ de la plupart des verbes dont la préposition **à** introduit alternativement un complément de **personne** ou de **chose** (EXCEPTION: **obéir à**)

(Pour la liste de ces verbes, voir Chapitre 4, section 2, Tableau 1.)

---

[3] Si on **obéit à quelqu'un**, on peut aussi **obéir à quelque chose** (lois, règlement, ordres, etc.). Dans ce cas-là, on emploie le pronom **y** (voir section 6 ci-dessous). COMPAREZ: Elle n'obéit jamais **à sa mère**. → Elle ne **lui** obéit jamais. MAIS: Le soldat a refusé d'obéir **aux ordres**. → Le soldat a refusé d'**y** obéir.

[4] Si on **répond à quelqu'un**, on peut aussi **répondre à quelque chose** (des questions, une lettre, une demande, etc.). Dans ce cas-là, on emploie le pronom **y** (voir section 6 ci-dessous). COMPAREZ: Elle répond **aux étudiants**. → Elle **leur** répond. MAIS: Elle répond **à leurs questions**. → Elle **y** répond.

N.B. 3-5
Emploi particulier de **lui/leur** (pour des choses)

Avec **donner** et **devoir** (dans leur sens figuré) ainsi qu'avec **préférer**, on emploie toujours **lui** ou **leur**, même pour remplacer une **chose** introduite par la préposition **à**. (Voir aussi section 6d ci-dessous.)

Je vais donner un coup de peinture [c.o.d.] **à ce vieux banc**. → Je vais **lui** donner un coup de peinture.
I'm going to give a coat of paint to this old bench. → I'm going to give it a coat of paint.

Je préfère les moules [c.o.d.] **aux huîtres**. → Je **leur** préfère les moules.
I prefer mussels to oysters. → I prefer mussels to them.

Je ne regrette pas ce voyage: je dois des souvenirs [c.o.d.] extraordinaires **à ce voyage**. → Je ne regrette pas ce voyage: je **lui** dois des souvenirs extraordinaires.
I don't regret this trip; I owe some great memories to this trip. → I don't regret this trip; I owe some great memories to it.

5 Les pronoms **me**, **te**, **se**, **nous** et **vous**

5a. Fonctions

Les pronoms **me**, **te**, **nous** et **vous** représentent toujours des personnes, tandis que le pronom **se** peut représenter des personnes ou des choses. Notez que devant une voyelle ou un **h** muet, **me**, **te** et **se** deviennent **m'**, **t'** et **s'**. Tous ces pronoms peuvent être **compléments d'objet directs** [c.o.d.], **compléments d'objet indirects** [c.o.i.] ou **pronoms réfléchis** (directs ou indirects). (Pour les verbes réfléchis, voir Appendice 2.)

Elle **m'** [c.o.d.] entend mais elle ne **m'** [c.o.d.] écoute pas!	*She hears me, but she doesn't listen to me!*
Je **vous** [c.o.i.] enverrai un courriel.	*I'll send you an e-mail.*
Je **t'** [c.o.d.] appelle ce soir, d'accord?	*I'll call you tonight, OK?*
Vous **vous** [pronom réfléchi] souvenez de ce film?	*Do you remember this movie?*

5b. Impératif + -**moi**/-**toi**

ATTENTION: Après l'impératif affirmatif, les pronoms **me** et **te** font -**moi** et -**toi** (notez le trait d'union), sauf s'ils sont suivis du pronom **en**.

COMPAREZ:

Tais-**toi**!
Be quiet!

MAIS: Va-**t'**en!
Go away!

Donne-**moi** un peu de café.
Give me a little coffee.

MAIS: Donne-**m'**en un peu.
Give me a little.

5c. Accord du participe passé

Lorsque **me**, **te**, **se**, **nous** et **vous** sont compléments d'objet directs [c.o.d.], le participe passé des verbes conjugués avec **avoir** s'accorde avec eux. Par contre, lorsque ces pronoms sont compléments d'objet indirects [c.o.i.], le participe passé des verbes conjugués avec **avoir** ne s'accorde pas. (Pour l'accord du participe passé, voir Chapitre 10, sections 5 à 13.)

COMPAREZ:

Ils **nous** (f. pl.) ont vu**es**.
They saw us.
  [On dit **voir qqn** ➞ **nous** est c.o.d. ➞ accord avec le participe passé.]

MAIS: Ils **nous** (f. pl.) ont parl**é**.
    They talked to us.
    [On dit **parler à qqn** ➞ **nous** est c.o.i. ➞ pas d'accord.]

Ils **se** sont vu**s** mais ils ne **se** sont pas parl**é**.
They saw each other, but they didn't talk to each other.
  [Le 1er **se** est c.o.d ➞ accord; le 2e **se** est c.o.i ➞ pas d'accord.]

N.B. 3-6
Nous/vous: pronoms sujets vs pronoms objets (directs ou indirects)

Ne confondez pas **nous** et **vous** pronoms sujets avec **nous** et **vous** pronoms objets directs ou indirects.

Le documentaire que **nous** [sujet] avons vu hier soir **nous** [c.o.d.] a beaucoup intéressé(**e**)**s**.
The documentary that we saw last night really interested us.
[ET NON: nous avons beaucoup intéressé(e)s]

Vous [sujet] avez vu un film qui **vous** [c.o.i.] a plu?
Did you see a movie that you liked?
[ET NON: qui vous avez plu]

Les pronoms y et en

6 Le pronom y

Le participe passé des verbes conjugués avec **avoir** ne s'accorde jamais avec **y** car ce pronom n'est jamais objet direct. Il a plusieurs fonctions.

6a. **Y** = complément de lieu

Le pronom **y** peut représenter un nom **complément de lieu** introduit par une préposition <u>autre que</u> de (par exemple: **à**, **dans**, **en**, **sur**, **sous**, etc.). En anglais, **y** correspond alors à *there*. (Pour les prépositions les plus courantes, voir Appendice 1, Tableau 1.)

COMPAREZ:

Où est mon portable? Je croyais l'avoir mis **sur la table** mais il n'**y** est plus.
Where is my cell phone? I thought I [had] put it on the table, but it's not there any more.

Elle est allée **à Québec** le week-end dernier. → Elle **y** est allée le week-end dernier.
She went to Quebec last weekend. → She went there last weekend.

MAIS: Il doit revenir <u>de</u> l'aéroport vers 15 heures. → Il doit **en** revenir vers 15 heures.
He's supposed to be back from the airport around 3 p.m. → He's supposed to be back from there around 3 p.m.
[Le complément de lieu est introduit par la préposition **de** ⇀ **en**; voir section 7 ci-dessous.]

N.B. 3-7
Omission de y devant aller au futur et au conditionnel

Lorsque le verbe **aller** est au futur simple ou au conditionnel présent, on omet le pronom **y** (pour des raisons d'euphonie, parce que le futur et le conditionnel d'**aller** commencent par la lettre **i**). On peut toutefois remplacer **y** par **là-bas** si on veut souligner.

COMPAREZ:

Vous allez [présent] **à Paris** l'an prochain? —Oui, j'**y** vais en septembre.
Are you going to Paris next year? —Yes, I am going [there] in September.

MAIS: Vous irez [futur] **à Paris** l'an prochain? —Oui, j'irai en septembre.
Will you go to Paris next year? —Yes, I will go [there] in September.
[ET NON: j'y irai...]

Nous allions [imparfait] souvent **en Bretagne**. → Nous **y** allions souvent.
We used to go to Brittany often. → We used to go there often.

MAIS: Vous iriez [conditionnel présent] **en Antarctique**? —Bien sûr, j'irais sans hésiter.
ou j'irais **là-bas** sans hésiter!
Would you go to Antarctica? —Oh sure, I would go there without hesitation!
[ET NON: j'y irais...]

6b. **Y** = **à** + chose

Le pronom **y** peut également représenter une **chose** (concrète ou abstraite) introduite par la préposition **à**. (Pour l'emploi de **y** dans certaines constructions idiomatiques, voir Chapitre 4, section 7.)

Ils ont dû renoncer **à leurs vacances**. → Ils ont dû **y** renoncer.
They had to give up their vacation. → *They had to give it up.*

Je ne m'attendais pas **à cette nouvelle**. → Je ne m'**y** attendais pas.
I wasn't expecting this piece of news. → *I wasn't expecting it.*

6c. **Y** = **à** + subordonnée ou infinitif (pronom neutre)

Le pronom **y** peut aussi représenter une **subordonnée** ou un **infinitif** introduits par **à**.

Il n'a pas réfléchi **à ce qu'il disait**. → Il n'**y** a pas réfléchi.
He didn't think about what he was saying. → *He didn't think about it.*
   [Il n'a pas réfléchi **à quoi**? À ce qu'il disait. ⇢ **y**]

Tu as pensé **à réserver des billets pour ce soir**? —Oui, j'**y** ai pensé.
Did you remember to reserve tickets for tonight? —*Yes I did.*
   [Tu as pensé **à quoi**? À réserver des billets pour ce soir. ⇢ **y**]

6d. **Y** vs **lui/leur**

RAPPEL: Avec les verbes **donner**, **devoir** et **préférer**, on emploie toujours **lui** ou **leur**, jamais **y**, même pour les choses (voir section N.B. 3-5 ci-dessus).

COMPAREZ:

LUI/LEUR	Y
Il a donné un coup d'aspirateur **au salon**.	MAIS: Il est allé **au salon**.
→ Il **lui** a donné un coup d'aspirateur.	→ Il **y** est allé.
	He went into the living room.
He vacuumed the living room.	→ *He went there.*
→ *He vacuumed it.*	
Je préfère ce tableau-ci **aux autres**.	MAIS: Je tiens beaucoup **à ce tableau**.
→ Je **leur** préfère ce tableau-ci.	→ J'**y** tiens beaucoup.
I prefer this painting to the other ones.	*I'm very attached to this painting.*
→ *I prefer this painting to those.*	→ *I'm very attached to it.*

7   Le pronom **en**

Le pronom **en** est toujours neutre (c'est-à-dire en fait **masculin singulier** en français), même lorsqu'il représente un nom féminin et/ou pluriel. Le participe passé des verbes conjugués avec **avoir** ne s'accorde donc jamais avec **en**.
Ce pronom a plusieurs fonctions.

7a.   En = quantité (spécifiée ou indéterminée)

Le pronom **en** peut représenter un nom précédé d'un **article indéfini**, **partitif** ou d'une notion de **quantité** (spécifiée ou indéterminée). Lorsque le pronom **en** est inclus dans une réponse, on précise souvent la quantité pour clarifier le sens de la phrase.

> Tu as acheté **des pommes** (f. pl.)? —Oui, j'**en** ai acheté <u>un kilo</u>.
> *Did you buy [some/any] apples? —Yes, I bought a kilo [of them].*
> [N'ÉCRIVEZ PAS: j'en ai ~~achetées~~...]

> Ils ont **des enfants**? —Oui, ils **en** ont <u>trois</u>. OU Non, ils n'**en** ont pas.
> *Do they have [any] kids? —Yes, they have three. OR No, they don't have any.*

7b.   En = **de** + chose

Le pronom **en** peut aussi représenter une **chose** (concrète ou abstraite) dépendant d'un verbe ou d'un adjectif construits avec la préposition **de** (voir Tableau 2 ci-dessous pour les verbes les plus courants). Notez toutefois que si la préposition **de** introduit un nom de **personne**, il faut employer **de** + **pronom disjoint**. (Voir Chapitre 4, sections 1 et 2; pour l'emploi de **en** dans certaines constructions idiomatiques, voir Chapitre 4, section 7.)

> Ce train part **de Paris** à 9h 13. → Il **en** part à 9h 13.
> *This train is leaving from Paris at 9:13 a.m. → It's leaving from there at 9:13 a.m.*

> Vous vous servez **de votre portable**? —Oui, je m'**en** sers constamment, j'**en** suis très content(e).
> *Do you use your cell phone? —Yes, I use it constantly; I'm very happy with it.*

7c.   En = **de** + subordonnée ou infinitif (pronom neutre)

Le pronom **en** peut également représenter une **subordonnée** ou un **infinitif** dépendant d'un verbe ou d'un adjectif construits avec la préposition **de** (voir Tableau 2 ci-dessous pour les verbes les plus courants; voir aussi N.B. 3-8 ci-dessous).

COMPAREZ:

Je n'ai pas envie **de regarder un film**. → Je n'**en** ai pas envie.
I don't feel like watching a movie. → I don't feel like it.
> [Je n'ai pas envie **de** quoi? De regarder un film. → **en**]

Paul est convaincu [du fait] **qu'elle a raison.** → Il **en** est convaincu.
Paul is convinced that she's right. → *He's convinced of it.*
  [Paul est convaincu **de** quoi? [Du fait] qu'elle a raison. → **en**]

MAIS: Nous sommes très contents **de notre fils.** → Nous sommes très contents
  de lui.
  We are very pleased with our son. → *We are very pleased with him.*
  [**de** + personne → pronom disjoint]

Tableau 2

VERBES ET ADJECTIFS COURANTS CONSTRUITS AVEC DE

s'apercevoir de qqch ou de qqn	*to notice sth or sb*
s'approcher de qqch ou de qqn	*to come near sth or sb*
avoir besoin de qqch ou de qqn	*to need sth or sb*
avoir envie de qqch ou de qqn	*to feel like having sth* OR *to desire sb*
avoir peur de qqch ou de qqn	*to be afraid of sth or sb*
discuter de qqch ou de qqn	*to discuss sth or sb*
entendre parler de qqch ou de qqn	*to hear about sth or sb*
être (in)capable de qqch	*to be (in)capable of sth*
être (in)certain OU convaincu de qqch	*to be (un)certain* OR *convinced of sth*
être (mé)content de qqch ou de qqn	*to be (dis)pleased about sth or sb*
être fier/honteux de qqch ou de qqn	*to be proud* OR *ashamed of sth or sb*
être (mal)heureux de qqch ou de qqn	*to be (un)happy about sth or sb*
être ravi de qqch ou qqn	*to be delighted with sth or sb*
être (in)satisfait de qqch ou de qqn	*to be (dis)satisfied about sth or sb*
être sûr de qqch ou de qqn	*to be sure of sth or sb*
être surpris de qqch	*to be surprised by sth*
jouer d'un instrument	*to play an instrument*
se méfier de qqch ou de qqn	*to distrust sth or sb*
se moquer de qqch ou de qqn	*to make fun of sth or sb*
s'occuper de qqch ou de qqn	*to take care of sth or sb*
parler de qqch ou de qqn	*to talk about sth or sb*
se passer de qqch ou de qqn	*to do without sth or sb*
penser qqch de qqch ou de qqn	*to have an opinion about sth or sb*
profiter de qqch ou de qqn	*to take advantage of sth or sb*
rêver de qqch ou de qqn	*to dream of sth or sb*
se servir de qqch ou de qqn	*to use sth or sb*
se soucier de qqch ou de qqn	*to care about sth or sb*
se souvenir de qqch ou de qqn	*to remember sth or sb*
sortir de + lieu	*to leave a place*
tenir compte de qqch ou de qqn	*to take sth or sb into account*

> ## N.B. 3-8
> ### Pronoms neutres: **le** vs **en**
>
> ATTENTION: Un infinitif précédé de la préposition **de** n'est pas toujours automatiquement remplacé par le pronom neutre **en**. Tout dépend de la construction du verbe ou de l'adjectif qui précèdent.
>
> COMPAREZ:
> Je suis parfaitement capable **de faire ce travail**. → J'**en** suis parfaitement capable.
> *I'm perfectly able to do this work.* → *I'm perfectly able to do it.*
> [Je suis parfaitement capable **de** quoi? De faire ce travail. → **en**]
>
> MAIS: J'ai exigé **de faire ce travail moi-même**. → Je l'ai exigé.
> *I insisted on doing this work myself.* → *I insisted on it.*
> [J'ai exigé **quoi**? De faire ce travail moi-même. → **l'**]

Vérification et récapitulation. Complétez les phrases suivantes en remplaçant les mots **en gras** par **y** ou **en** si nécessaire.

Ils s'intéressent beaucoup **à ce projet**. → Ils s' (1) _____ intéressent beaucoup. (*They are very interested in this project.* → *They are very interested in it.*)

Est-ce qu'il a **des chiens**? —Oui, il (2) _____ a deux. (*Does he have dogs? —Yes, he has two.*)

Tu me promets que tu iras **chez le médecin**? —Oui, je te promets que j' (3) _____ irai dès que possible. (*Will you promise me that you'll go to the doctor? —Yes, I promise I'll go as soon as possible.*)

Qui s'occupera **de tes plantes** pendant que tu seras en vacances? → Qui s' (4) _____ occupera? (*Who will be taking care of your plants while you're off on vacation? → Who will be taking care of them?*)

Elle est fière **d'avoir si bien réussi ses examens**. → Elle (5) _____ est fière. (*She's proud that she passed her exams so brilliantly. → She's proud of it.*)

Avez-vous réfléchi **à ce que nous pourrions faire**? (6) _____ avez-vous réfléchi? (*Did you think about what we could do? → Did you think about it?*)

 # Place des pronoms

8 Un seul pronom dans la phrase

Lorsqu'il n'y a qu'un seul pronom dans la phrase, celui-ci se place toujours <u>devant le verbe conjugué ou devant l'infinitif</u>, sauf à l'**impératif affirmatif**. (Pour des cas spéciaux comme **laisser**, **faire**, ainsi que les <u>verbes de perception</u>, voir section 9). Comparez les exemples ci-dessous.

Tableau 3

UN SEUL PRONOM DANS LA PHRASE

	FORMES AFFIRMATIVES	FORMES NÉGATIVES
temps simples	Il voit souvent **Julien et Caroline.** → Il **les** voit souvent. *He often sees Julien and Caroline.* → *He often sees them.*	Elle ne voit jamais **ses cousins.** → Elle ne **les** voit jamais. *She never sees her cousins.* → *She never sees them.*
	Elle parle souvent **à ma sœur.** → Elle **lui** parle souvent. *She speaks to my sister often.* → *She speaks to her often.*	Elle ne parle jamais **à ma sœur.** → Elle ne **lui** parle jamais. *She never speaks to my sister.* → *She never speaks to her.*
	Ils ont **trois enfants.** → Ils **en** ont **trois**. *They have three children.* → *They have three.*	Ils n'ont pas **d'enfants.** → Ils n'**en** ont pas. *They don't have any children.* → *They don't have any.*
	Elle restera un mois **à Paris.** → Elle **y** restera un mois. *She will stay one month in Paris.* → *She will stay there one month.*	Elle ne va pas **à la gym** le lundi. → Elle n'**y** va pas le lundi. *She doesn't go to the gym on Mondays.* → *She doesn't go [there] on Mondays.*
temps composés	Il a rencontré **Julien et Caroline.** → Il **les** a rencontré<u>s</u>. *He met Julien and Caroline.* → *He met them.*	Il n'a jamais rencontré **Julien et Caroline.** → Il ne **les** a jamais rencontré<u>s</u>. *He never met Julien and Caroline.* → *He never met them.*
	Il a répondu **à son père.** → Il **lui** a répondu. *He answered his father.* → *He answered him.*	Il n'a pas répondu **à son père.** → Il ne **lui** a pas répondu. *He didn't answer his father.* → *He didn't answer him.*
	Elle a acheté **du vin.** → Elle **en** a acheté. *She bought some wine.* → *She bought some.*	Ils n'ont jamais eu **de dettes.** → Ils n'**en** ont jamais eu. *They never had any debts.* → *They never had any.*
	Elle est allée **au Sénégal** l'an dernier. → Elle **y** est allée l'an dernier. *She went to Senegal last year.* → *She went there last year.*	Elle n'était jamais allée **au Sénégal** auparavant. → Elle n'**y** était jamais allée auparavant. *She had never been to Senegal before.* → *She had never been there before.*

(*suite*)

<table>
<tr><td rowspan="5">impératif</td>
<td>

Regarde **ce joli petit chien**!
→ Regarde-**le**!
Look at that cute puppy!
→*Look at it!*

</td>
<td>

Ne regarde pas **les gens** comme cela, ce n'est pas poli!
→ Ne **les** regarde pas comme cela, ce n'est pas poli!
Don't look at people like that! It's not polite!
→*Don't look at them like that! It's not polite!*

</td></tr>
<tr>
<td>

Téléphone **à tes parents**.
→ Téléphone-**leur**.
Call your parents.
→ *Call them.*

</td>
<td>

Ne réponds pas **à cet étudiant**; c'est le pire des dragueurs!
→ Ne **lui** réponds pas; c'est le pire des dragueurs!
Don't answer this student; he's the worst of all pick-up artists!
→*Don't answer him; he's the worst of all pick-up artists!*

</td></tr>
<tr>
<td>

Sois gentille, offre **des chocolats** à tout le monde.
→ Sois gentille, offre<u>s</u>-**en** à tout le monde.
Be nice and offer some chocolates to everyone.
→ *Be nice and offer some to everyone.*

</td>
<td>

Ne mange pas **trop de pizza**, tu vas être malade!
→ N'**en** mange pas **trop**, tu vas être malade!
Don't eat too much pizza; you're going to be sick!
→ *Don't eat too much [of it]; you're going to be sick!*

</td></tr>
<tr>
<td colspan="2">

Va vite **à l'école**!
→ Vas-**y** vite!
Hurry up and go to school!
→ *Hurry up and go!*

    N'allez pas **au cinéma** ce soir!
→ N'**y** allez pas ce soir!
Don't go to the movies tonight!
→ *Don't go [there] tonight!*

</td></tr>
<tr style="display:none"><td></td><td></td></tr>
<tr><td rowspan="4">infinitif</td>
<td>

Il m'a dit d'attendre **Caroline**.
→ Il m'a dit de l'**attendre**.
He told me to wait for Caroline.
→ *He told me to wait for her.*

</td>
<td>

Il m'a dit de ne pas attendre **Caroline**.
→ Il m'a dit de ne pas l'**attendre**.
He told me not to wait for Caroline.
→ *He told me not to wait for her.*

</td></tr>
<tr>
<td>

Je vais parler **à papa**.
→ Je vais **lui** parler.
I'm going to talk to Dad.
→ *I'm going to talk to him.*

</td>
<td>

Il a promis de ne pas parler **à papa**.
→ Il a promis de ne pas **lui** parler.
He promised not to talk to Dad.
→ *He promised not to talk to him.*

</td></tr>
<tr>
<td>

Tu veux commander **un dessert**?
→ Tu veux **en** commander **un**?
Do you want to order a dessert?
→ *Do you want to order one?*

</td>
<td>

Ils m'ont dit de ne pas parler **de cela**.
→ Ils m'ont dit de ne pas **en** parler.
They told me not to talk about that.
→ *They told me not to talk about it.*

</td></tr>
<tr>
<td>

Nous pensons aller **au Maroc** l'an prochain.
→ Nous pensons **y** aller l'an prochain.
We are thinking of going to Morocco next year.
→ *We are thinking of going there next year.*

</td>
<td>

Je n'ai pas le temps d'aller **en ville**.
→ Je n'ai pas le temps d'**y** aller.
I don't have time to go downtown.
→ *I don't have time to go [there].*

</td></tr>
</table>

9   Place du pronom avec **laisser, faire, envoyer** et avec les **verbes de perception** suivis de l'infinitif

Lorsque les verbes **laisser**, **faire** et **envoyer**, ainsi que les verbes de perception (**voir, regarder, écouter, entendre, sentir**) sont suivis d'un <u>infinitif</u>, le pronom se place <u>devant le verbe conjugué</u> (et non devant l'infinitif), sauf à l'impératif affirmatif. Notez que le participe passé des verbes **faire** et **laisser** suivis d'un infinitif est <u>invariable</u>. (Pour l'accord du participe passé des verbes suivis d'un infinitif, voir Chapitre 10, section 11; pour les constructions avec **faire** et **laisser** dans leur sens passif, voir Chapitre 18, sections 8 à 12.)

COMPAREZ:

TEMPS SIMPLES ET COMPOSÉS	IMPÉRATIF AFFIRMATIF
Elle regardait **ses enfants** jouer.	MAIS: Regarde **les enfants** jouer.
→ Elle **les** regardait jouer.	→ Regarde-**les** jouer.
She was watching her children play.	*Watch the children play.*
→ *She was watching them play.*	→ *Watch them play.*
Ils ont laissé entrer **les spectateurs** une heure avant le début du spectacle.	MAIS: Laissez **les gens** entrer.
→ Ils **les** ont laissé[5] entrer une heure avant le spectacle.	→ Laissez-**les** entrer.
They let the audience go in one hour before the show.	*Let the people in.*
→ *They let them go in one hour before the show.*	→ *Let them in.*
Elle a fait venir **ses parents** pour Noël.	MAIS: Faites venir **vos parents** pour Noël.
→ Elle **les** a fait venir pour Noël.	→ Faites-**les** venir pour Noël.
She had her parents come to her house for Christmas.	*Have your parents come to your house for Christmas.*
→ *She had them come to her house for Christmas.*	→ *Have them come to your house for Christmas.*
Elle a envoyé **Éric** faire ses devoirs.	MAIS: Envoie **Éric** faire ses devoirs.
→ Elle **l'**a envoyé faire ses devoirs.	→ Envoie-**le** faire ses devoirs.
She sent Eric to do his homework.	*Send Eric to do his homework.*
→ *She sent him to do his homework.*	→ *Send him to do his homework.*

10   Plusieurs pronoms dans la phrase

Aux **temps simples** et **composés**, ainsi qu'à l'**impératif négatif**, les pronoms se placent toujours <u>devant le verbe conjugué</u> (voir Tableau 4 ci-dessous). Toutefois, à l'**impératif affirmatif**, les pronoms se placent toujours <u>après le verbe</u> (voir Tableau 5 ci-dessous).

---

[5]   Toutefois, pour le participe passé du verbe **laisser**, on trouve encore l'ancienne orthographe (ils les ont laiss<u>és</u> entrer).

Tableau 4

PRONOMS MULTIPLES AUX TEMPS SIMPLES ET COMPOSÉS ET À L'IMPÉRATIF NÉGATIF

ME		**LE**	Ils **m'**ont prêté **leur bateau**. → Ils **me** l'ont prêté. *They lent me their boat.* → *They lent it to me.*
TE	**D** **E**		Je **t'**ai envoyé **cette lettre** il y a deux jours. → Je **te** l'ai envoyé**e** il y a deux jours. *I sent you that letter two days ago.* → *I sent it to you two days ago.*
SE	**V** **A**	**LA**	Est-ce qu'elle **s'**est acheté **la robe rouge**? → Est-ce qu'elle **se** l'est acheté**e**? *Did she buy herself the red dress?* → *Did she buy it for herself?*
NOUS	**N** **T**	**LES**	Ils **nous** rendront **nos photos**. → Ils **nous les** rendront. *They'll give us back our pictures.* → *They'll give them back to us.*
VOUS			Est-ce que nous **vous** avons présenté **nos amis**? → Est-ce que nous **vous les** avons présenté**s**? *Did we introduce our friends to you?* → *Did we introduce them to you?*
LE	**D** **E**	**LUI**	Ils **lui** ont présenté **leurs amis**. → Ils **les lui** ont présenté**s**. *They introduced their friends to him/her.* → *They introduced them to him/her.*
LA	**V** **A**		Ne montre pas **cette lettre à ta sœur**! → Ne **la lui** montre pas! *Don't show this letter to your sister!* → *Don't show it to her!*
LES	**N** **T**	**LEUR**	Il ne prête jamais **sa voiture à ses enfants**. → Il ne **la leur** prête jamais. *He never lends his car to his children.* → *He never lends it to them.*
M'			Ne **me** parlez pas **de ce problème**! → Ne **m'en** parlez pas! *Don't talk to me about this problem!* → *Don't talk to me about it!*
T'			Je voulais **te** parler **de ce problème**. → Je voulais **t'en** parler. *I wanted* OR *I meant to talk to you about this problem.* → *I wanted* OR *I meant to speak to you about it.*
S'	**D** **E**		Il ne **se** rend pas compte **de la gravité de la situation**. → Il ne **s'en** rend pas compte. *He's unaware of the seriousness of the situation.* → *He's unaware of it.*
NOUS	**V** **A**	**EN**	Elle ne **nous** a pas parlé **du film**. → Elle ne **nous en** a pas parlé. *She didn't talk to us about the movie.* → *She didn't talk to us about it.*
VOUS	**N** **T**		Je **vous** achèterai **des tulipes**. → Je **vous en** achèterai. *I will buy you some tulips.* → *I will buy some for you.*
LUI			Je n'ai pas parlé **de ce problème à Robert**. → Je ne **lui en** ai pas parlé. *I didn't talk to Robert about this problem.* → *I didn't talk to him about it.*
LEUR			Ils ont envoyé **des cartes postales à leurs amis**. → Ils **leur en** ont envoyé. *They sent postcards to their friends.* → *They sent them some.*
Y			Il **y** a **beaucoup de** choses qu'elle ne supporte pas. → Il **y en** a **beaucoup** qu'elle ne supporte pas. *There are many things [that] she can't stand.* → *There are many [that] she can't stand.*

Tableau 5

PRONOMS MULTIPLES À L'IMPÉRATIF AFFIRMATIF

I M P É R A T I F	-LE -LA -LES	-MOI	C'est mon stylo! Rends-**le-moi**! *It's my pen! Give it back to me!*
		-TOI	Cette robe te plaît? Eh bien, achète-**la-toi**! *Do you like this dress? Well then, buy it for yourself!*
		-LUI	Rapporte **ce livre à Claudia**. → Rapporte-**le-lui**. *Bring this book back to Claudia.* → *Bring it back to her.*
		-LEUR	Tu veux que je montre **ces photos à tes parents**? —Oui, montre-**les-leur**. *Do you want me to show these pictures to your parents? —Yes, show these to them.*
		-NOUS	Je peux **vous** laisser **mes affaires**? —Oui, bien sûr, laissez-**les-nous**. *Can I leave my things with you? —Oh sure, leave them with us.*
		-VOUS	Si vos cheveux sont gras, lavez-**les-vous** avec ce shampooing. *If your hair is oily, wash it with this shampoo.*
I M P É R A T I F	-M'	-EN	Tu veux **un chocolat**? —Oh oui! Donne-**m'en** un, s'il te plaît! *Do you want a chocolate? —Oh yes, give me one, please!*
	-T'		Va-**t'en**! *Go away!*
	-LUI		S'il veut **du pain**, donne-**lui-en**. *If he wants bread, give him some.*
	-LEUR		Parlez **de ce problème à vos parents** le plus vite possible. → Parlez-**leur-en** le plus vite possible. *Talk about this problem to your parents as soon as possible.* → *Talk to them about it as soon as possible.*
	-NOUS		Allons-**nous-en**! *Let's go!*
	-VOUS		Allez-**vous-en**! *Go away!*

Vérification et récapitulation.

Récrivez les phrases suivantes en remplaçant les mots **en gras** par le pronom qui convient. Attention à l'accord du participe passé.

(1) J'ai dit bonjour **aux Durand.** (*I said hello to the Durands.*)

_____

(2) J'ai déjà lu **ces romans.** (*I have already read these novels.*)

_____

(3) Mon petit frère n'écoute jamais **mes parents.** (*My little brother never listens to my parents.*)

_____

(4) J'enverrai un courriel **à Nadine.** (*I'll send Nadine an e-mail.*)

_____

(5) Nous ne savions pas **que tu arrivais ce soir.** (*We didn't know [that] you were arriving tonight.*)

_____

(6) J'adore **le chocolat.** (*I love chocolate.*)

_____

(7) Elle a téléphoné **à Sarah et à John.** (*She called Sarah and John.*)

_____

(8) Tu veux **un croissant**? (*Do you want a croissant?*)

_____

(9) Est-ce qu'elle a expliqué **le problème à Chloé et Jasmine**? (*Did she explain the problem to Chloe and Jasmine?*)

_____

(10) Je ne me souviens pas **de ce qu'il a dit.** (*I don't remember what he said.*)

_____

(11) Elle a regardé **l'avion** décoller. (*She watched the plane take off.*)

_____

(12) Envoie **cette photo à tes amis.** (*Send that picture to your friends.*)

_____

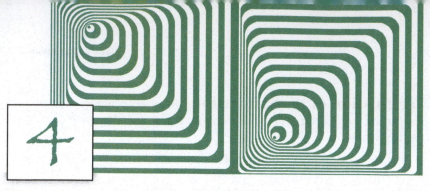

Les pronoms disjoints

Formes des pronoms dans certaines constructions idiomatiques

 ## Les pronoms disjoints

1 Formes des pronoms disjoints

1ʳᵉ personne	moi	nous
2ᵉ personne	toi	vous
3ᵉ personne	lui/elle/soi	eux/elles

➤ Notez que **elle**(s), **nous** et **vous** peuvent être aussi pronoms <u>sujets</u>. (Pour les autres fonctions de **se**, **nous** et **vous**, voir Chapitre 3, section 5.)

COMPAREZ:

Elle a vingt ans.   *She's twenty years old.*
MAIS: Je suis plus âgé(e) qu'**elle**.   *I'm older than she is.*

➤ Le pronom **soi** se rapporte à un <u>indéfini</u> ou à un pronom <u>impersonnel</u>.

Chacun pour **soi**.   *Every man for himself.*
Il faut savoir prendre sur **soi**.   *It's important to keep a grip on things/oneself.*

2 Fonctions des pronoms disjoints

Les pronoms disjoints sont généralement séparés du verbe. Ils remplacent <u>exclusivement</u> un **nom de personne** et s'emploient dans les cas suivants:

2a. Après une **préposition**

On emploie le pronom disjoint pour remplacer un **nom de personne** après une préposition telle que **sur, sous, pour, devant, derrière, entre, de, à côté de, autour de**, etc. Notez cependant que, lorsque la préposition **de** (prise seule) introduit un **nom de chose**, on emploie le pronom **en**. (Pour le pronom disjoint après la préposition **à**, voir section 2i ci-dessous; pour les prépositions les plus courantes, voir Appendice 1, Tableau 1 et sections 7 à 14.)

COMPAREZ:

Viens **avec <u>moi</u>**!	*Come with me!*
Elle est partie **sans <u>eux</u>**.	*She left without them.*
Il se moque toujours **de Lisa**.	*He's always making fun of Lisa.*
→ Il se moque toujours **d'<u>elle</u>**.	→ *He's always making fun of her.*
MAIS: Il se moque bien **de ton problème**!	*He doesn't care a bit about your problem!*
→ Il s'**en** moque bien!	→ *He doesn't care a bit about it!*

2b. Après un **impératif affirmatif**

Les pronoms **me** et **te** deviennent **-moi** et **-toi** après un impératif affirmatif, sauf s'ils sont suivis de **en**. (Voir aussi Chapitre 3, Tableau 5.)

COMPAREZ:

Lève-**toi**!	*Get up!*	MAIS: Va-**t'en**!	*Go away!*
Donne-**moi** ça!	*Give me that!*	MAIS: Donne-**m'en**.	*Give me some.*

2c. Dans les **comparaisons**

(Voir aussi Chapitre 19.)

Il est plus âgé que **toi**.	*He's older than you are.*
Elle est moins grande que **moi**.	*She's less tall than I am.*

2d. Dans les **réponses elliptiques**

Qui veut du champagne? —**Moi**!	*Who wants champagne? —I do!*
Qui a cassé ce vase? **Toi**?	*Who broke this vase? Did you?*

2e. Pour les pronoms **sujets** ou **objets multiples** coordonnés par **et, ou** ou **ni**

(Pour l'accord du verbe avec des sujets multiples, voir Chapitre 21, section 25.)

Ma sœur **et <u>moi</u>** allons souvent ensemble au cinéma.	*My sister and I often go to the movies together.*
Je ne vous reconnais pas, **ni <u>lui</u> ni <u>toi</u>**, sur cette photo: quand a-t-elle été prise?	*I recognize neither him nor you in this picture; when was it taken?*
Choisis! C'est **<u>moi</u> ou <u>elle</u>**!	*Choose! It's between me and her!*

2f. Pour **renforcer un pronom** ou **clarifier son genre** (surtout à l'oral)

Lui, il me tape sur les nerfs!	*He's [really] getting on my nerves!*
Moi, je n'y vais pas: je suis trop occupé(e).	*I'm not going; I'm too busy.*
Eux? Faire une chose pareille? Pas possible!	*Those people? Do a thing like that? No way!*

On peut aussi renforcer un pronom disjoint en ajoutant **-même(s)**. (Voir aussi Chapitre 20, section 7a.)

J'ai trouvé ça **moi-même**.	*I found it myself.*
Ils me l'ont dit **eux-mêmes**.	*They told me about it themselves.*

2g. Dans la mise en relief avec **c'est** [+ préposition] **moi, toi, eux qui/que**, etc.

Cette construction est très idiomatique. (Voir aussi Chapitre 16, N.B. 16-1 et Chapitre 21, section 25a.)

Est-ce (que c'est) <u>toi</u> qui as appelé?	*Are you the one who called?*
C'est à <u>elle</u> de décider.	*It's up to her to decide.*
C'est <u>eux</u> que ça regarde, pas <u>moi</u>.	*It's their business, not mine.*

2h. Dans les restrictions avec **il n'y a que moi, toi**, etc. **qui/que** + subjonctif

Cette construction est également très idiomatique. (Voir Chapitre 8, section 6c.)

Il n'y a que <u>lui</u> qui puisse travailler le week-end.	*He's the only one who can work weekends.*
Il n'y a que <u>toi</u> qui saches confectionner ce dessert.	*You are the only one who [really] knows how to make this dessert.*

2i. Après **certains verbes** construits avec **à**

Après certains verbes construits avec la préposition **à** (voir Tableau 1 ci-dessous), on emploie un **pronom disjoint** pour les **personnes** et le pronom **y** pour les **choses**. Il s'agit:

➤ de tous les verbes **pronominaux** construits avec **à**

➤ des verbes **être à qqn** (*to belong to sb*) et **avoir affaire à qqn** (*to have to deal with sb*)

➤ de la plupart des verbes dont la préposition **à** introduit <u>alternativement</u> un complément de **personne** OU de **chose**. EXCEPTION: **obéir à qqn** ou **à qqch** (par exemple, un ordre) prend toujours **lui/leur** pour un nom de personne (jamais **à** + pronom disjoint).

COMPAREZ:

À + PERSONNE ⟶ PRONOM **DISJOINT**	À + CHOSE ⟶ PRONOM **Y**
Il pense **à ses amis.**	MAIS: Il pense **à son prochain week-end.**
→ Il pense **à eux.**	→ Il **y** pense.
He's thinking about his friends.	*He's thinking about his next weekend.*
→ *He's thinking about them.*	→ *He's thinking about it.*
Je n'ai jamais pu m'habituer **à ces gens.**	MAIS: Je n'ai jamais pu m'habituer **à leur froideur.**
→ Je n'ai jamais pu m'habituer **à eux.**	→ Je n'ai jamais pu m'**y** habituer.
I could never get used to these people.	*I could never get used to their coldness.*
→ *I could never get used to them.*	→ *I could never get used to it.*

Tableau 1

VERBES COURANTS CONSTRUITS AVEC À + PRONOM DISJOINT (POUR LES PERSONNES) OU Y (POUR LES CHOSES)

s'adresser à qqn[1]	*to talk* OR *to deal with sb [in order to get service or information]*
s'attacher à qqch ou à qqn	*to become attached to sth or sb*
se confier à qqn	*to confide in sb*
se donner à qqn ou à qqch	*to give oneself to sb [sexually]* OR *to devote oneself to sth*
se fier à qqch ou à qqn	*to trust sth or sb*
s'habituer à qqch ou à qqn	*to get used to sth or sb*
s'intéresser à qqch ou à qqn	*to be interested in* OR *keen on sth or sb*
se joindre à qqn[2]	*to join sb*
s'opposer à qqch ou à qqn	*to oppose sth or sb*
s'en prendre à qqn	*to take it out on sb*

---

[1] En français, on ne peut pas ~~adresser une question~~ ou ~~adresser un problème~~. Il faut dire **aborder un problème** ou **une question**. COMPAREZ: Pour les réservations, adressez-vous **à lui**. MAIS: Elle n'a jamais abordé la question. → Elle ne l'a jamais abord**ée**.

[2] L'expression *to join sb or sth* ne peut pas se traduire littéralement en français. Il faut donc employer diverses tournures, selon le contexte: *to join sb in doing sth* = **se joindre à qqn pour faire qqch**; *to join sb* = **retrouver qqn**; *to join sb [by phone, etc.]* = **joindre/rejoindre/contacter qqn**; *to join sb in a drink* = **prendre un verre avec qqn**; *to join the army* = **s'enrôler/entrer dans l'armée**; *to join a club* = **devenir membre d'un club** OU **adhérer à un club**.

(suite)

avoir affaire à qqn	*to have to deal OR to do with sb*
être à qqn	*to belong to sb*
faire attention à qqch ou à qqn	*to pay attention to sth or sb*
penser à qqch ou à qqn	*to think of OR to remember sth or sb*
prendre garde à qqch ou à qqn	*to look out for OR to mind sth or sb*
recourir à qqch ou à qqn	*to have recourse to sth or sb*
renoncer à qqch ou à qqn	*to give up on sth or sb*
rêver à qqch ou à qqn	*to dream about sth or sb*
songer à qqch ou à qqn	*to think of OR to muse about sth or sb*
tenir à OU être attaché à qqch ou à qqn	*to be attached to sth or sb*

Vérification. Complétez les phrases suivantes par le **pronom disjoint** qui convient. Ajoutez **que/qu'** ou une **préposition** si nécessaire.

She speaks better than they [= her parents] do. → Elle parle mieux
(1) _____.

She's the only one who can really do this. → Il n'y a (2) _____
qui puisse vraiment faire cela.

Did Naëla make up with Pascal? —No, she's still mad at him. → Est-ce que Naëla
s'est réconciliée avec Pascal? —Non, elle est encore très fâchée contre
(3) _____.

Is this car yours? → Est-ce que cette voiture est (4) _____?

He took it out on me. → Il s'en est pris (5) _____.

3 **Le, la, l', les vs en vs de + pronom disjoint**

3a. Les pronoms objets directs **le, la, l', les**

Comme nous l'avons vu au Chapitre 3, les pronoms objets directs **le, la, l', les** remplacent un **nom complément d'objet direct** [c.o.d.]. Le pronom neutre **le/l'**, quant à lui, remplace un **adjectif**, un **attribut**, une **subordonnée** ou encore un **infinitif** dépendant d'un verbe principal transitif direct (c'est-à-dire construit sans préposition). (Voir Chapitre 3, sections 1 et 3.)

Tu as fini **tes devoirs**? —Oui, je **les** ai fini<u>s</u>.
Did you finish your homework? —Yes, I finished it.
   [Tu as fini quoi? Tes devoirs. → **les**]

Madame Lecoin est **charmante**, mais son mari est beaucoup moins **charmant**.
→ Madame Lecoin est **charmante**, mais son mari l'est beaucoup moins.
Mrs. Lecoin is charming, but her husband is much less so.
[charmant = attribut ⇢ **l'** (neutre)]

Je savais **qu'il était revenu**. → Je **le** savais.
I knew that he had come back. → *I knew it.*
[Je savais quoi? Qu'il était revenu. ⇢ **le** (neutre)]

Ils m'ont dit **de les attendre**. → Ils me l'ont dit.
They told me to wait for them. → *They told me to.*
[Ils m'ont dit quoi? De les attendre. ⇢ **l'** (neutre); ET NON: ~~Ils m'en ont dit~~
(voir Chapitre 3, N.B. 3-8), car on dit **dire qqch.**]

3b. Le pronom **en**

Le pronom **en** a trois fonctions (voir Chapitre 3, section 7). Il peut remplacer soit
une **quantité** (définie ou indéfinie), soit un **nom de chose** précédé de la
préposition **de**, soit encore une **subordonnée** ou un **infinitif** dépendant d'un
verbe construit avec la préposition **de**.

Tu as **des devoirs** pour demain? —Oui j'**en** ai. [quantité indéfinie]
Do you have [any] homework for tomorrow? —Yes, I do [have some].

Vous vous servez **de cet ordinateur**? —Oui, je m'**en** sers constamment.
Do you use this computer? —Yes, I use it constantly.
[On dit **se servir <u>de</u> qqch** ⇢ **en**.]

Je me méfie **de ce qu'il dit**. → Je m'**en** méfie.
I don't trust what he's saying.
[Je me méfie **de** quoi? De ce qu'il dit. ⇢ **en**.]

Je me souviens **qu'il est venu à Noël l'an passé**. → Je m'**en** souviens.
I remember that he came at Christmas last year. → *I remember it.*
[Je me souviens **de** quoi? (Du fait) qu'il est venu à Noël l'an passé. ⇢ **en**.]

3c. La préposition **de** + pronom disjoint

La construction avec **de** + **pronom disjoint** remplace <u>uniquement</u> un **nom de
personne** introduit par la préposition **de**.

J'ai entendu parler **de cet acteur**.
→ J'ai entendu parler **de lui**.

I've heard about this actor.
→ *I've heard about him.*

Il a besoin de **ses amis**.
→ Il a besoin **d'eux**.

He needs his friends.
→ *He needs them.*

Vérification et récapitulation.

Récrivez les phrases suivantes en remplaçant les mots **en gras** par le pronom qui convient (**le, la, l', les** OU **en** OU **de** + **pronom disjoint**). Attention à l'accord du participe passé et à la place des pronoms.

(1) Tu as vu **ces gens**? (*Did you see these people?*)

_____

(2) Est-ce que tu te souviens **de ce film**? (*Do you remember this movie?*)

_____

(3) Je ne me souviens pas **de ces gens**. (*I don't remember these people.*)

_____

(4) Il n'a pas envie **de partir**. (*He doesn't feel like leaving.*)

_____

(5) Est-ce qu'ils ont **des vacances** à Pâques? (*Do they have a vacation at Easter?*)

_____

(6) Ils ont parlé **de cette actrice** à la télévision. (*They talked about this/that actress on television.*)

_____

4 Lui/leur vs y vs à + pronom disjoint

Ces distinctions prêtent souvent à confusion car elles sont particulièrement difficiles à cerner. Nous nous limitons ici à quelques principes généraux, suivis des exceptions les plus courantes.

4a. Les pronoms objets indirects **lui, leur**

Comme nous l'avons vu précédemment (Chapitre 3, section 4), les pronoms **lui** et **leur** remplacent le plus souvent un **objet indirect** dépendant de verbes dont la préposition **à** introduit <u>principalement</u> un **nom de personne**.

EXCEPTIONS: Les verbes du Tableau 1 ci-dessus se construisent avec la préposition **à** + **pronom disjoint**. (Voir aussi section 4c ci-dessous.)

COMPAREZ:

Elle parle **à son frère**. → Elle **lui** parle.
She speaks to her brother. → She speaks to him.
  [ET NON: ~~Elle parle à lui~~ car on peut **parler à qqn**, mais on ne peut pas ~~parler à qqch~~.]

MAIS: Elle s'est confiée à sa mère. → Elle s'est confiée **à elle**.
    She confided in her mother. → She confided in her.
    [verbe pronominal construit avec **à** → **à** + **pronom disjoint**]

Il téléphone souvent **à ses parents**. → Il **leur** téléphone souvent.
He calls his parents often. → *He calls them often.*
   [ET NON: ~~Il les téléphone~~ ou ~~Il téléphone à eux~~... car on peut **téléphoner à qqn**,
   mais on ne peut pas ~~téléphoner à qqch~~.]

MAIS: Cette voiture est **à Marc et Catherine**. → Cette voiture est **à eux**.
      This car belongs to Marc and Catherine. → *This car belongs to them.*
      [**Être à** est toujours construit avec **à + pronom disjoint** (voir
      Tableau 1 ci-dessus).]

Mon père a permis **à ma sœur** de sortir samedi soir. → Il **lui** a permis de sortir
   samedi soir.
My father let my sister go out Saturday night. → *My father let her go out Saturday night.*
   [ET NON: ~~Il l'a permis~~... car on peut **permettre qqch à qqn**, mais on ne peut pas
   ~~permettre qqch à qqch~~.]

4b. Le pronom y

Le pronom **y**, quant à lui, a trois fonctions (voir Chapitre 3, section 6). Il peut
remplacer soit un **complément de lieu** introduit par la préposition **à**, soit un **nom
de chose** introduit par la préposition **à**, soit encore une **subordonnée** ou un
infinitif dépendant de la préposition **à**.

EXCEPTIONS: Avec les verbes **donner**, **devoir** et **préférer**, on emploie **lui/leur**,
pour les personnes comme pour les choses, <u>jamais</u> **y**. (Voir Chapitre 3, N.B. 3-5.)

COMPAREZ:

Elles sont allées **à Rouen** ce matin.
   → Elles **y** sont allées ce matin.

They went to Rouen this morning.
   → *They went there this morning.*

Nous avons renoncé **à cette idée**.
   → Nous **y** avons renoncé.

We gave up on this idea. → *We gave up
on it.*

Je tiens **à ce que vous reveniez avant
   minuit**. → J'**y** tiens.

*I insist that you come back before
   midnight.* → *I insist upon it.*

MAIS: Elle a donné un petit coup de fer
à son chemisier. → Elle **lui** a donné
un petit coup de fer. [**donner** est pris
ici dans un sens figuré → toujours
lui, <u>jamais</u> **y**, même pour les choses]

She gave her shirt a quick ironing.
   → *She gave it a quick ironing.*

4c. La préposition à + pronom disjoint

La préposition **à** + **pronom disjoint** remplace exclusivement un **nom de <u>personne</u>**
dépendant d'un des verbes du Tableau 1 ci-dessus. (S'il s'agit de remplacer **à +
<u>chose</u>**, il faut employer le pronom **y**, et non le pronom disjoint.)

EXCEPTIONS: Les verbes **obéir/désobéir à qqn/qqch** (*to obey/disobey sb or orders*) se construisent toujours avec un pronom objet **indirect** pour les **personnes**.

COMPAREZ:

Il n'a pas fait attention **au passant**. → Il n'a pas fait attention **à lui**.
He didn't pay attention to the pedestrian. → *He didn't pay attention to him.*
  [On peut **faire attention <u>à</u> qqch** ou <u>à</u> **qqn** ⇥ à + **pronom disjoint** parce que **passant** est une personne.]

MAIS: Je n'ai pas fait attention **à ce détail**. → Je n'**y** ai pas fait attention.
       I didn't pay attention to this detail. → *I didn't pay attention to it.*
       [On peut **faire attention à qqch** ou à **qqn** ⇥ **y** parce que **détail** est une chose.]

Je m'adresse toujours **à cette dame** quand je vais dans cette agence. → Je m'adresse toujours **à elle** quand je vais dans cette agence.
I always deal with this lady when I go to this agency. → *I always deal with her when I go to this agency.*
  [Le verbe **s'adresser <u>à</u>** est **pronominal**; il se construit donc toujours avec le pronom disjoint.]

MAIS: Il a désobéi **à ses parents**. → Il **leur** a désobéi.
       He disobeyed his parents. → *He disobeyed them.*
       [RAPPEL: Les verbes **obéir/désobéir** prennent toujours un pronom object indirect pour les personnes.]

Vérification et récapitulation. Récrivez les phrases suivantes en remplaçant les mots **en gras** par le pronom qui convient (**y** OU **lui/leur** OU **à + pronom disjoint**). Faites attention à la place des pronoms.

(1) Allons **au cinéma**. (*Let's go to the movies.*)

_____

(2) J'ai parlé **à mes parents**. (*I spoke to my parents.*)

_____

(3) Je pense **à mes projets de vacances**. (*I'm thinking about my vacation plans.*)

_____

(4) Nous pensons **à ces pauvres gens**. (*We are thinking about these poor people.*)

_____

(5) Il s'intéresse un peu trop **à cette fille**. (*He's a little too interested in that girl.*)

_____

(6) Il s'intéresse beaucoup **à l'art moderne**. (*He's very interested in modern art.*)

_____

5   Ne confondez pas…

5a Penser **à** vs penser **de**

COMPAREZ:

Je pense **à ma sœur**.
  → Je pense **à elle**.

I'm thinking of/about my sister.
    → *I'm thinking of/about her.*

Tu penses trop **à ton examen**.
  → Tu **y** penses trop.

You're thinking too much about your exam.
    → *You're thinking too much about it.*

Que penses-tu **de cette fille**?
  → Que penses-tu **d'elle**?
  [**penser qqch de qqn** = avoir
  une opinion sur qqn]

*What do you think/What is your opinion
  of this girl?*
    → *What do you think /What is your
    opinion of her?*

Que penses-tu **de ce film**?
  → Qu'**en** penses-tu?

*What do you think/What is your opinion of
  this movie?*
    → *What do you think/What is your
    opinion of it?*

5b. Parler **à** vs parler **de** vs parler **avec**

COMPAREZ:

J'ai parlé **à Jim**: il est d'accord.
  → Je **lui** ai parlé: il est d'accord.

I spoke to Jim; it's OK with him.
    → *I spoke to him; it's OK with him.*

Je parle souvent **avec Jim**.
  → Je parle souvent **avec lui**.
  [**parler avec qqn** = avoir une
  conversation avec qqn ou consulter qqn]

I often talk with Jim.
    → *I often talk with him.*

Pourquoi me parles-tu si souvent
  de Jim?
  → Pourquoi me parles-tu si
  souvent **de lui**?

*Why do you talk to me about Jim so
  often?*
    → *Why do you talk to me about him so
    often?*

Je t'avais parlé **de ce film**?
  → Je t'**en** avais parlé?

Had I talked to you about that movie?
    → *Had I talked to you about it?*

5c. Jouer **d'**un instrument de musique vs jouer **à** un jeu/sport

COMPAREZ:

Elle joue très bien **du violon**. → Elle **en** joue très bien.
She plays the violin very well. → *She plays it very well.*

MAIS: Elle joue souvent **aux échecs** OU **au tennis**. → Elle **y** joue souvent.
    She often plays chess OR tennis. → *She plays [it] often.*

5d. Confier <u>à</u> vs **se confier <u>à</u>**

COMPAREZ:

J'ai confié mon secret <u>à</u> **ma meilleure amie.** → Je **lui** ai confié mon secret.
I shared my secret with my best friend. → *I shared my secret with her.*

MAIS: Je me suis confié(e) <u>à</u> **ma mère.** → Je me suis confié(e) **à elle.**
I confided in my mother. → *I confided in her.*

Formes des pronoms dans certaines constructions idiomatiques

6 Pronoms objets indirects—cas particuliers

6a. En référence aux parties du corps

Les pronoms objets indirects s'emploient en conjonction avec l'article défini lorsque le complément d'objet direct est une <u>partie du corps</u>. (Pour l'emploi des déterminants avec les parties du corps, voir Chapitre 7, sections 6 à 8.)

Je **lui** ai serré <u>la</u> main.
I shook hands with him/her.
   [Normalement, lorsqu'on salue quelqu'un, on ne dit pas: ~~J'ai serré sa main.~~]

Il **lui** a tiré <u>les</u> cheveux.
He pulled his/her hair.
   [Normalement, on ne dit pas: ~~Il a tiré ses cheveux.~~]

6b. Plaire <u>à</u> qqn et **manquer <u>à</u> qqn**

ATTENTION: Les verbes **plaire <u>à</u> quelqu'un** et **manquer <u>à</u> quelqu'un** se construisent de façon opposée en français et en anglais. En effet, le **complément d'objet indirect** du verbe français correspond au **sujet du verbe anglais**, et vice versa.[3]

COMPAREZ:

Mes parents plaisent beaucoup **à mon petit ami.** → Ils **lui** plaisent beaucoup.
***My boyfriend** likes my parents a lot.* → ***He** likes them a lot.*

---

[3] Ne confondez pas **manquer à qqn** dans son sens affectif et le verbe **manquer** dans son sens concret (manquer un cours, un train, etc.), qui se construit avec un simple complément d'objet direct. COMPAREZ: J'ai manqué **mon train.** → Je l'ai manqué. MAIS: Janie manque beaucoup <u>à</u> **Marc.** → Elle **lui** manque beaucoup. On dit aussi **manquer à sa promesse** (*to fail to keep one's word*) et **manquer de temps/d'argent**, etc. (*to lack time/money, etc.*).

MAIS: Malheureusement, mon petit ami ne plaît pas du tout **à mes parents**.
→ Malheureusement, il ne **leur** plaît pas du tout.
*Unfortunately, **my parents** don't like my boyfriend at all.*
→ *Unfortunately, **they** don't like him at all.*

Ses parents **lui** manquent. → Ils **lui** manquent.
He/She misses his/her parents. → He/She misses them.
[ET NON: ~~Il/Elle manque ses parents. → Il/Elle les manque.~~]

MAIS: Il manque **à ses parents**. → Il **leur** manque.
***His parents** miss him. → **They** miss him.*
[ET NON: ~~Ses parents le manquent. → Ils le manquent.~~]

Tu **me** manques. (*I miss you.*)

MAIS: Je **te** manque? (*Do **you** miss *me*?*)

6c. Pour remplacer **pour**, **jusqu'à** et **chez** + nom de personne

Dans la langue courante, les pronoms objets indirects peuvent aussi remplacer des **noms de personnes** précédés des prépositions **pour**, **jusqu'à** ou **chez** (dans son sens abstrait). Cet emploi fait fortement concurrence au pronom disjoint.

COMPAREZ:

J'ai trouvé des billets de théâtre **pour mes parents**. → Je **leur** ai trouvé des billets de théâtre.
I found theater tickets for my parents. → I found them theater tickets.
[«J'ai trouvé des billets de théâtre **pour eux**» est moins courant.]

Le courrier parvenait rarement **jusqu'aux habitants de ce village isolé**.
→ Le courrier **leur** parvenait rarement.
The mail rarely reached the people living in that isolated village. → The mail rarely reached them.
[«Le courrier parvenait rarement **jusqu'à eux**» est moins courant.]

Ils ont découvert des talents insoupçonnés **chez ce garçon**. → Ils **lui** ont découvert des talents insoupçonnés.
They found unexpected talents in this boy. → They found unexpected talents in him.

MAIS: Nous allions souvent **chez mes grands-parents**. → Nous allions souvent **chez eux**.
We often went to my grandparents'. → We went there often.
[**chez** = sens concret ici (maison/logement) → pronom disjoint]

6d. Pour remplacer **après**, **autour**, **sur** et **dans** + nom de personne

Dans la langue familière (*colloquial French*), les pronoms **lui**, **leur** peuvent aussi remplacer des **noms de personnes** précédés de prépositions telles que **après**,

autour, sur ou **dans**. Dans ces cas-là, la préposition se place après le verbe; la préposition **sur** devient **dessus** et la préposition **dans** devient **dedans**; les autres prépositions ne changent pas. Cet emploi, très idiomatique mais un peu familier, fait fortement concurrence au pronom disjoint.

> Il a couru **après le voleur.** → Il **lui** a couru **après.**
> *He ran after the thief.* → *He ran after him.*
> [«Il a couru **après lui**» est moins courant.]

> Il tourne un peu trop **autour de ma sœur.** → Il **lui** tourne un peu trop **autour.**
> *He's been hanging around my sister a little too much.* → *He's been hanging around her a little too much.*
> [«Il tourne un peu trop **autour d'elle**» est moins courant.]

> L'agent a sauté **sur le voleur.** → L'agent **lui** a sauté **dessus.**
> *The policeman tackled the burglar.* → *The policeman tackled him.*
> [«L'agent a sauté **sur lui**» est moins courant.]

> Une voiture **lui** est rentrée **dedans.**[4]
> *He/She was hit by a car.*

6e. Dans les constructions avec **faire causatif**

Lorsque l'infinitif dépendant d'un **faire causatif** possède deux compléments (une personne ET une chose), la chose est toujours remplacée par un complément d'objet direct [c.o.d.] et la personne par un complément d'objet indirect [c.o.i.]. Ces pronoms se placent devant le verbe conjugué et non devant l'infinitif. (Voir aussi Chapitre 18, sections 8 et 9.)

> Nous avons fait transformer **la cuisine** [c.o.d.] **par notre architecte.**
> → Nous **lui** avons fait transformer **la cuisine.**
> → Nous **la lui** avons fait transformer.

> *We had the kitchen remodeled by our architect.*
> → *We had him remodel the kitchen.*
> → *We had him remodel it.*

7   Les pronoms y et en—cas particuliers

Comme nous l'avons vu, les pronoms **y** et **en** s'emploient en principe uniquement pour remplacer soit un **nom de chose** précédé de la préposition **à** ou **de**, soit une **subordonnée** ou un **infinitif** dépendant d'un verbe construit avec la préposition **à** ou **de** (voir Chapitre 3, sections 6 et 7). Il arrive cependant que ce principe ne soit pas respecté et que ces deux pronoms remplacent des **noms de personnes**

---

[4] La construction avec le pronom disjoint est impossible ici. Dans la langue soignée, on dira plutôt:
Il/Elle s'est fait heurter par une voiture. OU Il/Elle a eu un accrochage/accident avec une autre voiture.

introduits par **à** ou **de**. Cet emploi survient surtout à l'oral et fait concurrence au pronom disjoint.

Il est amoureux **de Sophie**. → Il **en** est amoureux.
He is in love with Sophie. → *He is in love with her.*
   [L'autre forme, plus correcte, est: Il est amoureux **d'elle**.]

Je pense souvent **à Jacques**. → J'**y** pense souvent.
I often think about Jacques. → *I often think about him.*
   [L'autre forme, plus correcte, est: Je pense souvent **à lui**.]

8   Groupements interdits

À la différence de l'anglais, les pronoms **me, te, se, nous, vous** ne peuvent être groupés deux à deux, ni juxtaposés avec **lui** ou **leur** parce que **me, te, se, nous, vous** sont <u>ambigus</u>: ils peuvent être soit objets directs, soit objets indirects. Pour éviter toute confusion, on remplace les pronoms objets indirects **lui/leur** par la construction avec **à** + **pronom disjoint**. Ce problème ne se présente en réalité que dans deux cas:

8a. Avec les **verbes pronominaux** construits avec la préposition **à** (voir Tableau 1 ci-dessus)

Paul joins me in wishing you a happy New Year. → Paul **se** joint **à moi** pour vous souhaiter une bonne année. [ET NON: Il ~~se me joint~~...]

Go talk to her [to get this information OR service]. → Allez **vous** adresser **à elle**. [ET NON: ~~Allez vous lui adresser~~.]

8b. Avec les verbes **présenter** et **recommander**

COMPAREZ:
*They introduced **us to him**. [**We** were introduced **to him**.]* → Ils **nous** ont présenté(**e**)s **à lui**.
   [ET NON: Ils ~~nous lui ont présenté(e)s~~, parce que **nous** peut être c.o.d. ou c.o.i.]
MAIS: *They introduced **him to us**.* → Ils **nous** l'ont présenté.
      [Ici, le pronom **l'** est clairement c.o.d.; il n'y a donc pas d'ambiguïté.]
*She recommended **me to them**.* → Elle **m'**a recommandé(**e**) **à eux**.
   [ET NON: Elle ~~me leur a recommandé(e)~~, parce que **me** peut être c.o.d. ou c.o.i.]
MAIS: *She recommended **them to me**.* → Elle **me les** a recommandé(**e**)s.
      [Le pronom **les** est clairement c.o.d.; il n'y a donc pas d'ambiguïté.]

Vérification et récapitulation. Traduisez les phrases suivantes.

Employez les éléments donnés entre crochets et mettez les verbes au présent ou au passé composé, selon le cas.

(1) *My friends didn't like the movie.* → *They didn't like it.* [Le film… / plaire à mes amis / Il…]

_____

(2) *You think too much about work.* → *You think too much about it.* [Tu… / ton travail]

_____

(3) *I returned the keys to Helen.* → *I returned them to her.* [rendre / les clés (f. pl.)]

_____

(4) *She misses her parents.* → *She misses them.*

_____

(5) *I found some good DVDs for my friends.* → *I found them some good DVDs.* [trouver / de bons DVD (invariable)]

_____

(6) *He didn't talk about that chapter.* → *He didn't talk about it.* [parler / ce chapitre]

_____

(7) *Annie sat with her friends.* → *She sat with them.* [s'asseoir avec / amis]

_____

(8) *Did they introduce you to their parents?* → *Did they introduce you to them?* [Est-ce qu'ils / vous (m. pl.) / présenter qqn à qqn d'autre]

_____

(9) *They often play basketball.* → *They often play [basketball].* [Elles / jouer / basket (m.)]

_____

(10) *The doctor had Patrick take two aspirins and sent him to bed.* → *The doctor had him take two aspirins and sent him to bed.* [faire prendre qqch à qqn / envoyer qqn se coucher]

_____

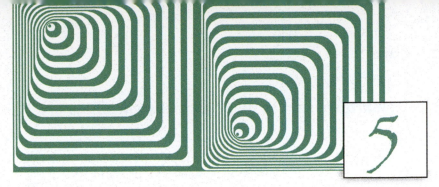

Les adjectifs et pronoms démonstratifs

Les démonstratifs variables

1 Formes des démonstratifs variables

adjectifs démonstratifs variables

	MASCULIN	FÉMININ	M. ET F. PLURIELS
formes simples	ce/cet	cette	ces
formes composées	ce/cet ...-ci/là	cette ...-ci/là	ces ...-ci/là

pronoms démonstratifs variables

	MASCULIN	FÉMININ	M. PLURIEL	F. PLURIEL
formes simples	celui	celle	ceux	celles
formes composées	celui-ci/là	celle-ci/là	ceux-ci/là	celles-ci/là

Les adjectifs et pronoms démonstratifs variables de formes simples et composées s'accordent en genre et en nombre avec le mot qu'ils modifient ou remplacent.

Ce jeune homme est étudiant.	*This/That young man is a student.*
Cet après-midi, je vais à la gym.	*This afternoon, I'm going to the gym.*
Ces tableaux sont magnifiques.	*These paintings are beautiful.*
J'ai acheté un nouveau stylo pour remplacer **celui** que j'ai perdu.	*I bought a new pen to replace the one I lost.*
Cette couleur-**ci** me plaît plus que **celle-là**.	*I like this color better than that one.*

2   Remarques sur les démonstratifs variables

2a. Ce vs cet

L'adjectif démonstratif masculin **cet** s'emploie à la place de **ce** devant un **masculin singulier** commençant par une **voyelle** ou un **h** muet (non aspiré).

COMPAREZ:

CE	CET
ce monsieur (*this/that man*)	**cet** auteur (*this/that author*)
ce jeune homme (*this/that young man*)	**cet** homme (*this/that man*)
ce vieil hôtel (*this/that old hotel*)	**cet** hôtel (*this/that hotel*)
ce grand hôpital (*this/that big hospital*)	**cet** hôpital (*this/that hospital*)
ce nouvel ordinateur (*this/that new computer*)	**cet** ordinateur (*this/that computer*)

2b. Ces

ATTENTION: L'adjectif démonstratif pluriel **ces** s'emploie aussi bien devant des noms féminins que masculins pluriels.

Ces hommes et **ces** [ET NON: ~~cettes~~] femmes sont des réfugiés.	*These/Those men and women are refugees.*

3   Fonctions des démonstratifs variables de forme simple

3a. Ce/cet, cette, ces

Les **adjectifs démonstratifs** variables de forme simple (**ce/cet**, **cette**, **ces**) ont une fonction référentielle: ils renvoient (*refer*) à quelque chose de connu ou de visible.

Ce livre est passionnant.	*This/That book is fascinating.*
As-tu déjà vu **cette** exposition?	*Have you already seen this/that exhibit?*
Ces gens ont été fantastiques.	*These/Those people have been fantastic.*

3b. Celui, celle, ceux, celles: *the one(s), people that/whom/with . . .*

Les **pronoms démonstratifs** variables de forme simple (**celui**, **celle**, **ceux**, **celles**) ne s'emploient jamais seuls (voir aussi sections 3c et 3d ci-dessous). Ils sont toujours suivis soit d'une <u>préposition</u> (**de**, **en**, **avec**, etc.), soit d'un <u>pronom relatif</u> (**qui**, **que**, **dont**, **où**, etc.), soit encore d'un <u>participe</u> présent ou passé. En anglais, ils correspondent à *the one(s)*, *people that/whom/with*, etc.

Tu préfères les boucles d'oreille en or ou **celles** en argent?
[**en** est ici préposition]

Do you prefer the gold earrings or the silver ones?

Ceux qui arriveront en retard devront attendre leur tour.
[**qui** est ici pronom relatif]

People/Those who come late will have to wait their turn.

J'ai trouvé plusieurs brochures à ce sujet: **celle** écrite en français est excellente.
[**écrite** est participe passé]

I found a number of brochures on this topic; the one written in French is excellent.

3c. *"The blue one . . ." vs "the cashmere one/the one that . . ."*

ATTENTION: Lorsque *the one(s)* est précédé en anglais d'un **adjectif**, comme *the blue one*, etc., on emploie l'**article défini** (**le** bleu/**la** bleue) et non le pronom démonstratif. Dans tous les autres cas, c'est-à-dire lorsque *the one(s)* se rattache à un nom, comme *the **cotton** one*, à un pronom relatif, comme *the one **who/that***, ou à une préposition, comme *the one **with***, il se traduit par **celui**, **celle**, **ceux** ou **celles** (voir section 3b ci-dessus).

COMPAREZ:

ARTICLE DÉFINI + ADJECTIF	PRONOM DÉMONSTRATIF VARIABLE
Si tu as besoin d'un pull, je peux te prêter **le** bleu ou **le** noir. *If you need a sweater, I can lend you either the blue [one] or the black one.*	MAIS: Quel pull veux-tu? **Celui** en cachemire? *Which sweater do you want? The cashmere one?*
Quelle valise prends-tu? **La** petite ou l'autre? *Which suitcase are you taking? The small one or the other one?*	MAIS: Quelle valise prends-tu? **Celle** à roulettes ou **celle** qui est au grenier? *Which suitcase are you taking? The one with wheels or the one that's up in the attic?*

3d. **Celui** de Tom/**celle** de ma sœur (*Tom's; my sister's*)

Les pronoms démonstratifs variables simples s'emploient également devant **de** + **nom** pour traduire l'idée d'appartenance exprimée par le **génitif anglais** (*Tom's; my sister's*). (Voir aussi Chapitre 7, section 5).

Ma mère vit à New York mais **celle** de John habite Seattle.

My mother lives in New York City but John's lives in Seattle.

Ce chien est gentil mais **celui** de mon oncle aboie tout le temps.

This dog is nice but my uncle's barks all the time.

4 Fonctions des démonstratifs variables composés (avec -ci/-là)

Les adjectifs et pronoms démonstratifs variables composés avec **-ci/-là** ont des fonctions spatiales ou temporelles. Ils permettent aussi d'opposer deux choses, deux idées ou deux personnes à l'intérieur d'une même phrase.

4a. Fonction spatiale ou temporelle

Ce livre-**ci** est à moi mais l'autre appartient à Delphine.
This book [right here] is mine but the other one belongs to Delphine.

Il y a beaucoup de grippes **ces** jours-**ci**.
There is a lot of flu going around these days.

À **cette** époque-**là**, on voyageait beaucoup moins.
Back then OR *In those days, people traveled much less.*

4b. Opposition entre deux choses ou deux personnes

Je ne peux pas mettre **ce** pull-**ci**, il est troué! Passe-moi plutôt **celui-là**.
I can't wear this sweater; it has a hole in it! Pass me that one instead.

4c. Sens péjoratif de **celui-là/celle-là**, etc.

Comme en anglais, **celui-là**, **celle-là**, **ceux-là** ou **celles-là** peuvent avoir un sens péjoratif.

Oh! **Celle-là**, elle se plaint sans cesse!
Oh, that one! She's always complaining!

N.B. 5-1

This vs _that_: différences entre l'anglais et le français

L'opposition entre **-ci** (*this*) et **-là** (*that*) est moins précise en français qu'en anglais. Les formes avec **-ci** sont en réalité peu fréquentes. Lorsque l'opposition est implicite, ou qu'il n'y a pas de véritable opposition, le français emploie de préférence les formes avec **-là** (contrairement à l'anglais, qui emploie presque toujours *this*).[1]

---

[1] AUTREMENT DIT: The opposition between **-ci** and **-là** corresponds in principle to *the former* and *the latter*, but this distinction isn't as strict in French as in English. The forms with **-ci** are in fact far less frequent in French than those with **-là**. When the opposition is implicit, or when there is no real opposition, one tends to use **-là** forms in French (contrary to English, which almost always uses *this*).

(suite)

COMPAREZ:

OPPOSITION EXPLICITE ➞ **-CI** ET **-LÀ**	OPPOSITION IMPLICITE ➞ **-LÀ**
Tu préfères **ce** pantalon-**ci** ou **celui-là**? *You prefer **these** pants or **those**?*	MAIS: Vous avez besoin d'une agrafeuse? Tenez, prenez **celle-là**! *Do you need a stapler? Here, take **this one**!*

Vérification et récapitulation.

Complétez les phrases suivantes en ajoutant les adjectifs ou les pronoms démonstratifs variables (simples ou composés) correspondant aux mots *en gras*.

These equations are a lot easier than those. ➞ (1) _____ équations-ci sont beaucoup plus faciles que (2) _____.

Is this your computer or Peter's? ➞ C'est ton ordinateur ou (3) _____ de Pierre?

Please bring me my sunglasses, the ones that are on the table. ➞ S'il te plaît, apporte-moi mes lunettes de soleil, (4) _____ qui sont sur la table.

*You need a knife? Take **this one right here**, not **that one**; it isn't sharp enough.* ➞ Tu as besoin d'un couteau? Prends (5) _____, pas (6) _____: il n'est pas assez aiguisé.

*See you **this** afternoon!* ➞ À (7) _____ après-midi (m.)!

*Do you like canvas belts, or do you prefer leather **ones**?* ➞ Tu aimes les ceintures en tissu ou tu préfères (8) _____ en cuir?

*These croissants aren't good; **the ones** from my baker are much better!* ➞ (9) _____ croissants ne sont pas bons; (10) _____ de mon boulanger sont bien meilleurs!

 ## Les démonstratifs invariables

Les démonstratifs invariables sont tous des **pronoms neutres**. Il s'agit de **ce/c'**, [**ceci**],[2] **cela** (ou **ça** dans la langue courante). Ils ont plusieurs fonctions.

---

[2] In theory, **ceci** is opposed to **cela/ça**, but in reality, **ceci** is far less frequent than **cela/ça**. When it is used, **ceci** announces something that follows immediately, while **cela** refers to what has just been said (as in English). COMPAREZ: Je te dis **ceci**: fais attention … (*I'll tell you **this**: be careful …*) MAIS: **Cela** dit, je pense que vous avez raison. (***That** said, I think [that] you are right.*)

5   «C'est…» vs «Il est…» (nationalité et profession)

5a.   «C'est un Français…» vs «Il est français…»

Pour répondre à une question portant sur la **nationalité**, on peut employer soit **c'est un(e) + nationalité** (avec une <u>majuscule</u>, car il s'agit alors d'un nom), soit **il/elle est + nationalité** (sans article, avec une <u>minuscule</u>, car il s'agit alors d'un adjectif). (Voir aussi Chapitre 2, section 11a.)

COMPAREZ:

De quelle nationalité est Rachida?   *What is Rachida's nationality?*
  —**C'est une** Française [notez la   —*She's French.*
    majuscule]. OU **Elle est** française
    [notez la minuscule].

5b.   «C'est un architecte…» vs «Il est architecte…»

Pour répondre à la question **Quelle est sa profession/son occupation?** OU **Qu'est-ce qu'il/elle fait dans la vie?**, on emploie **il/elle est + nom de profession** (<u>sans</u> article). En revanche, pour répondre à la question **Qui est-ce?** (identification), on utilise **C'est + le/la/un/mon,** etc. **+ nom.** (Voir aussi Chapitre 2, section 11b.)

COMPAREZ:

Et Paul, que fait-il dans la vie?   *And Paul, what does he do for a living?*
  —**Il est** architecte.   —*He's an architect.*
  [ET NON: ~~Il est un architecte.~~]

MAIS: Qui est-ce?   *Who is this?*
  —**C'est un/notre** architecte.   —*He's an/our architect.*

6   Ce/c' vs cela/ça (sujets)

Notez que le pronom **ce/c'** peut être <u>singulier</u> ou <u>pluriel</u>, tandis que **cela/ça** est <u>toujours singulier</u> et ne peut donc jamais être sujet d'un verbe au pluriel.

6a.   Emplois <u>exclusifs</u> de **ce/c'** sujet

Le pronom **ce/c'** est <u>le seul pronom démonstratif sujet possible</u> devant **est, était/étaient, sont** et **ne sont pas**, à la condition que ces verbes ne soient <u>pas</u> précédés d'un **pronom objet** (voir aussi section 6c ci-dessous).[3] (Pour la différence entre **c'est** et **ce sont**, voir Chapitre 21, section 26).

---

[3]   Toutefois, dans le style <u>soutenu</u>, on rencontre parfois **cela** devant le verbe **être** suivi d'un attribut ou d'un complément lorsqu'on veut <u>souligner ou accentuer</u> l'expression: **Cela** est sans importance. (*This/That is of no importance* **whatsoever.**)

COMPAREZ:

C'<u>est</u> tout?	*Is that all?*
C'<u>était</u>/C'<u>étaient</u> des touristes américains.	*These/They were American tourists.*
Ce <u>ne sont pas</u> mes cousins, **ce** <u>sont</u> mes frères.	*These/They are not my cousins, these/they are my brothers.*
MAIS: **Ça** <u>m</u>'est arrivé plusieurs fois.	*It happened to me many times.*

On emploie **ce/c'** également dans la mise en relief avec un **pronom relatif** (**c'est moi qui/c'est là que**, etc.) lorsqu'on veut souligner (*emphasize*) quelque chose. Cette construction idiomatique est extrêmement fréquente en français. (Voir Chapitre 16, N.B. 16-1 et Chapitre 21, section 25a.)

C'<u>est</u> lui **qui** me l'a dit.	*He's the one who told me this.*
C'<u>est</u> là **que/où** j'habitais.	*That's where I used to live.*

6b. **Ce** OU **cela/ça** sujets (au choix)

On a le <u>choix</u> entre **ce** et **cela/ça** devant: **n'est pas**, **n'était pas** et devant (**ne**) **sera/serait (pas)**. RAPPEL: Devant **sont**, on emploie <u>exclusivement</u> **ce**, à la forme affirmative aussi bien que négative.

COMPAREZ:

Ce <u>n'est pas</u> OU **Cela/Ça** <u>n'est pas</u> facile à comprendre.
It's not easy to understand.

MAIS: **Ce** <u>ne sont pas</u> des roses, **ce** <u>sont</u> des œillets.
    These are not roses; these are carnations.
    [ET NON: ~~Ça ne sont pas~~...]

Ce <u>sera</u> OU **Cela/Ça** <u>sera</u> vite fait.
It won't take long. [**être** est au futur ➙ **ce** ou **cela/ça**]

MAIS: C'<u>était</u> formidable!
    It was great! [**être** est à l'imparfait affirmatif ➙ **c'**]

Ce <u>serait</u> OU **Cela/Ça** <u>serait</u> idéal.
It would be ideal. [**être** est au conditionnel ➙ **ce** ou **cela/ç**]

MAIS: C'<u>est</u> dommage que tu ne puisses pas partir en même temps que nous.
    It's too bad you can't leave at the same time we do.

On a également le <u>choix</u> entre **ce** et **cela/ça** lorsque **être** est précédé des semi-auxiliaires **devoir** ou **pouvoir**, mais l'emploi de **ce** appartient alors au style soutenu.

Si elle vous a dit cela, **ça** [OU **ce**] <u>doit</u> être vrai.	*If she said this/that to you, then it must be true.*
Demande à Marc ce qu'il en pense: **ça** [OU **ce**] <u>peut</u> être utile d'avoir son avis sur la question.	*Go ask Mark what he thinks; it might be useful to have his opinion about it.*

6c. Emplois exclusifs de **cela/ça** sujet

Le pronom sujet **cela/ça** est <u>le seul pronom possible</u> dans tous les autres cas, à savoir:

➤ Lorsqu'une forme <u>simple</u> du verbe **être** est précédée de pronoms tels que **me, te, se, lui, nous, vous, leur**

Cela/Ça <u>s</u>'est passé lundi.	*It happened [on] Monday.*
MAIS: **C'**est arrivé plusieurs fois.	*It happened a number of times.*

➤ Après **tout** + verbe **être**

Tout cela/ça <u>est</u> fascinant.	*All this is fascinating.*[4]

➤ Devant <u>tous les verbes</u> autres que **être** (donc y compris devant l'auxiliaire **avoir**)

COMPAREZ:

Alors les enfants, **ça** <u>va</u>?	*So kids, how's it going?*
Cela m'<u>étonne</u>.	*That surprises me.*
MAIS: **C'**<u>est</u> étonnant.	*It's surprising.*

7 Récapitulation—ce/c' sujet vs cela/ça sujet

COMPAREZ:

CE/C'	CELA/ÇA
C'est intéressant? [verbe **être** au présent] *Is it interesting?*	Oui, **cela/ça** m'<u>amuse</u>. [verbe autre que **être**] *Yes, I find it amusing.*
C'était intéressant. [verbe **être** à l'imparfait] *It was interesting.*	**Cela/Ça** <u>aurait été</u> intéressant. [**être** est conjugué avec l'auxiliaire **avoir**] *It would/could have been interesting.*
C'est arrivé hier. [auxiliaire **être** au présent] *It happened yesterday.*	**Cela/Ça** <u>leur</u> est arrivé hier. [pronom **leur** devant **est**] *This happened to them yesterday.*

MAIS: **Ce** OU **Ça** serait génial! [verbe **être** au conditionnel présent]
It would be great!

MAIS: **Ce** OU **Ça** sera dur, mais on s'y fera. [verbe **être** au futur]
It'll be hard, but we'll get used to it.

MAIS: **Ce** OU **Ça** n'est pas aussi facile que ça! [verbe **être** au présent <u>négatif</u>]
It's not all that easy!

---

[4] Par contre, dans la mise en relief, on dira: **Tout ça, c'**est des mensonges! (*All this is just lies!*)

Vérification. Complétez les phrases suivantes en ajoutant **cela/ça** ou **ce/c'**, si nécessaire. Lorsque les deux réponses sont possibles, indiquez-les.

She's a Mexican. ➞ (1) _____ est une Mexicaine.

My new printer doesn't work; that's not normal! ➞ Ma nouvelle imprimante ne marche pas: (2) _____ n'est pas normal!

We don't care! ➞ (3) _____ nous est égal!

It's all the same! OR *Never mind!* ➞ (4) _____ est égal!

8   Autres fonctions de ce/c' et cela/ça

8a. **Ce qui**, **ce que**, **ce dont**...

Ce est <u>obligatoire</u> devant les pronoms relatifs **qui/que/dont** lorsque l'antécédent n'est ni spécifié ni spécifique. (Voir Chapitre 16, section 12a.)

Explique-moi **ce qui** s'est passé.	*Explain to me what happened.*
Dis-moi **ce que** tu me reproches!	*Tell me what you have against me!*
Ce n'est pas du tout **ce dont** j'ai besoin.	*That's not at all what I need.*

8b. **Tout ce qui**..., **Voici ce que**..., **Voilà ce dont**...

Ce est aussi <u>obligatoire</u> entre **tout/voici/voilà** et les pronoms relatifs **qui/que/dont**. (Voir Chapitre 16, sections 12b et 12c.)

Voilà ce <u>qui</u> est arrivé...	*Here's what happened . . .*
Nous avons **tout ce** <u>qu</u>'il nous faut.	*We have everything we need.*
C'est **tout ce** <u>dont</u> je me souviens.	*That's all I remember.*

8c. "*What annoys me . . .*" ou "*. . . , which annoys me*"

Ce est également <u>obligatoire</u> devant les pronoms relatifs **qui/que/dont**, etc. lorsque la proposition relative est mise en relief (au début d'une phrase) ou lorsque son antécédent est une idée ou une phrase complète. (Voir Chapitre 16, sections 12d et 12e.)

Ce <u>qui</u> m'agace, c'est qu'elle est/soit toujours en retard.	*What annoys me is the fact that she's always late.*
Elle est toujours en retard, **ce** <u>qui</u> m'agace.	*She's always late, which annoys me.*

8d. Ce qui/que… vs Celui qui/que…

La construction avec **ce qui**, **ce que**, etc. correspond à *which* OU *what*. La construction avec **celui qui/que**, etc. correspond à *the one(s) that, people* OR *those who*, etc. (Sur cette distinction, voir aussi Chapitre 16, section 13.)

COMPAREZ:

CE QUI, CE QUE…	CELUI QUI, CELLE QUE…
Ce qui complique les choses en ce moment, c'est le mauvais temps.	**Celui qui** complique les choses en ce moment, c'est toi.
What is making things complicated right now is the bad weather.	*The one who is making things complicated right now is you.*
Ce que j'admire le plus chez Cézanne, ce sont ses paysages.	**Celle que** j'admire le plus dans ma famille, c'est ma grand-mère.
What I admire most in Cézanne are his landscapes.	*The one I admire the most in my family is my grandmother.*

8e. Cela/ça complément ou attribut

Regarde-moi[5] **ça**! C'est joli, tu ne trouves pas?	*Look at that! It's pretty, don't you think?*
Oui, c'est **ça**.[6]	*Yes, that's it.*

8f. «J'aime ça…» vs «Je l'aime…»

RAPPEL: Lorsqu'un verbe comme **aimer, adorer, détester, trouver,** etc. a pour complément d'objet direct une chose générique ou abstraite, on la remplace par le pronom **ça** plutôt que par un pronom objet direct. En revanche, si le complément est une personne ou une chose spécifique, on emploie un pronom objet direct (**le, la, l'** ou **les**). (Voir Chapitre 3, section 2.)

COMPAREZ:

Vous aimez **le camembert**?	Vous aimez **ce camembert**?
—Non, je déteste **ça**.	—Oui, je **le** trouve délicieux.
Do you like camembert?	*Do you like this camembert?*
—*No, I can't stand it.*	—*Yes, I think it's delicious.*

---

[5]   Le pronom **-moi** est ici purement idiomatique; il exprime l'enthousiasme de celui ou celle qui parle mais ne se traduit pas en anglais.

[6]   Dans la langue orale familière, l'expression peut être sarcastique: Oui, oui, c'est **ça**... (*Yeah, sure . . .* OR *Yeah, whatever . . .*)

9   Expressions idiomatiques avec ça

Ça alors! [admiration OU indignation]	*My goodness!* OR *You're kidding!?*
Ça fait grossir.	*It's fattening.*
Ça ne me dit rien.	*I don't feel like it.*
Ça ne fait rien.	*It doesn't matter.*
Ça ne te/vous regarde pas!	*It's none of your business!*
Ça ne va pas fort.	*I am, you are, etc., under the weather.*
Ça par exemple!	*Well, I never! My word!*
Ça suffit!	*Enough already!*
Ça te/vous va bien.	*It looks good on you.* OR *It suits you.*
Ça va? —Comme **ci**, comme **ça**!	*How is it going?* —*So so . . .*
Oh oh! **Ça** va chauffer/barder! [familier]	*Uh oh! Things are going to get nasty!*
Ça y est!	*OK! That's it!* OR *Done!*
Mais à part **ça**...?[7]	*And apart from that . . . ?*
Qu'est-ce que c'est [que] **ça**?	*What [in the world] is this?!*
Regarde-moi[8] **ça**!	*Take a look at this!!*
... sans **ça** (= sinon)	*. . . otherwise*

Vérification et récapitulation.   Complétez les phrases suivantes en ajoutant l'adjectif ou le pronom démonstratif qui convient.

Cesse de te plaindre: (1) _____ m'énerve! (*Stop complaining; this is getting on my nerves!*)

Quel dessert est-ce que tu veux? (2) _____ ou (3) _____? (*Which dessert do you want? This one or that one?*)

J'adore les fruits de mer. → J'adore (4) _____. (*I love seafood.* → *I love it.*)

(5) _____ ne te dérangerait pas trop de me déposer? (*Would you mind very much dropping me off?*)

C'est exactement (6) _____ dont j'ai besoin. (*This is exactly what I need.*)

Ce n'est pas ma voiture, c'est (7) _____ de Laura. (*It's not my car, it's Laura's.*)

---

[7]   Cette expression est tirée du refrain ironique d'une célèbre chanson française énumérant une série de catastrophes: «Mais à part ça, Madame la Marquise, tout va très bien, tout va très bien.» Aux États-Unis, elle correspond à *And apart from that, Mrs. Lincoln, how was the play?*

[8]   Voir note 5 ci-dessus.

6

L'interrogation directe

1 Vue d'ensemble

Il existe deux types d'interrogation directe: **l'interrogation globale**, qui porte sur l'ensemble de la phrase (la réponse est **oui/si** ou **non**), et **l'interrogation partielle**, qui permet de demander des précisions sur une partie de la phrase (la réponse est alors un **renseignement spécifique**).

Tableau 1

A. Interrogation globale ➡ la réponse est **oui/si** ou **non**

Vous avez fini? OU Est-ce que vous avez fini? OU Avez-vous fini? —Oui. OU Non.	*Are you done? —Yes, we are.* OR *No, we're not.*
Elle n'est pas française? OU Est-ce qu'elle n'est pas française? OU N'est-elle pas française? —Si. OU Non.	*Isn't she French? —Yes, she is.* OR *No, she isn't.*

B. Interrogation partielle ➡ la réponse est spécifique

ADVERBES INTERROGATIFS

Quand revenez-vous? —Demain.	*When are you coming back? —Tomorrow.*
Combien de temps nous reste-t-il? —Cinq minutes.	*How much time do we have left? —Five minutes.*
Où est-ce que tu vas? —Je rentre.	*Where are you going? —Home.*
Pourquoi est-ce que tu ne manges pas? —Je n'ai pas faim.	*Why aren't you eating? —I'm not hungry.*
Comment te sens-tu? —Mieux, merci.	*How are you feeling? —Better, thank you.*

ADJECTIFS ET PRONOMS INTERROGATIFS VARIABLES

Quel genre d'ordinateur est-ce que tu utilises? —Un Mac.	*What kind of computer do you use? —A Mac.*
Laquelle de ces voitures est à toi? —La bleue.	*Which of these cars is yours? —The blue one.*

(suite)

PRONOMS INTERROGATIFS INVARIABLES	
Qui est ce monsieur? —C'est mon père.	*Who is this man/gentleman? —He's my father.*
Qu'est-ce que tu fais ce soir? —Je vais au cinéma.	*What are you doing tonight? —I'm going to the movies.*
Par **quoi** voulez-vous commencer [le repas]? —Par des huîtres.	*What do you want to start [the meal] with? —With oysters.*

L'interrogation globale—la réponse est oui/si ou non

2 Les structures interrogatives

2a. Comment formuler une question?

RAPPEL: Dans l'interrogation globale, il existe trois façons de formuler une question selon le niveau de langue.

➤ Langue familière orale (*colloquial French*): par simple **intonation**, en faisant monter la voix à la fin de la phrase (l'ordre des mots ne change pas)
➤ Langue courante (*standard oral and written French*): en ajoutant **Est-ce que/qu'** au début de la phrase (l'ordre des mots ne change pas non plus)
➤ Langue soutenue (*formal French, both oral and written*): par **inversion** de l'ordre habituel du sujet et du verbe

COMPAREZ:

langue familière	langue courante	langue soutenue
Tu as faim? *Are you hungry?*	Est-ce que tu as faim?	As-tu faim?

2b. Question négative

La réponse à une question négative est **si**[1] (pour une réponse affirmative) ou **non** (pour une réponse négative).

Vous ne conduisez pas? —**Si**, bien sûr. OU **Non**, malheureusement.   *You don't drive? —Of course I do.* OR *No, unfortunately, I don't.*

---

[1] L'adverbe d'opposition ou d'affirmation **si** est souvent répété lorsque l'interlocuteur veut renforcer sa réponse affirmative ou corriger une idée fausse: Vous n'êtes pas américaine? —**Si, si**! (*You're not American? —Sure I am!*)

2c. N'est-ce pas? (confirmation)

Lorsqu'on veut, non pas une réponse, mais une simple confirmation, on ajoute **n'est-ce pas?** à la fin de la question. Notez bien qu'en français, cette expression est <u>invariable</u>.

> Il a trouvé du travail, **n'est-ce pas?**   *He found a job, **didn't he**?*
> Le film est à huit heures, **n'est-ce pas?**   *The movie is at eight o'clock, **isn't it**?*

3 L'interrogation par inversion (style soutenu)

3a. Si le sujet est un pronom…

Si le sujet est un simple pronom, il est précédé d'un trait d'union et se place immédiatement <u>après</u> le verbe conjugué (ou après l'auxiliaire aux temps composés). (Pour les verbes à la 1re personne du présent, voir section 3d ci-dessous.)

> As-**tu** vu Sophie?   *Did you see Sophie?*
> Est-**ce** vraiment nécessaire?   *Is it really necessary?*

3b. Si le sujet est un nom…

Si le sujet est un nom, celui-ci se place <u>devant</u> le verbe conjugué; il est ensuite repris <u>après</u> le verbe par le pronom sujet qui lui correspond (**-il/ils** ou **-elle/elles**). On parle alors d'**inversion à double sujet**.

> **Laura** est-**elle** partie?   *Did Laura leave?*
> **Ces gens** ont-**ils** des enfants?   *Do these people have children?*

3c. Si le verbe se termine par une voyelle…

Si le verbe se termine par une voyelle à la 3e personne du singulier, il faut intercaler un -t- entre le verbe et le pronom **il/elle**.

> Julie aime-<u>t</u>-elle les asperges?   *Does Julia like asparagus?*
> Y a-<u>t</u>-il des questions?   *Are there any questions?*

3d. Si le verbe est à la 1re personne du présent…

Si le verbe est à la 1re personne du <u>présent</u>, l'inversion est beaucoup plus rare. Dans la langue <u>courante</u>, on emploie plutôt **est-ce que je** + présent ou **suis-je en train de** + infinitif.

> **Est-ce que je** dis une bêtise? OU   *Am I saying something dumb?*
>   **Suis-je en train de** dire une bêtise?

Dans la langue <u>soutenue</u> toutefois, les verbes **avoir**, **être**, **aller**, **devoir** et **pouvoir**[2] admettent l'inversion du **je** sujet.

Ai-je le temps d'acheter un journal?	*Do I have time to buy a newspaper?*
Suis-je en retard?	*Am I late?*
Vais-je y arriver?	*Am I going to be able to do it?*
Dois-je vous téléphoner?	*Should I call you?*
Puis-je vous inviter à dîner? [MAIS ON DIRA: Est-ce que **je peux** vous inviter à dîner?]	*May I invite you out to dinner?*

3e. Si le sujet est **ça**...

Si le pronom sujet est **ça**, il ne peut pas se mettre après le verbe; il faut donc utiliser soit **est-ce que ça** + verbe, soit (plus rarement) **cela** + verbe + [-t]-**il**.

Ça fonctionne? → **Est-ce que ça** fonctionne ? OU **Cela** fonctionne-t-**il**?	*Is it working?* OR *Does it work?*

3f. Si le verbe a des pronoms objets...

Si le verbe a des **pronoms objets** (directs, indirects) ou des pronoms comme **y** ou **en**, ceux-ci se placent comme d'habitude, c'est-à-dire <u>devant</u> le verbe conjugué. Si le sujet est un **nom**, celui-ci se met tout au début de la phrase, juste <u>devant</u> les pronoms objets.

COMPAREZ:

Ont-ils rendu **la voiture à leurs parents**?	MAIS: Luc et Marc ont-ils rendu **la voiture à leurs parents**?
→ **La leur** ont-ils rendu<u>e</u>?	→ Luc et Marc **la leur** ont-ils rendu<u>e</u>?
Did they bring the car back to their parents?	*Did Luke and Mark bring the car back to their parents?*
→ *Did they bring it back to them?*	→ *Did Luke and Mark bring it back to them?*

3g. Si la question est négative...

Si la question est négative, **ne/n'** se met tout au début de la phrase ou immédiatement après le nom sujet. Les pronoms objets (directs et/ou indirects) se placent après **ne**.

N'aviez-vous pas déjà lu **ce roman**?	*Hadn't you read this novel before?*
→ **Ne** l'aviez-vous pas déjà lu?	→ *Hadn't you read it before?*

---

[2] C'est le cas aussi avec d'autres verbes, mais ces emplois sont archaïques et plutôt humoristiques: Qu'entends-je/Qu'ouïs-je? Que vois-je? Que fais-je? (*What do I hear, see, do?*) Si le verbe est en -**er**, le **e** final est remplacé par **è** [ou **é**]: Me tromp<u>è</u>/**é**-je? (*Am I making a mistake?*)

3h. Récapitulation sur les **questions par inversion**

Les éléments entre parenthèses sont facultatifs.

> (nom sujet) + (ne) + (pronoms objets) + **verbe conjugué** + (-t) + **pronom sujet** + (2ᵉ partie de la négation) + (participe passé) + (compléments d'objets, etc.)

A-t-elle faim?	*Is she hungry?*
N'a-t-elle pas faim?	*Isn't she hungry?*
Héloïse a-t-elle faim?	*Is Heloise hungry?*
Héloïse n'a-t-elle pas faim?	*Isn't Heloise hungry?*
Olivier a-t-il déjà rencontré Sarah?	*Did Oliver already meet Sarah?*
→ Olivier l'a-t-il déjà rencontrée?	*→ Did Oliver already meet her?*
Olivier n'a-t-il pas déjà rencontré Sarah?	*Didn't Oliver already meet Sarah?*
→ Olivier ne l'a-t-il pas déjà rencontrée?	*→ Didn't Oliver already meet her?*

N.B. 6-1

Est-ce que vs questions par inversion

Ne confondez pas les questions avec **est-ce que** et les questions par **inversion**.

COMPAREZ:

Est-ce que Tom a fini sa composition? OU **Tom a-t-il fini** sa composition?
  Did Tom finish his composition?
  [ET NON: ~~Est-ce que Tom a-t-il fini~~ sa composition?]

Vérification. Transformez les questions suivantes en les mettant à la forme interrogative par <u>inversion</u>.

(1) François va revenir? (*Is François going to come back?*)

_____

(2) Je peux vous demander un service? (*Can I ask you to do me a favor?*)

_____

(3) Paul ne lui a pas téléphoné? (*Didn't Paul call him/her?*)

_____

L'interrogation partielle—la réponse est un renseignement spécifique

Il existe également plusieurs constructions possibles dans l'interrogation partielle. Tout dépend du niveau de langue. (Notez toutefois que la voix ne monte pas à la fin de la phrase, elle <u>descend</u>.)

4 ## Les questions avec **où, quand, comment, combien** et **pourquoi**

Où, quand, comment, combien et **pourquoi** sont des adverbes interrogatifs. [Le signe "*" dans le tableau ci-dessous indique une **inversion stylistique**: le nom sujet se trouve immédiatement <u>après</u> le verbe; pour plus de détails, voir section 10 ci-dessous.]

langue familière orale	langue courante	langue soutenue
Tu vas **où**? *Where are you going?*	**Où** est-ce que tu vas?	**Où** vas-tu?
Elle part **quand**? *When is she leaving?*	**Quand** est-ce qu'elle part?	**Quand** part-elle?
Ton frère s'appelle **comment**? *What's your brother's name?*	***Comment** s'appelle ton frère?	**Comment** ton frère s'appelle-t-il? [rare]
Ce livre coûte **combien**? *How much does this book cost?*	***Combien** coûte ce livre?	**Combien** ce livre coûte-t-il? [rare]
Elle suit **combien** de cours? *How many courses is she taking?*	**Combien** de cours est-ce qu'elle suit?[3]	**Combien** de cours suit-elle?
Elle rit **pourquoi**? *Why is she laughing?*	**Pourquoi** est-ce qu'elle rit?	**Pourquoi** rit-elle?

---

[3] Avec **combien**, le nom complément d'objet direct peut aussi se mettre après le verbe (dans ce cas-là, l'accord du participe passé ne se fait pas). COMPAREZ: **Combien de pages** as-tu écrit<u>es</u>? MAIS: **Combien** as-tu écri<u>t</u> **de pages**?

5   Ordre des mots avec **où, quand, comment, combien** et **pourquoi**

Dans la langue soutenue et courante, l'adverbe interrogatif se place toujours au début de la phrase. Dans la langue familière, il se place soit à la fin, soit vers la fin de la phrase.[4]

COMPAREZ:

langue familière orale	langue courante	langue soutenue
Sophie part **quand**? *When is Sophie leaving?*	**Quand** est-ce que Sophie part?	**Quand** Sophie part-elle?
Ils feront **comment**? *How will they do it/ manage?*	**Comment** est-ce qu'ils feront?	**Comment** feront-ils?

RAPPELS:

➤ Dans la <u>langue soutenue</u>, lorsque le sujet est **cela**, il faut ajouter le pronom [-t]-**il** après le verbe.

Où tout **cela** nous mènera-t-**il**?   *Where will all this lead us?*

➤ Dans la <u>langue soutenue</u>, si le **sujet** est un **nom**, on emploie l'**inversion à double sujet**.

Quand **Sophie** revient-**elle**?   *When is Sophie coming back?*

6   Les questions avec **quel** et **lequel**, etc.

Les adjectifs interrogatifs **quel**, **quelle**, **quels** et **quelles** s'accordent en genre et en nombre avec le nom qu'ils qualifient. Les pronoms interrogatifs **lequel**, **laquelle**, **lesquels** et **lesquelles** s'accordent en genre et en nombre avec le nom auquel ils renvoient. Les pronoms **lequel** et **lesquel(le)s** se contractent avec les prépositions **à** et **de** pour faire **auquel/auxquel(le)s** et **duquel/desquel(le)s.**

---

[4]   Dans la langue très relâchée (*street French*), on entend aussi: **Où** tu vas? **Quand** tu pars? **Comment** ils reviennent? **Pourquoi** elle rit?, mais ces constructions ne s'emploient pas à l'écrit.

Tableau 2

ADJECTIFS ET PRONOMS INTERROGATIFS VARIABLES

ADJECTIFS INTERROGATIFS VARIABLES	→ PRONOMS INTERROGATIFS VARIABLES
Quel roman as-tu préféré? *Which/What novel did you prefer?*	→ **Lequel** as-tu préféré? *Which one did you prefer?*
Quelle histoire veux-tu que je te lise? *Which/What story do you want me to read to you?*	→ **Laquelle** veux-tu que je te lise? *Which one do you want me to read to you?*
Quels cours ont eu le plus de succès? *Which courses have had the most success?*	→ **Lesquels** ont eu le plus de succès? *Which ones have had the most success?*
Quelles assiettes veux-tu? *Which plates do you want?*	→ **Lesquelles** veux-tu? *Which ones do you want?*
À **quel** étudiant a-t-on décerné le prix? *Which student received the prize?*	→ **Auquel** a-t-on décerné le prix? *Which one received the prize?*
De quels acteurs parliez-vous? *Which actors were you talking about?*	→ **Desquels** parliez-vous? *Which ones were you talking about?*

Vous noterez que **quel(s)/quelle(s)** peuvent aussi être exclamatifs.

Quel temps!	*What a horrible* OR *gorgeous weather!*
Quel gâchis!	*What a waste!*
Quelle chance!	*How lucky!*
Quels idiots!	*How stupid of them!*

Vérification.

Complétez les phrases suivantes en employant l'adjectif ou le pronom interrogatif qui convient.

(1) _____ de ces deux robes prenez-vous? La rouge ou la bleue? (*Which of these two dresses are you taking? The red one or the blue one?*)

(2) _____ fromages préférez-vous? Ceux à pâte molle ou ceux à pâte dure? (*Which cheeses do you prefer? Soft ones or hard ones?*)

Ils habitent en face d'un restaurant. —Ah bon? En face (3) _____? (*They live opposite a restaurant. —Really? Opposite which one?*)

7   Ordre des mots avec **quel/lequel,** etc.

➤ Comme vous l'aurez constaté, **quel/quelle** ou **lequel/laquelle** se placent toujours <u>au début</u> de la phrase. La construction avec **est-ce que** est impossible. L'**inversion à double sujet** ne se rencontre que dans des **phrases négatives** où la question est purement rhétorique.

COMPAREZ:

Quel homme politique a dit cela?   *Which politician said that?*
  → **Lequel** a dit cela?   → *Which one said that?*

MAIS: **Quel** homme politique n'a-t-il   *Which politician hasn't said that?*
pas dit cela?   → *Which one hasn't said that?*
  → **Lequel** n'a-t-il pas dit cela?
[question négative à valeur purement
rhétorique ➝ inversion à double sujet]

➤ Lorsque l'adjectif **quel/quelle,** etc. est attribut[5] d'un nom sujet, ce nom se met <u>après</u> le verbe **être,** comme en anglais.

Quels sont les résultats des élections?   *What are the election results?*
EXCEPTION: **Quelle** heure est-**il**?   *What time is it?*

8   Les questions avec **qui, que, quoi**

Les pronoms interrogatifs invariables sont **qui** pour les personnes et **que/qu'** ou **préposition + quoi** pour les choses.

Tableau 3

QUI, QUE, QUOI—VUE D'ENSEMBLE

	PERSONNES	CHOSES
sujet du verbe	**Qui** a téléphoné? **Qui** est-ce **qui** a téléphoné? *Who called?*	[pas de forme courte] **Qu'**est-ce **qui** est arrivé? *What happened?*
objet du verbe	**Qui** préfères-tu? **Qui** est-ce **que** tu préfères? *Whom do you prefer?*	**Que** préfères-tu? **Qu'**est-ce **que** tu préfères? *What do you prefer?*
objet d'une préposition	**À qui** penses-tu? **À qui** est-ce que tu penses? *Whom are you thinking of?*	**À quoi** penses-tu? **À quoi** est-ce que tu penses? *What are you thinking about?*

---

5   An *attribute* is an adjective, a noun, or a pronoun that qualifies a subject through the agency of its verb (usually **être,** or any verb implicitly associated with **être,** such as **paraître, sembler,** etc.). For example, in "Mon chat <u>est</u> **gris** OU Elle est **étudiante**" (*My cat is grey/She's a student*), **gris** and **étudiante** are attributes of the subjects <u>chat</u> and <u>Elle</u>.

8a. Questions avec **qui**

La réponse aux questions avec **qui** est toujours une **personne**.

➤ Si cette personne est **sujet** du verbe, on emploie **qui** ou **qui est-ce qui**.

Qui OU **Qui est-ce qui** part ce soir?	*Who is leaving tonight?*
Qui OU **Qui est-ce qui** a crié?	*Who screamed?*

➤ Comme en anglais, **qui** est toujours singulier, sauf devant le verbe **être**, où il peut aussi être pluriel. Tout dépend du contexte.

COMPAREZ:

Qui ou **Qui est-ce qui** <u>vient</u> ce soir?	*Who is coming tonight?*
—Anne et Pierre.	—*Ann and Peter.*
MAIS: **Qui** <u>sont</u> ces gens? —Les Lambert.	*Who are these people? —The Lamberts.*
[**ces gens** est ici le sujet réel du verbe **être**]	

➤ Si cette personne est **objet direct** du verbe, on emploie **qui** ou **qui est-ce que/qu'**.

COMPAREZ:

langue familière orale	langue courante	langue soutenue
Vous avez vu **qui**? *Whom did you see?*	**Qui** est-ce **que** vous avez vu?	**Qui** avez-vous vu?
Jacques a rencontré **qui**? *Whom did Jacques meet?*	**Qui** est-ce **que** Jacques a rencontré?	**Qui** Jacques a-t-il rencontré?

➤ Si cette personne est **objet d'une préposition**, on emploie cette **préposition** + **qui** ou **qui est-ce que/qu'**.

COMPAREZ:

langue familière orale	langue courante	langue soutenue
Tom a parlé **à qui**? *To whom did Tom speak?*	**À qui** est-ce **que** Tom a parlé?	**À qui** Tom a-t-il parlé?
Elle a dîné **avec qui**? *With whom did she have dinner?*	**Avec qui** est-ce **qu'**elle a dîné?	**Avec qui** a-t-elle dîné?

8b. Questions avec **qu̲e** ou **quoi**

La réponse aux questions avec **que** ou **quoi** est toujours une **chose** ou une **action**.

➤ Si cette chose ou action est **sujet** du verbe, on emploie **qu'est-ce qu̲i** pour tous les niveaux de langue (il n'y a pas de forme courte).

Qu'est-ce qu̲i te gêne?	*What's bothering you?*
Qu'est-ce qu̲i sent si bon?	*What smells so good?*

➤ Si cette chose ou action est **objet direct** du verbe, on emploie **que** ou **qu'est-ce que/qu'̲**. Dans la langue familière, **que** devient **quoi**. Dans la langue soutenue, l'**inversion stylistique du nom sujet** (signalée par "*" dans le tableau ci-dessous) est la seule forme possible après **que**. (Voir aussi section 10 ci-dessous.)

COMPAREZ:

langue familière orale	langue courante	langue soutenue
Tu fais **quoi?** *What are you doing?*	**Qu'est-ce qu̲e** tu fais?	**Que** fais-tu?
Marion a dit **quoi?** *What did Marion say?*	**Qu'est-ce qu̲e** Marion a dit?	*****Qu'**a dit Marion?

➤ Si cette chose est **objet d'une préposition**, on emploie cette **préposition** + **quoi** pour tous les niveaux de langue.

COMPAREZ:

langue familière orale	langue courante	langue soutenue
Il s'intéresse **à quoi?** *What is he interested in?*	**À quoi** est-ce qu'il s'intéresse?	**À quoi** s'intéresse-t-il?

Il existe un grand nombre d'expressions idiomatiques avec **quoi**. (Voir aussi Chapitre 16, section 15a et Chapitre 20, section 21.)

Quoi de neuf?	*What's new?*
À **quoi** bon?	*What's the point [i.e., of going on OR insisting, etc.]?*[6]

---

[6] ATTENTION: Pour traduire *What is the point you're trying to make?* OU *What's your point?* on dit: Où voulez-vous en venir? OU Que voulez-vous dire? OU Qu'est-ce que vous voulez dire?

8c. *Who is . . . ?* vs *What is . . . ?*

COMPAREZ:

	langue familière orale	langue courante	langue soutenue
Who is this [person]?	C'est **qui?**	**Qui** est-ce?	**Qui** est cette personne?
What's this?	C'est **quoi?**	**Qu'est-ce que** c'est [que ça]?	**Qu'**est-ce?

Vérification. Complétez les phrases suivantes en ajoutant le pronom interrogatif qui convient. Ajoutez une **préposition** si nécessaire. Employez la forme courte et/ou longue, selon le cas.

What are you talking about? —The movie we saw last night. → (1) _____ parlez-vous? —<u>Du</u> film que nous avons vu hier soir.

What's this? → (2) _____ c'est que ça?

What's happening? → (3) _____ se passe?

What is Dan doing? → (4) _____ fait Dan?

Who is wrong in all this? → (5) _____ a tort dans tout cela?

What's wrong? → (6) _____ ne va pas?

9 Renforcement de l'interrogation partielle

Dans la langue orale courante ou familière, l'interrogation partielle peut être renforcée de plusieurs manières.

9a. Diable, donc

Les expressions **diable** et **donc** expriment l'agacement.

Pourquoi diable OU **Pourquoi donc** ne m'as-tu pas téléphoné?!
Où donc ai-je mis mes clés?!

Why on earth OR *Why in the world didn't you call me?!*
Where on earth OR *Where in the world have I put my keys?!*

9b. Bien

L'adverbe **bien** s'emploie uniquement avec le verbe **pouvoir**. Il exprime également l'agacement ou l'impatience.

Où ai-je **bien** pu laisser mes lunettes?!   *Where in the world could I have left my glasses?!* OR *Where could I have possibly left my glasses?!*

9c. Déjà

Dans l'interrogation directe, l'adverbe de renforcement **déjà** a un sens un peu particulier. Il indique que la personne qui pose la question ne se souvient plus très bien de ce qu'on lui a *déjà* dit.

Comment s'appelle-t-elle **déjà**?   *What's her name again?*

9d. Ça

On peut ajouter **ça** dans les questions elliptiques, mais uniquement dans la langue orale, lorsqu'on se réfère à la phrase précédente. Le **ça** exprime alors le doute ou l'agacement.

Tu pars? Ah bon? **Pourquoi ça**... ?   *You're leaving? Really? How come?!*

Ils vont revenir? Ah bon? **Quand ça**... ?   *They're coming back? Really? When?!*

10   L'inversion stylistique du nom sujet

L'**inversion stylistique** du **nom sujet** est une inversion **simple** (par opposition à l'inversion à double sujet), c'est-à-dire une inversion où le **nom sujet** est simplement placé <u>après le verbe</u> (ou <u>le participe passé</u> aux temps composés). Cette tournure appartient à la langue courante soignée.[7]

COMPAREZ:

inversion à double sujet	inversion stylistique	question avec **est-ce que**
Quand **cette lettre** est-**elle** arrivée? [style soutenu]	Quand est arrivée **cette lettre**? [style courant soigné]	Quand est-ce que **cette lettre** est arrivée? [style familier]

---

[7]   Pour d'autres exemples de l'inversion du nom sujet, voir Chapitre 16, section 16.

10a. L'inversion stylistique est obligatoire...

L'inversion du nom sujet est obligatoire après **Quel est... ? Qui est... ?** et **Quel âge a... ?**

Quel est **le prix** de ce tableau?	*What is the price of that painting?*
Qui sont **ces gens**?	*Who are these people?*
Quel âge a **cette petite fille**?	*How old is this little girl?*

10b. L'inversion stylistique est fortement recommandée...

L'inversion du nom sujet est <u>fortement recommandée</u> lorsque la tournure avec **est-ce que** est lourde, notamment:

➤ après **que** <u>objet</u>:

Que font **tes amis** pour les Fêtes?	*What are your friends doing for the holidays?*

➤ après **combien**:

Combien coûte **ce portable**?	*How much does this cell phone cost?*

10c. L'inversion stylistique est fréquente...

Dans presque tous les autres cas, l'inversion du nom sujet est fréquente <u>à condition que le verbe n'ait pas de complément d'objet direct</u> [c.o.d.]. S'il y a un complément d'objet direct, il faut employer soit **est-ce que**, soit l'interrogation à <u>double sujet</u>.

COMPAREZ:

Où sont partis **tes amis** [sujet]? *Where did your friends go?*	MAIS: Où est-ce que tes amis ont trouvé OU Où tes amis ont-ils trouvé <u>cette affiche</u> [c.o.d.]? *Where did your friends find this poster?*
Quand est arrivé **ce colis** [sujet]? *When did this package arrive?*	MAIS: Quand est-ce que Valérie a rencontré OU Quand Valérie a-t-elle rencontré <u>Mélanie</u> [c.o.d.]? *When did Valerie meet Melanie?*
À qui appartient **ce livre** [sujet]? *To whom does this book belong?*	MAIS: À qui est-ce que Claire a donné OU À qui Claire a-t-elle donné <u>mon numéro de portable</u> [c.o.d.]? *To whom did Claire give my cell phone number?*
Dans quel quartier vit **ta sœur** [sujet]? *In what part of town does your sister live?*	MAIS: Dans quel quartier est-ce que le docteur Micheau a ouvert OU Dans quel quartier le docteur Micheau a-t-il ouvert <u>son cabinet médical</u> [c.o.d.]? *In what part of town did Doctor Micheau open his practice?*

10d. L'inversion stylistique est impossible...

L'inversion du nom sujet est <u>impossible</u> après **pourquoi.** Il faut donc toujours utiliser soit la forme avec **est-ce que**, soit l'**inversion à double sujet.**

Pourquoi est-ce que Marie s'en va? OU Pourquoi Marie s'en va-t-elle?
Why is Marie leaving?
  [ET NON: ~~Pourquoi s'en va Marie?~~]

Vérification et récapitulation. Voici des réponses. Trouvez les questions correspondant aux mots **en gras** dans la réponse.

(1) Ma mère va **très bien.**

_____

(2) Chloé pleure **parce qu'elle est tombée.**

_____

(3) Michel a acheté **dix croissants.**

_____

(4) Ce pull (*sweater*) lui a coûté **trente euros.**

_____

(5) David est parti **à dix-sept heures.**

_____

(6) Les Maupoix habitent **Lyon.**

_____

(7) Mon frère? **Il travaille pour une entreprise japonaise.**

_____

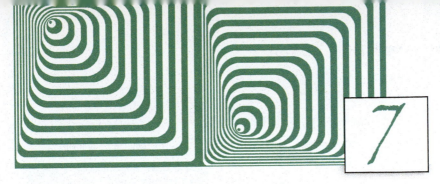

L'appartenance

1   L'idée d'appartenance—vue d'ensemble

Il existe plusieurs façons d'exprimer l'idée d'appartenance, comme l'indique le petit dialogue ci-dessous:

—Pierre, est-ce que ce stylo **est à toi**?

—Non, ce n'est pas **le mien**; je crois que c'est **celui de Caroline**. Attends, je vais lui demander.

—Caroline, il paraît que ce beau stylo **t'appartient**…

—Oh oui, merci! Justement, je le cherchais partout! J'y tiens beaucoup. **Mon** amie Mélanie me l'a donné quand je **me** suis cassé **la** jambe l'hiver dernier.

—*Peter, is this pen yours?*

—*No, it's not mine; I think it is Caroline's. Wait, I'll ask her.*

—*Caroline, I'm told this beautiful pen belongs to you . . .*

—*Oh yes, thanks! In fact, I was looking all over for it. It has a lot of sentimental value for me. My friend Melanie gave it to me when I broke my leg last winter.*

2   Formes des adjectifs et pronoms possessifs

MASCULIN SINGULIER	FÉMININ SINGULIER
adjectif → **pronom**	**adjectif** → **pronom**
mon chien → **le mien** *my dog* → *mine*	**ma** voiture → **la mienne** *my car* → *mine*
ton chien → **le tien** *your dog* → *yours*	**ta** voiture → **la tienne** *your car* → *yours*
son chien → **le sien** *his/her dog* → *his/hers*	**sa** voiture → **la sienne** *his/her car* → *his/hers*
notre chien → **le nôtre** *our dog* → *ours*	**notre** voiture → **la nôtre** *our car* → *ours*
votre chien → **le vôtre** *your dog* → *yours*	**votre** voiture → **la vôtre** *your car* → *yours*
leur chien → **le leur** *their dog* → *theirs*	**leur** voiture → **la leur** *their car* → *theirs*

(suite)

MASCULIN PLURIEL	FÉMININ PLURIEL
adjectif → pronom	adjectif → pronom
mes parents → **les miens** *my parents → mine*	**mes** lunettes → **les miennes** *my glasses → mine*
tes parents → **les tiens** *your parents → yours*	**tes** lunettes → **les tiennes** *your glasses → yours*
ses parents → **les siens** *his/her parents → his/hers*	**ses** lunettes → **les siennes** *his/her glasses → his/hers*
nos parents → **les nôtres** *our parents → ours*	**nos** lunettes → **les nôtres** *our glasses → ours*
vos parents → **les vôtres** *your parents → yours*	**vos** lunettes → **les vôtres** *your glasses → yours*
leurs parents → **les leurs** *their parents → theirs*	**leurs** lunettes → **les leurs** *their glasses → theirs*

Est-ce que ce sont **tes** lunettes de soleil ou **les miennes**?	*Are these your sunglasses or mine?*
Ton cours est plus facile que **le nôtre**.	*Your class is easier than ours.*

3   Remarques sur les adjectifs et pronoms possessifs

3a. Le ô

Aux 1re et 2e personnes du pluriel, les **pronoms** possessifs prennent un accent circonflexe sur le **o** (ô), tandis que les adjectifs possessifs n'en prennent pas.

COMPAREZ:

notre chien → le nôtre   vos enfants → les vôtres

3b. Aux siens, du mien, etc. (contraction avec à et de)

Attention à la **contraction** des pronoms possessifs après les prépositions **à** et **de**.

J'ai envoyé une invitation à tes parents et **aux miens** [à + les miens].	*I sent an invitation to your parents and [to] mine.*
Je ne suis pas ici pour parler de leur problème mais **du tien** [de + le tien].	*I'm not here to talk about their problem but about yours.*

3c. **Mon/ton/son** à la place de **ma/ta/sa**

Devant un **féminin singulier** commençant par une voyelle ou un **h** muet (non aspiré), on emploie **mon/ton/son** à la place de **ma/ta/sa**.

Regarde cette photo: c'est ma sœur et **mon** amie Nadine. [ET NON: ~~ma amie~~...]	*Look at this picture: it's my sister and my friend Nadine.*
Ton histoire m'a bien fait rire. [ET NON: ~~Ta histoire~~...]	*Your story gave me a good laugh.*

3d. *His* vs *her/hers*

Contrairement à l'anglais, le français n'exprime pas le <u>genre</u> du possesseur et ne fait donc pas la distinction entre *his* et *her/hers*. C'est uniquement le contexte qui permet de déterminer le sens.

C'est **sa** fille. → C'est **la sienne**.	*It's **his** OR **her** daughter. → It's **his** OR **hers**.*
C'est **son** fils. → C'est **le sien**.	*It's **his** OR **her** son. → It's **his** OR **hers**.*
Ce sont **ses** parents. → Ce sont **les siens**.	*These are **his** OR **her** parents. → These are **his** OR **hers**.*

3e. *His/her/hers* vs *their/theirs*

En revanche, il ne faut pas confondre les formes **son/sa/ses** (*his/her/hers*), qui indiquent un seul possesseur, et **leur/leurs** (*their/theirs*), qui indiquent plusieurs possesseurs.

COMPAREZ:

UN SEUL POSSESSEUR	PLUSIEURS POSSESSEURS
C'est le chien **de Philippe**. → C'est **son** chien. → C'est **le sien**. *It's Philip's dog.* → *It's his dog.* → *It's his.*	C'est le chien **de Philippe et Cathy**. → C'est **leur** chien. → C'est **le leur**. *It's Philip and Cathy's dog.* →*It's their dog.* → *It's theirs.*
C'est la mère **d'Émilie**. → C'est **sa** mère. → C'est **la sienne**. *It's Emily's mother.* →*It's her mother.* → *It's hers.*	C'est la mère **de Pierre et Émilie**. → C'est **leur** mère. → C'est **la leur**. *It's Peter and Emily's mother.* → *It's their mother.* → *It's theirs.*
Ce sont les parents **de Nicole**. → Ce sont **ses** parents. → Ce sont **les siens**. *They are Nicole's parents.* →*They are her parents.* → *They are hers.*	Ce sont les parents **de Lucie et Nicole**. → Ce sont **leurs parents**. → Ce sont **les leurs**. *They are Lucie and Nicole's parents.* →*They are their parents. They are theirs.*

3f. **Leur** vs **leurs**: différences entre le français et l'anglais

ATTENTION: Contrairement à l'anglais, lorsque les personnes d'un même groupe possèdent le même genre de choses (voiture, chambre, ordinateur, etc.), ou que l'ensemble des objets possédés comprend des choses que l'on ne peut pas logiquement mettre au pluriel (selon les Français tout au moins, comme vie, esprit, mémoire, etc.), on emploie **leur** (et non **leurs**), sauf s'il y a risque d'ambiguïté.

COMPAREZ:

De nos jours, les étudiants ont tous une télévision dans **leur chambre**.
Nowadays, all students have televisions in their rooms.
  [ET NON: dans ~~leurs chambres~~…; les étudiants n'ont en principe qu'une seule chambre ⇢ singulier.]

Les gens mènent **leur vie** comme ils veulent.
People live/lead their lives as they wish.
  [ET NON: mènent ~~leurs vies~~…; chacun n'a qu'une seule vie ⇢ singulier.]

MAIS: Les dignitaires étaient accompagnés de **leurs épouses**.
  The dignitaries were accompanied by their spouses.
  [Chaque dignitaire n'a qu'une seule épouse, mais elles sont toutes différentes les unes des autres ⇢ pluriel.]

N.B. 7-1
Leur (possessif) vs leur (objet indirect)

Ne confondez pas **leur** adjectif ou pronom possessif avec **leur** pronom objet indirect.

Nous **leur** [pronom objet indirect] avons parlé de **leur** [adjectif possessif] fille.
We spoke to them about their daughter.

Vérification.
Complétez les phrases suivantes par un adjectif ou un pronom possessif correspondant aux mots **en gras**. Faites la contraction avec la préposition à ou de si nécessaire.

*They explained **our** situation to **their** friends.* → Ils ont expliqué
(1) _____ situation à (2) _____ amis.

***His** arrival didn't go unnoticed.* → (3) _____ arrivée (f.) n'est pas passée inaperçue.

*I remember **your** [2ᵉ p. sg.] friend, but not **hers**.* → Je me souviens de
(4) _____ copain, mais pas (5) _____.

*Is this **your** house? —No, it's not **ours**; we just rent it.* → Est-ce que c'est
(6) _____ maison? —Non, ce n'est pas (7) _____, nous ne sommes que locataires.

*Tom's parents are not like **mine**.* → Les parents de Tom ne ressemblent pas
(8) _____. [On dit **ressembler à qqn.**]

*It isn't **my** watch; it's **hers**.* → Ce n'est pas (9) _____ montre (f.),
c'est (10) _____.

4   Appartenir à et être à

➤ Avec le verbe **appartenir à** (*to belong to*), on emploie les **pronoms objets
indirects** (**me, te, lui, nous, vous, leur**). (Voir Chapitre 3, sections 4 et 5.)

Ces livres **lui** appartiennent.   *These books belong to him/her.*
Cette maison **nous** appartenait autrefois.   *This house used to belong to us.*

➤ Avec le verbe **être à** (*to belong to*), on emploie la préposition **à** + **pronom
disjoint** (**moi, toi, soi, lui, elle, nous, vous, eux, elles**). (Pour les pronoms
disjoints, voir Chapitre 4, sections 1 à 4.)

Ce DVD est **à moi**, pas **à eux**.   *This DVD belongs to me, not them.*

Est-ce que ce parapluie est **à lui**   *Does this umbrella belong to him*
    par hasard?   *by any chance?*

5   Le génitif anglais

Pour exprimer **le génitif anglais** (exemples: *Tom's, my uncle's house, my sister's*),
on utilise **nom** + **de** + **nom** OU **celui/celle, ceux/celles** + **de** + **nom**. (Voir aussi
Chapitre 5, section 3d.)

Ce n'est pas mon livre, c'est **celui de Tom**.   *It's not my book, it's Tom's.*

La maison de mon oncle est plus petite   *My uncle's house is smaller than*
    que **celle de mes parents**.   *my parents'.*

Ce sont **les amis de Karen** ou **ceux de**   *Are these Karen's friends or are*
    Mélanie?   *they Melanie's?*

Ce ne sont pas mes affaires, ce sont **celles**   *These are not my things, these are*
    de ma sœur.   *my sister's.*

Vérification. Complétez les phrases suivantes par des mots ou expressions
correspondant aux mots *en gras*.

*This computer is **mine, not hers**; it doesn't belong to **her**!* → Cet ordinateur est

(1) _____: il ne (2) _____
appartient pas!

*Michael, is this **your** [2ᵉ p. sg.] book? —No, it's John's.* → Michel, est-ce que c'est

(3) _____ livre? —Non, c'est (4) _____ Jean.

6   Appartenance et parties du corps—emplois de l'article défini

Pour exprimer l'idée d'appartenance avec les parties du corps (prises dans un sens large et comprenant l'esprit, la mémoire, la physionomie, et dans certains cas, les vêtements, etc.), on emploie généralement **l'article défini** (ou sa forme contractée) lorsqu'il s'agit d'une simple **constatation** ou d'une simple **description**, en particulier dans les cas suivants:

6a.   «Elle a mal au dos...» (le possesseur est évident)

Elle a mal **au** dos. [à + le] [ET NON: Elle a mal ~~à son dos~~.]	*Her back hurts.*
J'ai froid **aux** mains. [à + les] [ET NON: J'ai froid ~~à mes mains~~.]	*My hands are cold.*
Il marchait **les** mains dans **les** poches. [ET NON: Il marchait ~~avec ses mains dans ses poches~~.]	*He was walking with his hands in his pockets.*

6b.   «Elle s'est cassé la jambe...» (l'appartenance est marquée par un verbe pronominal)

Elle **s'**est cassé **la** jambe en skiant. [ET NON: ~~Elle a cassé sa jambe~~.]	*She broke her leg while skiing.*
Elle **s'**est fait couper **les** cheveux.	*She had her hair cut.*

6c.   «Elle lui a serré la main...» (l'appartenance est marquée par un pronom indirect)

Elle **lui** a serré **la** main. [ET NON: Elle a serré sa main, qui correspondrait à *She squeezed his/her hand.*]	*She shook his/her hand.*
Le médecin **lui** a pansé **le** doigt.	*The doctor bandaged his/her finger.*

6d.   «Elle a **les** yeux verts...» vs «elle a **de** beaux yeux verts...»

Lorsque le verbe **avoir** a pour complément une **partie du corps** (ou un vêtement), on emploie l'**article défini** si l'adjectif (bleu, vert, etc.) relève d'une simple constatation d'ordre factuel (par exemple: Elle a **les** yeux bleus). Par contre, si la partie du corps ou le vêtement font l'objet d'une **description** et qu'ils sont qualifiés par un adjectif d'appréciation (petit, mignon, grand, beau, laid, magnifique, terne, bleu clair, etc.), on emploie l'**article indéfini**. RAPPEL: Au pluriel, **des** devient **de** devant l'adjectif. (Pour l'accord des adjectifs de couleur, voir Chapitre 21, section 22.)

COMPAREZ:

CONSTATATION ➡ ARTICLE DÉFINI	DESCRIPTION ➡ ARTICLE INDÉFINI
Aisha a **les** yeux verts.	MAIS: Aisha a **de** <u>beaux</u> yeux verts.
Aisha has green eyes.	*Aisha has beautiful green eyes.*
Il a **les** yeux marron.[1]	MAIS: Il a **de** <u>grands</u> yeux marron.
He has brown eyes.	*He has great big brown eyes.*
Elle a **les** cheveux roux.	MAIS: Elle a **des** cheveux <u>splendides</u>.
She has red hair.	*She has magnificent hair.*
Il avait **la** chemise toute déchirée.	MAIS: Il avait **une** <u>belle</u> chemise en soie.
His shirt was all torn up.	*He was wearing a beautiful silk shirt.*

 Tableau 1

LES PARTIES DU CORPS DANS LES EXPRESSIONS COURANTES ET IDIOMATIQUES

avoir mal à la tête/au dos/à la gorge, etc.	to have a headache/a backache/a sore throat, etc.
faire la tête	to sulk
tourner la tête à qqn	to turn someone's head
tendre l'oreille	to listen carefully
avoir les yeux bleus/verts/noisette	to have blue/green/hazel eyes
coûter les yeux de la tête	to cost a small fortune
faire de l'œil à qqn [familier]	to make eyes at sb
faire les yeux doux à qqn	to make goo-goo eyes/sheep's eyes at sb
faire les gros yeux à qqn	to look at sb crossly
fermer/ouvrir/baisser/lever les yeux	to close/open/lower/raise one's eyes
fermer les yeux sur qqch	to be tolerant about sth
ne pas fermer l'œil de la nuit	to not sleep a wink
ouvrir l'œil	to be very vigilant about sth
ouvrir de grands yeux	to be very surprised
regarder qqn dans les yeux	to look sb in the eye
froncer les sourcils	to frown
élever la voix	to raise one's voice
hausser les épaules	to shrug one's shoulders
baisser les bras	to give up
lever les bras au ciel	to throw up one's hands [in astonishment, disbelief, or despair]

---

[1] L'adjectif **marron** est invariable. Voir Chapitre 21, section 22c.

(*suite*)

avoir le cœur sur la main[2]	*to be very generous*
avoir les jambes en coton	*to feel weak in the legs/knees*
avoir froid/chaud aux pieds	*to have warm/cold feet*[3]
casser les pieds à qqn [familier]	*to be a bore* OR *to be a pain in the neck*
se lever du pied gauche	*to get up on the wrong side of the bed*

7 Appartenance et parties du corps—emplois de l'adjectif possessif

Avec les verbes <u>autres</u> que **avoir**, on emploie parfois l'**adjectif possessif** devant les parties du corps, mais uniquement dans certains cas un peu particuliers.

7a. Quand la partie du corps est **sujet** du verbe

COMPAREZ:

Ma jambe <u>me</u> fait mal.	MAIS: J'ai mal à **la** jambe.	*My leg hurts.*
Son dos <u>lui</u> fait mal.	MAIS: Il a mal **au** dos.	*His back aches.*
Ses cheveux sont blonds.	MAIS: Il/Elle a **les** cheveux blonds.	*His/Her hair is blond.*

7b. Quand la partie du corps est particularisée par un **adjectif d'appréciation** (ou par un contexte spécifique)

COMPAREZ:

Elle leva **ses** <u>beaux</u> yeux gris.
She raised her beautiful gray eyes.
Le petit garçon enfonça **ses** <u>petites</u>
   mains froides dans ses poches.
*The little boy put his cold little hands
   deep into his pockets.*

MAIS: Elle leva **les** yeux et le regarda.
   She raised her eyes and looked at him.
MAIS: Lucas se promenait **les** mains
   dans **les** poches.
   *Lucas was walking with his hands in
   his pockets.*

7c. Quand **l'action est inhabituelle** ou **figurée**

Elle posa **sa** tête sur la table et
   s'endormit. [Normalement, on ne
   met pas sa tête sur une table pour
   dormir.]
Il lui a demandé **sa** main.

*She put her head down on the table
   and fell asleep.*

He asked her to marry him.

---

[2]   Pour traduire *to wear one's heart on one's sleeve* on emploiera l'expression **parler à cœur ouvert**, qui peut aussi signifier *to have a heart-to-heart talk with sb:* Elle parle à cœur ouvert. (*She wears her heart on her sleeve.*) Nous avons vraiment parlé à cœur ouvert. (*We had a real heart-to-heart talk.*)

[3]   Pour traduire *to get cold feet* dans son sens figuré, l'expression très familière est **se dégonfler**. Dans la langue courante, on dira plutôt **ne pas oser faire qqch**, **ne pas avoir le courage de dire qqch**.

8   Récapitulation—Appartenance et parties du corps

COMPAREZ:

avoir + parties du corps

CONSTATATION ⟹ ARTICLE DÉFINI	DESCRIPTION/APPRÉCIATION ⟹ ARTICLE INDÉFINI
Elle a **les** yeux bleus. _She has blue eyes._ OR _Her eyes are blue._	MAIS: Elle a **des** yeux <u>très</u> bleus. _She has very blue eyes_ OR _Her eyes are very blue._
Elle a **les** cheveux blonds. _She has blond hair._ OR _Her hair is blond._	MAIS: Elle a **de** <u>beaux</u> cheveux blonds. _She has lovely blond hair._

avoir mal vs faire mal + parties du corps

AVOIR MAL À ⟹ ARTICLE DÉFINI	FAIRE MAL ⟹ ADJECTIF POSSESSIF
J'ai mal **au** genou. _My knee hurts._	MAIS: **Mon** genou <u>me</u> fait mal. _My knee hurts._
Tu as mal à **la** gorge? _Does your throat hurt?_	MAIS: **Ta** gorge <u>te</u> fait mal? _Does your throat hurt?_

autres verbes + parties du corps

CONSTATATION ⟹ ARTICLE DÉFINI	APPRÉCIATION/DESCRIPTION ⟹ ADJECTIF POSSESSIF
Elle ouvrit **les** yeux. _She opened her eyes._	MAIS: Elle ouvrit **ses** <u>grands</u> yeux <u>tristes</u>. _She opened her big sad eyes._
Elle s'est lavé **les** cheveux. _She washed her hair._	MAIS: Elle laissa **ses** <u>longs</u> cheveux sécher au soleil. _She let her long hair dry in the sun._

Vérification et récapitulation. Complétez les phrases suivantes.

His back hurts. → Il a mal (1) _____ dos (m.).

Is this book yours? → Est-ce que ce livre est (2) _____?

She broke her foot. → Elle s'est cassé (3) _____ pied.

They shook hands. → Ils se sont serré (4) _____ main (f.).

Does this car belong to them? —Yes, it's theirs. → Est-ce que cette voiture

(5) _____ appartient? —Oui, c'est (6) _____.

It's not my coat; it's Lisa's. → Ce n'est pas (7) _____ manteau (m.);
c'est (8) _____ Lisa.

I didn't sleep a wink last night. → Hier, je n'ai pas fermé (9) _____
œil de la nuit.

Do you need my help? → Avez-vous besoin de (10) _____ aide (f.)?

La négation

1 La négation des verbes

1a. Aux temps simples et composés...

Aux temps simples et composés, **ne** suit immédiatement le sujet, tandis que l'autre partie de la négation (**pas/plus/jamais/rien/guère**, etc.)[1] se met <u>après le verbe conjugué</u> (ou l'auxiliaire). Les **pronoms** (objets directs, indirects, **en**, **y**, etc.), viennent immédiatement après **ne**.

Je **ne** <u>le</u> comprendrai **jamais**.	*I will never understand him.*
Elle **ne** <u>m'en</u> a **pas** parlé.	*She didn't talk to me about it.*
Vous **ne** <u>lui</u> avez **rien** dit?	*You didn't tell her anything?*
Nous **n'**<u>y</u> croyons **plus**.	*We don't believe in it any more.*
Je **n'**<u>en</u> ai **guère** envie.	*I hardly feel like it.*
[style soutenu]	

ATTENTION: Lorsque **on** est sujet d'un verbe négatif commençant par une **voyelle** ou un **h** muet, il ne faut pas oublier de mettre un **n'** devant le verbe.

On **n'**a pas vraiment le temps.	*We don't really have time.*

1b. À l'impératif et dans les questions par inversion du pronom sujet...

À l'impératif et dans les questions par inversion du pronom sujet, **ne** se met toujours au début de la phrase (devant les pronoms objets); l'autre partie de la négation (**pas/plus/jamais/rien**, etc.) se place immédiatement après le verbe, ou après le pronom sujet. Toutefois, si le sujet de la phrase interrogative est un nom, **ne** se place immédiatement <u>après</u> ce nom.

COMPAREZ:

Ne faites **pas** trop de bruit: je travaille.
Don't make too much noise; I'm working.
N'est-elle **pas** en Chine en ce moment?
Isn't she in China right now?

MAIS: Paul **ne** vous en a-t-il **pas** déjà parlé?
Didn't Paul already talk to you about it?
MAIS: Leur fille **n'**est-elle **pas** en Chine en ce moment?
Isn't their daughter in China right now?

---

[1] La langue familière orale omet fréquemment **ne** devant **pas/plus**, etc.: J'ai **pas** faim/Je sais **plus**. LES FORMES CORRECTES SONT: Je **n'**ai **pas** faim./Je **ne** sais **plus**. En revanche, **ne... point** est plus rare et relève de la langue littéraire classique: «Va, je ne te hais point.» (Corneille, *Le Cid*, v. 963)

1c. À l'infinitif...

À l'infinitif <u>présent</u>, le groupe **ne... pas/plus/jamais/rien**, etc. précède toujours le verbe. À l'infinitif <u>passé</u> et à l'infinitif <u>passif</u>, le groupe **ne... pas/plus/jamais/rien**, etc. peut se mettre soit devant, soit de part et d'autre de l'auxiliaire à l'infinitif. (Pour les infinitifs passé et passif, voir Chapitre 13, sections 2 et 3.)

	INFINITIF PRÉSENT	INFINITIF PASSÉ
voix active	Je préfère **ne pas** prendre de café le soir. *I prefer not to drink coffee at night.*	Elle est contrariée de **ne jamais** avoir retrouvé ou de n'avoir **jamais** retrouvé son livre. *She is annoyed that she never found her book again.*
voix passive	Il a peur de **ne pas** être accepté ou de **n'**être **pas** accepté à cette université. *He is afraid he won't be accepted at that university.*	Il est furieux de **ne pas** avoir été accepté ou de **n'**avoir **pas** été accepté à cette université. *He is furious that he wasn't accepted at that university.*

N.B. 8-1
«Sans dire au revoir...»

On ne met jamais **ne pas** devant un infinitif précédé de **sans**.

Elle est partie **sans** dire au revoir.	*She left without saying good-bye.*
Il a pu travailler toute la matinée **sans** être dérangé.	*He was able to work all morning without being disturbed.*

Vérification.   Récrivez les phrases suivantes en mettant les mots **en gras** à la forme négative.

(1) **Levez**-vous! (*Get up!*)

_____

(2) Je préfèrerais **manger** tout de suite. (*I'd rather eat right away.*)

_____

(3) Il est parti **en nous jetant** un regard. (*He left glancing at us.*)

_____

2 La négation des articles

Dans la négation <u>absolue</u>, les articles **définis** ne changent pas, mais les articles **indéfinis** et **partitifs** font **pas** de/d', **plus** de/d'. (Voir aussi Chapitre 2, sections 5a et 6.)

COMPAREZ:

articles définis	J'ai **le** temps. *I have time.*	Je n'ai **pas le** temps. *I don't have time.*
	Il aime **la** vanille. *He likes vanilla.*	Il n'aime **pas la** vanille. *He doesn't like vanilla.*
	Il aime **les** enfants. *He likes kids.*	Il n'aime **pas les** enfants. *He doesn't like kids.*
articles indéfinis	Ils avaient **un** bateau. *They had a boat.*	Ils n'ont **plus de** bateau. *They don't have a boat anymore.*
	Il a **des** amis. *He has friends.*	Il n'a **pas d'**amis. *He doesn't have any friends.*
articles partitifs	Il reste **du** pain. *There's [some] bread left.*	Il ne reste **plus de** pain. *There's no bread left.*
	Ils ont **de la** patience. *They have patience.*	Ils n'ont **pas de** patience. *They don't have any patience.*
	Elle veut **des** enfants. *She wants children.*	Elle ne veut **pas d'**enfants. *She doesn't want any children.*

➤ Notez toutefois que lorsque **un/une** signifie **un seul** ou **une seule**, l'article indéfini ne change pas. (Voir aussi Chapitre 2, N.B. 2-4.)

Il n'a **pas** dit **un** mot.   *He didn't say a single word.*
Je n'ai **pas un** sou sur moi.   *I don't have a single penny on me.*

N.B. 8-2

Nature des articles du, de la, de l', des

RAPPEL: Pour la négation des articles, il est important de faire la distinction entre les articles commençant par la lettre **d** (c'est-à-dire **du, de la, de l', des**) et les articles définis combinés ou contractés avec **de**. (Voir aussi Chapitre 2, section 4.)

COMPAREZ:

Elle a **des** enfants. → Elle **n'**a **pas d'**enfants.
She has children. → She has no children/She doesn't have [any] children.
  [**des** = indéfini ou partitif ➟ **pas de/d'**]

MAIS: Elle s'occupait **des** enfants de sa voisine. → Elle **ne** s'occupe **plus des** enfants de sa voisine.
    She used to take care of her neighbor's children. → She no longer takes care of her neighbor's children.
    [**des** = de + les ➟ **pas des**]

3 «Ce n'est pas de l'eau, c'est du vin…» (négation partielle)

➤ Dans la négation <u>partielle</u> (c'est-à-dire lorsqu'on oppose simplement une chose à une autre), les articles ne changent pas. (Voir aussi Chapitre 2, section 5b.)

Ce n'est **pas de** l'eau, c'est **du** vin.	*It's not water; it's wine.*
Je veux **du** homard, **pas de la** truite.	*I want lobster, not trout.*

➤ Parfois, le deuxième terme de l'opposition reste implicite.

Je ne voudrais pas dire **une** sottise.	*I wouldn't like to say something silly [i.e., I would like to say something, but something intelligent].*
N'achetez pas **des** actions, ce n'est pas le moment!	*Don't buy stocks; this isn't the time [i.e., buy bonds, or something else]!*

Vérification. Complétez les phrases suivantes de la manière qui convient.

Je n'aime pas (1) _____ chiens. (*I don't like dogs.*)

Je n'ai pas (2) _____ devoirs pour demain. (*I don't have any homework for tomorrow.*)

Je ne mange qu'(3) _____ sandwich pour le déjeuner. (*I only eat a sandwich for lunch.*)

Elle n'a pas commandé (4) _____ bière (f.), elle a demandé (5) _____ vin (m.)! (*She didn't order beer; she asked for wine!*)

Elle n'a pas dit (6) _____ mot (m.). (*She didn't say a word.*)

Je ne me sers pas (7) _____ ordinateur (m.) en ce moment. (*I'm not using the computer right now.*)

4 Étude de vocabulaire

 Tableau 1

QUELQUES PRONOMS OU ADVERBES ET LEURS CONTRAIRES

Elle est **déjà** rentrée. *She's home already.*	Elle **n'est pas encore** rentrée. *She isn't home yet.*
J'avais **déjà** vu ce film. *I had already seen that movie.*	Je **n'avais jamais** vu ce film. *I had never seen that movie.*

(suite)

Il s'est assis **devant**.[2]
He sat in front.

Il s'est assis **derrière**.
He sat in the rear/back.

Nous sommes arrivé(e)s **avant**[2] vous.
We came before you.

Nous sommes arrivé(e)s **après** vous.
We came after you.

Il dort **encore** OU **toujours**.[3]
He's still asleep/sleeping.

Il **ne** dort **plus**.
He's no longer asleep/sleeping.

Elle est **toujours** contente!
She's always happy!

Elle **n'**est **jamais** contente!
She's never happy!

Ils font **toujours** du ski?
Are they still skiing?

Non, ils **ne** font **plus** de ski.
No, they are no longer skiing.

Elle se lève **toujours** à 6 heures
  du matin.
She always gets up at 6 a.m.

Elle **ne** se lève **pas toujours** à 6
  heures du matin; **parfois**, elle se
  lève à 7 heures.
*She doesn't always get up at 6 a.m.;
  sometimes she gets up at 7 a.m.*

Ils se voient **quelquefois** OU **parfois**.
They see each other sometimes.

Ils se voient **rarement**. OU Ils **ne** se
  voient **jamais**.
They rarely see each other. OR *They
  never see each other.*

Je vois **quelqu'un**.
I see someone.

Je **ne** vois **personne**.
I don't see anyone.

C'est **quelqu'un d'**intéressant.
It's someone interesting.

Ce **n'**est **personne d'**intéressant.
It isn't anyone interesting.

Quelqu'un va venir vous aider.
Someone will be there to help you.

Personne n'est venu m'aider.
No one came to help me.

Quelques-uns OU **Certains**
  d'entre eux ont été blessés.
Some of them were wounded.

Aucun d'entre eux **n'**a été blessé.
  [singulier]
None of them was wounded.

J'ai entendu **quelque chose**.
I heard something.

Je **n'**ai **rien** entendu.
I didn't hear anything.

Tout les intéresse.
Everything interests them.

Rien ne les intéresse.
Nothing interests them.

Il est allé **quelque part**.
He went somewhere.

Il **n'**est allé **nulle part**.
He didn't go anywhere.

Tout le monde mentionnait **constamment**
  leur nom.
Everyone constantly mentioned their name.

Personne n'a **jamais plus** OU **n'**a **plus jamais**
  mentionné leur nom.
No one ever mentioned their name again.

---

[2] Ne confondez pas **devant**, qui a un sens spatial, et **avant**, qui a un sens temporel.

[3] Les adverbes **toujours** et **encore** (*still*) ne sont pas tout à fait synonymes en français: **encore** est plus
neutre, alors que **toujours** connote la surprise, l'irritation ou le jugement. COMPAREZ: Il dort
encore? *Is he still asleep?* [i.e., *It's normal for him to be still asleep.*] Il dort **toujours**? *Is he still asleep?*
[i.e., *He should be up by now.*]

Tableau 2

TOURNURES NÉGATIVES IDIOMATIQUES

non plus	Vous n'aimez pas les huîtres? Moi **non plus**. *You don't like oysters? I don't either/Nor do I.*
et non ou (non) pas	C'est du champagne **et non** du cidre. ou C'est du champagne, **(non) pas** du cidre. *It's champagne, <u>not</u> cider.*
toujours pas	Le train est arrivé? —Non, (il n'est) **toujours pas** (arrivé). *Has the train arrived? —No, it still hasn't come.*
jamais de la vie!	Tu referais cette expérience? —**Jamais de la vie!** *Would you do this again? —Not on your life!*
n'avoir qu'à + infinitif	Si tu es pressé(e), tu **n'as qu'à** prendre un taxi! *If you are in a hurry, why don't you take* OR *just take a taxi!*
pas grand-chose	Qu'est-ce que tu as fait pour Noël? —Oh, **pas grand-chose**. *What did you do for Christmas? —Oh, nothing much.*
pas tellement	Vous aimez les moules? —Non, **pas tellement**. *Do you like mussels? —No, not that much.*
pas que je sache	Elle est dans son bureau? —**Pas que je sache...** *Is she in her office? —Not that I know of . . .*
rien qu'à + nom	On la reconnaît **rien qu'à** sa voix. *You recognize her just by her voice.*
ne... aucun(e)	Il **n'**y a **aucune** place (de) libre sur ce vol. *There isn't a single free seat on that flight.*

5   La négation avec ni... ni...

On peut mettre **ni... ni...** (*neither . . . nor* OR *not . . . [either . . .] or . . .*) devant des infinitifs, des adjectifs, des noms, des adverbes ou des pronoms. S'il y a une **préposition**, celle-ci se répète après chaque **ni**.

Mon arrière-grand-père ne savait **ni** lire **ni** écrire.	*My great-grandfather couldn't read or write.* OR *My great-grandfather could neither read nor write.*
Il **n'**est **ni** riche **ni** beau.	*He's neither rich nor handsome.*
Je **n'**ai **ni** faim **ni** soif.	*I'm neither hungry nor thirsty.*
Ce **n'**est **ni** bien **ni** mal.	*It's neither good nor bad.*
Cet appareil-photo **n'**est **ni** à lui **ni** à moi; il est à mon frère.	*This camera is neither his nor mine; it's my brother's.*

5a. Quel article après **ni… ni…**?

Dans la négation <u>absolue</u>, l'article **défini** ne change pas après **ni… ni…**. Avec les articles **indéfinis** et **partitifs** toutefois, on a le choix: on peut employer soit **ni… ni…** (sans article), soit **pas de… ni de…** (sans article).

COMPAREZ:

articles définis	J'aime **la** limonade et **le** Coca-Cola. *I like lemonade and Coke.*	Je n'aime **ni** <u>la</u> limonade **ni** <u>le</u> Coca-Cola. *I like neither lemonade nor Coke.* OR *I don't like lemonade or Coke.*
articles indéfinis	J'ai acheté **un** journal et **une** carte postale. *I bought a newspaper and a postcard.*	Je n'ai acheté **ni** journal **ni** carte postale. OU Je n'ai **pas** acheté **de** journal **ni de** carte postale. *I bought neither a newspaper nor a postcard.* OR *I didn't buy a newspaper or a postcard.*
articles partitifs	J'aimerais **de la** limonade ou **du** Coca-Cola. *I'd like some lemonade or some Coke.*	Je ne veux **ni** limonade **ni** Coca-Cola. OU Je ne veux **pas de** limonade **ni de** Coca-Cola. *I don't want any lemonade or Coke.* OR *I want neither lemonade nor Coke.*

5b. **Ni… ni…** dans la négation partielle

Dans la négation <u>partielle</u>, les articles ne changent pas après **ni… ni…**

COMPAREZ:

FORME AFFIRMATIVE	NÉGATION ABSOLUE	NÉGATION PARTIELLE
Il veut **du** poulet et **du** poisson. *He wants some chicken and some fish.*	Il ne veut **pas de** poulet **ni de** poisson. OU Il ne veut **ni** poulet **ni** poisson. *He doesn't want [any] chicken or fish.*	Il ne veut **ni du** poulet, **ni du** poisson, il veut juste une petite salade. *He doesn't want either chicken or fish; he just wants a small salad.*

5c. Forme du verbe après **ni… ni…**

➤ Lorsque **les sujets** sont à la **3e personne du singulier**, le verbe se met à la **3e personne du pluriel**.[4]

Ni Martine **ni** sa sœur **ne sont** jamais **allées** à Istanbul.   *Neither Martine nor her sister ever went to Istanbul.*

---

[4] Si le verbe n'admet logiquement qu'un seul sujet, on peut mettre le verbe au singulier (mais ce n'est pas obligatoire): **Ni** lui **ni** sa femme n'**a obtenu** le poste. (*Neither he nor his wife got the job.*) [MAIS ON PEUT DIRE AUSSI: **Ni** lui **ni** sa femme n'**ont obtenu** le poste.] (Voir aussi Chapitre 21, section 25b.)

➤ Lorsque les sujets sont représentés par des personnes grammaticales <u>différentes</u> (**lui** et **moi**; **toi** et **lui**; **lui** et **vous**, etc.), le verbe, toujours au **pluriel**, s'accorde selon la hiérarchie suivante (voir aussi Chapitre 21, section 25b):

1re personne > 2e personne > 3e personne

Autrement dit, si l'<u>un des sujets</u> est à la **1re personne** (du singulier ou du pluriel), le verbe se met à la **1re personne du pluriel**. Si les sujets sont aux **2e et 3e personnes** (du singulier ou du pluriel), le verbe se met à la **2e personne du pluriel**.

COMPAREZ:

Ni eux ni <u>moi</u> ne **sommes allés** au Mexique.
Neither they nor I have been to Mexico.

Malheureusement, ni <u>vous</u> ni Catherine ne **serez** libres vendredi prochain!
Unfortunately, neither you nor Catherine will be free next Friday!

Ni toi ni <u>moi</u> n'**avons** jamais **pu** retrouver cet endroit.
Neither you nor I were ever able to find that place again.

Ni <u>vous</u> ni elle n'**arriverez** jamais à me convaincre.
Neither you nor she will ever succeed in convincing me.

Vérification. Complétez les phrases suivantes en ajoutant un article, si nécessaire. Conjuguez le verbe entre parenthèses en le mettant à la personne grammaticale qui convient.

Ce n'est ni (1) _____ sel (m.) ni (2) _____ sucre (m.), c'est de la farine. (*It's neither salt or sugar; it's flour.*)

Ni moi ni mes amis ne (3) _____ (pouvoir) accepter votre offre. (*Neither I nor my friends can accept your offer.*)

Je n'ai ni (4) _____ voiture ni (5) _____ bicyclette (f.). (*I don't have* OR *own a car or a bicycle.*)

6 La restriction

6a. «Elle ne boit qu'une seule tasse de café...»

Si la restriction concerne un mot placé <u>après</u> le verbe, on emploie **ne... que...**

Elle **ne** boit **qu'**une seule tasse de café le matin.
She drinks only one cup of coffee in the morning.
  [CE QUI REVIENT À DIRE: Elle boit uniquement OU seulement une tasse de café le matin.]
Je n'**aime que** les pommes très acides.
I only like very sour apples.
  [CE QUI REVIENT À DIRE: J'aime uniquement/seulement les pommes très acides.]

6b. «Elle ne fait que dormir...»

Si la restriction concerne le verbe lui-même, on emploie **ne faire que** + **infinitif**.

Le dimanche, elle **ne fait que** dormir toute la journée.

On Sundays, she does nothing but sleep all day.

Il **ne fait que** boire et draguer.

He does nothing but drink and chase girls. OR *The only thing he does is drink and chase girls.*

6c. «Il n'y a que Paul qui...» OU «Paul est le seul qui/à...»

Si la restriction concerne le <u>sujet</u> du verbe, il existe plusieurs constructions possibles.

➤ **Il n'y a que** + **nom sujet/pronom disjoint** + **qui** + <u>subjonctif</u>⁵
➤ **Nom/Pronom sujet** + **est le seul/la seule**, etc. + **qui** + <u>subjonctif</u>
➤ **Nom/Pronom sujet** + **est le seul/la seule**, etc. + **à** + <u>infinitif</u>
➤ **Pronom disjoint** + **seul/seule**, etc. + <u>indicatif</u>

Il n'y a que Paul/lui qui <u>sache</u> faire ce plat.
Paul est le seul qui <u>sache</u> faire ce plat.
Paul est le seul à <u>savoir</u> faire ce plat.
Lui seul <u>sait</u> faire ce plat.
  [ET NON: ~~Seulement Paul/lui sait~~...]

Paul/He is the only one who knows how to make this dish. OR *Only Paul/he knows how to make this dish.*

N.B. 8-3
Ne... que... vs **ne pas... que...**

Ne confondez pas **ne... que...** (*only/just/nothing but*) et **ne pas... que...** (*not just* OR *not only*).

COMPAREZ:

Je **ne** mange **que** des légumes.

I only eat vegetables.

MAIS: Je **ne** mange **pas que** des légumes; j'aime aussi la viande, le fromage et les fruits.

I don't just OR *only eat vegetables; I also like meat, cheese, and fruit.*

Vérification. Complétez les phrases suivantes de façon à exprimer la restriction.

You are the only one who can succeed. → (1) _____ qui puisses réussir.

We did nothing but sleep this weekend. → Nous (2) _____ dormir ce week-end.

He only eats chicken. → Il (3) _____ du poulet (m.).

---

⁵ L'expression de mise en relief **il n'y a que...** s'emploie aussi pour des éléments autres que des sujets: Les gens disent qu'**il n'y a** vraiment **qu'en Belgique** qu'on trouve de bonnes frites. (*People say that you can find good French fries only in Belgium.*)

7 Omission obligatoire de pas

L'omission de **pas** est <u>obligatoire</u> dans les cas suivants:

➤ Avec **ni... ni...**, ou lorsque la phrase contient un autre mot négatif tel que **aucun**, **jamais**, **nulle part**, **personne**, **plus**, **rien**, **sans**, etc.

Je **n'**ai mis **ni** sel **ni** poivre.	*I didn't put salt or pepper.*
	OR *I put neither salt nor pepper.*
Nous **ne** connaissons **personne**.	*We don't know anyone.*
Il **n'**a **rien** fait.	*He didn't do anything.*

➤ Dans les restrictions avec **ne... que...**

Je **n'**ai **que** vingt euros sur moi.	*I only have twenty euros on me.*
Il **ne** vient **que** le mardi.	*He only comes on Tuesdays.*

➤ Dans certaines locutions ou expressions **idiomatiques**

«Je chantais, **ne vous déplaise**.» [La Fontaine]	*I was singing, like it or not.*
Vous n'avez pas de voiture? **Qu'à cela ne tienne**! Nous vous en prêterons une!	*You don't have a car? Never mind! OR That's no problem! We'll lend you one!*
Je **n'ai que faire** de vos conseils. [condescendant]	*I have no need for your advice.*

8 Omission facultative de pas (langue soutenue)

L'omission <u>facultative</u> (*optional*) de **pas** relève de la langue soutenue. On la rencontre notamment dans les cas suivants:

➤ Avec **oser**, **pouvoir**, **savoir** et **cesser**, surtout aux temps simples, lorsque ces verbes sont suivis d'un infinitif complément. Notez qu'avec le verbe **pouvoir**, on emploie alors la forme littéraire (je ne **puis**) pour la 1re personne du singulier du présent.

Je **n'ose** lui avouer la vérité.	*I dare not tell him the truth.*
Ils **ne peuvent** expliquer cet accident.	*They cannot explain this accident.*
Je **ne puis** vous le dire.	*I cannot/I'm not allowed to tell you.*
[MAIS ON DIRA: Je **ne** <u>peux</u> **pas**...]	
Je **ne saurais** vous dire où se trouve ce musée.	*I couldn't OR I'm unable to tell you where this museum is.*[6]
Elle **ne cesse** de se plaindre.	*She complains constantly. OR She never stops complaining.*

---

[6] À l'indicatif, le verbe **savoir** signifie **connaître** ou **pouvoir**. Au conditionnel <u>négatif</u>, il signifie <u>exclusivement</u> **ne pas pouvoir**. COMPAREZ: Je **ne sais pas** à quelle heure le train arrive. (*I don't know at what time the train arrives.*) Elle **ne sait pas** nager. (*She can't swim.*) MAIS: Je **ne saurais** vous dire à quelle heure le film commence. (*I couldn't tell you at what time the movie starts.*)

➤ Après **si + présent**

C'est un film russe, **si je ne me trompe**.	*It is a Russian movie, if I'm not mistaken.*
C'est un Picasso, **si je ne m'abuse.**	*It's a Picasso, if I'm not mistaken.*
Aucun de ces documents n'est valable **s'il ne porte** le cachet de l'université.	*None of these documents is valid unless it carries the university seal.*

➤ Après «**Il y a/Cela (Ça) fait que...**» + verbe composé <u>négatif</u>. (Pour ces constructions, voir Chapitre 17, section 8.)

Il y a OU **Cela/Ça fait** une éternité **que** je **ne** l'ai vue.	*I haven't seen her in ages.* or *It's been ages since I saw her.*

9   Cas particuliers

9a. Jamais vs **ne... jamais** (*ever* vs *never*)

Quand **jamais** signifie *ever*, il n'est pas précédé de **ne/n'**. En revanche, s'il signifie *never*, il est obligatoirement précédé du **ne/n'** de négation.

COMPAREZ:

Avez-vous **jamais** entendu une chose pareille?	MAIS: Je **n'**ai **jamais** entendu une chose pareille.
Have you ever heard such a thing?	*I've never heard such a thing.*

9b. Négation rhétorique

Une phrase négative peut avoir un sens positif. C'est l'équivalent de l'*understatement* (litote). Ce procédé stylistique a souvent une valeur ironique. Il est plus fréquent en français qu'en anglais. (Voir aussi Chapitre 2, section 5c.)

Ce petit vin **n'**est **pas mal** du tout.	*This little wine isn't bad at all! [i.e., it's very good]*
Votre composition **n'**est **pas mauvaise**.	*Your composition isn't bad. [i.e., it's actually quite good]*
Faire l'ascension de l'Everest, **ce/ça n'est pas rien**!	*Climbing Mount Everest is not exactly a picnic* OR *is no mean feat! [i.e., it's quite an achievement]*
Cette idée **n'**est **pas bête**.	*This idea isn't dumb. [i.e., it's a very good idea]*
Un SDF [Sans Domicile Fixe] s'adressant à un passant: «**Vous n'auriez pas** une petite pièce?»	*A homeless person to a pedestrian: "You wouldn't happen to have a little change, would you?" [i.e., I know you have a little change . . .]*

Vérification et récapitulation. Récrivez les phrases suivantes en mettant les mots **en gras** à la forme <u>négative</u> ou <u>opposée</u>. Faites tous les changements nécessaires.

(1) Je préfère y **aller** tout de suite.

_____

(2) **Parlons**-en!

_____

(3) Nous avons **déjà** fait sa connaissance.

_____

(4) Il est entré **en disant** bonjour.

_____

(5) Nous aurons **le temps** de prendre un café.

_____

(6) Elle a **un frère** <u>et</u> **une sœur**.

_____

(7) J'ai **des devoirs** pour demain.

_____

(8) Elle a **froid** <u>et</u> **sommeil**.

_____

10 Ne explétif vs ne négatif

ATTENTION: Le **ne explétif** appartient au style soutenu et ne se traduit pas en anglais. Il n'a en fait **aucune valeur négative** et n'est donc <u>jamais suivi</u> de **pas**. Bien qu'il ne soit <u>pas obligatoire</u>, il est <u>fréquent</u> (surtout à l'écrit) dans les cas suivants:

10a. Après des verbes et des conjonctions exprimant la crainte

Le **ne explétif** s'emploie après les verbes et conjonctions de crainte (**avoir peur que, craindre que, de peur que, de crainte que**), mais uniquement lorsque la subordonnée est à la forme <u>affirmative</u>. Si elle est à la forme <u>négative</u>, on emploie **ne... pas...** (Voir aussi Chapitre 12, sections 7, 9 et 17.)

COMPAREZ:

FORME AFFIRMATIVE	FORME NÉGATIVE
J'ai peur qu'elle **ne** revienne. *I'm afraid that she may come back.*	MAIS: J'ai peur qu'elle **ne** revienne **pas**. *I'm afraid that she won't come back.*
Je crains que nous **n'**ayons un problème. *I fear that we may have a problem.*	MAIS: Je crains que nous **ne** soyons **pas** en avance. *I fear that we won't be early.*
Il est venu nous chercher, de peur que nous **ne** manquions l'avion. *He came to pick us up, worried that we might miss the plane.*	MAIS: Il est venu nous chercher, de peur que nous **n'**arrivions **pas** à temps à l'aéroport. *He came to pick us up, worried that we would not arrive at the airport on time.*

10b. Après **avant que** et **à moins que**

Le **ne explétif** est aussi fréquent après les conjonctions **avant que** et **à moins que**, lorsque la subordonnée est à la forme <u>affirmative</u>. (Voir aussi Chapitre 12, section 10.)

Revenez avant qu'il **ne** fasse nuit.

Come back before it gets dark.

Nous prendrons le train, à moins que ton père **ne** préfère louer une voiture.

We'll take the train, unless your father prefers to rent a car.

10c. Dans les subordonnées comparatives

Le **ne explétif** s'emploie également dans les subordonnées comparatives introduites par **moins/plus... que** (mais pas dans celles introduites par **aussi/autant... que**). (Voir Chapitre 19, section 5.)

COMPAREZ:

Ce film est <u>moins/plus</u> intéressant <u>que</u> je **ne** le pensais.

This movie is less/more interesting than I thought.

MAIS: Ce film est <u>aussi</u> intéressant <u>que</u> je le pensais.

This movie is as interesting as I thought.

Le passé de l'indicatif

Le récit au passé

Le passé de l'indicatif

Les principaux temps du passé de l'indicatif sont l'**imparfait**, le **passé proche**, le **passé composé** et le **plus-que-parfait**. (Pour les temps rares ou littéraires tels que le passé simple, le passé antérieur et le passé surcomposé, voir Appendice 3, sections 1 à 4; pour le futur antérieur, voir Chapitre 11, sections 4 et 5.)

1 Formation de l'imparfait

On forme l'imparfait à partir du radical du verbe (1ʳᵉ personne du pluriel du présent), auquel on ajoute les terminaisons **-ais**, **-ais**, **-ait**, **-ions**, **-iez**, **-aient**. (Notez la présence du **i** aux première et deuxième personnes du pluriel.)

INFINITIF	→ PRÉSENT: 1ᴿᴱ PERSONNE DU PLURIEL	IMPARFAIT	
aimer (*to love*)	→ nous <u>aim</u>ons	j'aim**ais** tu aim**ais** il/elle aim**ait**	nous aim**ions** vous aim**iez** ils/elles aim**aient**
finir (*to finish*)	→ nous <u>finiss</u>ons	je finiss**ais** tu finiss**ais** il/elle finiss**ait**	nous finiss**ions** vous finiss**iez** ils/elles finiss**aient**

EXCEPTION:

être (*to be*)	
j'ét**ais**	nous ét**ions**
tu ét**ais**	vous ét**iez**
il/elle ét**ait**	ils/elles ét**aient**

2 Emplois de l'imparfait

2a. Établissement d'un contexte

L'imparfait sert avant tout à établir un <u>contexte</u>: il permet de <u>décrire</u> ou d'<u>expliquer des circonstances passées</u> (faits, états ou actions) prises dans leur continuité ou leur déroulement, sans début ni fin précis.[1]

Hier je n'**étais** pas en forme parce que j'**avais** de la fièvre.	*Yesterday I was under the weather because I had a fever.*
Lorsque nous sommes rentré(e)s, il **dormait** encore.	*When we came home, he was still sleeping/asleep.*

N.B. 9-1
Être en train de + infinitif

Pour souligner le fait qu'une action passée continue encore au moment dont on parle, on peut utiliser l'expression **être en train de** (à l'imparfait) + infinitif.

Lorsqu'il est arrivé, nous **étions en train de** dîner.	*When he arrived, we were [in the middle of] eating dinner.*

2b. Habitude passée sans relation avec le présent

L'imparfait permet également de décrire une <u>habitude</u> passée lorsque celle-ci est <u>sans relation avec le présent</u>. En anglais, cet emploi correspond à l'expression *used to* ou *would*.

L'an dernier, je **jouais** au tennis une fois par semaine.	*Last year, I used to play* OR *I would play tennis once a week [i.e., I don't anymore].*
Nous **allions** souvent manger dans ce restaurant.	*We used to go to this restaurant a lot [i.e., we don't anymore].*

2c. Politesse

Avec les verbes **vouloir** et **venir** suivis de l'infinitif, l'imparfait dénote aussi la politesse. Les deux verbes ont alors quasiment le même sens. Cet emploi est très idiomatique.

Je ne **voulais** pas vous déranger; je **venais** juste vous dire un petit bonjour.	*I didn't mean to disturb you; I just wanted to say hello.*

---

[1] AUTREMENT DIT: The **imparfait** is used, among other things, to establish a *context*, i.e., to *describe* or *explain* past circumstances (a fact, a state of being, or an action) in their continuity or as they unfold (i.e., as an ongoing process, without a specific beginning or an end).

Nous **voulions** OU **venions** simplement prendre de vos nouvelles.	*We just wanted* OR *meant to see how you were doing.*

2d. Après un **si** de condition

Après un **si** de condition, l'imparfait peut exprimer une <u>hypothèse irréelle</u>, un <u>souhait</u> ou une <u>suggestion</u>. (Voir Chapitre 14, sections 4, 8d et 8f.)

S'il **était** plus patient, il ferait moins d'erreurs. [irréel du présent]	*If he were more patient, he would make fewer mistakes.*
Si seulement je **pouvais** t'aider! [souhait]	*If only I could help you!*
Et si nous **allions** au cinéma ce soir? [suggestion]	*How about going to the movies tonight?*

N.B. 9-2
*"The church **was** old"* vs *"The church **was** built in 1760"*

ATTENTION: Les formes *was/were* ne se traduisent pas nécessairement par un imparfait en français, loin de là!

COMPAREZ:

*The church **was** old.* → L'église **était** ancienne.

MAIS: *The church **was** built in 1760.* → L'église **a été construite** en 1760. [passé composé <u>passif</u>]

---

3   Le passé proche (ou immédiat)

3a. Formation

On forme le passé proche (ou immédiat) en employant le semi-auxiliaire **venir** (au présent) + **de/d'** + l'**infinitif** du verbe. On ajoute parfois **juste** ou **tout juste** pour souligner l'idée d'immédiateté, mais ces expressions ne sont pas obligatoires en français (contrairement à l'anglais).

arriver	Je **viens d'arriver**.	*I've just arrived.*
partir	Ils **viennent** tout juste **de partir**.	*They've just left.*

3b. Emplois

Comme en anglais, le passé proche (ou immédiat) exprime la proximité par rapport à un présent ou un futur.

Il n'est pas là: il **vient de quitter** le bureau.	*He isn't here; he's just left the office.*
Je **viens** tout juste **de me réveiller**.	*I've just barely woken up.*

> ## N.B. 9-3
> **Le passé proche dans un récit au passé**
>
> Dans un récit au passé, le semi-auxiliaire **venir** se conjugue <u>toujours</u> à l'**imparfait**, <u>jamais</u> au passé composé. (Voir aussi N.B. 9-5 et section 10b ci-dessous.)
>
> | | |
> |---|---|
> | Je **venais de m'endormir** quand le téléphone a sonné. | *I had just gone off to sleep when the telephone rang.* |

4   Formation du passé composé

On forme le passé composé en employant l'auxiliaire **être** ou **avoir** au présent, auquel on ajoute le <u>participe passé</u> du verbe. (Pour l'accord du participe passé, voir Chapitre 10, sections 5 à 13.)

4a. Verbes conjugués exclusivement avec **être**

Les verbes conjugués <u>exclusivement</u> avec l'auxiliaire **être** se répartissent en deux catégories:

➤ Les verbes **pronominaux** (voir Appendice 2)

Nous nous **sommes** promenés sur la plage.	*We took a walk on the beach.*
Ils se **sont** vus à la fête samedi soir.	*They saw each other at the party Saturday night.*

➤ Les verbes **naître**, **devenir** et **mourir**

Mélanie **est née** en avril; son père **est mort** accidentellement quelques mois plus tard.	*Melanie was born in April; her father died accidentally a few months later.*
Et Thierry, qu'**est**-il **devenu**?	*And Thierry, what's become of him?*

(Pour certains verbes de <u>mouvement</u> courants conjugués tantôt avec **avoir**, tantôt avec **être**, voir section 5 ci-dessous.)

4b. Verbes conjugués exclusivement avec l'auxiliaire **avoir**

Les verbes conjugués <u>exclusivement</u> avec l'auxiliaire **avoir** comprennent <u>tous les autres verbes</u>, y compris les verbes **avoir**, **être** et les **verbes impersonnels**. (Pour certains verbes de <u>mouvement</u> conjugués tantôt avec **avoir**, tantôt avec **être**, voir section 5 ci-dessous.)

Elle **a été** très malade.	*She has been very sick.*
J'**ai vu** un film extraordinaire.	*I saw a great movie.*
Hier, il **a** tellement **plu** qu'il **a fallu** annuler le match.	*Yesterday it rained so much that the game had to be canceled.*

5 Verbes de mouvement: être ou avoir?

5a. Règle générale

Les verbes de mouvement courants (voir Tableau 1 ci-dessous) se conjuguent normalement avec l'auxiliaire **être**.

Tableau 1

VERBES DE MOUVEMENT COURANTS

aller (*to go*)	(re)descendre (*to go [back] down*)
arriver (*to arrive*)	(re)tomber (*to fall [back/again]*)
(r)entrer (*to come [back] in, to return*)	(res)sortir (*to go [back] out*)
(re)monter (*to go [back] up*)	(re)partir (*to leave [again]*)
(re)passer (*to come by [again]*)	s'en aller (*to leave*)
rester (*to stay*)	(re)venir/retourner (*to come [back]/to return somewhere*)

Pierre **est parti** dimanche.	*Peter left on Sunday.*
Combien de temps **est-elle restée** à Paris?	*How long did she stay in Paris?*

5b. Cas particuliers: **monter, descendre, entrer, sortir, passer** et **retourner**

Toutefois, lorsque les verbes **(re)monter**, **(re)descendre**, **(r)entrer**, **(res)sortir**, **(re)passer** et **retourner** ont un <u>complément d'objet direct</u> [c.o.d.], ils se conjuguent avec l'auxiliaire **avoir** et n'ont plus tout à fait le même sens qu'avec l'auxiliaire **être**.[2]

COMPAREZ:

Elle **a** monté <u>sa valise</u>.
[Elle a monté quoi? sa valise: c.o.d. ⇒ **avoir**]
She took her suitcase upstairs.

MAIS: Elle **est** <u>montée</u>.
[pas de c.o.d. ⇒ **être**]
She went upstairs.

Ils **ont** descendu <u>le vieux fauteuil</u> au sous-sol.
[Ils ont descendu quoi? le vieux fauteuil: c.o.d. ⇒ **avoir**]
They took the old armchair down to the basement.

MAIS: Ils **sont** <u>descendus</u> vers cinq heures. [pas de c.o.d. ⇒ **être**]
They came downstairs around five p.m.

---

[2] AUTREMENT DIT: Verbs of movement are normally conjugated with **être**. However, when **(re)monter**, **(re)descendre**, **(r)entrer**, **(res)sortir**, **(re)passer**, and **retourner** are transitive (i.e., when they take a direct object, with no intervening preposition), they are conjugated with **avoir** (and their meaning changes from what it is with **être**).

Elle **a rentré** <u>la voiture</u> au garage.
[Elle a rentré quoi? la voiture:
c.o.d. ➡ **avoir**]
She put the car into the garage.

MAIS: Elle **est rentré<u>e</u>** tard hier soir.
[pas de c.o.d. ➡ **être**]
She came back late last night.

J'**ai sorti** <u>les ordures</u>.
[J'ai sorti quoi? les ordures:
c.o.d. ➡ **avoir**]
I took the garbage out.

MAIS: Je **suis sorti(<u>e</u>)** avec des amis.
[pas de c.o.d. ➡ **être**]
I went out with friends.

Il m'**a passé** <u>son ordinateur</u>.
[Il m'a passé quoi? son ordinateur:
c.o.d. ➡ **avoir**]
He lent me his computer.

MAIS: Il **est passé** à la banque.
[pas de c.o.d. ➡ **être**]
He went to the bank.

Elle **a retourné** <u>le matelas</u>.
[Elle a retourné quoi? le matelas:
c.o.d. ➡ **avoir**]
She turned the mattress over.

MAIS: Elle **est retournée** au travail.
[pas de c.o.d. ➡ **être**]
She went back to work.

6   Emplois du passé composé

6a. Événements ponctuels ou changements

Contrairement à l'imparfait, qui permet de décrire ou d'expliquer des circonstances passées prises dans leur continuité ou leur déroulement, sans début ni fin précis, le passé composé permet de présenter des <u>changements</u> ou des <u>événements</u> ponctuels déjà terminés (c'est-à-dire avec un début et une fin).[3]

Aujourd'hui, j'**ai pris** congé.   *Today, I took the day off.*

La situation **s'est dégradée** tout à coup.   *The situation got worse all of a sudden.*

Ils **ont déménagé**.   *They moved.*

6b. Habitudes ou actions fréquentes avec prolongement dans le présent

Le passé composé s'emploie également pour exprimer des <u>habitudes</u> ou des <u>actions fréquentes</u> au passé lorsque celles-ci ont encore un prolongement possible dans le <u>présent</u>. (Pour la différence entre une habitude à l'imparfait et une habitude au passé composé, voir section 7 ci-dessous).

Ces gens **ont** toujours **travaillé** très dur.

These people have always worked very hard [i.e., they still work very hard today].

---

[3]   AUTREMENT DIT: Contrary to the **imparfait**, which allows you to *describe* or *explain* past circumstances in their continuity or as they unfold, without a precise beginning or end, the **passé composé** allows you to present discrete *events* or *changes* that have already been completed, i.e., that have a beginning and an end.

Ils n'**ont** jamais **été** riches, mais ils **ont** toujours **vécu** confortablement.

They have never been rich, but they have always lived comfortably [i.e., they're still not rich, but they live comfortably today].

N.B. 9-4

"*He arrived . . .*" vs "*He's just arrived . . .*"

Ne confondez pas le **passé proche** et le **passé composé**.

COMPAREZ:

Il **est arrivé** ce matin. [passé composé]   MAIS: Il **vient d'arriver**. [passé proche]
He arrived this morning.   *He (has) just arrived.*

---

7   ## Action habituelle ou fréquente au passé: passé composé ou imparfait?

Comme nous l'avons constaté, le passé composé et l'imparfait peuvent tous deux exprimer des actions fréquentes ou habituelles au passé. Comment les différencier? Si ces actions ont (ou peuvent encore avoir) des <u>prolongements dans le présent</u>, employez le **passé composé**; en revanche, si elles n'ont <u>plus aucune relation avec le présent</u>, employez l'**imparfait**.[4]

COMPAREZ:

Nous **avons** toujours très bien **mangé** dans ce restaurant.
We have always eaten very well in this restaurant [i.e., we continue to do so].

MAIS: Nous **mangions** toujours très bien dans ce restaurant.
We always ate OR *We used to eat very well in this restaurant [i.e., but we don't anymore].*

J'**ai lu** ce roman plusieurs fois.
I read this novel many times [i.e., I could still read it again today].

MAIS: Je **lisais** souvent les mêmes romans plusieurs fois de suite quand j'étais adolescent(e).
I often would read OR *I used to read the same novels over and over again when I was a teenager [i.e., I don't do this anymore].*

---

[4]   AUTREMENT DIT: Both the **passé composé** and the **imparfait** can express frequent or habitual actions in the past: if these actions *can—or could still—take place in the present*, use the **passé composé**; if, on the other hand, they are *no longer occurring in the present*, use the **imparfait**.

8 Le plus-que-parfait

8a. Formation

On forme le plus-que-parfait en mettant l'auxiliaire **être** ou **avoir** à l'imparfait, auquel on ajoute le participe passé du verbe. En fait, il suffit de prendre le passé composé et de mettre l'auxiliaire à l'imparfait.

INFINITIF	→ PASSÉ COMPOSÉ	→ PLUS-QUE-PARFAIT
manger *to eat*	→ j'ai mangé *I have eaten*	→ j'**avais mangé** *I had eaten*
finir *to finish*	→ tu as fini *you have finished*	→ tu **avais fini** *you had finished*
aller *to go*	→ elle est allée *she went*	→ elle **était allée** *she had gone*
se marier *to marry*	→ nous nous sommes mariés *we married*	→ nous nous **étions mariés** *we had married*
regarder *to look*	→ vous avez regardé *you looked*	→ vous **aviez regardé** *you had looked*
arriver *to arrive*	→ ils sont arrivés *they (have) arrived*	→ ils **étaient arrivés** *they had arrived*

8b. Emplois

➤ Circonstances antérieures à un autre passé

On emploie le plus-que-parfait pour <u>décrire des circonstances</u> (faits, actions ou habitudes) <u>antérieures</u> à un autre fait passé. Notez cependant qu'en anglais, cette notion d'antériorité n'est pas aussi rigoureuse qu'en français. En effet, l'anglais emploie alternativement le *simple past* ou le *pluperfect*, ce qui n'est jamais le cas en français.[5]

Ils avaient faim parce qu'ils n'**avaient** rien **mangé** de toute la journée.	*They were hungry because they hadn't eaten anything all day.*
Elle était furieuse parce qu'elle **avait raté** son examen.	*She was furious because she [had] failed her exam.*
Dès que j'**avais fini** mes devoirs, j'allais à la gym.	*As soon as I [had] finished my homework, I would go to the gym.*

---

[5] AUTREMENT DIT: Note that in English, the concept of chronological succession isn't as clear as in French. This is due to the fact that English tends to use either the *simple past* or the *pluperfect* (or *past perfect*), as though they were equivalent. This is never the case in French.

➤ Après un **si** de condition

On emploie également le plus-que-parfait après un **si** de condition pour exprimer un <u>irréel du passé</u> ou un <u>regret</u>. (Voir Chapitre 14, sections 5, 8c et 8d.)

Si tu me l'**avais dit**, j'aurais compris.
  [irréel du passé]

*If you had told me about it, I would
  have understood.*

Ah! Si (seulement) j'**avais su**! [regret]

*Ah! If only I had known! OR I wish
  I had known!*

N.B. 9-5

"He had arrived..." vs "He had just arrived..."

Ne confondez pas le **plus-que-parfait** et le **passé proche** dans un récit au passé.

COMPAREZ:

Il **était** déjà **arrivé**. [plus-que-parfait]
He had already arrived.

MAIS: Il **venait d'arriver**. [passé proche au
  passé]
  *He had **just** arrived.*

Vérification (temps principaux du passé de l'indicatif).

Complétez les phrases suivantes en mettant les verbes entre parenthèses à l'imparfait, au passé proche, au passé composé ou au plus-que-parfait, suivant le cas.

She went back home because she had forgotten to take her book with her. → Elle
(1) _____ (rentrer) à la maison parce qu'elle (2) _____ (oublier)
de prendre son livre.

I used to play the piano when I was young. → Je (3) _____ (jouer) du
piano quand j' (4) _____ (être) jeune.

She went down to get the mail. → Elle (5) _____ (descendre) chercher le
courrier.

She brought up my mail? How nice of her! → Elle m'(6) _____ (monter) le
courrier? Comme c'est gentil!

But I thought [i.e., I was under the impression] that you [had] said eight o'clock! →
Mais je (7) _____ (croire) que tu (8) _____ (dire) huit heures!

How about going out for dinner tonight? → Et si nous (9) _____ (sortir)
dîner ce soir?

She's just left. → Elle (10) _____ (partir).

We always went to Brittany for our vacation [but we don't anymore]. → Nous
(11) _____ (toujours aller) en Bretagne pour nos vacances.

My parents have always had a cat [and they still do]. → Mes parents
(12) _____ (toujours avoir) un chat.

 # Le récit au passé

9 Passé composé vs imparfait

Tout texte narratif au passé emploie une variété de temps et de modes pour raconter une histoire d'une façon claire et vivante. Le **passé composé** permet ainsi de construire la <u>trame du récit</u> (*sequence of events*). Il établit la succession chronologique d'événements ponctuels (faits, actions ou changements) considérés comme indispensables à la logique de l'histoire. Dans les textes littéraires et historiques, le passé composé est souvent remplacé par le **passé simple** (voir Appendice 3, sections 1 et 2). L'**imparfait** sert au contraire à établir le <u>contexte</u> du récit, à décrire ou à expliquer les <u>circonstances</u> dans lesquelles l'histoire a eu lieu.[6]

9a. Une question de logique narrative

La distinction entre passé composé et imparfait n'est pas une question de chronologie mais de <u>perspective</u> et de <u>logique narrative</u>. Pour savoir s'il faut employer le passé composé ou l'imparfait, il faut avant tout savoir distinguer entre les <u>événements</u> (au **passé composé**), et les <u>circonstances</u> ou le <u>contexte</u> (à l'**imparfait**). Notez qu'en anglais, cette distinction n'est pas toujours aussi nette qu'en français.[7]

COMPAREZ:

ÉVÉNEMENTS → PASSÉ COMPOSÉ	CIRCONSTANCES/CONTEXTE → IMPARFAIT
Ce matin, j'**ai pris** le train...	... parce que les bus **avaient** du retard.
This morning I took the train . . .	*. . . because the buses were running late.*
Tania **est passée**...	... pendant que tu **étais** absent.
Tania came by . . .	*. . . while you were out.*
Quand ils **ont appelé**...	... nous **étions** en train de dîner.
When they called . . .	*. . . we were eating dinner.*

---

[6] AUTREMENT DIT: The **passé composé** helps create a story line. It highlights a sequence of past events (facts or actions) indispensable to the logic of the story. Literary and historical texts often use the **passé simple** instead of the **passé composé**. The **imparfait**, on the other hand, establishes a context; it describes or explains the circumstances surrounding the events.

[7] AUTREMENT DIT: The distinction between the **passé composé** and the **imparfait** is not a matter of chronology but of *perspective* and *narrative logic*. Generally speaking, the **passé composé** is used to *emphasize facts or actions* from the past; it presents them as discrete, abrupt, or unusual *events* or *changes*. The **imparfait**, on the other hand, is used to *describe (or explain) a context* or *a set of circumstances* that surround past events or changes, but without particular emphasis. To know whether to use the **passé composé** or the **imparfait**, one must therefore be able to distinguish between *events* and *circumstances*. In English, however, that distinction is not always as clear as in French.

9b. Une question de point de vue

Parfois, la différence entre événements et circonstances (ou contexte) est une question de point de vue. Pour <u>décrire ou expliquer</u> des circonstances passées, sans insistance particulière, mettez le verbe à l'**imparfait**. En revanche, pour <u>souligner</u> que des faits ou des actions du passé constituent des <u>événements</u> ou des <u>changements</u> particuliers, utilisez le **passé composé**. Notez toutefois que le choix du temps peut affecter le sens du verbe (voir section 9c ci-dessous).[8]

COMPAREZ:

DESCRIPTION/EXPLICATION ➺ IMPARFAIT	ÉVÉNEMENT PARTICULIER/INATTENDU ➺ PASSÉ COMPOSÉ
Il **pleuvait** ce matin. *It was raining this morning.*	MAIS: Il **a plu** ce matin. *It rained this morning.*
Hier, j'**avais** mal à la tête. *Yesterday, I had a headache.*	MAIS: Hier, après avoir bu cet horrible champagne, j'**ai eu** mal à la tête. *Yesterday, after drinking that horrible champagne, I got a headache.*

9c. Une question de sens

Certains verbes changent de nuance ou de sens suivant qu'ils sont à l'imparfait ou au passé composé. C'est le cas notamment de **croire**, **devoir**, **falloir**, **savoir**, **vouloir**, **avoir**, etc.

COMPAREZ:

Je **croyais** que tu reviendrais. *I thought* OR *was under the impression that you would be coming back.*	MAIS: J'**ai cru** que tu reviendrais. *I thought* OR *concluded that you would come back.*
Nous **devions** partir à 14 heures. *We were supposed to leave at 2 p.m.*	MAIS: Nous **avons dû** partir immédiatement. *We had to leave immediately.*
Il **fallait** le leur dire! *You should have told them!*	MAIS: Il **a fallu** le leur dire. *We had to tell them.*
Je le **savais**! *I knew it!* OR *I've always known it!*	MAIS: Je ne l'**ai su** qu'hier soir. *I only heard* OR *found out about it last night.*
Elle **voulait** y aller. *She wanted to go.*	MAIS: Elle **a voulu** y aller. *She decided to go.*
J'**avais** vingt ans. *I was twenty [years old].*	MAIS: J'**ai eu** vingt ans hier. *I turned twenty yesterday.*

---

[8] AUTREMENT DIT: Sometimes, the distinction between events and circumstances is a question of point of view. If you are simply *describing* or *explaining* a fact, a process or an action from the past (without insisting upon it), use the **imparfait**; if, on the other hand, you are *emphasizing* a fact, or an action from the past as a particular *event* or *change*, use the **passé composé**. Note however that the choice of tense often affects the meaning of the verb.

Vérification. Complétez les phrases suivantes en mettant les verbes entre parenthèses soit à l'imparfait, soit au passé composé, suivant le cas.

He left earlier because he was afraid to be late for his class. → Il (1) _____ (partir) plus tôt parce qu'il (2) _____ (avoir) peur d'être en retard pour son cours.

We were already in bed when she called. → Nous (3) _____ (être) déjà au lit quand elle (4) _____ (téléphoner).

She couldn't join us last night because she was sick. → Elle n'a pas pu nous rejoindre hier soir parce qu'elle (5) _____ (être) malade.

She has been sick all week, but now she feels better. → Elle (6) _____ (être) malade toute la semaine, mais maintenant elle va mieux.

We were supposed to meet at the train station. → Nous (7) _____ (devoir) nous retrouver à la gare.

They're dating? No way! I didn't know [about] it! → Ils sortent ensemble? Ça alors, je ne le (8) _____ pas!

10 Les autres temps dans le récit au passé

10a. Faits ou vérités générales dans le récit au passé

Lorsqu'un récit au passé comprend des vérités, des constatations d'ordre général ou des faits encore valables au présent, on les laisse au <u>présent</u>.

COMPAREZ:

Galilée a démontré que la terre **tourne** autour du soleil. [vérité prouvée]	*Galileo demonstrated that the earth **revolves** around the sun.*
MAIS: Au Moyen Âge, on croyait que la terre **était** plate. [On ne croit plus que la terre est plate. ➠ imparfait dans la subordonnée]	*In the Middle Ages, they thought that the earth **was** flat.*

10b. Passé proche ou futur proche dans le récit au passé

Dans un récit au passé, on exprime le **passé proche** ou le **futur proche** en mettant les semi-auxiliaires **venir** et **aller** à l'imparfait (<u>jamais</u> au passé composé). (Voir aussi N.B. 9-3 ci-dessus et Chapitre 11, section 1b.)

Elle **vient** d'arriver. *She **has** just arrived.*	→ Elle **venait** d'arriver. *She **had** just arrived.*
Elle **va** vous téléphoner. *She **is going** to call you.*	→ Elle **allait** vous téléphoner. *She **was going** to call you.*

10c. Futurs simple et antérieur dans le récit au passé

Dans un récit au passé, on exprime le **futur simple** et le **futur antérieur** en mettant les verbes respectivement au **conditionnel présent** et au **conditionnel passé**, comme en anglais. (Voir Chapitre 11, section 8a.)

Je pense que nous **aurons terminé** à cinq heures.	→ Je pensais que nous **aurions terminé** à cinq heures.
*I think we **will be done** at five o'clock.*	*I thought we **would be done** at five o'clock.*

10d. Le subjonctif dans le récit au passé

Dans la langue courante, les subordonnées au subjonctif présent ou passé ne changent pas lorsque leur verbe principal est transposé au passé. (Pour la différence entre les subjonctifs présent et passé, voir Chapitre 12, section 4.)

COMPAREZ:

Il faut que je **reparte**.	→ Il a fallu que je **reparte**.
*I have **to go back**.*	*I had **to go back**.*
Il est ravi que tu **aies eu** une bonne note.	→ Il était OU a été ravi que tu **aies eu** une bonne note.
*He's delighted that you **received** a good grade.*	*He was delighted that you [**had**]received a good grade.*

10e. Souhait vs regret

Lorsqu'un souhait (au **conditionnel présent**) est transposé au passé, il se transforme en regret et s'exprime alors au **conditionnel passé**. Toutefois, si ce souhait fait partie d'une subordonnée, il n'y a aucun changement.

COMPAREZ:

J'**aimerais** te revoir.	→ J'**aurais aimé** te revoir.
*I'd **like** to see you again.*	*I **would have liked** to see you again.*
MAIS: Il dit qu'il **aimerait** te revoir.	→ Il a dit qu'il **aimerait** te revoir.
*He says that he'd **like** to see you again.*	*He said that he'd **like** to see you again.*

10f. L'irréel du présent vs l'irréel du passé

Lorsque l'irréel du présent (**si + imparfait**, avec le **conditionnel présent** dans la proposition principale) est transposé au passé, il se transforme en irréel du passé (**si + plus-que-parfait**, avec le **conditionnel passé** dans la proposition principale). (Pour l'irréel du présent et du passé, voir Chapitre 14, sections 4 et 5.)

COMPAREZ:

Si j'**avais** de l'argent, j'**achèterais** un iPod.	→ **Si** j'**avais eu** de l'argent, j'**aurais acheté** un iPod.
*If I **had** money [now], I **would buy** an iPod.*	*If I **had had** money [earlier], I **would have bought** an iPod.*

11   Mise en pratique: la transposition au passé

Les règles proposées dans le tableau ci-dessous n'ont qu'une valeur indicative et ne concernent que des énoncés courants. Tout dépend évidemment du sens et du contexte.

Tableau 2

LA TRANSPOSITION AU PASSÉ—CAS COURANTS

SI VOUS AVEZ...	→ ... LORS DE LA TRANSPOSITION AU PASSÉ, METTEZ...
... un présent	→ ... le passé composé ou l'imparfait (selon le contexte)
Il **arrive** à midi. *He **arrives** OR **is arriving** at noon.*	Il **est arrivé** ou Il **arrivait** à midi. *He **arrived** OR **used to arrive** at noon.*
... un passé proche	→ ... le passé proche du passé
Il **vient** d'arriver. *He **has just arrived**.*	Il **venait** d'arriver. *He **had just arrived**.*
... un passé composé	→ ... le plus-que-parfait
Il **est** déjà **arrivé**. *He **has** already **arrived**.*	Il **était** déjà **arrivé**. *He **had** already **arrived**.*
... un futur proche	→ ... le futur proche du passé
Il **va** arriver. *He **is going to arrive**.*	Il **allait** arriver. *He **was going to arrive**.*
... un futur simple	→ ... le conditionnel présent
Il **arrivera** bientôt. *He **will arrive** soon.*	Il **arriverait** bientôt. *He **would arrive** soon.*
... un futur antérieur	→ ... le conditionnel passé
Je crois qu'il **aura terminé** avant midi. *I think that he **will be done** before noon.*	J'ai cru ou Je croyais qu'il **aurait terminé** avant midi. *I thought OR I was under the impression that he **would be done** before noon.*
... un souhait (conditionnel présent)	→ ... un regret (conditionnel passé)
J'**aimerais** aller à Paris. *I **would like** to go to Paris.*	J'**aurais aimé** aller à Paris. *I **would have liked** to go to Paris.*
... un irréel du présent	→ ... l'irréel du passé
Si j'**avais** le temps, j'**irais** au cinéma. *If I **had** time [now], I **would go** to the movies.*	Si j'**avais eu** le temps, je **serais allé(e)** au cinéma. *If I **had had** time [then], I **would have gone** to the movies.*

(suite)

PAR CONTRE, DANS UNE **SUBORDONNÉE,**	
SI VOUS AVEZ...	... LORS DE LA TRANSPOSITION AU PASSÉ, GARDEZ...
... l'imparfait	
Je crois qu'elle **riait**. *I think that she **was laughing**.*	J'ai cru ou croyais qu'elle **riait**. *I thought* OR *was under the impression that she **was laughing**.*
... le plus-que-parfait	
Je crois qu'elle **avait** déjà **décidé** de partir. *I think that she **had** already **decided** to leave.*	J'ai cru ou croyais [à l'époque] qu'elle **avait** déjà **décidé** de partir. *I thought* OR *was under the impression [back then] that she **had** already **decided** to leave.*
... le conditionnel présent	
Je me demande ce que nous **pourrions** faire. *I wonder what we **could** do.*	Je me suis demandé ou Je me demandais ce que nous **pourrions** faire. *I wondered* OR *was wondering what we **could** do.*
... le conditionnel passé	
Je me demande ce que nous **aurions pu** faire. *I wonder what we **could have** done.*	Je me suis demandé ou Je me demandais ce que nous **aurions pu** faire. *I wondered* OR *was wondering what we **could have** done.*
... le subjonctif présent	
Il suggère que vous **reveniez** demain. *He suggests that you **come back** tomorrow.*	Il a suggéré que vous **reveniez** demain. *He suggested that you **come back** tomorrow.*
... le subjonctif passé	
Elle est contente qu'il **soit venu** la voir. *She's pleased that he **came** to see her.*	Elle était contente qu'il **soit venu** la voir. *She was pleased that he **came** to see her.*

Vérification et récapitulation (transposition au passé).

Transposez ce récit au passé en mettant les verbes **en gras** aux temps qui conviennent.

Journal de Stéphane (*Steven's diary*)

Ce matin, je me **lève** tôt et comme il **fait** beau, je **prends** ma voiture et je **pars** au bord de la mer. → Hier matin, je (1) _____ tôt et comme il (2) _____ beau, j' (3) _____ ma voiture et je (4) _____ (partir) au bord de la mer.

Je **viens de** m'**acheter** [passé proche] une planche à voile (*sailboard*) que je **meurs** d'envie d'essayer (*I'm dying to try*). → Je (5) _____ une planche à voile que je (6) _____ d'envie d'essayer.

Si j'**avais** mon portable, j'**appellerais** (*If I had my cell phone, I would call...*) Jim et Nadia pour leur dire de me rejoindre [irréel du présent]. La mer **est** si belle en cette saison! → Si j' (7) _____ mon portable, j' (8) _____ Jim et Nadia (*If I had had my cell phone, I would have called...*) pour leur dire de me rejoindre. La mer (9) _____ si belle en cette saison!

Les participes présent et passé

Le participe présent

1 Formation du participe présent

On forme le participe présent à partir du radical de la 1re personne du pluriel du présent, auquel on ajoute la terminaison **-ant**.

INFINITIF	→ RADICAL (1RE PERSONNE DU PLURIEL)	→ PARTICIPE PRÉSENT
regarder	→ nous regardons	→ regard**ant** (*looking*)
finir	→ nous finissons	→ finiss**ant** (*finishing*)
entendre	→ nous entendons	→ entend**ant** (*hearing*)
voir	→ nous voyons	→ voy**ant** (*seeing*)

CAS PARTICULIERS:

être	ét**ant** (*being*)
avoir	ay**ant** (*having*)
savoir	sach**ant** (*knowing*)

La forme composée du participe présent marque l'antériorité par rapport au verbe principal.

COMPAREZ:

FORME SIMPLE	FORME COMPOSÉE
écout**ant** (*listening*)	ay**ant** écouté (*having listened*)
sort**ant** (*leaving*)	ét**ant** sorti(e)(s) (*having left*)

2   Le participe présent employé comme verbe

2a. Le gérondif (**en** + participe présent)

Le gérondif (**en** + participe présent) existe uniquement à la forme *affirmative*. Il indique la <u>manière</u>, la <u>condition</u> ou la <u>simultanéité</u>. Son sujet est toujours le même que celui du verbe principal. Après **tout**, il peut exprimer la simultanéité de <u>deux actions contradictoires</u>, ou encore la <u>concession</u>. À la forme *négative*, la préposition **en** disparaît.

COMPAREZ:

Il s'est cassé la jambe **en faisant** du cheval.	*He broke a leg while riding a horse.*
Beaucoup de gens téléphonent **tout en conduisant**.	*Many people talk on the phone while driving.*
En marchant vite, elle arrivera à attraper son bus.	*By walking fast, she'll be able to catch her bus.*
MAIS: **Ne marchant pas** vite, elle a raté son bus. [ET NON: ~~En ne marchant pas~~...]	*Because/Since she doesn't walk fast, she missed her bus.*

2b. Le participe présent employé seul

Le participe présent employé <u>seul</u> indique la <u>cause</u> ou les <u>circonstances</u>. Son sujet peut être différent de celui du verbe principal, ce qui n'est jamais le cas du gérondif (voir ci-dessus).

Les manifestants ont défilé tout l'après-midi, **bloquant** la circulation et **créant** d'énormes embouteillages.	*Demonstrators marched all afternoon, blocking traffic and creating huge traffic jams.*
Le professeur **ayant annulé** son cours, les étudiants sont allés prendre un café. [Ici, le sujet de **ayant annulé** est différent de celui du verbe principal.]	*Since the professor had canceled [literally: The professor having canceled] his/her class, the students went out to have coffee.*

2c. Récapitulation: participe présent vs gérondif

Le **sujet** d'un gérondif (**en** + participe présent) est toujours le <u>même</u> que celui du verbe principal. Si les **sujets** sont <u>différents</u> ou si la forme est <u>négative</u>, **en** disparaît.

COMPAREZ:

GÉRONDIF (**EN** + PARTICIPE PRÉSENT)	PARTICIPE PRÉSENT (EMPLOYÉ SEUL)
En voulant rattraper Fabienne, Nadine a trébuché et elle est tombée. [un seul sujet] *As/While she was trying to catch up with Fabienne, Nadine tripped and fell.*	MAIS: Nadine **voulant** rattraper Fabienne, celle-ci a ralenti le pas. [deux sujets différents] *Since Nadine wanted to catch up with Fabienne, she [Fabienne] slowed down.*

En faisant du sport régulièrement, il a perdu dix livres. [un seul sujet]

MAIS: **Ne faisant** aucun sport, il n'arrive pas à maigrir. [ET NON: ~~En ne faisant pas...~~]

By exercising regularly, he lost ten pounds.

Since he doesn't exercise at all, he cannot manage to lose any weight.

3   Le participe présent comme nom ou adjectif

3a. Le participe présent employé comme nom

En français, il existe beaucoup de noms dérivés du participe présent.

Les **gagnants** ont célébré leur victoire avec du champagne.

The winners celebrated their victory with champagne.

Il est mauvais **perdant**.

He's a bad loser.

Nous avons demandé à une **passante** où se trouvait le restaurant.

We asked a [woman] pedestrian where the restaurant was.

3b. Le participe présent employé comme adjectif

Les adjectifs dérivés du participe présent sont également fort nombreux. Ils s'accordent comme n'importe quel autre adjectif.

Ils sont **charmants** et très **amusants**.

They are charming and very funny.

L'entrée de ce musée est **payante**.

This museum charges for admission.

3c. Adjectif verbal vs participe présent

ATTENTION: La plupart des adjectifs verbaux ont la même orthographe que le participe présent, mais il existe un certain nombre d'exceptions.

COMPAREZ:

INFINITIF	PARTICIPE PRÉSENT	ADJECTIF
adhérer	adhér**ant** (*adhering*)	adhér**ent** (*adhesive*)
converger	converg**eant** (*converging*)	converg**ent** (*convergent*)
diverger	diverg**eant** (*diverging*)	diverg**ent** (*divergent*)
négliger	néglig**eant** (*neglecting*)	néglig**ent** (*negligent*)
précéder	précéd**ant** (*preceding*)	précéd**ent** (*previous*)
communiquer	communi**quant** (*communicating*)	communi**cant** (*communicating*)
convaincre	convain**quant** (*convincing*)	convain**cant** (*convincing*)
provoquer	provo**quant** (*provoking*)	provo**cant** (*provocative*)
intriguer	intri**guant** (*intriguing, scheming*)	intri**gant** (*intriguing, scheming*)
fatiguer	fati**guant** (*straining*)	fati**gant** (*tiring, tiresome*)

L'**adjectif verbal** est variable. Il s'accorde en genre et en nombre avec le nom qu'il qualifie. Il exprime une qualité ou un état plus ou moins permanents. Le **participe présent**, au contraire, est invariable; il a la même fonction qu'un **verbe** et peut donc avoir, comme lui, des compléments d'objet directs ou indirects.

COMPAREZ:

ADJECTIF VERBAL	PARTICIPE PRÉSENT
Les déclarations **provocantes** de ce leader politique ont incité la foule à la violence.	MAIS: Les déclarations de ce leader politique **provoquant** la violence de la foule, l'ambassade a fermé ses portes.
*This political leader's **provocative** declarations incited the mob to violence.*	*Because this political leader's declarations **incited** the mob to violence, the embassy closed its doors.*

Vérification. Complétez les phrases suivantes en mettant les verbes entre parenthèses au participe présent (forme simple ou composée). Ajoutez la préposition **en**, si nécessaire.

I hurt myself playing tennis. → Je me suis fait mal (1) _____ (jouer) au tennis.

Since I didn't know how to reach her, I left her a note on her desk. →
(2) _____ (ne pas savoir) comment la joindre, je lui ai laissé un mot sur son bureau.

If you want to travel all over the world while being paid, become a tour guide! → Si tu veux voyager dans le monde entier (3) _____ (être) payé(e), deviens guide touristique!

Having seen that movie myself, I don't think you'll like it. → (4) _____ (voir) ce film moi-même, je ne pense pas qu'il te plaira.

4 Les formes verbales anglaises en -*ing*

En anglais, les formes verbales en -*ing* sont très fréquentes et ne se traduisent pas toutes par un participe présent ou un gérondif français, loin de là! Nous nous limitons ici aux cas les plus courants.

4a. *"I am leaving..."*

Si la forme en -*ing* est précédée de *I am/was,* etc., elle se traduit en général par un **présent** ou un **imparfait**. Toutefois, si la forme en -*ing* exprime la manière, la condition ou la simultanéité, elle se traduit par le gérondif (**en** + participe présent).

COMPAREZ:

Are you leaving tomorrow?
Tu **pars** demain?

MAIS: *Close the door as you are leaving.*
Ferme la porte **en partant**.

She was smiling.
Elle **souriait**.

MAIS: *She was smiling as she was watching you.*
Elle te regardait **en souriant**. OU Elle souriait **en te regardant**.

4b. *"She stopped smoking..."*

Si la forme en *-ing* est <u>objet</u> d'un verbe, elle se traduit par un **infinitif** (ou parfois par un simple **nom**). Par contre, si elle exprime la <u>manière</u>, la <u>condition</u> ou la <u>simultanéité</u>, elle se traduit par un gérondif (**en** + participe présent).

COMPAREZ:

She stopped smoking.
Elle s'est arrêtée de **fumer**.

MAIS: *She set the mattress on fire by smoking in bed.*
Elle a mis le feu au matelas **en fumant** au lit.

Do you like traveling?
Vous aimez **voyager** OU les **voyages**?

MAIS: *You learn many things by traveling abroad.*
On apprend bien des choses **en voyageant** à l'étranger.

4c. *"Seeing is believing..."*

Si la forme en *-ing* est <u>sujet</u> ou <u>attribut</u>, elle se traduit par un **infinitif**.

"Seeing is believing."

«**Voir**, c'est **croire**.» [proverbe]

Firing people two days before Christmas is outrageous!

Licencier les gens deux jours avant Noël est scandaleux!

4d. *"I don't feel like doing..."*

Cette expression se traduit par **avoir envie de** + **infinitif**.

I don't feel like studying tonight.

Je n'**ai** pas **envie d'étudier** ce soir.

4e. *"Without saying..."*

Après la préposition *without*, la forme en *-ing* se traduit très souvent par un **infinitif**.

She left without saying good-bye.

Elle est partie **sans dire** au revoir.

4f. *"After finishing..."*

Après la préposition *after*, la forme en *-ing* se traduit par un **infinitif passé** quand les <u>sujets</u> de l'infinitif et du verbe principal sont <u>identiques</u>. (Voir aussi Chapitre 13, section 9a.)

After finishing [= After he finished] his homework, he went to the pool.

Après **avoir fini** ses devoirs, il est allé à la piscine.

4g. *A washing machine...*

Si la forme en *-ing* fait partie d'un <u>nom composé</u>, elle se traduit la plupart du temps par ce **nom + à + infinitif** (mais on trouve aussi **nom + de/à + un autre nom**, ou **deux noms juxtaposés**, ou un **nom + adjectif**, ou encore **un seul nom**).

a washing machine	une machine à laver
an acting career	une carrière d'acteur/d'actrice
a filling station	une station-service
galloping inflation	une inflation galopante
a watering can	un arrosoir

4h. *"Do you mind our closing..."*

Lorsque la forme en *-ing* est l'objet d'un verbe dénotant une activité mentale, elle se traduit souvent par une subordonnée au subjonctif ou par une phrase introduite par **si**.

Do you mind our closing the windows?	Ça vous dérange **que nous fermions** OU **si nous fermons** les fenêtres?

Vérification. Complétez les phrases suivantes en mettant les verbes entre parenthèses soit au gérondif (**en** + participe présent), soit à l'infinitif (présent ou passé).

They went sailing. → Ils sont allés (1) _____ (faire) de la voile.

He came in running. → Il est arrivé (2) _____ (courir).

After dropping her kids off at school, she headed off to work. → Après (3) _____ (déposer) ses enfants à l'école, elle est partie travailler.

L'accord du participe passé

5 Verbes conjugués avec **être**

Le participe passé des verbes conjugués avec l'auxiliaire **êtr**e s'accorde en genre et en nombre <u>avec le sujet</u>.

Où est-il part**i**?	*Where did he go?*
Chloé et Annie sont arriv**ées** hier.	*Chloe and Annie arrived yesterday.*
Et Julie, qu'est-elle deven**ue**?	*And Julie, what's become of her?*

6   Verbes conjugués avec **avoir**

Le participe passé des verbes conjugués avec l'auxiliaire **avoir** s'accorde en genre et en nombre, non pas avec le sujet, mais avec le <u>complément d'objet direct</u> [c.o.d.][1], à la condition que celui-ci le <u>précède</u>. En revanche, si le complément d'objet direct est placé <u>après</u> le participe passé, celui-ci ne s'accorde pas.

COMPAREZ:

C.O.D. <u>APRÈS</u> LE PARTICIPE PASSÉ ➡ PAS D'ACCORD	**C.O.D.** <u>DEVANT</u> LE PARTICIPE PASSÉ ➡ ACCORD
Est-ce que tu as retrouv**é** <u>ta montre</u>? *Did you find your watch?*	—Oui, je <u>l</u>'ai retrouv**ée**. *—Yes, I found it.*
J'ai lou**é** <u>deux DVD</u> pour ce soir. *I rented two DVDs for tonight.*	—<u>Lesquels</u> as-tu chois**is**? *—Which ones did you choose?*

N.B. 10-1
Le participe passé ne s'accorde jamais avec le pronom en

Le participe passé des verbes conjugués avec **avoir** ne s'accorde jamais avec le pronom **en**, même si **en** représente ou remplace un féminin singulier ou un pluriel. (Voir Chapitre 3, section 7.)

COMPAREZ:

Elle t'a envoyé **<u>des</u>** <u>photos</u> (f. pl.)? —Oui, elle m'**<u>en</u>** a envoy**é** quelques-unes.
Did she send you some pictures? —Yes, she sent me a few.
  [N'ÉCRIVEZ PAS: elle m'en a ~~envoyées~~...]

MAIS: Elle t'a montré <u>ses photos</u> (f. pl.)? —Oui, elle me <u>les</u> a montr**ées**.
  Did she show you her pictures? —Yes, she showed them to me.

Vérification. Complétez les phrases suivantes en mettant les verbes entre parenthèses au passé composé. Accordez le participe passé, si nécessaire.

I don't know where I put my keys; have you seen them somewhere? ➡ Je ne sais pas où j' (1) _____ (mettre) mes clés (f.): est-ce que tu les (2) _____ (voir) quelque part?

---

[1]   RAPPEL: Un complément d'objet <u>direct</u> [c.o.d.] est un complément qui n'est jamais introduit ni gouverné par une préposition. Par contre, un complément d'objet <u>indirect</u> [c.o.i.] est introduit ou gouverné par une préposition. COMPAREZ: J'ai regardé **les deux films**. ➡ Je **les** ai regard**és** tous les deux. [J'ai regardé quoi? **les deux films/les** ➡ c.o.d.] J'ai parlé **à Luisa**. ➡ Je **lui** ai parlé. [J'ai parlé **<u>à</u> qui? <u>À</u> Luisa/lui** ➡ c.o.i.]

Did she go to class today? → Est-ce qu'elle (3) _____ (aller) en classe aujourd'hui?

Did we receive the tickets [that] we bought online? → Est-ce qu'on (4) _____ (recevoir) les billets (m.) qu'on (5) _____ (acheter) en ligne?

7   Verbes de mouvement courants

Les principaux verbes de mouvement se conjuguent normalement avec **être** et leur participe passé s'accorde en genre et en nombre avec le <u>sujet</u>. Toutefois, lorsque les verbes **(re)monter**, **(re)descendre**, **(r)entrer**, **(res)sortir**, **(re)passer** et **retourner** ont un <u>complément d'objet direct</u>, ils se conjuguent avec **avoir** et leur participe passé s'accorde alors comme les verbes conjugués avec **avoir** (c'est-à-dire avec le <u>complément d'objet direct</u> [c.o.d.] qui le <u>précède</u>).[2] (Voir aussi Chapitre 9, section 5b.)

COMPAREZ:

AUXILIAIRE **ÊTRE**	AUXILIAIRE **AVOIR**
Elle est sort**ie** vers onze heures. *She left around eleven o'clock.*	MAIS: Elle a sort**i** <u>sa voiture</u> du garage. → Elle **l'**a sort**ie** du garage. *She took her car out of the garage.* → *She took it out of the garage.*
Elle est mont**ée** dans sa chambre. *She went up to her room.*	MAIS: La commode? Je crois qu'ils **l'**ont mont**ée** dans la chambre à coucher. *The chest of drawers? I think they brought it up to the bedroom.*
Elle est descend**ue** à la cave. *She went down to the cellar.*	MAIS: Les bouteilles vides? Oui, elle <u>les</u> a descend**ues** à la cave. *The empty bottles? Yes, she took them down to the cellar.*
Ils sont pass**és** par le jardin du Luxembourg. *They went through the Luxembourg Gardens.*	MAIS: Ils ont pass**é** <u>leurs vacances</u> en Sicile. → Ils <u>les</u> ont pass**ées** en Sicile. *They spent their vacation in Sicily.* → *They spent it in Sicily.*
Elle est retourn**ée** au magasin pour acheter du lait. *She went back to the store to buy milk.*	MAIS: Elle a retourn**é** <u>la crêpe</u> d'un seul coup. → Elle **l'**a retourn**ée** d'un seul coup. *She flipped the crepe in one go.* → *She flipped it in one go.*

---

[2]   AUTREMENT DIT: If **(re)monter**, **(re)descendre**, **(r)entrer**, **(res)sortir**, **(re)passer**, and **retourner** have no direct object, they are conjugated with **être**, and their past participle agrees with the subject. However, if they have a direct object, they are conjugated with **avoir**, and their past participle agrees with the direct object, provided that it is placed *before* the past participle.

8   Verbes pronominaux réfléchis et réciproques

ATTENTION: Bien que <u>tous</u> les verbes pronominaux se conjuguent avec l'auxiliaire
être, les verbes pronominaux **réfléchis** et **réciproques** (voir Appendice 2, section
3a, Tableau 3) accordent leur participe passé comme les verbes conjugués avec
avoir, c'est-à-dire, non pas avec le sujet, mais avec le <u>complément d'objet direct
qui précède</u>. Il existe en fait trois scénarios possibles.[3]

8a.   «Elle s'est coup**ée**...»

Si le pronom réfléchi est le <u>seul complément d'objet direct</u>, le participe passé
s'accorde en genre et en nombre avec lui. (Pour savoir si le verbe a un c.o.d., il
suffit de remplacer l'auxiliaire **être** par l'auxiliaire **avoir**.)

Elle **s'**est coup**ée**.   *She cut herself.*
   [Elle <u>a</u> coupé qui? **s'** = elle-même: c.o.d. ⟶ accord.]

Nous **nous** sommes bien amus**é(e)s**.   *We had lots of fun.*
   [Nous avons amusé qui? **nous** = nous-mêmes: c.o.d. ⟶ accord.]

8b.   «Elle s'est coup**é** les cheveux...»

Si le verbe pronominal a un <u>complément d'objet direct</u> *plus évident* que le pronom
réfléchi, son participe passé s'accorde avec ce complément, à condition
évidemment que celui-ci le <u>précède</u>; sinon, le participe ne s'accorde pas.

COMPAREZ:

Elle s'est coup**é** <u>les cheveux</u>?   —Oui, elle se **les** est coup**és** très courts.
Did she cut her hair?   —*Yes, she cut it really short.*

Elle s'est cass**é** <u>la jambe</u>?   —Oui, elle se **l'**est cass**ée** en skiant.
She broke her leg?   —*Yes, she broke it while skiing.*

8c.   «Ils se sont téléphon**é**...»

Lorsque le pronom réfléchi est <u>complément d'objet indirect</u> [c.o.i.] et qu'il n'y a aucun
complément d'objet direct précédant le participe passé, celui-ci ne s'accorde pas.

Elles **se** sont téléphon**é**.   *They called each other.*
   [Le pronom **se** est c.o.i parce qu'on dit **téléphoner à qqn** ⟶ pas d'accord.]

Ils **se** sont demand**é** pourquoi tu n'étais   *They wondered why you weren't there*
   pas là l'autre jour.   *the other day.*
   [Le pronom **se** est c.o.i. parce qu'on dit **demander qqch à qqn** ⟶ pas d'accord.]

---

[3]   AUTREMENT DIT: Although all pronominal verbs (i.e., verbs constructed with a reflexive pronoun)
   are conjugated with **être**, the past participle of **reflexive** and **reciprocal** verbs agrees as in the case of
   verbs conjugated with **avoir**, i.e., <u>not</u> with the subject but with the <u>direct object</u>, as long as it is
   placed *before* it. There are three possibilities. **Section 8a:** If the reflexive pronoun is *the only obvious
   direct object*, the past participle agrees with it. **Section 8b:** If the pronominal verb has another *more
   obvious direct object*, the past participle agrees with that direct object, as long as it is placed *before* the
   past participle (otherwise, there is no agreement). **Section 8c:** If the reflexive pronoun is an *indirect
   object*, and the verb has no direct object placed before its participle, there is no agreement.

9 Verbes pronominaux essentiels et idiomatiques

Pour les verbes pronominaux **essentiels** (c'est-à-dire des verbes n'existant qu'à la forme pronominale; voir Appendice 2, section 3b, Tableau 4), ainsi que pour <u>certains</u> verbes pronominaux **idiomatiques** (voir Appendice 2, section 3c, Tableau 5), il est souvent difficile de savoir si le pronom réfléchi est objet direct ou indirect. Dans ces cas-là, le participe passé s'accorde avec le **sujet**.

Elle s'est évanou**ie**.	*She fainted.*
Ils se sont disput**és**.	*They had a fight.*
Elles se sont m**ises** à pleurer.	*They started to cry.*

N.B. 10-2
Se rendre compte

Le participe passé de **se rendre compte** de quelque chose (*to realize something*) est toujours <u>invariable</u> parce que le mot **compte** a la fonction d'objet direct.

Sur l'autoroute, elle s'est rend**u**
  [ET NON: ~~rendue~~] compte qu'elle
  n'avait presque plus d'essence.

On the highway, she realized
  that she hardly had any gas left.

---

10 Récapitulation: le participe passé des verbes pronominaux

➤ Le participe passé des verbes pronominaux **réfléchis** et **réciproques** s'accorde en genre et en nombre avec le <u>complément d'objet direct</u> qui le précède (voir Appendice 2, section 3a, Tableau 3). Sinon, le participe passé reste invariable.

➤ À l'inverse, le participe passé des verbes pronominaux **essentiels** s'accorde toujours avec le <u>sujet</u>. C'est le cas également d'un grand nombre de verbes pronominaux **idiomatiques**. (Voir Appendice 2, sections 3b et 3c, Tableaux 4 et 5.)

COMPAREZ:

Elle s'est offert <u>une nouvelle robe</u> pour son anniversaire.
She bought herself a new dress for her birthday.
  [Le c.o.d. est placé <u>après</u> le participe passé ➟ pas d'accord.]

MAIS: As-tu vu <u>la nouvelle robe qu</u>'elle s'est offer**te** pour son anniversaire?
  Did you see the new dress she bought herself for her birthday?
  [Le c.o.d. <u>précède</u> le participe passé ➟ accord.]

Sandy et Tyler se sont envoy**é** <u>de nombreux courriels</u>.
Sandy and Tyler sent many e-mails to each other.
> [Le c.o.d. est placé <u>après</u> le participe passé; on dit **envoyer qqch à qqn**
> ➭ pas d'accord.]

MAIS: <u>Les lettres que</u> mes grands-parents se sont envoy**ées** ont disparu dans un
incendie.
> *The letters that my grandparents sent to each other disappeared in a fire.*
> [Le c.o.d. <u>précède</u> le participe passé ➭ accord.]

Elle s'est affal**ée** sur le sofa.
She slouched on the sofa.
> [**S'affaler** est pronominal essentiel ➭ accord avec le sujet.]

MAIS: Ils se sont pl**u** immédiatement.
> *They liked each other immediately.*
> [ON DIT: **plaire <u>à</u> qqn** ➭ pas d'accord.]

Vérification et récapitulation (cas courants de l'accord du participe passé).
Complétez les phrases suivantes en mettant les verbes entre parenthèses au passé composé. Accordez les participes passés, si nécessaire.

They came down to say good-bye. ➙ Ils (1) _____ (descendre) pour dire au revoir.

Anne and Charlotte met in front of the movie theater. ➙ Anne et Charlotte (2) _____ (se retrouver) devant le cinéma.

How about the croissants? How many did you order? ➙ Et les croissants, combien est-ce que tu en (3) _____ (commander)?

Jacques and Sophie had a fight. ➙ Jacques et Sophie (4) _____ (se chamailler).

Did she go to the bank? ➙ Est-ce qu'elle (5) _____ (passer) à la banque?

Sarah and Emily sent each other family pictures. ➙ Sarah et Émilie (6) _____ (s'envoyer) des photos (f.) de famille.

Apparently, the pictures they sent each other are hilarious. ➙ Il paraît que les photos (f.) qu'elles (7) _____ (s'envoyer) sont extrêmement drôles.

My brothers made fun of me. ➙ Mes frères (8) _____ (se moquer) de moi.

Are the suitcases here? —Yes, they brought them up a short while ago. ➙ Les valises (f.) sont là? —Oui, ils les (9) _____ (monter) tout à l'heure.

I don't remember where I left my bike. ➙ Je ne me souviens plus où j' (10) _____ (laisser) mon vélo.

Cas particuliers de l'accord du participe passé

11 Verbes suivis d'un infinitif

Lorsqu'un verbe conjugué avec l'auxiliaire **avoir** est suivi d'un **infinitif**, son participe passé s'accorde avec le <u>complément d'objet direct</u> [c.o.d.] qui précède *uniquement* si ce c.o.d. est <u>sujet de l'infinitif</u>. C'est le cas notamment avec les verbes de perception (**voir, regarder, entendre, écouter** et **sentir**), ainsi qu'avec **aimer, vouloir, devoir**, etc.

COMPAREZ:

Est-ce que tu connais cette violoniste? —Non, je ne l<u>'</u>ai jamais entend<u>ue</u> **jouer**.
Do you know this violonist? —No, I never heard her play.
   [Dans la réponse, le c.o.d. (<u>l'</u>) qui précède est aussi <u>sujet</u> de **jouer** ⟶ accord.]

MAIS: <u>La voiture qu</u>'il aurait voul**u louer** n'était pas disponible.
     The car [that] he would have liked to rent was not available.
     [Le c.o.d. (<u>La voiture</u>) n'est pas sujet mais <u>objet</u> de **louer** ⟶ pas d'accord.]

<u>Les enfants que</u> j'ai v**us arriver** avaient entre cinq et six ans.
The children that I saw arriving were between five and six years old.
   [Le c.o.d. (<u>Les enfants</u>) est <u>sujet</u> d'**arriver** ⟶ accord.]

MAIS: Malheureusement, <u>l'exposition que</u> j'aurais aim**é** vous montrer est fermée
     aujourd'hui.
     Unfortunately, the exhibit that I would have liked to show you is closed today.
     [Le c.o.d. (<u>L'exposition</u>) n'est pas sujet mais <u>objet</u> de **montrer** ⟶ pas
     d'accord.]

N.B. 10-3
EXCEPTIONS: **faire** + infinitif et **laisser** + infinitif

Les verbes **faire** + **infinitif** (faire causatif) et **laisser** + **infinitif** font exception à la règle ci-dessus car leur participe est toujours <u>invariable</u>. (Pour ces deux constructions à sens passif, voir Chapitre 18, sections 8 à 12.)

Pourquoi <u>les</u> as-tu laiss**é** partir?[4]   *Why did you let them go?*

Il <u>les</u> a fai**t** pleurer.   *He made them cry.*

---

[4] Dans le cas du verbe **laisser** + **infinitif**, il s'agit d'une règle relativement récente (1990) qui tarde à s'imposer. C'est la raison pour laquelle on rencontre encore les deux orthographes: Pourquoi **les** as-tu laiss**é** OU laiss**é**(<u>**e**</u>)**s** partir?

12   Verbes impersonnels

Paradoxalement, le participe passé des verbes impersonnels (il a **fait**, il a **fallu**, il y aurait **eu**, etc.) est toujours <u>invariable</u>, même si le complément d'objet direct précède le participe.

As-tu vu <u>les dégâts qu</u>'il y a **eu** à cause de cet ouragan?	*Did you see the damage that occurred because of this hurricane?*
Quand je pense aux <u>travaux qu</u>'il a fall**u** pour réparer tout cela!	*When I think of the work that was needed to repair all that!*
Comment avez-vous pu supporter <u>les chaleurs qu</u>'il a fait cet été?	*How could you stand the heat wave we had this summer?*

13   Courir, coûter, peser, valoir et vivre

ATTENTION: <u>Au sens propre</u>, les participes passés de **courir**, **coûter**, **peser**, **valoir** et **vivre** sont <u>invariables</u> car leur complément répond à la question **combien** ou **combien de temps**. <u>Au sens figuré</u> en revanche, ces participes passés s'accordent avec le complément d'objet direct, à condition que celui-ci les précède.[5]

COMPAREZ:

<u>Les centaines de kilomètres qu</u>'elle a cour**u** pendant son entraînement lui ont permis de gagner le marathon de New York.
The hundreds of kilometers that she ran during her training allowed her to win the New York marathon.
[sens propre ➧ pas d'accord]

MAIS: <u>Les dangers que</u> ce journaliste a cour**us** pour ce reportage étaient énormes.
The dangers to which this journalist was exposed for this report were enormous.
[sens figuré; le c.o.d. <u>précède</u> le participe ➧ accord]

Je regrette <u>les sommes astronomiques que</u> ce voyage m'a coût**é**.
I regret having paid such an astronomical amount of money for this trip.
[sens propre ➧ pas d'accord]

MAIS: Je ne regrette pas <u>les peines que</u> ce projet m'a coût**ées**.
I don't mind having had to work so hard on this project.
[sens figuré; le c.o.d. <u>précède</u> le participe ➧ accord]

Connaissez-vous <u>la somme que</u> ce tableau leur a val**u** sur le marché?
Do you know the amount of money that this painting brought them on the market?
[sens propre ➧ pas d'accord]

---

[5]   AUTREMENT DIT: The past participles of **courir**, **coûter**, **peser**, **valoir**, and **vivre** are *invariable* when these verbs are used *literally* (because the object answers questions such as *how much* or *how much time*). However, if they are used *figuratively*, their past participles agree with the direct object as long as it is placed *before* them.

MAIS: <u>La reconnaissance que</u> leur dévouement leur a val**ue** a été immense.
    The recognition that their dedication brought them was enormous.
    [sens figuré; le c.o.d. <u>précède</u> le participe ➞ accord]

<u>L'année qu'</u>ils ont véc**u** à Paris leur a permis de faire beaucoup de progrès en
    français.
The year they lived in Paris allowed them to make a lot of progress in French.
    [sens propre ➞ pas d'accord]

MAIS: <u>Les difficultés qu'</u>ils ont véc**ues** les ont beaucoup rapprochés.
    The difficulties that they lived through brought them a lot closer together.
    [sens figuré; le c.o.d. <u>précède</u> le participe ➞ accord]

Vérification et récapitulation sur l'accord du participe passé. Complétez les phrases suivantes en mettant les verbes entre parenthèses au passé composé.

Sarah? No, I've never heard her sing. ➞ Sarah? Non, je ne l' (1) _____
(jamais entendre) chanter.

She went back up to her room to study. ➞ Elle (2) _____ (remonter)
dans sa chambre pour étudier.

Cherries? Yes, I bought a kilo of them. ➞ Des cerises (f. pl.)? Oui, j'en
(3) _____ (acheter) un kilo.

Where are the cherries you bought this morning? ➞ Où sont les cerises que tu
(4) _____ (acheter) ce matin?

The two men we saw were illegal immigrants. ➞ Les deux hommes que nous
(5) _____ (voir) étaient des clandestins.

The two men we saw being arrested were illegal immigrants. ➞ Les deux hommes
que nous (6) _____ (voir) arrêter étaient des clandestins.

The bracelets that she tried to sell me were too expensive. ➞ Les bracelets qu'elle
(7) _____ (essayer) de me vendre étaient trop chers.

She made us laugh by telling us her latest adventures. ➞ Elle nous
(8) _____ (faire) rire en nous racontant ses dernières aventures.

I let them come in. ➞ Je les (9) _____ (laisser) entrer.

They saw each other last night. ➞ Ils (10) _____ (se revoir) hier soir.

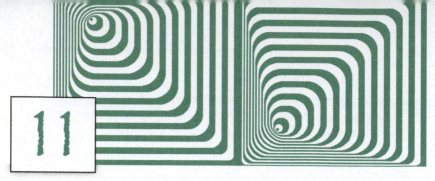

11

Le futur et le conditionnel

 ## Le futur

1 Le futur proche ou immédiat

1a. Formation

On forme le futur proche (ou immédiat) en mettant le semi-auxiliaire **aller** au présent, auquel on ajoute l'<u>infinitif du verbe</u>. En anglais, cette construction correspond à *I'm (etc.) going to + infinitive.*

Tu ne **vas** pas **partir** tout de suite, j'espère?	*You're not going to leave right away, are you?*
Nous **allons** aller[1] au cinéma.	*We're going to go to the movies.*
Ils **vont** bientôt **rentrer**.	*They're going to come back soon.*

1b. Emplois

Comme en anglais, le futur proche (ou immédiat) exprime la proximité ou l'imminence d'actions ou de faits futurs par rapport au présent. Il peut aussi indiquer une intention.

Il **va revenir** tout de suite.	*He's going to come right back.*
Que **vas**-tu **faire** l'an prochain?	*What are you going to do next year?*

Dans une phrase au passé, le semi-auxiliaire **aller** se met <u>toujours</u> à l'**imparfait** (<u>jamais</u> au passé composé.) (Pour le futur proche dans un récit au passé, voir aussi Chapitre 9, section 10b.)

J'**allais** justement t'**appeler**.	*I was going OR just about to call you.*

---

[1] Comme vous pouvez le constater, le verbe **aller** peut s'employer comme semi-auxiliaire devant lui-même. <u>À l'écrit</u> toutefois, mieux vaut éviter des tournures telles que ~~vous allez aller/vous alliez aller~~. Pour *Are/Were you going to go to the movies tonight?*, dites plutôt: Vous avez/aviez **l'intention** d'aller au cinéma ce soir? [ET NON: ~~Vous allez aller/Vous alliez aller~~ au cinéma ce soir?]

1c. Autres façons d'exprimer la proximité au futur

Les expressions **être près de** + **infinitif**, de même que **être sur le point de** + **infinitif** et **s'apprêter à** + **infinitif** (pour les êtres vivants uniquement) indiquent l'<u>imminence</u> d'une action future. **Avoir l'intention de** + **infinitif** désigne une action future <u>intentionnelle</u>. Quant à la construction **devoir** + **infinitif**, elle indique (entre autres)[2] une action future <u>probable</u>. Dans une phrase au présent, ces verbes se conjuguent au présent. Au passé, ces expressions se mettent <u>toujours à l'imparfait</u>.

Tu n'**es** pas **près de les revoir**.	*You won't be seeing/You're unlikely to see them anytime soon.*
Nous **sommes sur le point de partir**. OU Nous **nous apprêtons à partir**.	*We're just about to leave.*
Je n'**ai** pas **l'intention de rester**.	*I don't intend to stay.*
Il **doit arriver** d'une minute à l'autre.	*He's supposed to arrive any minute now.*
Ne **devaient**-ils pas **revenir** vers huit heures?	*Weren't they supposed to come back around eight o'clock?*

2 Formation du futur simple

2a. Principe général

Le futur simple se forme normalement à partir de l'infinitif, auquel on ajoute les terminaisons **-ai, -as, -a, -ons, -ez, -ont**. Pour les verbes en **-re** (comme **répondre**, **vendre**, **boire**, etc.), on laisse tomber le **e** final. Notez que la lettre **r** est présente dans toute la conjugaison du futur simple, juste avant la terminaison du verbe.

jouer (*to play*)	
je joue**rai**	nous joue**rons**
tu joue**ras**	vous joue**rez**
il/elle joue**ra**	ils/elles joue**ront**

finir (*to finish*)	
je fini**rai**	nous fini**rons**
tu fini**ras**	vous fini**rez**
il/elle fini**ra**	ils/elles fini**ront**

vendre (*to sell*)	
je vend**rai**	nous vend**rons**
tu vend**ras**	vous vend**rez**
il/elle vend**ra**	ils/elles vend**ront**

boire (*to drink*)	
je boi**rai**	nous boi**rons**
tu boi**ras**	vous boi**rez**
il/elle boi**ra**	ils/elles boi**ront**

---

[2] La construction **devoir** + **infinitif** peut aussi exprimer la <u>vraisemblance</u>: Votre fille **doit être** grande maintenant. (*Your daughter must be all grown-up by now.*) Ils **ont dû** prendre la mauvaise route. (*They must have taken a wrong turn.*)

2b. Verbes irréguliers

Bien que certains verbes courants aient un <u>radical irrégulier</u> (voir tableau ci-dessous), leurs terminaisons au futur sont les mêmes que celles des autres verbes.

être *to be*	→ je se**r**ai *I will be*	mourir *to die*	→ nous **mourr**ons *we will die*
avoir *to have*	→ tu au**r**as *you will have*	pouvoir *to be able to*	→ tu **pourr**as *you will be able to*
aller *to go*	→ il/elle i**r**a *he/she will go*	pleuvoir *to rain*	→ il **pleuvr**a *it will rain*
courir *to run*	→ nous **courr**ons *we will run*	savoir *to know*	→ nous **saur**ons *we will know*
devoir *to have to*	→ vous **devr**ez *you will have to*	tenir *to hold*	→ vous **tiendr**ez *you will hold*
envoyer *to send*	→ ils/elles **enverr**ont *they will send*	(re)venir *to come (back)*	→ je (re)**viendr**ai *I will come (back)*
faire *to do/make*	→ je fe**r**ai *I will do/make*	voir *to see*	→ tu ve**rr**as *you will see*
falloir *to be necessary*	→ il fau**dr**a *it will be necessary*	vouloir *to want*	→ il/elle vou**dr**a *he/she will want*

2c. Changements orthographiques: verbes en **-oyer**, **-uyer** et **-ayer**

Les verbes en **-oyer** et en **-uyer** changent obligatoirement le **y** en **i** à toutes les personnes du futur simple, tandis que les verbes en **-ayer** peuvent soit changer le **y** en **i**, soit le garder partout.

empl**oyer** (*to use*)	
j'emplo**ie**rai	nous emplo**ie**rons
tu emplo**ie**ras	vous emplo**ie**rez
il/elle emplo**ie**ra	ils/elles emplo**ie**ront

s'enn**uyer** (*to be bored*)	
je m'ennu**ie**rai	nous nous ennu**ie**rons
tu t'ennu**ie**ras	vous vous ennu**iye**rez
il/elle s'ennu**ie**ra	ils/elles s'ennu**ie**ront

MAIS:

ess**ayer** (*to try*)	
j'essay**e**rai/essa**ie**rai	nous essay**e**rons/essa**ie**rons
tu essay**e**ras/essa**ie**ras	vous essay**e**rez/essa**ie**rez
il/elle essay**e**ra/essa**ie**ra	ils/elles essay**e**ront/essa**ie**ront

2d. Changements orthographiques: **appeler** et **jeter**

Les verbes **appeler** et **jeter** doublent la consonne **l** ou **t** partout au futur simple.

appeler (*to call*)	
j'appe**ll**erai	nous appe**ll**erons
tu appe**ll**eras	vous appe**ll**erez
il/elle appe**ll**era	ils/elles appe**ll**eront

jeter (*to throw*)	
je je**tt**erai	nous je**tt**erons
tu je**tt**eras	vous je**tt**erez
il/elle je**tt**era	ils/elles je**tt**eront

2e. Changements orthographiques: autres verbes en **-er**

Les autres verbes contenant la lettre **e** ou **é** dans l'avant-dernière syllabe de l'infinitif, comme **acheter** (*to buy*), **peser** (*to weigh*), **mener** (*to bring sb somewhere*), **(r)amener** (*to bring sb [back]*), **emmener** (*to bring sb with/along*), **se lever** (*to get up*), **espérer** (*to hope*), **répéter** (*to repeat/rehearse*), **préférer** (*to prefer*), etc., prennent un **è** à toutes les personnes du futur simple.[3]

acheter (*to buy*)	
j'ach**è**terai	nous ach**è**terons
tu ach**è**teras	vous ach**è**terez
il/elle ach**è**tera	ils/elles ach**è**teront

se lever (*to get up*)	
je me l**è**verai	nous nous l**è**verons
tu te l**è**veras	vous vous l**è**verez
il/elle se l**è**vera	ils/elles se l**è**veront

préférer (*to prefer*)	
je préf**è**rerai	nous préf**è**rerons
tu préf**è**reras	vous préf**è**rerez
il/elle préf**è**rera	ils/elles préf**è**reront

3 Emplois du futur simple

3a. Actions ou faits situés dans l'avenir

Comme en anglais, on emploie le futur simple pour exprimer des actions ou des faits situés dans l'avenir.

Tu **liras** le journal plus tard.	*You'll read the paper later.*
J'espère que vous **aurez** le temps de voir cette exposition.	*I hope that you'll have time to see this exhibit.*
Il **fera** meilleur demain.	*The weather will be nicer tomorrow.*

---

[3] Dans le cas de verbes contenant la lettre **é** dans l'avant-dernière syllabe de l'infinitif (par exemple, **préférer**), il s'agit d'une réforme relativement récente de l'orthographe (1990) qui tarde à s'imposer. Au futur et au conditionnel, il n'est donc pas rare de rencontrer l'ancienne ou la nouvelle orthographe (je préférerai/préférerais OU je préfèrerai/préfèrerais).

3b. «Si nous avons le temps, nous irons...»

On emploie aussi le futur simple dans une <u>proposition principale</u> lorsque la subordonnée introduite par **si** exprime une <u>condition réalisable dans le futur</u>. Notez cependant qu'on ne met jamais le **futur** après un **si** de condition. (Pour cette règle, voir Chapitre 14, section 7a.)

> Demain, si nous avons le temps, nous **irons** au musée d'Orsay.
> *Tomorrow, if we have time, we'll go to the Orsay Museum.*
> [ET NON: Demain, ~~si nous aurons~~ le temps, nous irons...]

3c. «Vous voudrez bien nous excuser...» (futur de politesse)

Le futur simple s'emploie aussi à la place d'un impératif pour atténuer (*soften*) un ordre. Ce futur de politesse est très idiomatique. Vous noterez qu'en anglais, le futur de politesse existe aussi, mais sous forme de <u>question</u> (*will you please . . . ?*), ce qui n'est pas le cas en français.

> Vous **voudrez** bien nous excuser.   *Will you (please) excuse us?*
> Vous leur **direz** de nous attendre.   *Will you (please) tell them to wait for us?*

4   Formation du futur antérieur

On forme le futur antérieur (*future perfect*) en mettant l'auxiliaire **être** ou **avoir** au futur simple, auquel on ajoute le participe passé du verbe. En fait, il suffit de prendre le passé composé et de mettre l'auxiliaire au futur simple.

INFINITIF	→ PASSÉ COMPOSÉ	→ FUTUR ANTÉRIEUR
manger *to eat*	→ j'ai mangé *I ate* OR *have eaten*	→ j'**aurai mangé** *I will have eaten*
finir *to finish*	→ tu as fini *you [have] finished*	→ tu **auras fini** *you will have finished*
se perdre *to get lost*	→ il s'est perdu *he got* OR *has gotten lost*	→ il **se sera perdu** *he will have gotten lost*
comprendre *to understand*	→ nous avons compris *we [have] understood*	→ nous **aurons compris** *we will have understood*
partir *to leave*	→ vous êtes parti(e)(s) *you [have] left*	→ vous **serez parti(e)(s)** *you will have left*
avoir *to have*	→ ils ont eu *they [have] had*	→ ils **auront eu** *they will have had*
être *to be*	→ elles ont été *they were* OR *have been*	→ elles **auront été** *they will have been*

5 │ Emplois du futur antérieur

5a. Actions ou faits accomplis par rapport à un moment futur

Le futur antérieur s'emploie pour indiquer des actions ou des faits qui seront accomplis dans un moment futur (proche ou lointain, implicite ou explicite). Ce temps est beaucoup plus fréquent en français qu'en anglais, où le *future perfect* est souvent remplacé par un *present* ou un *present perfect*, ce qui n'est jamais le cas en français.[4]

J'**aurai terminé** dans une heure.	*I will be done in one hour.*
D'ici la fin de la semaine, toutes les feuilles d'érable **seront tombées**.	*By the end of the week, all the maple leaves will have fallen off the trees.*

5b. Explication probable

Le futur antérieur peut aussi exprimer une <u>explication probable</u> mais pas certaine. Cet emploi très idiomatique est l'équivalent de la construction avec **devoir** (au passé composé) + **infinitif.**

> Il **aura oublié** son rendez-vous.
> *He probably forgot* OR *He must have forgotten his appointment.*
>   [ON PEUT DIRE AUSSI: Il **a dû oublier** son rendez-vous.]

> Ils **seront repartis** par le dernier métro.
> *They probably took* OR *must have taken the last [subway] train.*
>   [ON PEUT DIRE AUSSI: Ils **ont dû repartir** par le dernier métro.]

6 │ La concordance dans les subordonnées de temps au futur

ATTENTION: Le **futur** (simple ou antérieur, suivant le sens et le contexte) est <u>obligatoire</u> après **quand, lorsque, dès que, une fois que, après que**, etc. lorsque le <u>verbe principal</u> est lui-même au **futur** ou à l'**impératif.** Cette règle de concordance est donc très différente de l'anglais, qui utilise soit le *present*, soit le *present perfect* dans ces cas-là.[5]

> <u>Quand</u> tu **reviendras**, nous irons faire des courses.
>   [ET NON: Quand ~~tu reviens~~…, nous irons…]
> *When you **come** back, we'll go shopping.*

---

[4]   AUTREMENT DIT: The **futur antérieur** is used to talk about facts or actions that *will be done by a certain time in the* (near or distant) *future*. The **futur antérieur** is much more frequent in French than in English, where the *future perfect* is often replaced by the *present* or the *present perfect*, as though they were equivalent; this is never the case in French.

[5]   AUTREMENT DIT: After **quand, lorsque, dès que, une fois que, après que**, etc., you must use a **futur simple** or **antérieur** (according to the meaning and context) whenever the *main verb* is itself in the *future* or the *imperative*. This is very different from English, which uses the *present* or the *present perfect* in those cases.

Nous irons prendre un café <u>dès qu</u>'il **aura fini**/<u>après qu</u>'il **aura fini** son travail.

[ET NON: Nous irons prendre un café dès/après qu'il ~~a fini~~...]

We'll go have coffee as soon as OR *after he **has finished** working.*

Téléphone-moi <u>dès qu</u>'elle **sera partie**/<u>après qu</u>'elle **sera partie**.

[ET NON: Téléphone-moi dès qu'elle ~~est partie~~.]

Call me as soon as OR *after she **is gone**.*

Vérification et récapitulation (futurs proche, simple et antérieur).
Complétez les phrases suivantes à la forme appropriée du futur (proche, simple ou antérieur), selon le sens et le contexte.

By the end of the day, we will have driven more than 500 kilometers. → D'ici la fin de la journée, nous (1) _____ (faire) plus de 500 kilomètres de route.

I'm going to reserve a table for two. → Je (2) _____ (réserver) une table pour deux.

He probably found the place by himself. → Il (3) _____ (trouver) l'endroit tout seul.

Text me when you have decided what you want to do tomorrow. → Envoie-moi un SMS quand tu (4) _____ (décider) ce que tu veux faire demain.

I'll bring back your DVD as soon as I've watched it. → Je (5) _____ (rapporter) ton DVD dès que je l' (6) _____ (regarder).

We're unlikely to find out the truth about this anytime soon! → Nous (7) _____ découvrir la vérité là-dessus!

Le conditionnel

7   Formation des conditionnels présent et passé

Il existe <u>deux temps</u> au conditionnel: le conditionnel présent et le conditionnel passé.

7a. Le conditionnel présent

Le conditionnel présent se forme à partir du radical du futur, auquel on ajoute les terminaisons de l'imparfait (**-ais, -ais, -ait, -ions, -iez, -aient**). Comme pour le futur, vous noterez la présence de la lettre **r** dans toute la conjugaison du conditionnel présent, juste avant la terminaison du verbe.

jouer (*to play*) → je jouer**ai**	
je jouer**ais**	nous jouer**ions**
tu jouer**ais**	vous jouer**iez**
il/elle jouer**ait**	ils/elles jouer**aient**

finir (*to finish*) → je finir**ai**	
je finir**ais**	nous finir**ions**
tu finir**ais**	vous finir**iez**
il/elle finir**ait**	ils/elles finir**aient**

être (*to be*) → je ser**ai**	
je ser**ais**	nous ser**ions**
tu ser**ais**	vous ser**iez**
il/elle ser**ait**	ils/elles ser**aient**

avoir (*to have*) → j'aur**ai**	
j'aur**ais**	nous aur**ions**
tu aur**ais**	vous aur**iez**
il/elle aur**ait**	ils/elles aur**aient**

N.B. 11-1
Futur vs conditionnel présent vs imparfait

Ne confondez pas ces trois formes verbales, surtout à la 1re personne des verbes en -**rer**.

COMPAREZ:

FUTUR	CONDITIONNEL PRÉSENT	IMPARFAIT
je rentrer**ai** *I will come back*	je rentrer**ais** *I would come back*	je rentrais *I was coming back* OR *used to come back*
nous montrer**ons** *we will show*	nous montrer**ions** *we would show*	nous montrions *we were showing* OR *used to show*

N.B. 11-2
«Je ne saurais vous dire…» (*I couldn't possibly . . .*)

Au conditionnel négatif, **savoir + infinitif** a le sens de **ne pas pouvoir** dans la langue soignée. Il s'agit d'une tournure où l'on omet généralement l'adverbe **pas**. (Voir Chapitre 8, note 6, p. 109.)

Je ne **saurais** vous dire pourquoi.	*I couldn't possibly tell you why.*
Nous ne **saurions** nous passer de l'Internet.	*We couldn't possibly function without the Internet.*

7b. Le conditionnel passé

On forme le conditionnel passé en mettant l'auxiliaire **être** ou **avoir** au conditionnel présent, auquel on ajoute le participe passé du verbe. En fait, il suffit de prendre le passé composé et de mettre l'auxiliaire au conditionnel présent.

INFINITIF	→ PASSÉ COMPOSÉ	→ CONDITIONNEL PASSÉ
manger *to eat*	→ j'ai mangé *I ate OR have eaten*	→ j'**aurais mangé** *I would have eaten*
finir *to finish*	→ tu as fini *you [have] finished*	→ tu **aurais fini** *you would have finished*
se perdre *to get lost*	→ il s'est perdu *he got lost OR has gotten lost*	→ il **se serait perdu** *he would have gotten lost*
voir *to see*	→ nous avons vu *we saw OR have seen*	→ nous **aurions vu** *we would have seen*
partir *to leave*	→ vous êtes parti(e)(s) *you [have] left*	→ vous **seriez parti(e)(s)** *you would have left*
être *to be*	→ elles ont été *they were OR have been*	→ elles **auraient été** *they would have been*
avoir *to have*	→ ils ont eu *they [have] had*	→ ils **auraient eu** *they would have had*

8 Emplois des conditionnels présent et passé

8a. Expression du futur au passé

Comme en anglais, le conditionnel (présent ou passé) s'emploie pour exprimer un futur (simple ou antérieur) au passé, notamment dans le récit et le discours indirect au passé. (Voir aussi Chapitre 9, section 10c et Chapitre 15, sections 1 à 3.)

DISCOURS DIRECT	→ DISCOURS INDIRECT AU PASSÉ
«On se **reverra**.» *"We'll see each other again."*	→ Elle a promis qu'on se **reverrait**. *She promised [that] we would see each other again.*
«Les grèves **seront** bientôt **terminées**.» *"The strikes will be over soon."*	→ Ils ont annoncé que les grèves **seraient** bientôt **terminées**. *They announced [that] the strikes would be over soon.*

8b. Politesse (souhait, désir, suggestion ou volonté)

Comme en anglais, on emploie le **conditionnel présent** par politesse, en particulier lorsqu'on exprime un souhait, un désir, une suggestion ou une volonté. Le **conditionnel passé**, quant à lui, peut indiquer l'extrême politesse, la déférence, voire l'obséquiosité.

Est-ce que Laura **pourrait** me garder les enfants cet après-midi?	*Could Laura babysit for me this afternoon?*
Le directeur est encore dans son bureau? J'**aurais souhaité** lui parler.	*Is the director still in his office? I should have liked to speak with him.*

8c. Regret ou reproche (conditionnel passé)

Comme en anglais, on exprime le regret ou le reproche en mettant des verbes tels que **vouloir**, **aimer**, **devoir** et **falloir** au **conditionnel passé**, suivis d'un infinitif.

Ils **auraient voulu** te rencontrer.	*They would have liked to meet you.*
Vous **auriez dû** me le dire!	*You should have told me!*

8d. Conseil, suggestion et anticipation

Pour exprimer le conseil, la suggestion ou l'anticipation, on emploie le verbe **devoir** au **conditionnel présent**, suivi d'un infinitif. Pour le conseil, on peut aussi utiliser **faire bien/mieux de** (au conditionnel présent), suivi d'un infinitif (présent ou passé selon le cas).

Tu as l'air fatigué: tu **devrais** te coucher OU tu **ferais bien/mieux de** te coucher. [conseil/suggestion]	*You look tired; you should go to bed OR you'd do well/you'd better go to bed.*
Il ne **devrait** pas tarder. [anticipation]	*He shouldn't be long.*

8e. Possibilité ou éventualité

Comme en anglais, la possibilité ou l'éventualité s'expriment au conditionnel présent ou passé, suivant le sens et le contexte.

Tu **ferais** du parapente?	*Would you go paragliding?*
Vous n'**auriez** pas **vu** mes clés?	*You wouldn't have seen my keys?*

8f. Indignation

Comme en anglais, le conditionnel (présent ou passé) peut aussi exprimer l'indignation.

Ça vous **ennuierait** OU **dérangerait** de ne pas fumer?!	*Would you mind not smoking?!*
Vous **auriez pu** frapper avant d'entrer!	*You could have knocked before coming in!*

8g. Faits douteux, imaginaires ou irréels

On emploie le conditionnel (présent ou passé selon le sens et le contexte) lorsqu'un fait est douteux, imaginaire ou irréel. C'est le cas notamment après **si +** **imparfait** ou **plus-que-parfait** (irréels du présent ou du passé) et après **au cas où**. (Voir Chapitre 14, sections 4, 5 et 9a.)

Nous **pourrions** les inviter si tu voulais.	*We could invite them if you wanted.*
Si elle nous l'avait demandé, nous l'**aurions attendue**.	*If she had asked us, we would have waited for her.*
J'ai pris un parapluie au cas où il **pleuvrait**.	*I brought an umbrella in case it rains.*

8h. Conjecture (*Apparently . . .*)

En français, la conjecture s'exprime toujours par un conditionnel présent ou passé, suivant le sens et le contexte. (En anglais en revanche, elle s'exprime par le mot *apparently*, suivi d'un *simple past* ou d'un *present perfect*.)

Une bombe a éclaté: il y **aurait** une douzaine de blessés.	*A bomb went off: apparently, a dozen people were* OR *have been wounded.*
Ce millionnaire **aurait donné** toute sa fortune à des associations caritatives.	*Apparently, this millionaire gave* OR *has given his entire fortune to charities.*

N.B. 11-3
L'imparfait à la place du conditionnel passé

Lorsqu'on se réfère à la conséquence inévitable d'un fait qui, en réalité, ne s'est <u>pas produit</u>, on emploie parfois l'imparfait à la place du conditionnel passé. Cette construction est très idiomatique.

Un pas de plus, et il **tombait** dans le canal.
One more step, and he would have fallen into the canal [but he didn't fall].
[ON PEUT DIRE AUSSI: Un pas de plus, et il **serait tombé**...]

Vérification et récapitulation (conditionnels présent et passé).
Complétez les phrases suivantes en employant le conditionnel présent ou passé, selon le sens et le contexte.

They announced on the radio that the weather would be nice tomorrow. → Ils ont annoncé à la radio qu'il (1) _____ (faire) beau demain.

I could have gone to the beach with them, but I wasn't feeling well. → J' (2) _____ (pouvoir) aller à la plage avec eux, mais je ne me sentais pas bien.

Two soldiers have apparently been injured in a sniper attack. → Deux soldats (3) _____ (être) blessés dans un attentat.

He would like to meet your sister. → Il (4) _____ (aimer) faire la connaissance de ta sœur.

I'll call you in case I'm late. → Je t'appellerai au cas où je (5) _____ (être) en retard.

We should be back around 4 p.m. → Nous (6) _____ (devoir) être de retour vers 16 heures.

I'd be glad to go shopping with you if I could, but I'm too busy today. → J' (7) _____ (aller) volontiers faire des courses avec toi si je pouvais, mais je suis trop occupé(e) aujourd'hui.

They couldn't be a little more pleasant, could they?! → Ils (8) _____ (ne pas pouvoir) être un peu plus aimables, non?!

9 *Should, would* et *could:* quelques différences entre le français et l'anglais

9a. *Should*

Should se traduit par le verbe **devoir** au **conditionnel** (présent ou passé suivant le sens et le contexte). Cependant après *if*, *should* se traduit par **si jamais + présent** ou **imparfait**.

COMPAREZ:

You should take a vacation.	Tu **devrais** prendre des vacances.
I should have canceled my trip.	J'**aurais dû** annuler mon voyage.
MAIS: *If you [should] get there before we do, wait for us.*	**Si jamais** tu **arrives** OU **arrivais** avant nous, attends-nous.

9b. *Would*

Ne confondez pas le *would* du conditionnel, qui marque l'éventualité, le désir, la politesse, etc., avec le *would* indiquant le passé.

COMPAREZ:

I would prefer to go skiing tomorrow rather than Sunday.	Je **préfèrerais** aller skier demain plutôt que dimanche.
MAIS: *I would often go skiing when I lived in Colorado.*	J'**allais** souvent skier quand j'habitais au Colorado.

9c. *Could*

Lorsque *could* indique la possibilité ou l'aptitude, il se traduit par le verbe **pouvoir** ou **oser** au **conditionnel** (présent ou passé, suivant le sens et le contexte). Ne le confondez pas avec le *could* correspondant à l'**imparfait** ou au **passé composé** du verbe **pouvoir**.

COMPAREZ:

I could never ask her to do me such a favor.

Je ne **pourrais** OU n'**oserais** jamais lui demander un tel service.

MAIS: *I couldn't ask her because she wasn't there.*

Je n'**ai** pas **pu** ou ne **pouvais** pas lui poser la question parce qu'elle n'était pas là.

Vérification (*should, would* et *could*). Complétez les phrases
suivantes en utilisant le verbe approprié à la forme qui convient. Lorsqu'un verbe est donné entre parenthèses, utilisez-le.

Don't you think that you should warn them? → Tu ne crois pas que tu
(1) _____ les avertir?

Couldn't you have warned them? → Tu (2) _____ les avertir?

I couldn't warn them; they had already left. → Je (3) _____ les avertir:
ils étaient déjà partis.

If they [should] have no tickets left for tonight's show, we could always try to go tomorrow night. → Si jamais ils n' (4) _____ plus de billets pour la représentation de ce soir, nous (5) _____ toujours essayer d'y aller demain soir.

Our rental car broke down; we should have taken the train! → Notre voiture de location est tombée en panne: nous (6) _____ prendre le train!

I would play squash every Saturday. → Je (7) _____ au squash tous les samedis.

*I would gladly play squash with you on Saturday, but, unfortunately,
I'm not free.* → Je (8) _____ volontiers au squash avec toi samedi, mais malheureusement, je ne suis pas libre.

I would have loved to have a cat, but my parents wouldn't let me. →
J' (9) _____ (bien aimer) avoir un chat, mais mes parents
(10) _____ (ne pas vouloir).

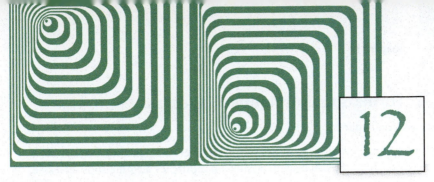

Le subjonctif

1 L'indicatif vs le subjonctif

➤ L'**indicatif** dans une proposition subordonnée exprime une constatation, une certitude, une conviction, un fait vraisemblable ou probable. La perspective est généralement <u>objective</u>.

Elle a annoncé qu'elle **partait** en France pour un an.	*She announced that she was leaving for France for a year.*
Elle est convaincue que c'**est** une excellente idée.	*She is convinced that it's an excellent idea.*

➤ Le **subjonctif** dans la proposition subordonnée exprime au contraire une <u>attitude plus subjective</u>. C'est le mode de l'idée et de la subjectivité. On le rencontre dans les subordonnées dépendant de **verbes** exprimant l'appréciation, le souhait, la volonté, l'ordre, l'interdiction, mais aussi l'émotion, la crainte, le jugement, la possibilité, le doute, etc. (voir sections 5 à 8 ci-dessous).
On emploie également le subjonctif après certaines **conjonctions** de but, de conséquence, de crainte, de concession, de restriction, de condition ou de temps (voir sections 9 et 10 ci-dessous).

COMPAREZ:

INDICATIF	SUBJONCTIF
Je <u>crois</u> qu'elle **reviendra** ce soir.	MAIS: Je <u>veux</u> qu'elle **revienne** ce soir.
I think that she'll come back tonight.	*I want her to come back tonight.*
Je <u>suis persuadé(e)</u> qu'elle **est** jalouse.	MAIS: Je <u>doute</u> qu'elle **soit** jalouse.
I'm convinced that she's jealous.	*I doubt that she's jealous.*

Il existe <u>quatre temps</u> au subjonctif: le présent, le passé, l'imparfait et le plus-que-parfait, mais la langue courante n'emploie que les subjonctifs **présent** et **passé**. (Les subjonctifs imparfait et plus-que-parfait sont en effet rares et purement littéraires; voir Appendice 3, section 5.)

2 | Formation du subjonctif présent

2a. Verbes réguliers

On forme le subjonctif présent des verbes réguliers à partir du radical de la 3ᵉ personne du pluriel du présent, auquel on ajoute les terminaisons **-e, -es, -e, -ions, -iez, -ent**.

INFINITIF	→ PRÉSENT	→ SUBJONCTIF	
arriver (*to arrive*)	→ ils <u>arriv</u>ent	que j'arrive que tu arrives qu'il/elle arrive	que nous arriv**ions** que vous arriv**iez** qu'ils/elles arriv**ent**
finir (*to finish*)	→ ils <u>finiss</u>ent	que je finisse que tu finiss**es** qu'il/elle finisse	que nous finiss**ions** que vous finiss**iez** qu'ils/elles finiss**ent**

2b. Verbes irréguliers courants

Certains verbes ont des radicaux irréguliers.

avoir (*to have*)	→ que j'aie, que tu aies, qu'il/elle ait, que nous **ay**ons, que vous **ay**ez, qu'ils/elles aient
être (*to be*)	→ que je sois, que tu sois, qu'il/elle soit, que nous **soy**ons, que vous **soy**ez, qu'ils/elles soient
aller (*to go*)	→ que j'aille, que tu ailles, qu'il/elle aille, que nous **all**ions, que vous **all**iez, qu'ils/elles aillent
boire (*to drink*)	→ que je boive, que tu boives, qu'il/elle boive, que nous **buv**ions, que vous **buv**iez, qu'ils/elles boivent
croire (*to believe*)	→ que je croie, que tu croies, qu'il/elle croie, que nous **croy**ions, que vous **croy**iez, qu'ils/elles croient
devoir (*to owe* OR *to be obligated*)	→ que je doive, que tu doives, qu'il/elle doive, que nous **dev**ions, que vous **dev**iez, qu'ils/elles doivent
falloir (*to have to*)	→ qu'il faille
faire (*to do* OR *to make*)	→ que je fasse, que tu fasses, qu'il/elle fasse, que nous fassions, que vous fassiez, qu'ils/elles fassent

(suite)

pleuvoir (*to rain*)	→ qu'il pleuve
pouvoir (*to be able to*)	→ que je puisse, que tu puisses, qu'il/elle puisse, que nous puissions, que vous puissiez, qu'ils/elles puissent
recevoir (*to receive*)	→ que je reçoive, que tu reçoives, qu'il/elle reçoive, que nous **recev**ions, que vous **recev**iez, qu'ils/elles reçoivent
savoir (*to know*)	→ que je sache, que tu saches, qu'il/elle sache, que nous sachions, que vous sachiez, qu'ils/elles sachent
voir (*to see*)	→ que je voie, que tu voies, qu'il/elle voie, que nous **voy**ions, que vous **voy**iez, qu'ils/elles voient
vouloir (*to want*)	→ que je veuille, que tu veuilles, qu'il/elle veuille, que nous **voul**ions, que vous **voul**iez, qu'ils/elles veuillent

N.B. 12-1

Comment exprimer le futur au subjonctif?

Il n'existe pas de futur du subjonctif. Pour exprimer l'idée de futur, on emploie le **subjonctif présent**.

Je doute que vous **aimiez** ce restaurant.
I doubt that you will like this restaurant.
    [ET NON: Je doute que vous ~~aimerez~~...]

3 Formation du subjonctif passé

On forme le subjonctif passé en mettant l'auxiliaire **être** ou **avoir** au subjonctif présent, auquel on ajoute le participe passé du verbe. En fait, il suffit de prendre le passé composé et de mettre l'auxiliaire au subjonctif présent.

PASSÉ COMPOSÉ	SUBJONCTIF PASSÉ
Il **a terminé** sa thèse de doctorat. *He finished his doctoral thesis.*	Je suis soulagé(e) qu'il **ait** enfin **terminé** sa thèse de doctorat. *I am relieved [that] he finally finished his doctoral thesis.*
Tu n'**es** pas **venu(e)** à la fête hier soir! *You didn't come to the party last night!*	Quel dommage que tu ne **sois** pas **venu(e)** à la fête hier soir! *What a pity [that] you didn't come to the party last night!*

4 Subjonctif présent vs subjonctif passé (concordance au subjonctif)

Si l'action du verbe subordonné est <u>simultanée ou future</u> par rapport au verbe principal, utilisez le **subjonctif présent**. Sinon, employez le **subjonctif passé**.

COMPAREZ:

Je doute... / Elle comprend tes insinuations. → Je doute qu'elle **comprenne** tes insinuations.
I doubt that she understands your insinuations.

MAIS: Je doute... / Elle a compris tes insinuations. → Je doute qu'elle **ait compris** tes insinuations.
I doubt that she understood your insinuations.

J'ai peur... / Elle se perdra en chemin. → J'ai peur qu'elle (ne)[1] se **perde** en chemin.
I'm afraid that she will get lost on the way.

MAIS: J'ai peur... / Elle s'est perdue en chemin. → J'ai peur qu'elle (ne) se **soit perdue** en chemin.
I'm afraid that she got lost on the way.

Elle était furieuse... / Il ne téléphonait jamais. → Elle était furieuse qu'il ne **téléphone** jamais.
She was furious that he never called.

MAIS: Elle était furieuse... / Il n'avait pas téléphoné. → Elle était furieuse qu'il n'**ait** pas **téléphoné**.
She was furious that he hadn't called.

Vérification. Complétez les phrases suivantes en mettant les verbes entre parenthèses au subjonctif présent ou passé, selon le cas.

I am surprised that he is saying that. → Je suis surpris(e) qu'il (1) _____ (dire) cela.

I am surprised that he said that. → Je suis surpris(e) qu'il (2) _____ (dire) cela.

I doubt that the weather will be nice tomorrow. → Je doute qu'il (3) _____ (faire) beau demain.

5 Verbes d'appréciation, de souhait et de préférence

Vous trouverez ci-dessous les verbes et expressions les plus courants.

aimer/souhaiter que	Il aimerait/souhaite simplement que tu y **réfléchisses**. *He simply would like you to think about it.*
apprécier que	J'apprécie qu'il **soit** toujours si prévenant. *I appreciate that he's always so thoughtful.*

---

[1] Il s'agit d'un **ne explétif**. (Voir Chapitre 8, section 10, ainsi que la section 17 ci-dessous.)

détester que	Elle déteste qu'on la **prenne** pour sa sœur.
	She can't stand being mistaken for her sister.
préférer que	Je préférerais que vous ne **rentriez** pas trop tard.
	I'd prefer that OR *I'd rather you didn't come home too late.*
il est préférable que	Il est préférable qu'elle ne le **sache** pas.
	It's better if she doesn't know about it.
il vaut mieux que	Il vaut mieux que tu n'y **ailles** pas seul(e).
	You'd better not go [there] alone.

N.B. 12-2
Espérer que + indicatif

ATTENTION: Dans la langue courante, le verbe **espérer que** n'est ~~pas~~ suivi du subjonctif. (Pour *let's hope that*/**pourvu que** + subjonctif, voir page 169.)

J'espère que vous **irez** mieux demain.
I hope that you'll feel better tomorrow.
   [ET NON: J'espère que vous ~~alliez~~...]

J'espère que tu **as compris** ce qu'il t'a dit.
I hope you understood what he told you.
   [ET NON: J'espère que tu ~~aies compris~~...]

---

6   Verbes de nécessité, de volonté, d'ordre et d'interdiction

Vous trouverez ci-dessous les verbes et expressions les plus courants.

accepter que	Il n'acceptera jamais que tu **fasses** du théâtre.
	He won't ever let you do theater.
(s')attendre (à ce) que	Elle attend (s'attend à ce) que nous lui **téléphonions**.
	She is waiting for us (is expecting us) to call her.
avoir besoin que	J'ai besoin que tu **finisses** ce rapport aujourd'hui.
	I need you to finish this report today.
avoir hâte que	J'ai hâte que tu **reviennes** nous voir.
	I'm eager for you to come see us again.
consentir à ce que	Elle ne consentira jamais à ce que tu **partes** sans elle.
	She will never allow you to leave without her.
demander [à ce] que	Il a demandé [à ce] que nous **soyons** de retour avant minuit.
	He asked that we come back before midnight.

dire que	Dites à cette dame qu'elle **prenne** rendez-vous. *Tell this lady to make an appointment.*
être d'accord que	Mes parents ne sont pas d'accord que je **parte** à l'étranger. *My parents are opposed to my going abroad.*
exiger/ordonner que	Il a exigé/ordonné que nous **quittions** les lieux immédiatement. *He demanded that we leave the premises immediately.*
il est essentiel/ indispensable que	Il est essentiel/indispensable que je le **voie**. *It is essential that I see him.*
il faut que	Il faudra que vous **soyez** très prudent(e)(s). *You'll have to be very careful.*
interdire que/ s'opposer à ce que	Elle interdit/s'oppose à ce qu'on **fasse** du bruit pendant qu'elle travaille. *She forbids anyone to make noise while she works.*
proposer/suggérer que	Je propose/suggère que vous **reveniez** en taxi. *I propose/suggest that you come back by taxi.*
refuser que	Il refuse que nous l'**aidions**. *He refuses to let us help him.*
tenir à ce que	Il tient à ce que nous y **allions** ensemble. *He insists that we go there together.*
vouloir que	Nous voulons simplement qu'elle **soit** heureuse. *We just want her to be happy.*

7 Verbes d'émotion, de crainte et de jugement

Vous trouverez ci-dessous les verbes et expressions les plus courants. Notez qu'après **avoir peur que** et **craindre que**, on emploie souvent un **ne explétif** devant un subjonctif affirmatif (style soutenu). Ce **ne explétif** n'a pas de valeur négative et n'est pas obligatoire. (Voir Chapitre 8, section 10, ainsi que la section 17 ci-dessous.)

être content/heureux/ ravi que	Ta grand-mère est contente/heureuse/ravie que vous lui **ayez rendu** visite. *Your grandmother is happy/delighted that you visited her.*
être choqué/surpris/ horrifié que	Elles sont choquées/surprises/horrifiées qu'il leur **ait menti**. *They are shocked/surprised/horrified that he lied to them.*
être déçu/désolé/navré/ inquiet que	Elle est déçue/désolée/navrée/inquiète que vous **vous soyez brouillé(e)s**. *She's disappointed/terribly sorry/uneasy that you quarreled.*

être furieux que	Ils sont furieux qu'elle n'**ait** jamais **répondu**.
	They're furious that she never replied.
avoir peur OU craindre que (+ **ne** explétif)	Nous avons peur OU craignons qu'il (ne) **soit** malade.
	We are worried that he's sick.
c'est bête/bizarre/étrange que	C'est bête/bizarre/étrange qu'on ne nous **ait** pas **averti(e)s**.
	It's annoying/strange that we weren't warned.
c'est dommage que	C'est dommage que tu n'**aies** pas **vu** ce film.
	It's too bad that you didn't see this movie.
	C'est formidable que tu **aies reçu** cette bourse.
	It's great that you received this scholarship.
c'est normal que	Est-ce normal qu'il **fasse** autant de fièvre?
	Is it normal for him to be running such a high fever?
c'est rare/ surprenant que	C'est rare/surprenant qu'il **pleuve** autant au mois de juillet.
	It's rare/surprising that it rains so much in July.
c'est regrettable que/ regretter que	C'est regrettable/Je regrette qu'il **ait agi** de cette manière.
	It's too bad/I'm sorry that he acted that way.
cela (ça) m'étonne que	Cela m'étonnerait beaucoup qu'il **fasse** beau demain.
	I'd be really surprised if the weather were nice tomorrow.
cela (ça) m'énerve/ m'ennuie que	Ça m'énerve/m'ennuie qu'il soit si désorganisé.
	It annoys me that that he's so disorganized.
cela (ça) te/vous... dérange que	Cela vous dérange que nous **ouvrions** la fenêtre?
	Do you mind our opening OR if we open the window?
ne pas supporter que	Il ne supporte pas qu'on le **fasse** attendre.
	He can't stand being kept waiting.

8 Verbes de possibilité et de doute

Vous trouverez ci-dessous les verbes et expressions les plus courants.

il arrive que	Il arrive qu'elle **soit** en retard, mais c'est rare.
	Sometimes she is late, but it's rare.
il est possible/il se peut que	Il est possible/Il se peut que je **revienne** demain.
	I may/might come back tomorrow.
il est <u>peu</u> probable/ improbable que	Il est peu probable/improbable qu'ils **repartent** ce soir.
	It is unlikely that they will leave tonight.
douter que	Je doute que vous **aimiez** ce plat.
	I doubt that you'll like this dish.

Vérification. Complétez les phrases suivantes en mettant les verbes entre parenthèses soit à l'indicatif, soit au subjonctif présent ou passé, selon le cas.

It's possible that he left already. → Il est possible qu'il (1) _____ (déjà partir).

I'd like you to make us a chocolate mousse. → J'aimerais que tu nous (2) _____ (faire) une mousse au chocolat.

I hope she'll come home soon. → J'espère qu'elle (3) _____ (revenir) bientôt.

He should know about it. → Il faudrait qu'il le (4) _____ (savoir).

It's really weird that they reacted that way. → C'est vraiment bizarre qu'ils (5) _____ (réagir) de la sorte.

9   Conjonctions de but, de conséquence et de crainte

Notez qu'après **de peur que** et **de crainte que**, on emploie souvent un **ne explétif** devant un subjonctif affirmatif (style soutenu). (Voir Chapitre 8, section 10, ainsi que la section 17 ci-dessous.)

pour que/afin que/ de façon à ce que	Je me suis assis(e) à côté d'elle pour que/afin que/ de façon à ce que nous **puissions** causer. *I sat next to her so that we could talk/chat.*
(verbe à l'impératif) + que	Taisez-vous un peu, que je **puisse** me concentrer! *Be a little quieter so that I can concentrate!*
assez/suffisamment... pour que	Il reste assez/suffisamment de temps pour que nous **allions** prendre un café. *There's enough time left for us to go have coffee.*
au point que (dans une phrase interrogative)	Est-ce grave au point qu'il **faille** appeler la police? *Is this so serious that we ought to call the police?*
trop... pour que	Il fait trop de vent pour que nous **jouions** au tennis dehors. *It's too windy for us to play tennis outside.*
de peur/de crainte que (+ **ne** explétif) [style soutenu]	J'hésite à le dire, de peur/de crainte qu'on ne me **prenne** pour un fou. *I hesitate to say this, lest you take me for a fool.*

10 Conjonctions de concession, de restriction, de condition et de temps

Notez qu'après les conjonctions **avant que** et **à moins que**, on emploie souvent un **ne explétif** devant un subjonctif <u>affirmatif</u> (style soutenu). (Voir Chapitre 8, section 10 ainsi que la section 17 ci-dessous.)

bien que/quoique	J'aime bien Tom, bien qu'il/quoiqu'il **soit** un peu lunatique. *I like Tom, even though he's a bit odd.*
quoi que [en deux mots]	À tes yeux, il a toujours raison, quoi qu'il **dise**! *In your eyes, he's always right, whatever he says!*
à moins que (+ **ne** explétif)	Nous irons à la plage demain, à moins qu'il (ne) **pleuve**. *We'll go to the beach tomorrow, unless it rains.*
à supposer que/en admettant que	À supposer/En admettant qu'il **fasse** beau demain, nous irons à la plage. *Assuming the weather is good tomorrow, we'll go to the beach.*
sans que	Il est parti sans qu'on **sache** pourquoi. *He left without anyone knowing why.*
pourvu que/à [la] condition que	Vous pouvez sortir, pourvu que/à [la] condition que vous ne **rentriez** pas trop tard. *You may go out, provided that/so long as you don't come home too late.*
en attendant que	Elle a lu le journal en attendant que je **revienne**. *She read the paper while waiting for me to come back.*
avant que (+ **ne** explétif)	Finis ton repas avant que nous (ne) **sortions**. *Finish your meal before we go out.*
jusqu'à ce que	Repose-toi jusqu'à ce que tu **sois** complètement rétabli(e). *You should rest until you are completely recovered.*
il est temps que	Il est temps que tu **prennes** une décision. *It is time that you made a decision.*

Vérification. Complétez les phrases suivantes en mettant les verbes entre parenthèses au subjonctif présent ou passé, selon le cas.

This isn't a problem, as long as you tell me the day before. → Cela ne pose aucun problème, à condition que tu m' (1) _____ (avertir) la veille.

He moved over so that I could see the stage better. → Il s'est déplacé afin que je (2) _____ (pouvoir) mieux voir la scène.

Explain the situation to me, so I understand a little better what's going on. →
Explique-moi la situation, que je (3) _____ (comprendre) un peu
mieux ce qui se passe.

He did it without my knowing about it. → Il l'a fait sans que je le
(4) _____ (savoir).

11   **Verbes d'opinion: indicatif ou subjonctif?**

11a. Indicatif

À la **forme affirmative**, les verbes et expressions d'opinion expriment une
constatation, une certitude, une conviction ou un fait vrai. Ils sont donc suivis de
l'**indicatif**. C'est le cas également lorsque ces verbes se trouvent sous forme de
questions avec **est-ce que** ou par simple intonation.

Je suis sûr(e) que tu **as** raison.	*I'm sure that you are right.*
Je pense qu'il **est parti**.	*I think he left.*
Il paraît qu'il **va** se marier.	*I've heard that he's getting married.*
Vous croyez OU Est-ce que vous croyez qu'ils **vont gagner**?	*Do you think [that] they're going to win?*

11b. Subjonctif

En revanche, lorsque ces verbes et expressions sont à la **forme négative** ou
interrogative (mais par inversion uniquement), ils acquièrent souvent une nuance
de doute, d'incertitude, de concession ou de jugement; ils sont alors suivis du
subjonctif. Toutefois, si un verbe d'opinion à la forme négative exprime une forte
conviction, on peut le mettre à l'**indicatif**.

COMPAREZ:

Je ne pense pas qu'il y **ait** beaucoup **réfléchi**. [incertitude → subjonctif]
I don't think OR I doubt that he thought much about it.

MAIS: Je ne pense pas qu'il **reviendra**. [conviction → indicatif]
    I [really] don't think he'll come back.

Je ne crois pas qu'elle **soit** malade. [incertitude/jugement → subjonctif]
I don't think OR I doubt that she's sick.

MAIS: Vous ne croyez pas qu'elle **est** malade? [sous-entendu: elle est très
    probablement malade → indicatif]
    Don't you think that she's [in fact] sick?

Croyez-vous qu'on **ait** le temps d'aller voir cette exposition? [question par inversion
→ subjonctif]
    Do you think we might have time to see this exhibit?

MAIS: Vous croyez OU Est-ce que vous croyez qu'on **a** le temps d'aller voir cette
exposition? [question par <u>intonation</u> ou avec **est-ce que** ➡ indicatif]
Do you think we have time to see this exhibit?

11c. Récapitulation: indicatif vs subjonctif

COMPAREZ:

INDICATIF	SUBJONCTIF
Je crois qu'elle **a fini** ses examens. *I think that she (has) finished her exams.*	MAIS: Je ne crois pas qu'elle **ait fini** ses examens. *I don't [really] think that she (has) finished her exams.*
Tu penses OU Est-ce que tu penses que nous **pourrons** partir demain? *Do you think that we'll be able to leave tomorrow?*	MAIS: Pensez-vous que nous **puissions** partir demain? *Do you [really] think OR suppose that we'll be able to leave tomorrow?*
Je crois qu'elle **a pris** la bonne décision. *I think that she made the right decision.*	MAIS: Croyez-vous qu'elle **ait pris** la bonne décision? *Do you suppose that she made the right decision?*

Vérification. Complétez les phrases suivantes en mettant les verbes entre
parenthèses aux temps et modes qui conviennent.

I don't think that he's here today. ➡ Je ne crois pas qu'il (1) _____
(être) là aujourd'hui.

He's convinced that you are wrong. ➡ Il est convaincu que vous
(2) _____ (se tromper).

Do you really believe that they want to help you? ➡ Croyez-vous vraiment qu'ils
(3) _____ (vouloir) vous aider?

12 Verbes et expressions à ne pas confondre

COMPAREZ:

SUBJONCTIF	INDICATIF
<u>Il est possible/peu probable que</u> nous **rentrions** avant lundi. *It is possible/unlikely that we'll come home before Monday.*	MAIS: <u>Il est probable que</u> nous **rentrerons** lundi. *It is probable that we will come home Monday.*
Ils sont partis juste <u>avant que</u> nous (n')**arrivions**. *They left just before we arrived.*	MAIS: Je leur téléphonerai <u>après que</u> nous **serons arrivé(e)s**. *I'll call them after we arrive.*

Il <u>veut que</u> tu **reprennes** tes études.	MAIS: <u>Il espère que</u> tu **reprendras** tes études.
He wants you to go back to school.	*He hopes that you'll go back to school.*
<u>Je doute beaucoup qu</u>'ils le **sachent**.	MAIS: <u>Je me doutais bien qu</u>'ils le **savaient**.
I doubt very much that they know it.	*I had an inkling that they knew it.*
<u>Elle doute qu</u>'il en **soit** capable.	MAIS: <u>Il paraît qu</u>'il en **est** capable.
She doubts that he's capable of it.	*I've heard that he's capable of it.*
<u>Elle est heureuse qu</u>'il **aille** mieux.	MAIS: <u>Heureusement qu</u>'il **va** mieux.
She's happy that he's feeling better.	*Luckily, he's feeling better.*

N.B. 12-3
Il <u>me</u> semble que... vs il semble que/le fait que...

On emploie toujours l'<u>indicatif</u> après **il <u>me/te/lui</u>... semble que**. En revanche, après **il semble que** (sans pronom objet, et uniquement à la forme affirmative) et après **le fait que**, on peut utiliser soit le <u>subjonctif</u>, soit l'<u>indicatif</u>.

COMPAREZ:

Il **<u>me</u> semble que** la situation **s'est améliorée**.
I think that the situation has improved.

MAIS: <u>Il semble que</u> la situation **se soit améliorée** OU **s'est améliorée**.
It seems OR appears that the situation has improved.

<u>Le fait que</u> vous **hésitiez** OU **hésitez** est surprenant.
The fact that you hesitate [about this] is surprising.

---

13 Subjonctif vs infinitif

13a. L'infinitif à la place du subjonctif est obligatoire...

L'emploi de l'infinitif à la place du subjonctif est <u>obligatoire</u> lorsque les <u>sujets</u> des verbes principal et subordonné sont <u>identiques</u>. Sinon, le verbe subordonné reste au subjonctif. (Voir aussi Chapitre 13, section 8.)

COMPAREZ:

Je veux... / **Je** vais en France cet été. → Je veux **aller** en France cet été.
I want to go to France this summer.
　　[sujets identiques → infinitif; ET NON: Je veux ~~que j'aille~~...]

MAIS: **Je** veux... / **Tu** vas en France cet été. → Je veux **que tu ailles** en France cet été.
　　　I want you to go to France this summer.
　　　[sujets différents → subjonctif]

Il est parti… / <u>sans</u>… / **Il** ne nous a pas dit au revoir. → Il est parti sans nous **dire** au revoir.
He left without saying good-bye to us.
   [sujets identiques ⇒ infinitif]

MAIS: **Il** est parti… / <u>sans</u>… / **Nous** ne lui avons pas dit au revoir. → Il est parti sans que nous lui **ayons dit** au revoir.
   He left without our having said good-bye to him.
   [sujets différents ⇒ subjonctif]

13b. L'infinitif à la place du subjonctif est très fréquent…

L'emploi de l'infinitif à la place du subjonctif est <u>très fréquent</u> lorsque le <u>complément d'objet</u> du verbe principal et le <u>sujet</u> du verbe subordonné représentent <u>la même personne</u>. Sinon, le verbe subordonné reste au subjonctif.

COMPAREZ:

Ils **m'** [c.o.i.] ont demandé… / **Je** reviendrai plus tard. → Ils m'ont demandé **de revenir** plus tard.
They asked me to come back later.
   [**m'** et **Je** représentent la même personne ⇒ infinitif; ET NON: I~~ls m'ont demandé~~ ~~que je revienne…~~]

MAIS: **Ils** ont demandé… / **Nous** revenons plus tard. → Ils ont demandé **que nous revenions** plus tard.
   They asked that we come back later.
   [sujets différents ⇒ subjonctif]

Vérification. Mettez les verbes entre parenthèses à la forme qui convient (infinitif ou subjonctif). Ajoutez **que** devant le subjonctif ou une **préposition** devant l'infinitif, si nécessaire.

My mother doesn't want me to go to Florida with my friends. → Ma mère ne veut pas (1) _____ (aller) en Floride avec mes copains.

He called me before he left. → Il m'a téléphoné avant (2) _____ (partir).

He called me before I left. → Il m'a téléphoné avant (3) _____ (partir).

14   Le subjonctif dans les subordonnées relatives

Le verbe d'une subordonnée relative se met au subjonctif dans les trois cas suivants (voir aussi Chapitre 16, section 9):

➤ Après un <u>superlatif</u> ou après des expressions telles que **le seul**, **l'unique**, **le premier**, **le dernier**, pour souligner la rareté ou l'exception

C'est <u>la meilleure</u> pièce **que j'aie vue.**   *This is the best play [that] I've seen.*

Est-ce <u>le seul</u> exemplaire **que** vous **ayez?**   *Is this the only copy [that] you have?*

➤ Après **rien, ne... personne, aucun, pas un (seul), pas de**

Je n'ai <u>rien</u> trouvé qui m'**aille**.	*I found nothing that fits me.*
Malheureusement, je ne connais <u>personne</u> qui **puisse** vous renseigner.	*Unfortunately, I don't know anyone who could give you some information.*

➤ Après un verbe exprimant un <u>désir</u>, un <u>but</u>, une <u>demande</u>, ou après une <u>question</u> (par inversion uniquement)

COMPAREZ:

J'<u>aimerais</u> un vol qui **fasse** escale à Londres.	*I'd like a flight that stops over in London.*
<u>Connaissez-vous</u> quelqu'un qui **puisse** prendre soin de mon chat?	*Do you know of someone who would* OR *might be able to take care of my cat?*
MAIS: <u>Est-ce que vous connaissez</u> quelqu'un qui **peut** prendre soin de mon chat? [question avec **est-ce que** ➡ indicatif]	*Do you know someone who can take care of my cat?*

Vérification. Complétez les phrases suivantes en utilisant soit un indicatif, soit un subjonctif (présent ou passé), selon le cas.

It's the only one we found. ➡ C'est le seul que nous (1) _____ (trouver).

Is there anyone here who knows how this printer works? ➡ Y a-t-il quelqu'un ici qui (2) _____ (savoir) comment fonctionne cette imprimante?

They're looking for someone who has some previous experience. ➡ Ils cherchent quelqu'un qui (3) _____ (avoir) déjà une certaine expérience.

15 Le subjonctif pour exprimer l'ordre à la 3ᵉ personne

Le subjonctif (précédé de **que**) peut aussi exprimer un ordre (*command*) à la 3ᵉ personne du singulier et du pluriel. Dans ces cas-là, le subjonctif a le même sens qu'un impératif.

COMPAREZ:

IMPÉRATIF	SUBJONCTIF
Reviens/Revenez! Revenons! *Come back! Let's come* OR *go back!*	Eh bien, qu'elle **revienne**! *Fine, then let her come back!*
Vas-y/Allez-y! Allons-y! *Go [there]! Let's go [there]!*	Entendu, qu'ils y **aillent**! *All right, let them go [there]!*

On rencontre aussi le subjonctif dans des expressions idiomatiques telles que:

Pas que je **sache**!	*Not that I know of!*
Pourvu qu'il **fasse** beau!	*Let's hope the weather is nice!*
Qu'à cela ne **tienne**.	*Never mind that.*
Soit.	*So be it/OK/Fine/Granted.*
Vive le roi!	*Long live the king!*

16 Le subjonctif dans la mise en relief (style soutenu)

Lorsque, pour des raisons rhétoriques, on commence une phrase par une subordonnée complétive introduite par **que**, celle-ci est obligatoirement au **subjonctif**, quel que soit le verbe principal.

COMPAREZ:

ORDRE HABITUEL	MISE EN RELIEF [STYLE SOUTENU]
Tous les experts vous diront qu'il **s'agit** d'une catastrophe à l'échelle planétaire. *All the experts will tell you that this is a catastrophe of global proportions.*	Qu'il **s'agisse** d'une catastrophe à l'échelle planétaire, tous les experts vous le diront. *That this is a catastrophe of global proportions is something that all [the] experts will tell you.*
Il est fort probable qu'il y **aura** des grèves ces prochains jours. *It's very likely that there will be strikes in the next few days.*	Qu'il y **ait** des grèves ces prochains jours, c'est fort probable. *That there will be strikes in the next few days is highly likely.*

17 Le **ne explétif** devant les verbes au subjonctif (style soutenu)

Le **ne explétif** ne se traduit pas. Il n'a pas de valeur négative et n'est pas obligatoire. On le rencontre dans la langue soignée, surtout à l'écrit, particulièrement après des conjonctions et des verbes de crainte (**craindre que**, **avoir peur que**, **de peur que**, **de crainte que**; voir sections 7 et 9 ci-dessus) ainsi qu'après **à moins que** et **avant que** (voir section 10 ci-dessus). (Pour les différences entre le **ne explétif** et le **ne négatif**, voir aussi Chapitre 8, section 10.)

COMPAREZ:

PHRASE AFFIRMATIVE ➡ **NE EXPLÉTIF**	PHRASE NÉGATIVE ➡ **NE... PAS**
J'ai peur/Je crains que nous **ne** soyons très en retard cette fois-ci. *I'm afraid that we are* OR *will be very late this time.*	MAIS: Je suis contente que nous **ne** soyons **pas** en retard cette fois-ci. *I'm pleased that we aren't* OR *won't be late this time.*

13

L'infinitif

Formes de l'infinitif

1 L'infinitif présent

À l'infinitif présent, les verbes (réguliers ou irréguliers) ont trois terminaisons possibles:

➤ Verbes en **-er**, comme expliqu**er** (*to explain*), se lev**er** (*to get up*), mais aussi all**er** (*to go*)…

➤ Verbes en **-ir**, comme fin**ir** (*to finish*), chois**ir** (*to choose*)…

➤ Verbes en **-re**, comme répond**re** (*to answer*), tradui**re** (*to translate*)…

À la forme négative, **ne pas** se met devant l'infinitif et les pronoms objets.

Fais attention de **ne pas** <u>te</u> **faire** mal.	*Be careful not to hurt yourself.*
Nous avons décidé de **ne pas** <u>les</u> **attendre**.	*We decided not to wait for them.*
Je préfère **ne pas** <u>leur</u> <u>en</u> **parler**.	*I prefer not to talk to them about it.*

2 L'infinitif passé

Pour former l'infinitif passé, il suffit de prendre le passé composé et de mettre l'auxiliaire à l'infinitif.

INFINITIF PRÉSENT	→ PASSÉ COMPOSÉ	→ INFINITIF PASSÉ
manger (*to eat*)	→ il a mangé	→ (après) **avoir mangé**
boire (*to drink*)	→ elle a bu	→ (après) **avoir bu**
partir (*to leave*)	→ elles sont parties	→ (après) **être parties**
se lever (*to get up*)	→ ils se sont levés	→ (après) **s'être levés**

Le participe de l'infinitif passé s'accorde de la même manière que les autres participes passés. (Voir Chapitre 10, sections 5 à 10).

Après **être passé<u>e</u>** à la banque, Nadia a fait des courses.	*After going to the bank, Nadia went shopping.*
Après **avoir acheté** des roses, elle les a arrang**é<u>es</u>** dans un vase.	*After she bought roses, she arranged them in a vase.*

À la forme négative, **ne pas** se met soit <u>devant</u> l'auxiliaire, soit <u>de part et d'autre</u> de l'auxiliaire.

> Elle est désolée de <u>**ne pas**</u> **être revenue**   *She's sorry she didn't come back*
> OU de **n'être** <u>**pas**</u> **revenue** plus tôt.   *earlier.*

3   L'infinitif passif (présent et passé)

L'infinitif passif n'est possible que pour les verbes transitifs directs conjugués avec **avoir** à la voix active, c'est-à-dire des verbes pouvant avoir un complément d'objet direct. (Pour la voix passive, voir Chapitre 18, sections 1 à 4.)

COMPAREZ:

VOIX ACTIVE		VOIX PASSIVE	
infinitif présent	→ infinitif passé	infinitif présent	→ infinitif passé
aimer	→ avoir aimé	être aimé(e)(s)	→ avoir été aimé(e)(s)
to love	*to have loved*	*to be loved*	*to have been loved*

À l'infinitif <u>**présent**</u> **passif**, le participe passé s'accorde comme un adjectif. À l'infinitif <u>**passé**</u> **passif**, le participe passé de l'auxiliaire **être** (**été**) est invariable, tandis que l'autre participe s'accorde comme un adjectif.

COMPAREZ:

INFINITIF PRÉSENT (VOIX PASSIVE)	INFINITIF PASSÉ (VOIX PASSIVE)
Elle s'attend à **être admise** au programme de doctorat.	Elle se plaint de ne pas **avoir été admise** au programme de doctorat.
She expects to be accepted in the doctoral program.	*She complains that she wasn't accepted in the doctoral program.*

N.B. 13-1
Infinitif <u>passé</u> vs infinitif <u>passif</u>

Ne confondez pas l'infinitif passé (voix active) et l'infinitif passif.

COMPAREZ:

Elle regrette d'**avoir vendu** sa maison.	MAIS: Sa maison vient d'**être vendue**.
[infinitif passé, voix <u>active</u>]	[infinitif présent, voix <u>passive</u>]
She's sorry she sold her house.	*Her house has just been sold.*

Vérification. Complétez les phrases suivantes en mettant les verbes entre parenthèses à l'infinitif (actif ou passif, présent ou passé, selon le cas).

I hope to find a job. → J'espère (1) _____ (trouver) du travail.

I'm happy to have found a job. → Je suis content(e) d' (2) _____ (trouver) du travail.

Is it more important to love or to be loved? → Est-il plus important d' (3) _____ (aimer) ou d' (4) _____ (aimer)?

She's furious not to have been chosen for the championship. → Elle est furieuse de (5) _____ (choisir) pour le championnat.

Emplois de l'infinitif

4 L'infinitif comme nom

L'infinitif employé comme nom est plus fréquent en français qu'en anglais, où l'on trouve beaucoup de formes en *-ing*. (Pour ces formes, voir aussi Chapitre 10, section 4.)

Marcher est excellent pour la santé.	*Walking is excellent for one's health.*
«**Voir**, c'est **croire**.» [proverbe]	*"Seeing is believing."*
Limoger les gens de cette façon est une honte!	*Firing people that way is a shame!*

Un certain nombre de substantifs sont dérivés de l'infinitif.

Pour le **déjeuner**, je ne prends qu'un sandwich mais pour le **dîner**, je mange un repas complet.	*For lunch, I only have a sandwich, but for dinner, I eat a whole meal.*
Il en perd le **boire** et le **manger**. [idiomatique]	*He's losing sleep over it.*
Je vous ai apporté des **vivres**. [idiomatique, et au pluriel le plus souvent]	*I brought you some food.*
Elle n'a aucun **savoir-vivre**.	*She has no manners.*
Pour réussir dans ce métier, il faut beaucoup de **savoir-faire**.	*To succeed in this profession, you need a lot of know-how.*

5 L'infinitif comme interrogation, exclamation ou instruction

L'infinitif peut s'employer pour exprimer une interrogation ou une exclamation, ou pour donner des instructions (par exemple dans les recettes culinaires ou les notices explicatives).

Comment **savoir**?	*How should I/we know?*
Va/Allez **savoir**!	*Who knows!*
Ajouter deux jaunes d'œuf.	*Add two egg yolks.*
Ne pas prendre plus de deux comprimés par jour.	*Do not take more than two tablets per day.*
Prière de **fermer** la porte en sortant.	*Please close the door behind you when you leave.*

6 L'infinitif après un nom, un adjectif ou un adverbe

Après un nom, un adjectif ou un adverbe, on emploie soit **à** + infinitif, soit **de** + infinitif, suivant le cas. S'il y a plusieurs infinitifs, il faut <u>répéter</u> la préposition. Il n'existe pas vraiment de règle stricte gouvernant l'emploi des prépositions devant l'infinitif. Les indications ci-dessous ne représentent que des tendances générales. (Pour les prépositions les plus courantes, voir aussi Appendice 1, Tableau 1.)

6a. **C'est/Il est...** + **de** + infinitif

Après le verbe **être** pris dans son sens impersonnel (**il est/c'est/ce serait** normal, bien, bête…), on emploie généralement **de** + infinitif. (Pour les exceptions, voir N.B. 13-2 ci-dessous.)

<u>C'est idiot/Ce n'est pas très malin</u> **de** leur **avoir dit** ça!	*It's dumb/not very clever to have said that to them.*
Oui, bien sûr, <u>il est facile</u> **de** les **critiquer**, mais qu'auriez-vous fait à leur place?	*Sure, it's easy to criticize them, but what would you have done in their place?*
<u>Ce serait bien</u> **d'**y **aller** ensemble.	*It would be nice to go [there] together.*
<u>Il est temps</u> **de partir**.	*It's time to go.*

6b. Nom/adjectif affectif ou abstrait + **de** + infinitif

Après un nom ou un adjectif <u>affectifs</u> ou <u>abstraits</u>, on emploie généralement **de** + infinitif. (Pour les exceptions, voir N.B. 13-2 ci-dessous.)

Il sera <u>ravi</u> **de** vous **revoir**.	*He'll be delighted to see you again.*
Elle a l'<u>air</u> **d'avoir** mal.	*She looks like she's in pain.*
J'ai absolument <u>besoin</u> **de** te **parler**.	*I absolutely need to talk to you.*
Elle a la <u>manie</u> **de perdre** ses clés et **d'oublier** ses rendez-vous.	*She has the annoying habit of losing her keys and forgetting her appointments.*
Je n'ai pas le <u>temps</u> **d'y aller**.	*I don't have time to go [there].*

6c. Nom/adjectif/adverbe + **à** + infinitif (fonction, manière, but, conséquence, etc.)

En revanche, après un nom ou un adjectif <u>concrets</u> ou <u>non affectifs</u>, on emploie généralement **à** + infinitif, car l'infinitif spécifie alors la fonction, la manière, le but, le résultat, la conséquence, etc. C'est le cas notamment après **le premier, le deuxième, le seul, le dernier**, etc., et après des adverbes tels que **rien, mieux, longtemps, plus, fort, beaucoup, peu, assez**, etc.

Voici la <u>salle</u> **à manger**.	*Here's the dining room.*
J'ai passé mes <u>vacances</u> **à faire** du ski.	*I spent my vacation skiing.*
J'ai <u>quelque chose</u> **à** te **dire**.	*I have something to tell you.*
C'est une <u>histoire</u> **à dormir** debout. [idiomatique]	*This is a cock-and-bull story.*
Tu es le <u>premier</u> **à l'avoir remarqué**.	*You're the first one to have noticed it.*
Je n'ai <u>rien</u> OU J'ai <u>mieux</u> **à faire**.	*I have nothing* OR *better things to do.*
Ils ont mis <u>longtemps</u> **à** me **répondre**.	*It took them a long time to get back to me.*

N.B. 13-2

«Il est facile <u>de</u> faire qqch…» vs «C'est facile <u>à</u> faire…»

Après une construction impersonnelle avec **être**, employez **de** + infinitif si cet infinitif a un <u>complément</u> (*It's easy, etc. to do **something***); sinon, utilisez **à**.

COMPAREZ:

Il n'est pas **facile d'expliquer** <u>ce poème</u>. [c.o.d.]
It's not easy to explain this poem.

MAIS: Ce poème n'est pas **facile à expliquer**.
This poem isn't easy to explain.

Il est **important de savoir** <u>cela</u>. [c.o.d.]
It's important to know this.

MAIS: C'est **important** OU **bon à savoir**.
That's important OR *good to know.*

7   L'infinitif complément de verbe

7a. Verbe + infinitif (sans préposition)

L'infinitif s'emploie <u>sans préposition</u> après un grand nombre de verbes (voir Tableau 1 ci-dessous), notamment après les verbes de <u>perception</u> et de <u>mouvement</u>, ainsi qu'après les verbes **faire** et **laisser** dans leur sens passif (pour ces deux constructions, voir Chapitre 18, sections 8 à 12).

Je peux t'**appeler**?	*Can I call you?*
Tu devrais **aller te coucher**.	*You should go to bed.*
J'ai beau **essayer**, je n'y arrive pas!	*No matter how hard I try, I can't do it.*
Ils ne m'ont pas entendu(e) **rentrer**.	*They didn't hear me come back.*
Tu as laissé **tomber** ce cours?!	*You dropped this course?!*
Elle s'est fait **teindre** en roux.	*She colored her hair red.*
J'ai failli **tomber**.	*I almost fell.*

Tableau 1

VERBES COURANTS CONSTRUITS SANS PRÉPOSITION

adorer (*to adore/to love*)	faire [sens causatif] (*to have sb do sth*)
aimer (*to love/to like*)	falloir [impersonnel] (*to have to do sth*)
aller (*to go*)	laisser (*to let, etc.*)
avoir beau (*no matter how hard one tries*)	monter (*to go up*)
compter (*to intend*)	oser (*to dare*)
croire (*to believe*)	pouvoir (*to be able*)
déclarer (*to declare*)	préférer (*to prefer*)
descendre (*to go down*)	regarder (*to look/to watch*)
désirer (*to wish/to want*)	rentrer (*to go back [home]*)
détester (*to hate/to dislike*)	savoir (*to know*)
devoir (*to have to do sth, to be supposed to do sth, etc.*)	sentir (*to feel/to smell*)
	sortir (*to go out*)
écouter (*to listen*)	valoir mieux (*to be better*)
entendre (*to hear*)	venir (*to come*)
espérer (*to hope*)	voir (*to see*)
faillir (*to almost do sth*)	vouloir (*to want*)

7b. Verbe + **de/à** + infinitif

Certains verbes se construisent toujours avec **de** + infinitif (voir Tableau 2 ci-dessous); d'autres se construisent toujours avec **à** + infinitif (voir Tableau 3 ci-dessous). RAPPEL: Lorsqu'il y a plusieurs infinitifs, il faut répéter **à** ou **de** devant <u>chaque</u> infinitif.

Essaie **de dormir** un peu.	*Try to sleep a little.*
Cesse **de** te **plaindre** et **de critiquer** tout le monde!	*Stop complaining and criticizing everyone!*
Invite-la **à prendre** un verre!	*Take her out for a drink!*
J'ai appris **à patiner** et **à skier** quand j'avais six ans.	*I learned how to skate and ski when I was six.*

Tableau 2

VERBES COURANTS + DE + INFINITIF

accepter de (*to accept*)	interdire de (*to forbid*)
(s')arrêter de (*to stop*)	menacer de (*to threaten*)
avertir de (*to warn*)	offrir de (*to offer*)
avoir besoin de (*to need*)	oublier de (*to forget*)
cesser de (*to stop*)	permettre de (*to allow*)
conseiller de (*to advise*)	persuader de (*to persuade*)
continuer de (*to continue*)	promettre de (*to promise*)
craindre de (*to be afraid*)	proposer de (*to propose/to offer*)
défendre de (*to forbid*)	recommander de (*to recommend*)
se dépêcher de (*to hurry*)	refuser de (*to refuse*)
(s')empêcher de (*to prevent/to stop*)	regretter de (*to regret*)
essayer de (*to try hard*)	reprocher de (*to reproach*)
éviter de (*to avoid*)	se souvenir de (*to remember*)
finir de (*to finish*)	tâcher de (*to try*)

Tableau 3

VERBES COURANTS + À + INFINITIF

aider à (*to help*)	se fatiguer à (*to tire oneself out/to keep doing sth*)
s'amuser à (*to amuse oneself*)	s'habituer à (*to get used to*)
apprendre à (*to learn*)	hésiter à (*to hesitate*)
s'apprêter à (*to get ready*)	inviter à (*to invite*)
arriver à (*to manage/to succeed*)	se mettre à (*to start*)
autoriser à (*to allow*)	parvenir à (*to succeed*)
avoir du mal à [faire qqch] (*to have difficulty to [do sth]*)	passer son temps à (*to spend your time doing sth*)
chercher à (*to try*)	persister à (*to persist*)
commencer à (*to start*)	pousser/obliger à (*to push/to force*)
consentir à (*to agree*)	se préparer à (*to get ready*)
continuer à (*to continue*)	renoncer à (*to give up/to forgo*)
donner à (*to give*)	réussir à (*to succeed*)
encourager à (*to encourage*)	servir à (*to be used for doing sth*)
enseigner à (*to teach*)	tenir à (*to really want*)
entraîner à (*to lead/to cajole*)	

> ### N.B. 13-3
> <u>De</u> quoi + infinitif
>
> Les constructions avec **de quoi** + infinitif sont très idiomatiques. (Pour d'autres expressions avec **quoi**, voir Chapitre 16, section 15a, et Chapitre 20, section 21.)
>
> | | |
> |---|---|
> | Il n'a pas **de quoi vivre**. | *He doesn't have enough to live on.* |
> | As-tu pris **de quoi lire**? | *Did you take something to read?* |
>
> [ON PEUT DIRE AUSSI: As-tu pris **quelque chose <u>à</u> lire**?]

7c.   Verbes + **pour/par/sans**, etc. + infinitif

Pour les autres verbes, il n'y a aucune règle concernant l'emploi de la préposition devant l'infinitif; tout dépend de l'usage et du sens. (Pour les prépositions les plus courantes, voir Appendice 1, Tableau 1.)

Il fait tout <u>**pour**</u> **améliorer** ses notes.	*He's trying his best to improve his grades.*
Commençons <u>**par**</u> **commander** le repas; nous choisirons le vin ensuite.	*Let's first order the meal; we'll choose the wine later.*
Il est parti <u>**sans**</u> **prévenir** ses parents.	*He left without telling his parents.*

7d.   Verbes ayant plusieurs constructions possibles

Pour certains verbes, il existe plusieurs constructions possibles. Tout dépend du sens.

COMPAREZ:

Tu penses lui **poser** la question demain? *Do you intend to ask him/her the question tomorrow?*	MAIS: Tu penseras <u>**à**</u> lui **poser** la question demain? *Will you remember to ask him/her the question tomorrow?*
Je leur ai demandé <u>**de**</u> m'**aider**. *I asked them to help me.*	MAIS: J'ai demandé <u>**à**</u> **voir** le directeur. *I demanded to see the director.*
Elle a décidé <u>**de**</u> **poser** sa candidature. *She decided to apply.*	MAIS: Je l'ai décidée <u>**à**</u> **poser** sa candidature. *I convinced her to apply.*
Finissez <u>**de**</u> **vous chamailler**! *Stop squabbling!*	MAIS: Ils ont fini <u>**par**</u> **comprendre**. *They finally understood.*
Il attendra <u>**d'**</u>**être** invité, comme tout le monde. *He'll wait to be invited, like everyone else.*	MAIS: Il s'attendait <u>**à**</u> **être** invité. *He expected to be invited.*
Il viendra la **voir** ce soir. *He'll come [over] to see her tonight.*	MAIS: Il vient <u>**de**</u> la **voir**. *He's just seen her.*

Nous continuons **à** OU **de penser** qu'il a tort.[1]
We continue to think that he's wrong.

8   L'infinitif à la place du subjonctif

8a. L'infinitif à la place du subjonctif est obligatoire...

L'emploi de l'infinitif à la place du subjonctif est <u>obligatoire</u> lorsque les <u>sujets</u> des verbes principal et subordonné sont <u>identiques</u>. Sinon, le verbe subordonné reste au subjonctif. (Voir aussi Chapitre 12, section 13a.)

COMPAREZ:

Je veux d'abord... / **Je** finis mes devoirs. → Je veux d'abord **finir** mes devoirs.
   [sujets identiques → infinitif; ET NON: Je veux ~~que je finisse~~...]
First, I want to finish my homework.

MAIS: **Je** veux d'abord... / **Tu** finis tes devoirs. → Je veux d'abord que tu **finisses** tes
      devoirs.
      [sujets différents → subjonctif]
      First, I want you to finish your homework.

Nous la verrons... /avant / **Nous** partons. → Nous la verrons avant de **partir**.
We'll see her before we go.

MAIS: **Nous** la verrons... /avant / **Elle** s'en ira. → Nous la verrons avant qu'elle (ne)
      s'en aille.
      We'll see her before she goes.

8b. L'infinitif à la place du subjonctif est très fréquent...

L'emploi de l'infinitif à la place du subjonctif est <u>très fréquent</u> lorsque le <u>complément d'objet</u> du verbe principal et le <u>sujet</u> du verbe subordonné représentent <u>la même personne</u>. Sinon, le verbe subordonné reste au subjonctif. (Voir aussi Chapitre 12, section 13b.)

COMPAREZ:

Je **lui** [c.o.i.] ai suggéré... / **Il** partira demain. → Je lui ai suggéré **de partir** demain.
   [**lui** et **il** représentent la même personne → infinitif]
I suggested to him to leave tomorrow.

MAIS: Je **lui** ai suggéré... / **Nous** partirons demain. → Je lui ai suggéré **que nous**
      partions demain.
      [**lui** et **nous** représentent des personnes différentes → subjonctif]
      I suggested to him that we leave tomorrow.

---

[1]   **Continuer de** est plus littéraire que **continuer à.**

9   L'infinitif à la place de l'indicatif

L'emploi de l'**infinitif** à la place de l'indicatif n'est pas obligatoire, mais il est *courant* lorsque les <u>sujets</u> des verbes principal et subordonné sont <u>identiques</u>.

9a. «Après avoir fait…»

C'est surtout le cas dans les subordonnées introduites par **après**. On emploie alors l'**infinitif passé**.

COMPAREZ:

<u>Après</u> **avoir fait** la vaisselle, il est sorti promener le chien.
    [sujets identiques ⇒ infinitif passé; ON PEUT DIRE AUSSI: <u>Après</u> **qu'il a fait…**,
    mais c'est moins courant]
After he finished OR *After finishing the dishes, he went out to walk the dog.*

MAIS: <u>Après</u> qu'il a fait la vaisselle, elle est sortie promener le chien.
    [sujets différents ⇒ indicatif passé]
    After he did the dishes, she went out to walk the dog.

9b. «On entendait les gens causer…»

L'**infinitif** peut aussi remplacer <u>une proposition relative entière</u>.

On entendait des gens **qui causaient**. OU On entendait des gens **causer**.
One could hear people talking.

Nous l'avons croisée **au moment où nous partions**. OU Nous l'avons croisée **au moment de partir**.
We ran into her as we were leaving.

Il ne sait pas **ce qu'il faut faire**. OU Il ne sait pas **que/quoi faire**.[2]
He doesn't know what to do.

Vérification et récapitulation. Complétez les phrases suivantes en mettant les verbes entre parenthèses à la forme qui convient. Ajoutez tous les mots nécessaires.

I have a story to tell you. → J'ai une histoire (1) _____ (te raconter).

You should rest a little before you continue. → Vous devriez (2) _____ (se reposer) un peu avant (3) _____ (continuer).

---

[2]   Dans l'interrogation indirecte, on peut employer **que** ou **quoi** devant l'infinitif au lieu de **ce que**. Toutefois, **que** est préférable à **quoi**, surtout à l'écrit.

My parents would like us to come visit them a little more often. → Mes parents aimeraient (4) _____ (venir) leur rendre visitie un peu plus souvent.

I just woke up. → Je viens (5) _____ (se réveiller).

I have nothing to add. → Je n'ai rien (6) _____ (ajouter).

Do you have something to read while you wait to see the doctor? → Tu as (7) _____ (lire) en attendant (8) _____ (voir) le docteur?

This dessert is easy to prepare. → Ce dessert est facile (9) _____ (préparer).

After taking his shower, he got dressed in a hurry. → Après (10) _____ (prendre) sa douche, il s'est habillé en vitesse.

It's not easy to memorize this scene. → Il n'est pas facile (11) _____ (mémoriser) cette scène.

Michael suggested that we see this movie. → Michel nous a suggéré (12) _____ (aller) voir ce film.

It looks like it rained last night. → Il a l'air (13) _____ (pleuvoir) la nuit dernière.

But I had told you not to take the car! → Je t'avais pourtant dit (14) _____ (prendre) la voiture!

I'm sorry I said that to Juliet. → Je regrette (15) _____ (dire) cela à Juliette.

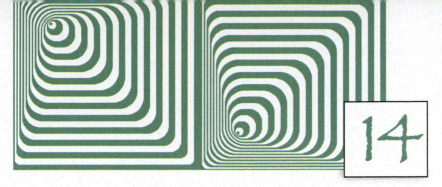

L'expression de la condition

1 Le si de condition—vue d'ensemble

➤ Lorsque la condition est <u>réelle, réalisable ou réalisée</u>, **si** peut introduire une subordonnée à n'importe quel temps de l'indicatif, mais <u>jamais</u> au **futur** ni au **conditionnel** (voir aussi section 7a ci-dessous). Quant au verbe de la proposition principale, il peut être à l'indicatif, à l'impératif ou au conditionnel, selon le sens de la phrase. (Voir sections 2 et 3 ci-dessous.)

➤ En revanche, lorsque la condition est une hypothèse <u>douteuse, imaginaire ou irréelle</u>, **si** est <u>toujours</u> suivi d'une subordonnée à l'**imparfait** ou au **plus-que-parfait**. Le verbe de la proposition principale, quant à lui, est obligatoirement au **conditionnel** (présent ou passé). On parle alors d'**irréel** (du présent ou du passé). (Voir sections 4 et 5 ci-dessous.)

➤ Notez que **si** s'élide devant **il/ils**, mais jamais devant **elle**, **un/une** ou **on**.[1]

➤ Vous remarquerez également qu'une phrase hypothétique peut commencer soit par **si**, soit par la proposition principale.

S'il a fini de lire le journal, dis-lui de me le rapporter. [ET NON: ~~Si il~~ a fini…] *If he has finished reading the paper, tell him to bring it back to me.*	OU: Dis-lui de me rapporter le journal **s'il a fini de le lire**. *Tell him to bring me back the paper if he has finished reading it.*

2 Si + présent

Lorsqu'une condition <u>réalisable</u> concerne le **présent** ou le **futur**, elle est introduite par **si** + **présent** (mais jamais **si** + futur), et la conséquence exprimée par le verbe principal peut suivre un des scénarios ci-dessous (selon le sens).

---

[1] When writing, one often adds the article **l'** between **si** and **on**, but that **l'** has no meaning and is never translated: **Si l'on** vous demande où je suis, vous répondrez que je suis parti(e). (*If anyone asks you where I am, please say that I'm away.*)

2a. Verbe principal au présent

Si tu **continues** à te moquer de moi, je <u>m'en vais</u>.

If you keep making fun of me, I'm leaving.

Je <u>peux</u> rester avec toi **si** tu **veux**.

I can stay with you if you want me to.

2b. Verbe principal au futur

Si je **suis** libre ce week-end, nous <u>irons</u> au cinéma.

If I'm free this weekend, we'll go to the movies.

Tu <u>vas tomber</u> malade **si** tu ne **dors** pas un peu plus.

You're going to get sick if you don't sleep a little more.

2c. Verbe principal à l'impératif

Si tu **vas** en ville, <u>achète</u>-moi le journal, s'il te plaît.

If you go into town, please buy me the newspaper.

Ne <u>manquez</u> pas cette exposition **si** vous **êtes** à Paris cet été.

Don't miss this exhibit if you are in Paris this summer.

2d. Verbe principal au conditionnel (politesse/suggestion)

Si ça ne te **fait** rien, j'<u>aimerais</u> commander une pizza pour ce soir.

If you don't mind, I'd like to order a pizza for tonight.

<u>Pourriez</u>-vous me mettre cette lettre à la boîte **si** vous **sortez** tout à l'heure?

Could you mail this letter for me if you go out later?

3 Si + passé composé

Lorsque la condition est déjà réalisée (ou envisagée comme telle), elle est introduite par **si** + **passé composé**, et la conséquence exprimée par le verbe principal peut suivre un des scénarios ci-dessous (selon le sens):

3a. Verbe principal au présent

Il ne <u>doit</u> pas être bien loin **s'**il **est parti** il y a trois minutes.

He cannot be very far if he left three minutes ago.

3b. Verbe principal au futur

S'il n'**a** pas encore **terminé** sa rédaction, il la <u>terminera</u> demain.

If he hasn't finished his paper yet, he'll finish it tomorrow.

Si vous **avez** déjà **entendu** cette chanson, vous <u>allez</u> la <u>reconnaître</u> tout de suite.

If you have already heard this song, you're going to recognize it immediately.

3c. Verbe principal à l'impératif

Si tu **as** déjà **vu** ce film deux fois, <u>va</u>
voir autre chose!

If you have already seen that movie
twice, go see something else!

3d. Verbe principal au conditionnel (politesse/suggestion/reproche)

Si tu **as** encore **raté** ton bus ce matin,
tu <u>ferais</u> mieux de te lever plus tôt
demain.

If you missed your bus again this
morning, you'd better get up earlier
tomorrow.

3e. Verbe principal à l'imparfait

Si j'**ai** bien **compris**, vous <u>étiez</u>
journaliste au *New York Times*?

If I understood correctly, you used to
be a journalist with the New York
Times?

3f. Verbe principal au passé composé

Désolé(e), mais **si** tu **as mis** cela dans
ta réponse, tu <u>t'es trompé(e)</u>.

Sorry, but if you put that in your
answer, you were wrong.

Vérification. Complétez les phrases suivantes en mettant les verbes entre
parenthèses aux formes qui conviennent. Attention à la place de l'adverbe, le cas
échéant.

I'm not staying if you sulk. → Je ne reste pas si tu (1) _____ (faire)
la tête.

We won't go to Normandy if it rains this weekend. → Nous (2) _____
(ne pas aller) en Normandie s'il pleut ce week-end.

If you go out tonight, let me know, ok? → Si vous sortez ce soir,
(3) _____ (me prévenir), d'accord?

If she called you, she must have told you that she broke up with François,
didn't she? → Si elle t' (4) _____ (téléphoner), elle a dû te dire qu'elle
avait rompu avec François, non?

If you have time, you should really read this novel. → Si tu as le temps, tu
(5) _____ (devoir) absolument lire ce roman.

4   Si + imparfait (irréel du présent)

Lorsqu'une condition <u>douteuse, imaginaire ou irréelle</u> se réfère au <u>présent</u> ou au <u>futur</u>, elle est introduite par **si + imparfait**, et la conséquence exprimée par le verbe principal est obligatoirement au **conditionnel** (présent ou passé, suivant le cas). ATTENTION: L'imparfait n'a **pas** ici la valeur d'un passé; comme le *preterite* en anglais (*If I **were** rich [now] . . .*), il dénote un fait <u>présent</u> (ou futur), mais <u>irréel, douteux ou imaginaire.</u>

4a. Verbe principal au conditionnel présent

On emploie le conditionnel présent lorsque la conséquence concerne des actions ou des faits présents ou futurs.

Si j'**étais** riche, je <u>ferais</u> le tour du monde.	*If I were rich [now, but I'm not], I would travel around the world.*
Si elle le **savait**, elle te le <u>dirait</u>.	*If she knew about it [now, but she doesn't], she would tell you.*

4b. Verbe principal au conditionnel passé

On emploie le conditionnel passé lorsque la conséquence concerne des actions ou des faits passés.

Si ma grand-mère n'**était** pas aussi distraite ces temps-ci, elle <u>n'aurait pas oublié</u> son rendez-vous chez le dentiste.	*If my grandmother were not so absentminded these days, she wouldn't have forgotten her dentist appointment [but she did forget].*

5   Si + plus-que-parfait (irréel du passé)

Lorsqu'une condition <u>douteuse, imaginaire ou irréelle</u> se réfère au <u>passé</u>, elle est introduite par **si + plus-que-parfait**, et la conséquence exprimée par le verbe principal est obligatoirement au **conditionnel** (présent ou passé, suivant le cas).

5a. Verbe principal au conditionnel présent

On emploie le conditionnel présent lorsque la conséquence concerne des actions ou des faits présents (ou imaginés au présent).

S'il **avait été** plus ambitieux dans sa jeunesse, il <u>serait</u> maintenant président de sa compagnie.	*If he had been more ambitious in his youth [but he wasn't], he would be president of his company now [but he isn't].*
Je ne <u>serais</u> pas dans ce pétrin **si** je t'**avais écouté(e)**.	*I wouldn't be in such a mess [now] if I had listened to you [but I didn't].*

5b. Verbe principal au conditionnel passé

On emploie le conditionnel passé lorsque la conséquence concerne des actions ou des faits passés.

Ils <u>seraient</u> déjà <u>arrivés</u> **s'ils avaient pris** le métro.

They would have arrived by now if they had taken the metro [but they didn't].

Vérification. Complétez les phrases suivantes en mettant les verbes entre parenthèses aux formes qui conviennent.

If you had money, what would you do? → Si tu avais de l'argent, qu'est-ce que tu (1) _____ (faire)?

If her room weren't so messy, she would have found her book already. → Si sa chambre (2) _____ (ne pas être) dans un tel désordre, elle (3) _____ (déjà retrouver) son livre.

If I had listened to you, I would not have had all these problems. → Si je (4) _____ (t'écouter), je (5) _____ (ne pas avoir) tous ces problèmes.

6   Récapitulation: les subordonnées introduites par si

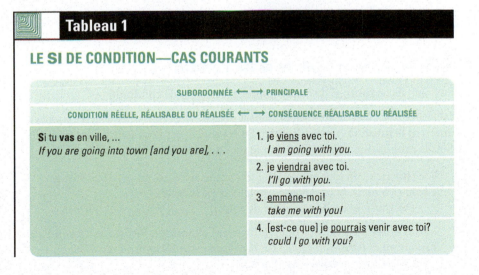

Tableau 1	
LE SI DE CONDITION—CAS COURANTS	
SUBORDONNÉE ←——→ PRINCIPALE	
CONDITION RÉELLE, RÉALISABLE OU RÉALISÉE ←——→ CONSÉQUENCE RÉALISABLE OU RÉALISÉE	
Si tu **vas** en ville, ... *If you are going into town [and you are], . . .*	1. je <u>viens</u> avec toi. *I am going with you.*
	2. je <u>viendrai</u> avec toi. *I'll go with you.*
	3. <u>emmène</u>-moi! *take me with you!*
	4. [est-ce que] je <u>pourrais</u> venir avec toi? *could I go with you?*

(suite)

S'il est allé en ville, ... *If he went into town [and he did], . . .*	1. c'est qu'il <u>a</u> un rendez-vous d'affaires. *it's because he has a business meeting.*
	2. il <u>avait</u> sûrement un rendez-vous d'affaires. *he probably had a business meeting.*
	3. il vous <u>a</u> peut-être <u>oublié(e)(s)</u>. *he may have forgotten you.*
	4. il <u>sera</u> en retard. *he will be late.*
	5. <u>appelle</u>-le sur son portable! *call him on his cell phone!*
	6. tu <u>devrais</u> l'appeler sur son portable. *you should call him on his cell phone.*

CONDITION DOUTEUSE, IMAGINAIRE OU IRRÉELLE ⟵ ⟶ CONSÉQUENCE DOUTEUSE OU NON RÉALISABLE

irréel du présent

S'il était en ville, ... *If he were in town now [but he is not], . . .*	1. il <u>viendrait</u> nous voir. *he would come to see us.*
	2. il <u>serait venu</u> nous voir. *he would have come to see us.*

irréel du passé

S'il était allé en ville la semaine passée, ... *If he had gone into town last week [but in fact he didn't], . . .*	1. il n'<u>aurait</u> pas besoin d'y retourner. *he wouldn't need to go back there.*
	2. il n'<u>aurait</u> pas <u>eu</u> besoin d'y retourner hier. *he wouldn't have had to go back there yesterday.*

7 Remarques sur le si de condition

7a. Jamais de **futur** ni de **conditionnel** après un **si** de condition

RAPPEL: Après un **si** de condition (dans le sens de *if*, et non *whether*), n'employez jamais ni le **futur**, ni le **conditionnel**. En revanche, ces deux temps sont possibles dans la proposition <u>principale</u>, selon le sens de la phrase.

Si je **suis** riche un jour, je <u>prendrai</u> toute une année de congé pour voyager.
If I am rich some day, I'll take a whole year off to travel.
    [ET NON: ~~Si je serai/serais~~ riche un jour...]

Si vous **alliez** à Paris, vous <u>pourriez</u> visiter l'exposition Picasso au Grand Palais.
If you went to Paris, you could visit the Picasso exhibit at the Grand Palais.
    [ET NON: ~~Si vous iriez/irez~~ à Paris...]

7b. *If* vs *whether*

Ne confondez pas le **si** de <u>condition</u> (*if*) avec le **si** d'<u>interrogation indirecte</u> (*whether*), après lequel tous les temps de l'indicatif et du conditionnel sont possibles.

COMPAREZ:

SI DE CONDITION	**SI** D'INTERROGATION INDIRECTE
Elle <u>ira</u> en France **si** elle **peut**. *She will go to France if she can.*	MAIS: Je <u>me demande</u> **si** elle **pourra** aller en France. *I'm wondering whether she will be able to go to France.*
Elle <u>serait allée</u> en France **si** elle **(l')avait pu**. *She would have gone to France if she had been able to.*	MAIS: Elle <u>s'est</u> toujours <u>demandé</u> **si** elle **aurait pu** aller en France. *She has always wondered whether she could have gone to France.*

7c. «Si c'était moi/nous qui/que...»

L'irréel peut être mis en relief par un pronom relatif. Cette construction est très idiomatique.

Si c'était moi qui décidais, je <u>ferais</u> les choses différemment.

If it were up to me, I would do things differently.

Si c'était Jacques et non Mathieu qu'elle avait épousé, elle <u>aurait été</u> beaucoup plus heureuse.

If Jacques had been the one she had married instead of Matthew, she would have been much happier.

7d. Lorsque **si** = *although*

La conjonction **si** a parfois le sens de *although*.

Si elle **est** agréable, lui <u>est</u> plutôt bourru.

Although she is nice, he, on the other hand, is rather surly.

Vérification.

Complétez les phrases suivantes en mettant les verbes entre parenthèses aux formes qui conviennent.

I don't know if she will be free tomorrow. → Je ne sais pas si elle (1) _____ (être) libre demain.

If I were you, I would call them immediately. → Si j' (2) _____ (être) toi, je les (3) _____ (appeler) immédiatement.

I wonder if you could help me → Je me demande si vous (4) _____ (pouvoir) m'aider.

8 Locutions avec le **si** de condition

8a. **Même si** (*even if, even when, even though*)

Elle se promène tous les jours, **même** s'il ne <u>fait</u> pas beau.

She goes for a walk every day, even if/when the weather isn't nice.

8b. **Sauf si** (*unless*)

Sauf si + <u>indicatif</u> est synonyme de **à moins que** + <u>subjonctif</u>.

Elle sera obligée de déménager à Toronto, **sauf si** on lui <u>offre</u> ce poste à Montréal.

She'll have to move to Toronto, unless she is offered that position in Montreal.

8c. **Comme si** (*as if, as though*)

Cette construction est toujours suivie de l'**imparfait** ou du **plus-que-parfait**.

Elle me regarde toujours **comme si** elle ne <u>savait</u> pas qui je suis.

She always looks at me as though she doesn't know who I am.

Il dévorait son repas **comme s'**il n'<u>avait</u> rien <u>mangé</u> depuis trois jours.

He was devouring his meal as if/as though he hadn't eaten in three days.

8d. **Si seulement** (*if only/I wish*) ou **si au moins** (*if at least/I wish*)

Ces constructions sont également suivies de l'**imparfait** ou du **plus-que-parfait**. (Voir aussi Chapitre 9, sections 2d et 8b.)

Si seulement il <u>pouvait/avait pu</u> trouver du travail!

If only/I wish he could find OR he could have found a job!

Si au moins tu <u>faisais</u> un peu d'exercice, tu te sentirais mieux.

If at least you exercised a little, you would feel better.

8e. **Si jamais** (*if by any chance, if I/you should, if I/you ever*)

En général, cette construction est suivie du **présent** ou de l'**imparfait**.

Si jamais tu <u>oses</u> me refaire ça, tu auras de mes nouvelles! [familier]

If you ever dare do this to me again, you'll hear from me!

Si jamais tu <u>arrivais</u> en avance, attends-moi.

If by any chance you should arrive ahead of time, wait for me.

8f. **Et si** + <u>imparfait</u> (*how about/what if*)

Cette construction est toujours suivie de l'**imparfait**. Elle exprime une suggestion. (Voir aussi Chapitre 9, section 2d.)

Et si nous <u>sortions</u> ce soir?

How about going out tonight?

8g. **Si... que** + <u>subjonctif</u> (*no matter how*)

La construction **si** + adjectif + **que** (ou **si** + adjectif + verbe + sujet) appartient au style soutenu. Elle est toujours suivie du **subjonctif.**

> **Si** intelligent **qu'il** <u>soit</u> OU **Si** intelligent <u>soit</u>-il, il manque singulièrement de maturité. [style soutenu]

> *No matter how intelligent he may be, he is singularly lacking in maturity.*

Vérification. Complétez les phrases suivantes en ajoutant les conjonctions appropriées. Mettez les verbes entre parenthèses aux formes qui conviennent.

Don't call me unless you have an emergency. → Ne m'appelez pas,
(1) _____ vous avez une urgence. OU Ne m'appelez pas
(2) _____ vous (n')ayez une urgence.

If you ever come to Quebec, we'll show you the city. → (3) _____ vous venez à Québec, nous vous (4) _____ (faire) visiter la ville.

I wouldn't want this job, even if they paid me. → Je (5) _____ (ne pas vouloir) de ce travail, (6) _____ on me payait.

If only it stopped raining, we could go out for a walk. → (7) _____ il s'arrêtait de pleuvoir, nous (8) _____ (pouvoir) sortir nous promener.

9   Autres façons d'exprimer la condition et l'hypothèse

9a. **Au cas où** + <u>conditionnel</u> ou **en cas de** + <u>nom</u> (*in case, should . . . , etc.*)

> N'hésite pas à nous téléphoner **au cas où** tu <u>aurais</u> besoin d'aide OU **en cas de** <u>besoin</u>.

> *Don't hesitate to call us in case you need help* OR *should you need help.*

> **En cas de** <u>problème</u>, appelez-nous.

> *In case of a problem, call us.*

9b. **Pourvu que** + <u>subjonctif</u>[2] ou **tant que** + <u>indicatif</u> (*as long as*)

> Vous pouvez sortir avec vos amis, **pourvu que** vous ne <u>rentriez</u> pas OU **tant que** vous ne <u>rentrez</u> pas plus tard que minuit.

> *You may go out with your friends as long as you don't come home any later than midnight.*

---

[2] Pour l'emploi de **pourvu que** + <u>subjonctif</u> dans le sens de *let's hope that*, voir Chapitre 12, section 15.

9c.   **À [la] condition que** + <u>subjonctif</u> vs **à [la] condition de** + <u>infinitif</u> (*on condition that, provided that*)

On emploie **à [la] condition que** + <u>subjonctif</u> lorsque les sujets des deux verbes (principal et subordonné) sont différents. S'ils sont identiques, on peut employer soit **à [la] condition que** + <u>subjonctif</u>, soit **à condition de** + <u>infinitif</u>. En revanche, lorsque le sujet de la subordonnée est générique (**on**, **les gens**, **tout le monde**, etc.), on emploie **à [la] condition de** + <u>infinitif</u>.

COMPAREZ:

Je te prête ma voiture **à [la] condition que** tu <u>sois</u> prudent(e) sur la route.
    [sujets différents → subjonctif]
I'll lend you my car on condition OR provided that you be careful on the road.

MAIS: Tu peux prendre ma voiture **à condition de** ne pas <u>rentrer</u> trop tard OU
        à [la] condition que tu ne <u>rentres</u> pas trop tard. [sujets identiques →
        subjonctif OU infinitif]
        *You may take my car, on condition OR provided that you don't come back
        too late.*

Cet ordinateur sera parfait pour ma grand-mère, **à [la] condition qu'**elle <u>apprenne</u>
    à s'en servir. [sujets différents → subjonctif]
*This computer will be perfect for my grandmother, provided that she learns how to
use it.*

PAR CONTRE: Le vin est excellent pour la santé, **à condition d'**en <u>boire</u> avec
              modération. [sujet générique → infinitif]
              Drunk in moderation, wine is excellent for one's health.

9d.   **En admettant/supposant que** ou **à supposer que** + <u>subjonctif</u> (*supposing*)

Notez que ces expressions sont l'équivalent de **si jamais** + <u>indicatif</u> (voir section 8e ci-dessus).

En supposant que OU **À supposer que** nous nous <u>perdions</u>, comment retrouverons-nous notre chemin sans carte ni portable?	*Supposing we get lost, how will we find our way again without a map or a cell phone?*

9e.   **Dans la mesure où** + <u>indicatif</u> (*insofar as, inasmuch as*)

Dans la mesure où tu <u>as</u> besoin d'un nouvel ordinateur portable, celui-ci n'est pas une mauvaise affaire.	*Insofar as you need a new laptop computer, this one isn't a bad deal.*

9f. **Sinon** ou **autrement** + <u>indicatif</u> (*otherwise*)

Dépêche-toi, **sinon** OU **autrement** on   *Hurry up; otherwise we're going to*
<u>va</u> rater le début du film.   *miss the beginning of the movie.*

9g. Juxtaposition de deux phrases au conditionnel

Cette tournure hypothétique est très idiomatique. Elle consiste à juxtaposer les propositions exprimant la condition et la conséquence en les mettant toutes deux au **conditionnel** (présent ou passé, selon le contexte). Notez toutefois que l'on peut aussi ajouter un **que** devant la proposition exprimant la conséquence.

Il m'<u>aurait dit</u> la vérité, je lui <u>aurais pardonné</u>.
Had he told me the truth, I would have forgiven him.
    [ON PEUT DIRE AUSSI: Il m'aurait dit la vérité que je lui aurais pardonné.]

Vérification.   Complétez les phrases suivantes en ajoutant les conjonctions appropriées. Mettez les verbes entre parenthèses aux formes qui conviennent.

You can come to see us any time, on condition that you let us know beforehand.
→ Vous pouvez venir nous voir n'importe quand, (1) _____
_____ (prévenir).

Had I not been sick, I wouldn't have failed that exam. → Je (2)
_____ (ne pas être) malade, je (3)
_____ (ne pas échouer) à cet examen.

In case of fire, ring the alarm. → (4) _____
incendie, tirez la sonnette d'alarme.

We'll go hiking tomorrow, provided that the weather is nice. → Nous partirons en randonnée demain, (5) _____ (faire) beau.

Take a sweater, otherwise you might be cold. → Prends un pull, (6)
_____ (risquer) d'avoir froid.

Supposing you accept this internship abroad, who will take care of your two cats while you are away? → (7) _____ (accepter) ce stage à l'étranger, qui s'occupera de vos chats pendant votre absence?

I made you sandwiches in case you are hungry. → Je t'ai fait des sandwichs
(8) _____ (avoir) faim.

15

Le discours indirect au passé

1 Le discours direct vs le discours indirect au passé

Lorsqu'on parle ou qu'on cite les paroles de quelqu'un, on emploie le <u>discours direct</u>.

Vanessa m'a dit: «Je vais à la piscine avec Jim; tu veux venir avec nous?»

Vanessa told me, "I'm going to the pool with Jim; do you want to come with us?"

Lorsqu'on raconte plus tard ce qu'on a dit ou entendu dire, on emploie le <u>discours indirect au passé</u>.

Vanessa m'a dit qu'elle allait à la piscine avec Jim; elle m'a demandé si je voulais venir avec eux.

Vanessa told me that she was going to the pool with Jim; she asked me if OR whether I wanted to come with them.

Dans le petit dialogue ci-dessous, notez tout ce qui change lors de la transposition au discours indirect au passé.

DISCOURS DIRECT → DISCOURS INDIRECT AU PASSÉ

QUESTION	→ SUBORDONNÉE INTERROGATIVE
[Valérie, à Michel:] «Où est-ce que **tu vas**?» *[Valerie, to Michael:] "Where are you going?"*	Valérie a demandé à Michel où **il allait**. *Valerie asked Michael where he was going.*

DÉCLARATION	→ SUBORDONNÉE DÉCLARATIVE
[Michel, à Valérie:] **«Je vais** à la bibliothèque.» *[Michael, to Valerie:] "I'm going to the library."*	Michel lui a répondu **qu'il allait** à la bibliothèque. *Michael told her OR replied that he was going to the library.*

ORDRE OU DEMANDE	→ SUBORDONNÉE EXPRIMANT L'ORDRE OU LA DEMANDE
[Valérie, à Michel:] «Écoute, **viens** plutôt au cinéma avec **moi**!» *[Valerie, to Michael:] "Listen, come with me to the movies instead!"*	Valérie lui a dit OU suggéré **de venir** plutôt au cinéma avec **elle**. *Valerie told OR suggested to him to come with her to the movies instead.*

Comme vous l'aurez constaté, la transposition au discours indirect nécessite un certain nombre de modifications.

1a. Élimination de tout ce qui a trait au discours direct

Lors de la transposition au discours indirect, on élimine tout ce qui, à l'écrit ou à l'oral, a trait au discours direct, c'est-à-dire les guillemets («...», "..."), les points d'interrogation et d'exclamation, les constructions avec **est-ce que**, **qu'est-ce que**, **qu'est-ce qui**, ainsi que les questions par inversion du sujet/verbe. Les interjections et expressions appartenant exclusivement à la langue orale disparaissent également. En voici quelques exemples courants:

Allez! Allons! (*Come on!*)
... voyons! (*Look! Come on!*)
Bon! (*OK!*)
Quoi!? (*What!?*)
... n'est-ce pas? (. . . *right?*)
Ça alors! (*Boy! You're kidding!*)

Eh bien! (*Goodness! Wow!, etc.*)
Voici/Voilà... (*Here is . . .*)

Ah! Oh!, etc. (*Ah! Oh!, etc.*)
Et alors? (*So what?*)
Écoute... (*Listen . . .; Tell you what: . . .*)
Au fait... (*By the way . . .*)
Alors...? (*So . . .?*)
Ah, non alors! OU Pas question!
  (*No way!*)
Je t'embrasse! [au téléphone] (*Kisses!*)
Oh zut! (*Darn!*)

1b. Changements pour certains pronoms et adjectifs

Lorsqu'on transpose une phrase au discours indirect, il faut également changer les **pronoms personnels** (sujets et objets) ainsi que les **adjectifs et pronoms possessifs** afin de maintenir la logique de la phrase.

Elle m'a dit: «**J'**ai oublié de **vous** donner **mon** adresse.»
*She said, "**I** forgot to give **you my** address."*

→ Elle m'a dit qu'**elle** avait oublié de **me** donner **son** adresse.
*She said that **she** had forgotten/ forgot to give **me her** address.*

1c. Temps et modes des verbes subordonnés

Lorsqu'on transpose un **impératif** au discours indirect, on emploie généralement **de + infinitif**. Les autres verbes dépendant d'un verbe principal au passé doivent acquérir les terminaisons de l'**imparfait: -ais, -ais, -ait, -ions, -iez, -aient**. EXCEPTIONS: Les formes verbales possédant déjà ces terminaisons au discours direct ne changent pas de temps ou de mode. Les verbes au subjonctif ou à l'infinitif ne changent pas non plus. (Voir Tableaux 1 et 2 ci-dessous).[1]

---

[1] AUTREMENT DIT: When you transpose an *imperative* into indirect discourse, use **de** + *infinitive*. All other tenses and modes introduced by a *main verb in the past* must bear **imparfait** endings: **-ais, -ais, -ait, -ions, -iez, -aient**. EXCEPTIONS: For verbs that already have these endings in the direct discourse, there is no change of tense or mode. Verbs in the infinitive and the subjunctive do not change either.

Tableau 1

TEMPS ET MODES DANS LE DISCOURS INDIRECT AU PASSÉ

DANS LE DISCOURS DIRECT, SI VOUS AVEZ...	DANS LE DISCOURS INDIRECT AU PASSÉ, METTEZ...
... l'impératif	→ ... **de** + infinitif
... le présent	→ ... l'imparfait
... le passé composé	→ ... le plus-que-parfait
... le futur simple	→ ... le conditionnel présent
... le futur antérieur	→ ... le conditionnel passé

PAR CONTRE	
DANS LE DISCOURS DIRECT, SI VOUS AVEZ...	DANS LE DISCOURS INDIRECT AU PASSÉ, GARDEZ...
... l'imparfait	
... le plus-que-parfait	
... le conditionnel présent	
... le conditionnel passé	
... le subjonctif présent	
... le subjonctif passé	

COMPAREZ:

Il a dit: «Je ne **suis** pas libre vendredi soir. → Il a dit qu'il n'**était** pas libre vendredi soir. [Le présent (**suis**) devient un imparfait (**était**).]
He said, "I'm not free Friday night." → He said [that] he wasn't free Friday night.

MAIS: Il a dit: «Je ne **peux** pas me **libérer** vendredi soir.» → Il a dit qu'il ne **pouvait** pas se **libérer** vendredi soir. [Le présent (**peux**) devient un imparfait (**pouvait**), mais l'infinitif (**libérer**) ne change pas.]
He said, "I can't make it Friday night." → He said [that] he couldn't make it Friday night.

Il a dit: «Je n'**ai** pas **compris**.» → Il a dit qu'il n'**avait** pas **compris**. [Le passé composé (**ai compris**) devient un plus-que-parfait (**avait compris**).]
He said, "I didn't understand." → He said [that] he hadn't understood.

MAIS: Il a dit: «Lorsque j'**étais** jeune, je **parlais** français à la maison.» → Il a dit que lorsqu'il **était** jeune, il **parlait** français à la maison. [Les deux verbes à l'imparfait ne changent pas.]
He said, "When I was young, I used to speak French at home." → He said that when he was young, he used to speak French at home.

Elle a dit: «Il **faut** que je **fasse** attention à ma ligne.» → Elle a dit qu'il **fallait**
   qu'elle **fasse** attention à sa ligne. [Le présent (**faut**) devient un imparfait
   (**fallait**), mais le subjonctif (**fasse**) ne change pas.]
She said, "I have to watch my figure." → She said [that] she had to watch her figure.

2 Les subordonnées déclaratives

2a. Définition

Les subordonnées déclaratives rapportent les paroles ou les pensées de quelqu'un.
Notez que le point d'exclamation, s'il est présent au discours direct, disparaît au
discours indirect.

Mélanie a expliqué: «**Ma** famille **va** → Mélanie a expliqué que **sa** famille
   toujours en Bretagne pour l'été.»   **allait** toujours en Bretagne pour
Melanie explained, "My family always   l'été.
goes to Brittany for the summer."   *Melanie explained that her family*
                                              always went to Brittany for the
                                              summer.

J'ai dit à Sonia: «Mais j'**ai** besoin → J'ai dit à Sonia que j'**avais**
   de **ton** aide!»   besoin de **son** aide.
I said to Sonia, "But I need your help!"   *I said to Sonia that I needed her*
                                              help.

2b. Verbes d'introduction

Dans le discours indirect au passé, les verbes introduisant une subordonnée
déclarative (elle **a dit** que, elle **disait** que, il **a répondu** que, ils **avaient annoncé**
que, j'**avais pensé** que, etc.) sont toujours au passé. En voici quelques exemples
courants.

admettre (*to admit*)	ignorer (*to ignore*)
affirmer (*to maintain, to assert*)	indiquer (*to indicate*)
ajouter (*to add*)	penser (*to think*)
annoncer (*to announce*)	se plaindre (*to complain*)
avouer (*to admit, to confess*)	préciser/noter (*to note*)
comprendre (*to understand*)	prétendre (*to claim*)
confirmer (*to confirm*)	prévenir/avertir (*to warn*)
crier/s'exclamer (*to yell/to exclaim*)	promettre/jurer (*to promise/to swear*)
croire (*to believe*)	raconter (*to tell*)
déclarer (*to declare*)	reconnaître (*to recognize*)
dire/prédire (*to say, to tell/to predict*)	répliquer (*to answer back, to reply*)
entendre dire (*to hear someone say*)	répondre (*to reply, to answer*)
être certain (*to be certain*)	savoir (*to know*)
expliquer (*to explain*)	soutenir (*to assert, to insist*)
faire remarquer (*to point out*)	supposer (*to suppose*)

2c. La conjonction **que**

Les subordonnées déclaratives sont toujours introduites par la conjonction **que** (*that*). En anglais, *that* est souvent sous-entendu tandis qu'en français, **que** se répète d'habitude <u>devant les deux premiers verbes subordonnés</u> (devant un 3ᵉ verbe toutefois, on élimine généralement **que** et le **sujet**).

<table>
<tr>
<td>

Elle a avoué: «Je suis fatiguée, j'ai mal à la tête, je vais me coucher.»

She admitted, "I'm tired, I have a headache, I'm going to bed."

</td>
<td>

→ Elle a avoué **qu'**elle était fatiguée, **qu'**elle avait mal à la tête et [**qu'elle**] allait se coucher.
She admitted that she was tired, [that] she had a headache, and was going to bed.

</td>
</tr>
</table>

ATTENTION: Ne confondez pas **que**, conjonction de subordination, avec le pronom relatif objet direct **que** (voir Chapitre 16, section 3.)

COMPAREZ:

<table>
<tr>
<td>

Il m'a dit **qu'**il allait s'acheter une voiture. [conjonction de subordination]
He told me [that] he was going to buy himself a car.

</td>
<td>

MAIS: La voiture **qu'**il vient de s'acheter est une décapotable. [pronom relatif]
The car [that] he just bought himself is a convertible.

</td>
</tr>
</table>

Tableau 2

SUBORDONNÉES DÉCLARATIVES—VUE D'ENSEMBLE

DANS LE DISCOURS DIRECT, SI VOUS AVEZ...	DANS LE DISCOURS INDIRECT AU PASSÉ, METTEZ...
... le présent Elle a dit: «**J'arrive** lundi.» *She said, "I am arriving on Monday."*	→ **... l'imparfait** Elle a dit **qu'elle arrivait** lundi. *She said that she was arriving on Monday.*
... le futur simple[2] Elle a dit: «**J'arriverai** lundi.» *She said, "I will arrive on Monday."*	→ **... le conditionnel présent** Elle a dit **qu'elle arriverait** lundi. *She said that she would arrive on Monday.*
... le futur antérieur Elle a dit: «**J'aurai** bientôt **terminé** mon **stage**.» *She said, "I'll soon be done with my internship."*	→ **... le conditionnel passé** Elle a dit **qu'elle aurait** bientôt **terminé son** stage. *She said that she would soon be done with her internship.*

---

[2] Pour le futur proche, il suffit de mettre le semi-auxiliaire **aller** à l'imparfait: «**Je vais** arriver lundi.» Elle a annoncé **qu'elle <u>allait</u>** arriver lundi. (*She announced that she was going to arrive* OU *would arrive on Monday.*)

(suite)

... le passé composé[3]	**→ ... le plus-que-parfait**
Elle m'a dit: «**Je suis arrivée** lundi.»	Elle m'a dit **qu'elle était arrivée** lundi.
She told me, "I arrived on Monday."	*She told me that she had arrived on Monday.*

PAR CONTRE

DANS LE DISCOURS DIRECT, SI VOUS AVEZ...	DANS LA SUBORDONNÉE AU DISCOURS INDIRECT, GARDEZ...
... l'imparfait	
Elle a expliqué: «**J'arrivais** toujours très tôt le lundi.»	Elle a expliqué **qu'elle arrivait** toujours très tôt le lundi.
She explained, "I used to arrive very early on Mondays."	*She explained that she used to arrive very early on Mondays.*
... le plus-que-parfait	
Elle m'a dit: «**J'étais partie** plus tôt que d'habitude ce jour-là.»	Elle m'a dit **qu'elle était partie** plus tôt que d'habitude ce jour-là.
She told me, "I had left earlier than usual that day."	*She told me that she had left earlier than usual that day.*
... le conditionnel présent	
Elle a dit: «**J'aimerais** manger quelque chose de léger.»	Elle a dit **qu'elle aimerait** manger quelque chose de léger.
She said, "I would like to eat something light."	*She said that she would like to eat something light.*
... le conditionnel passé	
Elle m'a répondu: «**Je serais** quand même **venue** te voir!»	Elle m'a répondu **qu'elle serait** quand même **venue** me voir.
She replied, "I would have come to see you anyway!"	*She replied that she would have come to see me anyway.*
... le subjonctif présent	
Elle m'a dit: «Je suis contente que **tu viennes me** voir.»	Elle m'a dit qu'elle était contente **que je vienne la** voir.
She told me, "I'm happy that you're coming to see me."	*She told me that she was happy [that] I was coming to see her.*
... le subjonctif passé	
Elle nous a dit: «Je suis contente que **vous soyez venu(e)s me** voir.»	Elle nous a dit qu'elle était contente **que nous soyons venu(e)s la** voir.
She told us, "I am happy that you came to see me."	*She told us that she was happy we came to see her.*

---

[3] Pour le passé proche, il suffit de mettre le semi-auxiliaire **venir** à l'imparfait: «**Je <u>viens</u> d'arriver.**»
Elle m'a dit **qu'elle <u>venait</u> d'arriver**. (*She told me that she had just arrived.*)

3 Les subordonnées interrogatives

3a. Définition

Les subordonnées interrogatives rapportent les questions de quelqu'un. Notez que le point d'interrogation, ainsi que l'inversion sujet/verbe et les constructions avec **est-ce que** disparaissent lors de la transposition au discours indirect.

Brigitte a demandé à Annick:
«Comment **vas-tu?**»
Brigitte asked Annick, "How are you
doing/feeling?"

→ Brigitte a demandé à Annick
comment **elle allait**.
Brigitte asked Annick how she was
doing/feeling.

Jim nous a demandé: «**Que faites-**
vous OU **Qu'est-ce que vous**
faites samedi soir?»
Jim asked us, "What are you doing
Saturday night?"

→ Jim nous a demandé **ce que nous**
faisions samedi soir.
Jim asked us what we were doing
Saturday night.

3b. Verbes d'introduction

Dans le discours indirect au passé, les verbes introduisant une subordonnée interrogative (elle **voulait savoir** quand, il **a demandé** si, elle **s'est demandé** pourquoi, etc.) sont toujours au passé. En voici quelques exemples courants:

(ne pas) comprendre pourquoi, etc.	*(not) to understand why, etc.*
(se) demander comment, où, lequel, etc.	*to ask/wonder how, where, which one, etc.*
dire OU expliquer pourquoi, quand, etc.	*to say OR explain why, when, etc.*
ignorer comment, pourquoi, où, etc.	*to have no idea how, why, where, etc.*
raconter pourquoi, comment, etc.	*to tell why, how, etc.*
vouloir savoir avec qui, quand, etc.	*to want to know with whom, when, etc.*

3c. Adverbes, adjectifs et pronoms interrogatifs

Les subordonnées interrogatives sont toujours introduites par un adverbe, un adjectif ou un pronom interrogatifs. La transposition au discours indirect nécessite cependant certains changements pour plusieurs d'entre eux.

Tableau 3

LES SUBORDONÉES INTERROGATIVES—VUE D'ENSEMBLE

DANS LE DISCOURS DIRECT, SI VOUS AVEZ...	DANS LE DISCOURS INDIRECT AU PASSÉ, METTEZ...
des questions avec **est-ce que**, par **inversion** ou par **intonation**	→ **si**
Il m'a demandé: «**Est-ce que** tu veux aller à New York avec moi? ou Veux-tu aller à New York avec moi? ou Tu veux aller à New York avec moi?» *He asked me, "Do you want to go to New York with me?"*	Il m'a demandé **si** je voulais aller à New York avec lui. *He asked me if/whether I wanted to go to New York with him.*
qu'est-ce qui [sujet]	→ **ce qui**
Il m'a demandé: «**Qu'est-ce qui** te gêne?» *He asked me, "What's bothering you?"*	Il m'a demandé **ce qui** me gênait. *He asked what was bothering me.*
qu'est-ce que [objet direct]	→ **ce que**
Il voulait savoir: «**Que** fais-tu? ou **Qu'est-ce que** tu fais?» *He wanted to know, "What are you doing?"*	Il voulait savoir **ce que** je faisais. *He wanted to know what I was doing.*

PAR CONTRE, LES AUTRES MOTS INTERROGATIFS NE CHANGENT PAS:

adverbes: **combien**, **où**, **quand**, **comment**, **pourquoi**	
Il m'a demandé: «**Quand** pars-tu?» *He asked me, "When are you leaving?"*	Il m'a demandé **quand** je partais. *He asked me when I was leaving.*

adjectifs interrogatifs: **quel**, **quelle**, **quels**, **quelles**	
Elle a demandé: «**Quelle** heure est-il?» *She asked, "What time is it?"*	Elle a demandé **quelle** heure il était. *She asked what time it was.*

pronoms interrogatifs variables: **lequel**, **laquelle**, **lesquels**, **lesquelles**	
La vendeuse voulait savoir: «**Laquelle** [de ces deux robes] prenez-vous?» *The saleswoman wanted to know, "Which one [of those two dresses] are you taking?"*	La vendeuse voulait savoir **laquelle** je prenais. *The saleswoman wanted to know which one I was taking.*

pronoms interrogatifs invariables: avec/contre/pour **qui**; avec/contre/de **quoi**, etc.	
Elle m'a demandé: «Alors, avec **qui** es-tu sorti(e) hier soir?» *She asked me, "So, with whom did you go out last night?"*	Elle m'a demandé avec **qui** j'étais sorti(e) hier soir/la veille au soir/la nuit d'avant. *She asked me with whom I had gone out last night/the night before.*
Il m'a demandé: «De **quoi** parles-tu?» *He asked me, "What are you talking about?"*	Il m'a demandé de **quoi** je parlais. *He asked me what I was talking about.*

N.B. 15-1
Ce qui vs ce que

COMPAREZ:

Il m'a demandé: «Qu'est-**ce qui** ne va pas?»
He asked me: "What 's wrong?"

→ Il m'a demandé **ce qui** n'allait pas.
He asked me what was wrong.

MAIS: Il m'a demandé: «**Que** veux-tu? = Qu'est-**ce que** tu veux?»
He asked me, "What do you want?"

→ Il m'a demandé **ce que** je voulais.
He asked me what I wanted.

4 Les subordonnées exprimant l'ordre ou la demande

4a. Définition

Pour transposer un impératif au discours indirect, on emploie généralement **de + infinitif** (ou plus rarement **que + subjonctif**). La construction avec **de + infinitif** est en effet de loin la plus courante, sauf s'il y a risque d'ambiguïté. Dans ce cas-là, on utilise **que + subjonctif**. RAPPEL: Le point d'exclamation, s'il est présent au discours direct, disparaît au discours indirect.

COMPAREZ:

Nous avons dit à Anya: «Ne va pas là-bas toute seule!»
We told Anya, "Don't go there alone!"

→ Nous avons dit à Anya **de ne pas aller** là-bas toute seule.
We told Anya not to go there alone.

J'ai suggéré à nos amis: «Revenez la semaine prochaine!»
I suggested to our friends, "Come back next week!"

→ J'ai suggéré à nos amis **de revenir** la semaine prochaine/suivante.
I suggested to our friends to OR that they come back next week/the following week.

MAIS: Ils ont suggéré: «Restez chez nous!»
They suggested, "Stay with us!"

→ Ils ont suggéré **que nous restions** chez eux.
They suggested that we stay with them.

[L'infinitif n'est possible que si on ajoute le pronom **nous** devant le verbe principal: «Ils **nous** ont suggéré **de rester** chez eux», sinon la phrase «Ils ont suggéré de rester chez eux» signifierait *They suggested that they stay home.*]

4b. Verbes d'introduction

Dans le discours indirect au passé, les verbes introduisant un ordre ou une demande (elle me **disait** de, ils nous **ont ordonné** de, ils lui **avaient recommandé** de) sont toujours au passé. En voici quelques exemples courants.

avertir qqn **de** ne pas faire qqch	*to warn sb not to do sth*
(dé)conseiller **à** qqn **de** faire qqch	*to advise sb to do* OR *against doing sth*
crier **à** qqn **de** faire qqch	*to shout* OR *yell at sb to do sth*
demander **à** qqn **de** faire qqch	*to ask sb to do sth*
dire/interdire **à** qqn **de** faire qqch	*to tell/forbid sb to do sth*
exiger **que** + subjonctif OU **de** faire qqch	*to demand [from sb] that he/she do sth*
obliger qqn **à** faire qqch	*to force sb to do sth*
ordonner **à** qqn **de** faire qqch	*to order sb to do sth*
prier qqn **de** faire qqch	*to ask [very politely] sb to do sth*
proposer **à** qqn **de** faire qqch	*to suggest* OR *propose to sb to do sth*
recommander **à** qqn **de** faire qqch	*to advise sb to do sth*
suggérer **à** qqn **de** faire qqch	*to suggest to sb to do sth*
supplier qqn **de** faire qqch	*to plead with sb to do sth*

4c. La préposition **de**

La préposition **de** se répète obligatoirement devant chaque infinitif.

Leur père leur a crié: «**Allez** vous laver les mains et **venez** vous mettre à table!»	→ Leur père leur a crié **d'aller** se laver les mains et **de venir** se mettre à table.
Their father shouted to them, "Go wash your hands and come sit down at the table!"	*Their father shouted to them to go wash their hands and come sit down at the table.*

Vérification. Transposez ces phrases au discours indirect au passé. Faites tous les changements nécessaires.

«Ne rentrez pas trop tard!» → Mes parents ont recommandé à mes sœurs
(1) _____ trop tard.

«Je n'aime pas prendre l'avion». → Elle a avoué qu'(2)
_____ prendre l'avion.

«Tu as vu le film?» → Ils m'ont demandé (3) _____
le film.

5 Subordonnées multiples

Il arrive qu'un énoncé (*utterance*) au discours direct contienne plusieurs déclarations, plusieurs interrogations ou plusieurs ordres.

5a. Plusieurs subordonnées déclaratives

RAPPEL: Lorsqu'on transpose plusieurs déclaratives au discours indirect, la conjonction **que** se répète d'habitude <u>devant les deux premiers verbes subordonnés</u> (contrairement à l'anglais où *that* est souvent sous-entendu).

Furieuse, Anne a déclaré à Michel: «J'en ai assez! Je te quitte! Je ne veux plus jamais te revoir!»

Furious, Ann told Michael, "I've had enough! I'm leaving you! I never want to see you again!"

→ Furieuse, Anne a déclaré à Michel **qu'**elle en avait assez, **qu'**elle le quittait et [qu'elle] ne voulait plus jamais le revoir.

Furious, Ann told Michael that she'd had enough, [that] she was leaving him and never wanted to see him again.

5b. Plusieurs subordonnées interrogatives

Lorsqu'on transpose plusieurs questions au discours indirect, il faut toujours mettre le **mot interrogatif approprié** devant <u>chaque</u> terme.

Jacques a demandé à Nicolas: «Comment vas-tu et que deviens-tu?»

Jacques asked Nicolas, "How are you, and what are you up to?"

→ Jacques a demandé à Nicolas **comment** il allait et **ce qu'**il devenait.

Jacques asked Nicolas how he was and what he was up to.

5c. Plusieurs ordres ou demandes

RAPPEL: Lorsqu'on transpose plusieurs ordres ou demandes au discours indirect, il faut répéter la préposition **de** <u>devant chaque infinitif</u>.

Le père d'Élisa lui a dit: «Cesse tes grimaces et mets-toi au travail immédiatement!»

Elisa's father told her, "Stop fussing and get to work immediately!"

→ Le père d'Élisa lui a dit **de** cesser ses grimaces et **de** se mettre au travail immédiatement. [**de** est obligatoire <u>devant chaque infinitif</u>]

→ *Elisa's father told her to stop fussing and get to work immediately.*

6 Subordonnées de type mixte

Il arrive qu'un énoncé au discours direct contienne un ordre, une déclaration et/ou une interrogation, etc. Pour la transposition au discours indirect, il faut alors employer plusieurs verbes d'introduction, ou séparer les subordonnées par un point ou un point-virgule. Parfois, il faut aussi ajouter des adjectifs ou des adverbes pour clarifier certaines nuances.

[Claire, s'adressant à ses deux petites filles:] «Alors, vous avez été sages? Allez vous mettre au lit; je viendrai vous lire une histoire, c'est promis.»

[Claire, speaking to her two little girls:] "So, have you been good? Get in bed; I'll come and read you a story, I promise!"

→ Claire **a demandé** à ses deux petites filles **si elles avaient été** sages; elle leur **a dit d'aller se mettre** au lit en **leur promettant qu'elle** viendrait leur lire une histoire.

Claire asked her two little girls whether they had been good; she told them to get in bed and promised them that she would come and read them a story.

[Paul, s'adressant à nous:] «Mais où diable étiez-vous?! Dépêchez-vous! Nous allons encore rater l'avion!»

[Paul, speaking to us:] "Where in the world were you? Hurry up, we're going to miss the plane again!"

→ Furieux, Paul nous **a demandé où nous étions**; il nous **a crié de nous dépêcher**, **tout en grommelant que nous allions** encore rater l'avion.

Furious, Paul asked us where we had been; he shouted at us to hurry up, while muttering that we were going to miss the plane again.

7 Changements dans les expressions de temps et de lieu

Comme en anglais, lorsque les paroles de quelqu'un sont rapportées longtemps après qu'elles ont été prononcées, il faut changer les expressions de lieu et de temps de façon à indiquer que beaucoup de temps s'est écoulé. Toutefois, si la conversation est rapportée peu de temps après, ces changements ne sont pas nécessaires.[4]

Tableau 4

EXPRESSIONS DE TEMPS ET DE LIEU COURANTES

PRÉSENT, OU PASSÉ ET FUTUR RÉCENTS	PASSÉ LOINTAIN
avant (*before*)	auparavant (*beforehand/previously*)
maintenant OU en ce moment (*now*)	à ce moment-là (*then*)
aujourd'hui (*today*)	ce jour-là (*that day*)
ce soir (*tonight*)	ce soir-là (*that night*)
hier (*yesterday*)	la veille[5] OU le jour d'avant (*the previous day* OR *the day before*)
hier soir (*last night*)	la veille au soir (*the previous night* OR *the night before*)

---

[4] AUTREMENT DIT: As in English, when you report someone's words a long time after they have been spoken, expressions of place and time must be modified to indicate that the conversation took place a long time ago. However, if you report someone's words shortly afterwards, there is no change.

[5] Ne confondez pas la **veille** (*the day before/the previous day*) et l'adjectif féminin **vieille** (*old*).

(suite)

avant-hier (*the day before yesterday*)	l'avant-veille ou deux jours plus tôt ou deux jours avant (*two days before* or *earlier*)
demain (*tomorrow*)	le lendemain ou le jour suivant/d'après (*the following day* or *the day after*)
après-demain (*the day after tomorrow*)	le surlendemain ou deux jours plus tard ou deux jours après (*two days after/later*)
il *y* a x jours (*x days ago*)	x jours avant ou plus tôt (*x days earlier*)
dans ou d'ici x jours (*in x days*)	x jours plus tard ou après (*x days later*)
cette semaine (*this week*)	cette semaine-là (*that week*)
l'an passé ou dernier/l'année passée ou dernière (*last year*)	l'année précédente ou l'année d'avant (*the previous year*)
l'an prochain/l'année prochaine (*next year*)	l'année suivante ou l'année d'après (*the following year*)
ici (*here*)	là (*there*)

COMPAREZ:

Le 13 juin, nos amis avaient téléphoné pour nous annoncer: «Notre fille est née **hier**!»

On June 13, our friends had called to tell us, "Our daughter was born yesterday!"

→ Le 13 juin, nos amis avaient téléphoné pour nous annoncer que leur fille était née **la veille**.

On June 13, our friends had called to tell us that their daughter had been born the day before!

Elle m'avait dit: «Je serai absente la semaine **prochaine**.»

She had told me, "I will be away next week."

→ Elle m'avait dit qu'elle serait absente la semaine **suivante** ou **d'après**.

She had told me that she would be away the following week.

Vérification et récapitulation. Transposez les phrases suivantes au discours indirect au passé. Faites tous les changements nécessaires.

«Passe-moi ton pull: j'ai froid.» → J'ai demandé à ma sœur
(1) _____ pull parce que (2) _____ froid.

«Je sors faire une course mais je reviens dans une heure.» → Elle a annoncé
(3) _____ faire une course mais (4) _____
dans une heure.

«Qu'est-ce qui ne va pas? Tu es malade?» → Laura a demandé à Philippe
(5) _____ et (6) _____ malade.

«Viens chez moi; je te ferai des spaghettis. » → Vanessa a proposé à Jean
(7) _____; elle a ajouté (8) _____ des
spaghettis.

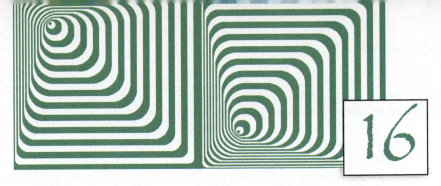

Les subordonnées relatives

Les pronoms relatifs simples

1 Présentation générale

1a. Définition

Le pronom relatif introduit une subordonnée relative qui précise ou complète le sens d'un nom (ou d'un pronom) appartenant à une autre proposition. Ce nom (ou pronom) est l'<u>antécédent</u> du pronom relatif.

> J'ai trouvé <u>une boutique</u> **qui** fait des rabais fantastiques sur les pulls en cachemire.
> *I found a boutique that gives great discounts on cashmere sweaters.*
> > [Le pronom relatif **qui** introduit une subordonnée relative (**fait des rabais fantastiques sur les pulls en cachemire**) précisant le sens de son antécédent <u>boutique</u>.]

> <u>Celui</u> **que** j'ai acheté ne m'a coûté que quarante euros.
> *The one [that] I bought cost me only forty euros.*
> > [Le pronom relatif **que** introduit une subordonnée relative (**j'ai acheté**) précisant le sens de son antécédent <u>Celui</u>.]

1b. Formes du pronom relatif

La forme du pronom relatif (**qui**, **que**, **dont**, **où**, etc.) dépend de sa <u>fonction</u> (sujet, objet direct, objet de préposition, etc.) dans la subordonnée relative qu'il introduit.

> Je ne reconnais pas <u>le monsieur</u> **qui** vient d'arriver.
> *I don't recognize the man who has just arrived.*
> > [Le pronom relatif **qui** représente <u>le monsieur</u>, sujet de la subordonnée relative **vient d'arriver**.]

> Vous avez aimé <u>le film</u> **que** nous avons vu hier soir?
> *Did you like the movie that we saw last night?*
> > [Le pronom relatif **que** représente <u>le film</u>, objet direct de la subordonnée relative **nous avons vu hier soir**.]

Je t'ai apporté l'article **dont** je t'avais parlé.
I brought you the article that I [had] talked to you about.
> [Le pronom relatif **dont** représente l'article, objet de la préposition **de** dans la subordonnée relative **je t'avais parlé** (on dit **parler de qqch**).]

Mes parents sont allés à une exposition **où** ils ont vu de très beaux Picasso.
My parents went to an exhibit where they saw some very beautiful Picassos.
> [Le pronom relatif **où** représente une exposition, complément de lieu dans la subordonnée relative **ils ont vu de très beaux Picasso**.]

Notez que les pronoms relatifs suivent immédiatement l'antécédent; ils sont obligatoires en français, alors qu'en anglais, ils sont très souvent sous-entendus.

COMPAREZ:

Le jeune homme **qu'**elle nous a présenté hier est son frère.	*The young man [that] she introduced to us yesterday is her brother.*
N'est-ce pas le livre **dont** tu me parlais l'autre jour?	*Isn't that the book [that] you were telling me about the other day?*
Nous étions tous les deux à New York le jour **où** les tours jumelles du *World Trade Center* se sont effondrées.	*We were both in New York City the day [when] the twin towers of the World Trade Center collapsed.*

2 Qui (sujet)

Qui (pris seul) est toujours sujet. On emploie le pronom relatif **qui** lorsque son antécédent (dans l'autre proposition) est sujet du verbe de la subordonnée relative.

J'ai beaucoup aimé le nouveau film. (Il passe au cinéma cette semaine.) *I really liked the new movie. (It is playing this week.)*	→ J'ai beaucoup aimé le nouveau film **qui** passe au cinéma cette semaine. [**qui** représente le nouveau film, sujet de **passe**.] *I really liked the new movie that is playing this week.*

N.B. 16-1
Accord du verbe subordonné avec l'antécédent de **qui**

Contrairement à l'anglais, le verbe de la subordonnée relative s'accorde en genre et en nombre avec l'antécédent de **qui**. Notez également que le pronom relatif **qui** ne s'élide jamais.

C'est toi **qui** as appelé?
Are you the one who called?
> [ET NON: C'est toi qui a/qu'a appelé.]

Pour une fois, ce n'est pas moi **qui** suis en retard.
For once, I'm not the one who's late.
> [ET NON: Ce n'est pas moi qui est en retard.]

3 Que (objet direct)

On emploie le pronom relatif **que** lorsque son antécédent (dans l'autre proposition) est <u>complément d'objet direct</u> [c.o.d.] du verbe de la subordonnée relative. Dans ces cas-là, le participe passé des verbes subordonnés conjugués avec **avoir** s'accorde avec l'antécédent. Notez que le pronom relatif **que** devient **qu'** devant une voyelle ou un **h** muet.

<u>La robe</u>... (je l'ai acheté<u>e</u> hier...) est un peu trop grande pour moi.
The dress . . . (I bought it yesterday . . .) is a little too big for me.

→ La robe **que** j'ai acheté<u>e</u> hier est un peu trop grande pour moi. [J'ai acheté quoi? <u>La robe</u> (c.o.d.). ⇒ **que**]
The dress [that] I bought yesterday is a little too big for me.

Tu as vu <u>les illustrations</u> (f. pl.)? (Ils <u>les</u> ont trouv<u>ées</u> sur le Web.)
Did you see the illustrations? (They found them on the Web.)

→ Tu as vu les illustrations **qu'**ils ont trouv<u>ées</u> sur le Web? [Ils ont trouvé quoi? <u>Les illustrations</u> (c.o.d.). ⇒ **que**]
Did you see the illustrations [that] they found on the Web?

N.B. 16-2

**Le, la, l', les (pronoms objets directs) vs que/qu'
(pronom relatif objet direct)**

COMPAREZ:

Vous avez vu <u>ce film</u>? —Oui, je **l'**ai vu le week-end dernier.
*Did you see this movie? —Yes, I saw **it** last weekend.*
   [Le pronom objet direct **l'** représente <u>ce film</u>.]

MAIS: Le film **que** j'ai vu la semaine dernière était très amusant.
       *The movie [**that**] I saw last week was very funny.*
       [Le pronom relatif **que** introduit une subordonnée relative qui complète le sens de <u>film</u>, objet direct de <u>j'ai vu</u>.]

---

4 Dont (objet de la préposition de)

On emploie **dont** lorsque son antécédent (dans l'autre proposition) est complément d'un verbe, d'un adjectif ou d'un nom construits avec la préposition **de**[1] dans la subordonnée relative.

---

[1] Toutefois, lorsque la préposition **de** fait partie d'une <u>locution</u> (**à côté de, en face de,** etc.), on emploie non pas **dont,** mais **de qui** pour les personnes et **duquel/de laquelle, desquels/desquelles** pour les personnes et les choses. (Voir section 7a ci-dessous.)

4a. **Dont** = complément d'un verbe ou d'un adjectif construits avec **de**

(Pour une liste des verbes et adjectifs les plus courants, voir Tableau 1 ci-dessous.)

Le livre... (j'ai besoin **de** <u>ce livre</u>...) a disparu.

The book . . . (I need this book . . .) disappeared.

→ Le livre **dont** j'ai besoin a disparu. [J'ai besoin **de** quoi? **De** <u>ce livre</u>.

➟ **dont**]

The book [that] I need disappeared.

Elle s'est acheté <u>un appareil photo numérique</u>. (Elle <u>en</u> est très contente.)

She bought herself a digital camera. (She's very happy with it.)

→ Elle s'est acheté un appareil photo numérique **dont** elle est très contente. [Elle est contente **de** quoi? **De** <u>son appareil photo numérique</u>.

➟ **dont**]

She bought herself a digital camera that she's very happy with.

Tableau 1

VERBES ET ADJECTIFS COURANTS CONSTRUITS AVEC LA PRÉPOSITION DE

s'apercevoir de qqch ou de qqn	*to notice sth or sb*
s'approcher de qqch ou de qqn	*to come near sth or sb*
avoir besoin de qqch ou de qqn	*to need sth or sb*
avoir envie de qqch ou de qqn	*to feel like having sth OR to desire sb*
avoir une opinion de qqch ou de qqn	*to have an opinion about sth or sb*
avoir peur de qqch ou de qqn	*to be afraid of sth or sb*
discuter de qqch ou de qqn	*to discuss sth or sb*
entendre parler de qqch ou de qqn	*to hear about sth or sb*
être (in)capable de qqch	*to be (in)capable of sth*
être (in)certain/convaincu de qqch	*to be (un)certain/convinced of sth*
être (mé)content de qqch ou de qqn	*to be (dis)pleased about sth or sb*
être fier/honteux de qqch ou de qqn	*to be proud/ashamed of sth or sb*
être (mal)heureux/ravi de qqch ou de qqn	*to be (un)happy/delighted about sth or sb*
être (in)satisfait de qqch ou de qqn	*to be (dis)satisfied about sth or sb*
être sûr de qqch ou de qqn	*to be sure of sth or sb*
être surpris de qqch	*to be surprised by sth*
jouer d'un instrument	*to play an instrument*
se méfier de qqch ou de qqn	*to distrust sth or sb*
se moquer de qqch ou de qqn	*to make fun of sth or sb*
s'occuper de qqch ou de qqn	*to take care of sth or sb*

(suite)

parler de qqch ou de qqn	*to talk about sth or sb*
se passer de qqch ou de qqn	*to do without sth or sb*
penser qqch de qqch ou de qqn	*to have an opinion about sth or sb*
profiter de qqch ou de qqn	*to take advantage of sth or sb*
rêver de qqch ou de qqn	*to dream of sth or sb*
se servir de qqch ou de qqn	*to use sth or sb*
sortir d'un endroit	*to leave a place*
se soucier de qqch ou de qqn	*to care about sth or sb*
se souvenir de qqch ou de qqn[2]	*to remember sth or sb*
tenir compte de qqch ou de qqn	*to take sth or sb into account*

4b. **Dont** = complément d'un autre nom (*whose*)

Le pronom relatif **dont** s'emploie également lorsque l'antécédent (dans l'autre proposition) est <u>complément d'un autre nom</u> dans la subordonnée relative. Dans ce cas-là, **dont** correspond à *whose*.[3]

> Ils ont découvert <u>un manuscrit</u>. (L'auteur **de** <u>ce manuscrit</u> OU **Son** auteur serait Shakespeare.) → Ils ont découvert <u>un manuscrit</u> **dont** l'auteur serait Shakespeare.
> *They discovered a manuscript. (The author of this manuscript OR Its author is apparently Shakespeare.) → They discovered a manuscript whose author is apparently Shakespeare.*
> [L'auteur **de** quoi serait Shakespeare? **De** <u>ce manuscrit</u>. → **dont**; ET NON: Ils ont découvert un manuscrit ~~dont son~~ auteur...]

> <u>Paul</u>... (**son** père est pilote à Air France...) m'a trouvé une place sur le vol Paris–New York. → <u>Paul</u>, **dont** le père est pilote à Air France, m'a trouvé une place sur le vol Paris–New York.
> *Paul... (his father is a pilot for Air France...) found me a seat on a flight from Paris to New York. → Paul, whose father is a pilot for Air France, found me a seat on a flight from Paris to New York.*
> [Le père **de** qui est pilote? **De** <u>Paul</u>. → **dont**; ET NON: ~~Paul dont son~~ père...]

---

[2] Pour traduire *to remember sth*, le français dispose de deux verbes qu'il ne faut pas confondre: on dit **se souvenir** <u>de</u> **qqch** mais **se rappeler qqch** (sans préposition). (Voir Appendice 2, section 4d.)

[3] ATTENTION: Lorsque *whose* est interrogatif et non relatif, on emploie **de qui** à la place de **dont**. COMPAREZ: **De qui** est-elle la fille? (*Whose daughter is she?*) MAIS: J'ai une voisine **dont** la fille vit à Paris. (*I have a neighbor whose daughter lives in Paris.*)

N.B. 16-3
«La façon dont/La manière dont...» (*the way [in which] . . .*)

ATTENTION: Pour traduire *the way [in which]*, on emploie **la façon dont** ou **la manière dont**.

> Je n'ai pas aimé **la façon dont** OU **la manière dont** il m'a répondu.
> *I didn't like the way [in which] he answered me.*
> > [ET NON: la façon/la manière ~~dans laquelle~~...]

N.B. 16-4
Les pronoms en vs dont

COMPAREZ:

Vous avez entendu parler <u>de ce film</u>? —Oui, j'**en** ai entendu parler.
Did you hear about this movie? —Yes, I heard about it.
> [Le pronom **en** représente <u>de ce film</u>; on dit **parler <u>de</u> qqch**.]

MAIS: Je n'ai pas pu voir <u>le film</u> **dont** tu m'as parlé.
> *I couldn't see the movie that you told me about.*
> [Le pronom relatif **dont** introduit une subordonnée relative qui complète le sens du mot <u>film</u>, objet indirect de **tu m'as parlé** (on dit **parler <u>de</u> qqch**).]

Elle a trois <u>filles</u>. → Elle **en** a trois.
She has three daughters. → *She has three [of them].*
> [Le pronom **en** représente et remplace <u>trois</u> <u>filles</u>.]

MAIS: Nous avons <u>des voisins</u> **dont** la fille est journaliste au Moyen-Orient.
> *We have neighbors whose daughter is a journalist in the Middle East.*
> [Le pronom relatif **dont** introduit une subordonnée relative qui complète le sens du mot <u>voisins</u>.]

---

5   Où (*where* et *when*)

Le pronom relatif **où** (notez l'<u>accent grave</u> sur le **ù**) a normalement deux fonctions: il peut être soit complément de <u>lieu</u>, soit complément de <u>temps</u>.

5a. Où = complément de lieu (*where*)

On emploie le pronom relatif **où** lorsque son <u>antécédent</u> (dans l'autre proposition) est complément ou adverbe de <u>lieu</u> dans la subordonnée relative. Il se combine parfois avec des prépositions telles que **de**, **par**, **jusqu'**, ce qui donne **d'où, par où, jusqu'où**.

C'est un endroit tranquille. (Nous venons souvent pique-niquer dans cet endroit.)
This is a quiet spot. (We often come to this spot for a picnic.)

→ C'est un endroit tranquille **où** nous venons souvent pique-niquer.
This is a quiet spot where we often come for a picnic.

Les villages étaient pittoresques. (Nous sommes passés par ces villages.)
The villages were picturesque. (We drove through these villages.)

→ Les villages **par où** nous sommes passés étaient pittoresques.
The villages [that] we drove through were picturesque.

N.B. 16-5
Les pronoms **y** vs **où** (relatif)

COMPAREZ:

Je travaille dans cette bibliothèque. → J'**y** travaille.
I work in this library. → *I work **there**.*
  [Le pronom **y** représente dans cette bibliothèque, complément de lieu.]

MAIS: Voici la bibliothèque **où** je travaille.
  *Here is the library **where** I work.*
  [Le pronom relatif **où** introduit une subordonnée relative qui complète le sens de la bibliothèque, complément de lieu de **je travaille**.]

N.B. 16-6
«Là où...» vs «C'est là que/C'est là où...»

Lorsque l'antécédent du pronom relatif **où** n'est pas précisé, notamment au début d'une phrase, il est précédé de l'adverbe **là**. Dans la mise en relief toutefois, on peut employer **C'est là que...** OU **C'est là où...** (*This is where . . .*).[4]

COMPAREZ:

Remets ces photos **là où** tu les as trouvées!

Put these pictures back where you found them!

Là où j'habite, c'est très joli.

Where I live is very pretty.

MAIS: **C'est là que** OU **C'est là où** j'habite.

This is where I live.

---

[4]   Il arrive cependant que le pronom relatif **où** s'emploie au milieu d'une phrase, sans aucun antécédent: J'irai **où** on me dira d'aller. (*I'll go wherever I'm told to go.*)

5b. **Où** = complément de temps

On emploie également le pronom relatif **où** lorsque son antécédent (dans l'autre proposition) est <u>complément de temps</u> dans la subordonnée relative. Dans ce cas-là, **où** est souvent l'équivalent de *when, just as, the day [when], the year [when],* etc.

Elle est arrivée juste <u>à ce moment-là</u>.
  (Les gens sortaient du théâtre <u>à ce</u>
  <u>moment-là</u>.)
She arrived at that time. (People were
  coming out of the theater at that time.)

→ Elle est arrivée juste <u>au moment</u>
  où les gens sortaient du théâtre.
  She arrived just when/as/at the time
  people were coming out of the
  theater.

Il a fait très beau <u>cette semaine-là</u>.
  (Nous étions en vacances <u>cette</u>
  <u>semaine-là</u>.)
The weather was beautiful that week.
  (We were on vacation that week.)

→ Il a fait très beau <u>la semaine</u> **où**
  nous étions en vacances.
  The weather was beautiful the week
  [that] we were on vacation.

N.B. 16-7
Où vs **quand**

Lorsque le pronom relatif **où** a une valeur temporelle, il se réfère toujours à un moment précis (le jour **où**, l'année **où**, l'instant **où**, le moment **où**, la semaine **où**, la fois **où**, etc.). **Quand** introduit au contraire une notion de temps beaucoup plus vague.

COMPAREZ:

<u>Le jour</u> **où** elle est arrivée, il pleuvait.
The day she arrived, it was raining.

MAIS: **Quand** elle est arrivée, il pleuvait.
When she arrived, it was raining.

5c. «La fois **où**...» vs «la première fois **que**...»

ATTENTION: Le mot **fois** pris <u>seul</u> est toujours suivi du pronom relatif **où**.
En revanche, lorsque **fois** est précédé d'un <u>adjectif</u> (**seule, unique, première, dernière, prochaine, chaque**), il est suivi du pronom relatif **que**.

COMPAREZ:

La fois où je l'ai vue, elle était très
  pressée.
The time I saw her, she was in a great
  hurry.

MAIS: **La <u>dernière</u> fois que** je l'ai vue,
  elle était très pressée.
The last time I saw her, she was in
  a great hurry.

5d. «Au moment **où**…» vs «du moment/maintenant/à présent **que**…»

ATTENTION: Après **maintenant/à présent** (*now that*) et **du moment** (*as long as*), on emploie non pas **où** mais **que**. (Voir aussi Chapitre 17, section 5.)

COMPAREZ

À présent/Maintenant qu'il a terminé ses études, il faut absolument qu'il trouve du travail.	*Now that he has finished school, he absolutely must find a job.*
Du moment que tu es d'accord, je le suis aussi.	*As long as you agree, I do too.*
MAIS: **Au moment où** ça s'est passé, j'étais absent(e).	*At the time/When it happened, I was away.*

6 Récapitulation: **qui** vs **que** vs **dont** vs **où**

COMPAREZ:

L'étudiant **qui** nous a dit bonjour est mon ami Lucas.
The student who said hello to us is my friend Lucas.
  [Le pronom relatif **qui** se réfère à L'étudiant, sujet de **a dit**.]

Les romans **que** je préfère sont les romans policiers.
The novels [that] I prefer are murder mysteries.
  [Le pronom relatif **que** se réfère à Les romans, objet direct de la proposition relative **je préfère**.]

Les enfants **dont** elle s'occupe ont entre quatre et six ans.
The children [that] she takes care of are between four and six years old.
  [Le pronom relatif **dont** se réfère à Les enfants, objet de la proposition relative **elle s'occupe**—on dit **s'occuper de** qqn.]

Comment s'appelle l'université **où** il fait ses études?
What is the name of the university/college where he's studying?
  [Le pronom relatif **où** se réfère à l'université, complément de lieu de la proposition relative **il fait ses études**.]

Il a commencé à pleuvoir juste au moment **où** nous partions.
It started to rain just as we were leaving.
  [Le pronom relatif **où** se réfère à au moment, complément de temps dans la proposition relative **nous partions**.]

Vérification. Complétez les phrases suivantes en ajoutant le pronom relatif (**qui, que/qu', dont, où**) qui convient. RAPPEL: Le pronom relatif est très souvent sous-entendu en anglais, ce qui n'est jamais le cas en français.

The girl who smiled at me is in my computer class. → La fille (1) _____ m'a souri est dans mon cours d'informatique.

The classroom where I met this girl is in the building across from the library. → La salle de classe (2) _____ j'ai rencontré cette fille se trouve dans le bâtiment en face de la bibliothèque.

The girl I told you about is taking the same computer class as I am. → La fille (3) _____ je t'ai parlé suit le même cours d'informatique que moi.

The girl I met in my computer class is called Emily. → La fille (4) _____ j'ai rencontrée dans mon cours d'informatique s'appelle Émilie.

The day I met her, she was wearing a red sweater. → Le jour (5) _____ je l'ai rencontrée, elle portait un pull rouge.

 # Les pronoms relatifs composés (avec une préposition)

7 Préposition + **lequel**, etc.

7a. Règle générale

Si le pronom relatif dépend d'une préposition autre que **de** prise <u>seule</u>, employez cette <u>préposition</u> + les pronoms relatifs variables **lequel/laquelle, lesquels/ lesquelles**. (Pour les prépositions les plus courantes, voir Appendice 1, Tableau 1.) Ces pronoms relatifs s'accordent en genre et en nombre avec leur antécédent. Ils peuvent représenter aussi bien des personnes que des choses.

La compagnie **pour laquelle** il travaille vend des logiciels.	*The company he works for sells software.*
Les gens **avec lesquels** nous sommes sortis hier soir sont très sympas.	*The people we went out with last night are very nice.*

Lequel/lesquels/lesquelles se contractent avec **à** et **de** pour faire **auquel/ auxquels/auxquelles** et **duquel/desquels/desquelles**. RAPPEL: Si le pronom relatif dépend de la préposition **de** prise <u>seule</u>, employez **dont**. (Voir aussi section 14a ci-dessous).

COMPAREZ:

Le film **auquel** je pense n'est pas si récent que cela.	*The film I'm thinking of is not that recent.*
C'est un grand immeuble moderne <u>en face</u> **duquel** vous trouverez un excellent supermarché.	*It's a large modern building across from which you'll find an excellent supermarket.*
MAIS: Voici l'ami **dont** je t'ai parlé.	*Here's the friend I spoke to you about.*

Si l'antécédent est une <u>personne</u>, on peut employer la <u>préposition</u> + **qui** à la place de **lequel/laquelle**, etc. (Pour les exceptions, voir section 7b ci-dessous.)[5]

Ce sont des amis **sur qui** OU **sur**
    lesquels je peux toujours compter.
       These are friends [that] I can
       always count on.

7b. «Quelqu'un avec/pour **qui**...» vs «les gens **parmi/entre lesquels**...» (cas particuliers)

➤ Après **quelqu'un** + <u>préposition</u>, le pronom relatif est *toujours* **qui** (jamais **lequel**).

➤ En revanche, après les prépositions **entre** et **parmi**, on emploie *toujours* **lesquels/lesquelles** (jamais **qui**), <u>même pour les personnes</u>.

COMPAREZ:

J'ai trouvé <u>une personne</u>. (Nous pourrions poser la question à <u>cette personne</u>.)
  → J'ai trouvé <u>une personne</u> **à qui** OU **à laquelle** nous pourrions poser la question.
I found a person. (We could ask this person.) → *I found a person whom we could ask.*

MAIS: J'ai trouvé <u>quelqu'un</u>. (Nous pourrions poser la question à <u>quelqu'un</u>.)
  → J'ai trouvé <u>quelqu'un</u> **à qui** nous pourrions poser la question. [ET NON: quelqu'un ~~auquel~~...]
I found someone. (We could ask someone.) → *I found someone [whom] we could ask.*

Je ne connais pas <u>les gens</u>. (Tu parlais **avec** <u>ces gens</u> tout à l'heure.) → Je ne connais pas les gens **avec lesquels** OU **avec qui** tu parlais tout à l'heure.
I don't know the people. (You were speaking with these people earlier.) → *I don't know the people with whom you were speaking earlier.*

MAIS: <u>Les gens</u> sont plutôt bohèmes. (Elle vit **parmi** <u>ces gens-là</u>.) Les gens **parmi lesquels** elle vit sont plutôt bohèmes. [ET NON: Les gens ~~parmi qui~~...]
The people are rather Bohemian. (She lives among these people.) → *The people among whom she lives are rather Bohemian.*

---

[5] AUTREMENT DIT: If a relative pronoun is governed by a preposition *other than* **de** alone (such as **dans, avec, sur, près de, autour de, en face de**, etc.), use that *preposition* + **lequel/laquelle, lesquels/lesquelles**. These relative pronouns agree in gender and number with the noun to which they refer. **Lequel/lesquels/lesquelles** contract with **à** and with **de** to become **au**quel/**aux**quels/**aux**quelles and **du**quel/**des**quels/**des**quelles. They can represent people as well as things. However, if their antecedent is a person, you can also just use a *preposition* + **qui**. (For exceptions, see section 7b.) REMINDER: If the relative pronoun is governed by **de** alone, use **dont** (see also section 14a below).

<u>Les deux étudiantes</u> n'ont pas cessé de bavarder. (Il était assis **derrière** <u>ces deux</u> <u>étudiantes</u>.) → <u>Les deux étudiantes</u> **derrière lesquelles** OU **derrière qui** il était assis n'ont pas cessé de bavarder.

The two [women] students didn't stop chatting. (He was sitting behind these two students.) → *The two [women] students behind whom he was sitting didn't stop chatting.*

MAIS: <u>Les deux étudiantes</u> n'ont pas cessé de bavarder. (Il était assis **entre** <u>ces deux</u> <u>étudiantes</u>.) → <u>Les deux étudiantes</u> **entre lesquelles** il était assis n'ont pas cessé de bavarder. [ET NON: Les deux étudiantes ~~entre qui~~...]

The two [women] students didn't stop chatting. (He was sitting between these two students.) → *The two [women] students between whom he was sitting didn't stop chatting.*

Vérification.   Complétez les phrases suivantes en ajoutant le pronom relatif simple ou composé qui convient. Ajoutez une préposition et faites la contraction avec **de** ou **à**, si nécessaire.

This is a soup to which I've added a touch of cumin. → C'est une soupe (1) _____ j'ai ajouté une pointe de cumin.

I don't recognize the man to whom you just spoke; who is he? → Je ne reconnais pas le monsieur (2) _____ vous venez de parler: qui est-ce?

They have a pretty garden in the middle of which they built a little gazebo. → Ils ont un joli jardin au milieu (3) _____ ils ont construit un petit pavillon.

Les modes dans la subordonnée relative

8   L'indicatif et le conditionnel

Le mode le plus courant dans la subordonnée relative est l'**indicatif**, mais le **conditionnel** est aussi fréquent.

Voici le livre **dont** je te **parlais**.   *Here's the book I was telling you about.*

Je connais quelqu'un **qui aimerait** beaucoup faire ta connaissance.   *I know someone who would love/ really like to meet you.*

9   Le subjonctif

On emploie le **subjonctif** dans une subordonnée relative dans les cas suivants (voir aussi Chapitre 12, section 14):

➤ Après un <u>superlatif</u> et après **le seul**, **l'unique**, **le premier**, **le dernier**, etc., pour souligner la rareté ou l'exception

C'est **le pire** film **que** j'**aie** jamais **vu**.   *This is the worst movie [that] I've ever seen.*

Avez-vous d'autres bottes d'hiver?   *Do you have other winter boots?*

—Non, ce sont **les seules** **que** nous **ayons**.   —*No, those are the only ones [that] we have.*

➤ Après **rien, personne, aucun, pas un (seul), pas de**

Elle **n'a rien** trouvé **qui** lui **convienne**.	*She didn't find anything that suits her.*
Il **n'**y aura pas **une seule** personne **que** je **connaisse** à cette soirée!	*There won't be a single person [whom] I know at that party!*

➤ Après un verbe exprimant un <u>désir</u>, un <u>but</u>, une <u>demande</u> ou après une <u>question</u> (mais par <u>inversion</u> uniquement)

COMPAREZ:

Je cherche une banque **où** je **puisse** ouvrir un compte étudiant.	*I am looking for a bank where I might open a student checking account.*
Y a-t-il quelqu'un **qui sache** comment fonctionne cette imprimante?	*Is there anyone who might know how this printer works?*
MAIS: **Est-ce qu'**il y a quelqu'un **qui sait** comment fonctionne cette imprimante? [questions avec **est-ce que** ➡ indicatif]	*Is there anyone who knows how this printer works?*

10 L'infinitif

L'infinitif dans la subordonnée relative souligne souvent l'idée de possibilité. Il s'emploie après **où, à qui, sur qui** et **avec qui**, lorsque le sujet du verbe principal et celui du verbe subordonné sont <u>identiques</u>, ou lorsque <u>le complément d'objet du verbe principal</u> et <u>le sujet</u> du verbe subordonné représentent <u>la même personne</u>.

Avez-vous trouvé un endroit **où acheter** des sandwichs?
Did you find a place where you could buy sandwiches?
  [ON PEUT DIRE AUSSI: Avez-vous trouvé un endroit où vous puissiez OU pouvez acheter des sandwichs?]

Il <u>me</u> faut un endroit **où passer** la nuit.
I need a place to spend the night.
  [ON PEUT DIRE AUSSI: Il me faut un endroit où je peux OU puisse passer la nuit.]

Ils n'ont personne **sur qui compter**.
They don't have anyone they can count on.
  [ON PEUT DIRE AUSSI: Ils n'ont personne sur qui ils peuvent OU puissent compter.]

Il arrive aussi qu'on emploie un **infinitif** pour <u>remplacer</u> une subordonnée relative. (Voir aussi Chapitre 13, section 9b.)

On entendait les gens **courir** [OU **qui couraient**] en direction de la Bastille.
One could hear people running toward the Bastille.

On voyait des enfants **mendier** [OU **qui mendiaient**].
One could see children begging.

Vérification. Complétez les phrases suivantes en mettant les verbes entre parenthèses aux temps et modes qui conviennent.

Did you find someone who would be willing to share your apartment this summer?
→ Avez-vous trouvé quelqu'un qui (1) _____ (vouloir) partager votre appartement cet été?

I know someone who can help you. → Je connais une personne qui (2) _____ (pouvoir) vous aider.

Unfortunately, I don't know anyone who could help you. → Malheureusement, je ne connais personne qui (3) _____ (pouvoir) vous aider.

Of all of Zola's novels, Germinal is the only one I [have] read. → De tous les romans de Zola, *Germinal* est le seul que j' (4) _____ (lire).

◼ Les pronoms démonstratifs dans la subordonnée relative

11 Celui avec lequel..., celle qui..., ceux dont..., etc.

Les pronoms démonstratifs variables **celui/celle**, **ceux/celles** suivis d'un pronom relatif (simple ou composé) correspondent en anglais à *those/the ones/people who, that,* etc. Ils s'accordent en genre et en nombre avec l'antécédent. (Pour les pronoms démonstratifs variables, voir Chapitre 5, sections 1 à 3.)

Comment s'appelle cet étudiant? —Lequel? **Celui qui** est assis là-bas? —Non, l'autre, **celui auquel/à qui** tu as dit bonjour.	*What is the name of that student? —Which one? **The one [who is]** sitting over there? —No, the other one, **the one to whom** you said hello.*
Elle est allée regarder des pulls [m. pl.] dans cette boutique; malheureusement, **ceux qu'**elle a vus étaient trop chers.	*She went to this shop to look at sweaters; unfortunately, **the ones [that]** she saw were too expensive.*
Alors dis-moi: cette fille, Catherine, **celle dont** tu m'as parlé, c'est ta copine? [langage familier]	*So tell me: that girl, Catherine, **the one** you told me about, is she your girlfriend?*

Vérification. Complétez les phrases suivantes par le pronom démonstratif variable approprié, suivi du pronom relatif qui convient.

Could you make us a pie like the one we had the other day? → Est-ce que tu pourrais nous faire une tarte comme (1) _____ nous avons mangée l'autre jour?

Those who disagree should have said so before! → (2) _____ ne sont
pas d'accord auraient dû le dire avant!

Of all of Eric's friends, the one I remember best is Paul. → De tous les amis d'Éric,
(3) _____ je me souviens le mieux, c'est Paul.

12 Ce qui..., ce que..., ce dont..., ce à quoi...

On emploie **ce qui**, **ce que**, **ce dont** ou **ce** + <u>préposition</u> + **quoi**[6] lorsque l'antécédent
n'est ni spécifié ni spécifique. Ces constructions s'utilisent dans les cas suivants:

12a. Pour traduire *what*...

Mange **ce qui** est dans ton assiette.	*Eat what's on your plate.*
Regarde **ce que** j'ai trouvé!	*Look at what I found!*
Dis-moi **ce dont** tu as besoin.	*Tell me what you need.*
Devine **ce à quoi** je viens de réchapper.	*Guess what I just went through.*

12b. Après **tout** (*everything [that]*)

Apporte-moi <u>tout</u> **ce qui** se trouve dans ce tiroir, ainsi que <u>tout</u> **ce que** j'ai mis dans ce gros sac là-bas.	*Bring me everything [that's] in that drawer, as well as everything I put in that big bag over there.*
<u>Tout</u> **ce dont** j'ai envie en ce moment, c'est une bonne bière bien fraîche.	*All I fancy right now is a nice glass of cold beer.*
Les ouvriers obtiendront-ils <u>tout</u> **ce à quoi** ils ont droit?	*Will the workers obtain everything [that] they're entitled to?*

12c. Après **voici** et **voilà** (*Here is what/That's what*...)

Voici ce qui s'est passé.	*Here is what happened.*
Ils ont cassé mon pare-brise, **voilà ce qu'**ils ont fait, tu te rends compte!?	*They broke my windshield, that's what they did, can you believe it!?*

Lorsque **voici** ou **voilà** sont suivis de **dont**, on peut utiliser soit **voici/voilà** <u>ce dont</u>,
soit **voici/voilà** <u>de quoi</u>. Avec **voici/voilà** + <u>préposition</u> + **quoi**, le **ce** est souvent omis.

COMPAREZ:

Voici ce dont OU **Voici de quoi** il s'agit.	*Here is what it's about.*
MAIS: **Voici [ce] à quoi** nous pouvons nous attendre. [On dit **s'attendre à qqch**; ET NON: Voici ~~ce auquel~~...]	*Here is what we can expect.*

---

[6] **Quoi** (meaning *what*) always represents a thing or an idea, *never* a person. It is used in conjunction
with **ce** when the relative pronoun is governed by a preposition other than **de** (e.g., **à**, **avec**, **sur**,
contre, etc.). (REMINDER: If the preposition is **de** alone, use **ce dont**.)

12d. *"What annoys me/What I don't understand . . ."* (mise en relief)

Ce qui, ce que/qu', ce dont ou **ce** + <u>préposition</u> + **quoi** s'emploient au début d'une phrase lorsqu'on veut mettre celle-ci en relief. Elle est alors toujours suivie d'une <u>virgule</u> et de l'expression **c'est/ce sont**.

Ce qui m'ennuie, <u>ce sont</u> ces grèves continuelles.	*What bothers/annoys me are these constant strikes.*
Ce que je ne comprends pas, <u>c'est</u> leur réaction.	*What I don't understand is their reaction.*
Ce dont il a besoin, <u>c'est</u> une bonne nuit de sommeil.	*What he needs is a good night's sleep.*
Ce à quoi je n'avais pas réfléchi, <u>c'est</u> que les banques seront fermées.	*What I hadn't thought of is that banks will be closed.*
Ce contre quoi ils se battent surtout, <u>c'est</u> la corruption.	*What they're fighting against most is corruption.*

12e. *"They haven't called back yet, which worries me . . ."*

On emploie **ce qui, ce que/qu', ce dont** ou **ce** + <u>préposition</u> + **quoi** lorsque l'antécédent est une phrase complète. Notez également la présence de la <u>virgule</u> entre les deux phrases.

Ils n'ont pas encore rappelé, **ce qui** m'inquiète un peu.
*They haven't called back yet, **which** worries me a little.*
> [ON PEUT DIRE AUSSI: **Ce qui** m'inquiète un peu, **c'est qu'**ils n'ont pas encore rappelé. (***What** worries me a little is that they haven't called back yet.*)]

Il veut abandonner ses études, **ce que** ses parents ignorent encore.
*He wants to drop out of college/school, **which** his parents don't know yet.*
> [ON PEUT DIRE AUSSI: **Ce que** ses parents ignorent encore, **c'est** qu'il veut abandonner ses études. (***What** his parents don't know yet is that he wants to drop out of college/school.*)]

Il est plutôt timide, **ce dont** je ne me rendais pas compte au début.
*He's rather shy, **which** I wasn't aware of at first.*
> [ON PEUT DIRE AUSSI: **Ce dont** je ne me rendais pas compte au début, **c'est** qu'il est plutôt timide. (***What** I wasn't aware of at first is that he's rather shy.*)]

Tu crois que je ne t'aime plus, **ce en quoi** tu as tort!
You think I don't love you anymore, but you are wrong about that!
> [ON PEUT DIRE AUSSI: **Ce en quoi** tu as tort, **c'est** de croire que je ne t'aime plus! (***What** you are wrong about is to think that I don't love you anymore!*)]

12f.   **Ce qui, ce que…** dans l'interrogation indirecte

Ce qui, ce que/qu' peuvent aussi introduire des interrogations indirectes. **Ce dont** n'est toutefois jamais interrogatif: il faut employer **de quoi**. (Pour l'interrogation au discours indirect, voir aussi Chapitre 15, section 3.)

COMPAREZ:

Il m'a demandé **ce qui** n'allait pas.	*He asked me **what** was wrong.*
Il m'a demandé **ce que** je voulais.	*He asked me **what** I wanted.*
MAIS: Il m'a demandé **de quoi** j'avais peur. [ET NON: Il m'a demandé ~~ce dont j'avais peur.~~]	*He asked me **what** I was afraid of.*

Vérification.   Complétez les phrases suivantes par le pronom relatif qui convient (**qui**, **que/qu'**, **dont**, **quoi**). Ajoutez **ce** et/ou une <u>préposition</u>, si nécessaire.

What annoys me in all of this is his/her attitude. → (1) _____ m'agace dans tout cela, c'est son attitude.

Buy what you want; I don't care. → Achète (2) _____ tu veux; ça m'est égal.

He said no, to which I replied that he was wrong. → Il a dit non, (3) _____ j'ai répondu qu'il avait tort.

Apparently, he's still married, which he hadn't told her! → Apparemment, il est toujours marié, (4) _____ il ne lui avait pas dit!

Sorry, that's all I have at the moment. → Désolé(e), c'est tout (5) _____ j'ai pour le moment.

13   Récapitulation: ce qui, ce que… vs celui qui, celle que…

On emploie **ce qui, ce que/qu', ce dont** ou **ce** + <u>préposition</u> + **quoi** lorsque l'antécédent n'est pas spécifié ou pas spécifique, ainsi que dans la mise en relief (au début d'une phrase). Par contre, on emploie **celui qui, celle que**, etc. et **celui/celle** + <u>préposition</u> + **lequel/laquelle**, etc. pour traduire *the one[s] who/that, people,* etc.

COMPAREZ:

C'est tout **ce qui** me reste à faire.	MAIS: Tous **ceux qui** en ont envie
That's all I have left to do.	peuvent rester.
	All those who feel like it can stay.
Ce qu'elle admire le plus chez lui,	MAIS: Parmi tous ces tableaux, **celui que**
c'est son courage.	je préfère est le Cézanne.
What she admires most in him is his	*Among all those paintings, the one I*
courage.	*prefer is the [one by] Cézanne.*

Ce dont elle est le plus fière, c'est d'avoir si bien réussi [à] son examen.
What she is most proud of is having done so well on her exam.

MAIS: **Celle dont** elle est le plus fière, c'est sa fille cadette.
The one she's most proud of is her younger daughter.

Ce à quoi je pense ne te regarde pas.
What I'm thinking about is none of your business.

MAIS: **Ceux à qui/auxquels** je pense, ce sont les victimes de cet ouragan.
The ones I am thinking of are the victims of this hurricane.

Vérification et récapitulation.
Complétez les phrases suivantes par un pronom relatif simple ou composé précédé du pronom démonstratif neutre ou variable qui convient. Attention à la contraction avec **de** ou **à**. Employez les mots entre crochets, le cas échéant.

Explain to me what happened. → Explique-moi (1) _____ est arrivé.

Please pass me my jacket, the one [that's] on the chair over there. → Passe-moi ma veste, s'il te plaît, (2) _____ est sur la chaise là-bas.

That's all I wanted to know. → C'est tout (3) _____ je voulais savoir.

No, it's not the same actor; the one that I'm thinking about is Italian. → Non, ce n'est pas le même acteur; (4) _____ je pense est italien. [On dit **penser à qqn.**]

Of all the paintings we saw, the ones I remember best are the ones by Matisse. → De tous les tableaux que nous avons vus, (5) _____ je me souviens le mieux, ce sont les Matisse. [On dit **se souvenir de qqch.**]

What I didn't think of is that I'm not free tomorrow night. → (6) _____ je n'avais pas réfléchi, c'est que je ne suis pas libre demain soir. [On dit **réfléchir à qqch.**]

Cas particuliers et constructions idiomatiques

14 Dont vs de qui/duquel

14a. Principe général

Si l'antécédent du pronom relatif est gouverné par la préposition **de** (prise <u>seule</u>), employez **dont**. En revanche, si **de** fait partie d'une locution composée (autour **de**, le long **de**, au sujet **de**, au cours **de**, à l'occasion **de**, près **de**, à propos **de**, etc.), utilisez **duquel/de laquelle, desquels/desquelles**. RAPPEL: Pour les personnes, vous pouvez aussi employer **de qui**.

COMPAREZ:

J'aime beaucoup le roman **dont** ils ont parlé dans cette émission hier soir.
I love the novel that they talked about on that program last night.
    [**parler de qqch** ➡ **dont** ET NON: ~~duquel~~]

MAIS: C'est un roman **à propos duquel** les critiques du *Monde* et du *Figaro* ne
         sont pas d'accord.
         This is a novel about which literary reviewers from Le Monde *and* Le Figaro
         disagree.
         [**à propos de** + chose ➡ **duquel** ET NON: ~~dont~~]

14b.   Cas particuliers (préposition + nom + **de qui/duquel**, etc.)

Dont ne peut pas s'employer dans le sens de *whose* lorsque le nom qui suit dépend
lui-même d'une <u>préposition</u>. On ne peut donc pas traduire *whose* par **dont** dans
des expressions telles que . . . *whose father I spoke* ***with***, . . . *whose manners I can't*
get used *to*, etc. Pour contourner le problème, il faut employer soit **de qui** (pour les
personnes) ou **duquel/de laquelle**, etc. (pour les personnes ou les choses), soit
changer la construction de la phrase.[7]

COMPAREZ:

C'est <u>un monsieur</u>. (J'ai rencontré la <u>fille de ce monsieur</u> l'autre jour.) ➜ C'est un
    monsieur **dont** j'ai rencontré la fille l'autre jour.
This is a man whose daughter I met the other day.
MAIS: C'est <u>un monsieur</u>. (J'ai longuement parlé **avec** la fille <u>de ce monsieur</u>.)
         ➜ C'est un monsieur **avec** la fille **de qui** [OU **duquel**] j'ai longuement parlé
         l'autre jour.
         This is the gentleman whose daughter I spoke with at length the other day.
         [ET NON: ~~C'est un monsieur dont j'ai longuement parlé avec la fille~~.]

C'est <u>un film</u>. (Je ne me rappelle plus le nom <u>de ce film</u>.) ➜ C'est un film **dont** je
    ne me rappelle plus le nom.
This is a movie whose name I can't remember anymore.
MAIS: C'est <u>un film</u>. (Je ne me souviens plus **du** <u>nom de ce film</u>.) ➜ C'est un film
         dont je ne me <u>rappelle</u> plus le nom. OU C'est un film **dont** j'<u>ai oublié</u> le
         nom. OU C'est un film **dont** le nom m'<u>échappe</u>. [ET NON: un film ~~dont je ne~~
         ~~me souviens plus du nom~~.]
         This is a movie whose name I can't remember anymore. OR *This is a movie*
         whose name I have forgotten. OR *This is a movie whose name escapes me.*

---

[7]   AUTREMENT DIT: You cannot use **dont** in the sense of *whose* when *whose* introduces, in French, a
       noun that is itself governed by a preposition. This means that you cannot use **dont** to translate
       whose in constructions such as . . . *whose father I spoke* ***with***, . . . *whose manners I can't get used* ***to***,
       etc. To avoid this problem, either use **de qui** (for people) or **duquel/de laquelle**, etc. (for people or
       things), or rephrase the sentence.

Vérification. Complétez les phrases suivantes en ajoutant le pronom relatif qui convient (**de qui**, **dont** ou **duquel**, etc.).

I don't know the man you are speaking about. → Je ne connais pas le monsieur (1) _____ vous parlez.

*Isn't she the girl **whose** brother you went out **with** the other night?* → N'est-ce pas la fille avec le frère (2) _____ tu es sortie l'autre soir?

The path at the end of which they live is planted with beautiful elm trees. → Le chemin au bout (3) _____ ils habitent est planté d'ormes magnifiques.

15 Expressions idiomatiques avec quoi

15a. «Grâce à quoi...», «faute de quoi...», etc.

Le pronom démonstratif neutre **ce** disparaît devant **grâce à quoi**, **moyennant quoi**, **sans quoi**, **faute de quoi**, **à défaut de quoi** et **de quoi**. Ces emplois sont très idiomatiques. (Pour d'autres expressions avec **quoi**, voir Chapitre 20, section 21.)

grâce à quoi/moyennant quoi	Ils ont enfin reçu leurs papiers, **grâce à quoi/moyennant quoi** ils vont pouvoir obtenir leurs visas. *They finally received their paperwork, thanks to* OR *in return for which they'll be able to obtain their visas.*
sans quoi	Prends un manteau, **sans quoi** [= sinon/autrement] tu risques de prendre froid. *Take a coat, otherwise you risk catching a cold.*
faute de quoi/à défaut de quoi	Il te faut une autorisation, **faute/à défaut de quoi** [= sinon/autrement] tu ne pourras pas consulter les archives. *You need an authorization; otherwise you won't be able to consult the archives.*
(pas) de quoi	Je crois que j'ai juste **de quoi** vous offrir une bière. *I think that I have just enough [money] to offer you a beer.* Il n'y a pas **de quoi**! *Don't mention it!* Il n'y a pas **de quoi** être fier! *There's no reason to brag!* Il n'y a vraiment pas **de quoi** en faire un drame. *There's really no reason to make a scene about it.* Il n'y a pas [là] **de quoi** fouetter un chat. *There's nothing here to make such a fuss about.*

15b. **Ce dont** vs **de quoi**

De quoi s'emploie pour les interrogations (directes ou indirectes) et dans certaines expressions idiomatiques. En revanche, et comme nous l'avons vu précédemment (section 12f ci-dessus), **ce dont** est toujours relatif, jamais interrogatif.

COMPAREZ:

De quoi te plains-tu? → J'aimerais savoir **de quoi** tu te plains.

What are you complaining about? I'd like to know what you are complaining about.

MAIS: **Ce dont** ma mère se plaint le plus, c'est que mon frère laisse traîner ses affaires partout.

What my mother complains about most is that my brother leaves his things lying about everywhere.

Vérification. Complétez les phrases suivantes par **de quoi** ou **ce dont**.

What are you talking about? → (1) _____ parles-tu?

What I'm talking about is none of your business! → (2) _____ je parle ne te regarde pas!

16 Inversion stylistique du nom sujet dans la subordonnée relative

Après un pronom relatif <u>autre</u> que **qui**, le <u>nom sujet</u> se trouve souvent <u>après</u> le verbe. En revanche, s'il s'agit d'un simple <u>pronom sujet</u>, il se met à sa place habituelle (devant le verbe). L'inversion stylistique du nom sujet n'est pas obligatoire mais elle est <u>fréquente à l'écrit</u>.[8]

Ce sont des boucles d'oreille que m'<u>a données</u> **ma grand-mère**.
   [OU Ce sont des boucles d'oreille que **ma grand-mère** m'<u>a données</u>.]
These are earrings that my grandmother gave me.

Les événements dont <u>parle</u> **ce livre** ont eu lieu au début du siècle dernier.
   [OU Les événements dont **ce livre** <u>parle</u> ont eu lieu au début du siècle dernier.]
The events that this book refers to took place at the turn of the last century.

---

[8]   L'inversion stylistique se rencontre ailleurs, notamment dans l'interrogation directe (voir Chapitre 6, section 10).

L'expression du temps

 Étude de vocabulaire

1 **An vs année; jour vs journée; matin vs matinée; soir vs soirée**

1a. **An, jour, matin** et **soir**

An, **jour**, **matin** et **soir** sont masculins. Ils indiquent généralement des divisions de temps.

Ils se sont mariés il y a un **an**.	*They married a year ago.*
Il revient dans deux **jours**.	*He's coming back in two days.*
le jour de l'**An** OU le Nouvel **An**	*New Year's Day*
ce **matin/soir** [MAIS: cette année]	*this morning/evening* [BUT: *this year*]
hier **matin**, demain **soir**	*yesterday morning, tomorrow evening*
tous les **ans/jours/matins/soirs**	*every year/day/morning/evening*
tous les deux **ans/jours**	*every other year/day*
chaque **jour/matin/soir** [MAIS: chaque année]	*each day/morning/evening* [BUT: *each year*]
deux fois par **jour**	*twice a day*

1b. **Année, journée, matinée** et **soirée**

Année, journée, matinée et **soirée** sont féminins. Ces mots expriment généralement la durée.

Je ne l'ai pas vu <u>de</u> [toute] la **journée/matinée/soirée**.	*I haven't seen him all day/morning/ evening.*
J'ai eu une **journée/matinée/soirée** très intéressante.	*I had a very interesting day/morning/ evening.*

en début OU au début de l'**année**, de la **journée**, de la **soirée**	*early in* OR *at the beginning of the year, day, evening*
en fin de **matinée/journée/ soirée**	*late in* OR *at the end of the morning/ day/evening*
une longue **matinée**, une bonne **journée**, une belle **soirée**	*a long morning, a good day, a beautiful evening*

1c. Cas particuliers

An et **année** sont interchangeables avec les adjectifs **dernier**, **passé** et **prochain**.

| Elle est entrée à l'université l'**an** dernier/passé OU l'**année** dernière/passée. | *She started college last year.* |
| L'**an** prochain OU L'**année** prochaine, elle ira passer six mois en Chine. | *Next year, she'll spend six months in China.* |

1d. Autres expressions idiomatiques

bonjour	*hello,* OR *good morning* OR *good afternoon*
bonsoir	*good evening* OR *hello/good-bye (in the evening)*
une matinée	*an afternoon performance* OR *show*
une soirée	*an evening reception* OR *party*

2 Antonymes liés à la temporalité

avant *vs* après	Vous préférez votre salade **avant** ou **après** le plat principal?
	Do you prefer your salad before or after the main dish?
dernier/passé *vs* prochain	L'été **dernier/passé**, je suis allé(e) en vacances en Italie; l'an **prochain**/l'année **prochaine**, je crois que j'irai en France.
	Last summer, I went to Italy on vacation; next year, I think I'll go to France.
suivant *vs* précédent	C'était l'exercice **suivant** ou le **précédent** qu'il fallait faire?
	Was it the next exercise or the previous one that we were supposed to do?
déjà *vs* [ne...] pas encore	Ils ont **déjà** téléphoné? —Non, **pas encore**. OU Non, ils **n'**ont **pas encore** téléphoné.
	Have they called already? —No, not yet. OR *No, they haven't called yet.*

toujours/encore *vs* ne... plus	Elle joue **toujours** OU **encore** du piano? —Non, elle **n'**en joue **plus**. *Does she still play the piano? —No, she doesn't* *play any longer/anymore.*
toujours *vs* quelquefois/parfois OU [ne...] jamais	Mes cousins vont **toujours** en Espagne pour les vacances; ma mère et moi y allons aussi **quelquefois** OU **parfois**, mais mon père **n'**y est encore **jamais** allé. *Our cousins always go on vacation to Spain; my* *mother and I go there too sometimes, but my* *father has never been there yet.*
il y a *vs* dans	Elle a terminé ses cours **il y a** trois jours et **dans** une semaine, elle sera de retour à la maison. *She finished her courses three days ago and in a* *week, she'll be back home.*
au début *vs* à la fin	**Au début**, je n'aimais pas ce cours, mais **à la fin** du semestre, j'étais [OU j'ai été] bien content(e) de l'avoir suivi. *At first, I didn't like this course, but by the end of* *the semester, I was really glad I took it.*

3 Le présent vs le passé lointain

PRÉSENT, OU PASSÉ ET FUTUR RÉCENTS	PASSÉ LOINTAIN
avant (*before*)	auparavant (*beforehand/previously*)
maintenant OU en ce moment (*now*)	à ce moment-là (*then*)
aujourd'hui (*today*)	ce jour-là (*that day*)
ce soir (*tonight*)	ce soir-là (*that night*)
hier (*yesterday*)	la veille[1] OU le jour d'avant (*the* *previous day* OR *the day before*)
hier soir (*last night*)	la veille au soir (*the previous night* OR *the night before*)
avant-hier (*the day before yesterday*)	l'avant-veille OU deux jours plus tôt OU deux jours avant (*two days* *before/earlier*)
demain (*tomorrow*)	le lendemain OU le jour suivant/ d'après (*the following/next day* OR *the day after*)
après-demain (*the day after* *tomorrow*)	le surlendemain OU deux jours plus tard OU deux jours après (*two days* *after/later*)

---

[1] Ne confondez pas **la veille** (*the day before*) et **la vieille** dame (*the old lady*).

(suite)

il y a **x** jours (*x days ago*)

dans OU d'ici **x** jours (*in x days*)

cette semaine (*this week*)

l'an passé OU dernier/l'année passée
OU dernière (*last year*)

l'an prochain/l'année prochaine
(*next year*)

x jours avant OU plus tôt (*x days earlier*)

x jours plus tard OU après (*x days later*)

cette semaine-là (*that week*)

l'année précédente OU l'année d'avant
(*the previous year*)

l'année suivante OU l'année d'après
(*the following year*)

4   Autres expressions de temps courantes

à ce moment-là OU à l'époque	**À ce moment-là** OU **À l'époque**, on ne le connaissait pas encore. *At the time* OR *Back then, we didn't know him yet.*
à lundi/mardi... en huit[2]	**À samedi en huit**! *See you a week from Saturday!*
autrefois	**Autrefois**, on s'éclairait à la bougie. *In the past, they used candles for lighting.*
bientôt	Nous serons **bientôt** en vacances. *We'll soon be on vacation.*
dans huit jours	Nous rentrons **dans huit jours**. *We're going back home in a week from now.*
depuis lors	Ils ont fait leurs études ensemble et **depuis lors**, ils sont inséparables. *They went to school together, and since then, they've been inseparable.*
dès que possible	Allez consulter un médecin **dès que possible**. *See a doctor as soon as possible.*
de temps en temps	Il vient nous voir **de temps en temps**. *He comes to see us once in a while* OR *from time to time.*
d'ici OU dans **x** minutes	Je devrais avoir terminé **d'ici** OU **dans cinq minutes**. *I should be done within* OR *in five minutes.*
dorénavant OU désormais	**Dorénavant** OU **Désormais**, je suis un régime! *From now on, I'm on a diet!*
en même temps OU au même moment	Ils sont arrivés **en même temps** OU **au même moment** que nous. [ET NON: ~~au même temps~~ ...] *They arrived at the same time we did.*
jusqu'à + nom	Nous t'attendrons **jusqu'à** ton retour. *We'll wait for you until you return* OR *until your return.*

---

2   En français, on compte en effet à partir d'aujourd'hui: on considère donc qu'une semaine a **huit jours**, et que deux semaines en ont **quinze**.

jusqu'ici	**Jusqu'ici**, ça va. OU **Jusqu'ici**, tout va bien. *So far, so good.*
la plupart du temps	**La plupart du temps**, je me lève à six heures. *Most of the time, I get up at 6 a.m.*
pour commencer OU d'abord; ensuite; pour terminer OU finir	**Pour commencer** OU **D'abord**, je prendrai des moules, **ensuite**, une bonne entrecôte, et **pour terminer** OU **finir**, un sorbet à la framboise. *First, I'll have mussels OR I'll start with mussels; then I'll have a steak, and to finish, a raspberry sorbet.*
pour le moment OU en ce moment	Il est occupé **pour le moment** OU **en ce moment**; repassez dans une heure. *He's busy right now; come back in an hour.*
quelquefois OU parfois	Je me demande **quelquefois** OU **parfois** ce qu'il pense. *I sometimes wonder what he thinks.*
tout à coup OU tout d'un coup	**Tout à coup** OU **Tout d'un coup**, on a entendu une terrible explosion. *All of a sudden OR Suddenly, we heard a terrible explosion.*
tout à l'heure	À **tout à l'heure**! *See you shortly!* Je l'ai vu **tout à l'heure**. *I saw him just a short while ago.*
tout de suite	Patientez une minute, j'arrive **tout de suite**. *Wait just a minute; I'll be right with you OR I'll be there right away.*
tout le temps	Elle se plaint **tout le temps**. *She complains all the time.*

N.B. 17-1
Dès que, dès + nom

Les emplois de **dès** sont très divers et souvent très idiomatiques.

Il leur a téléphoné **dès** son arrivée ou **dès** qu'il est arrivé.	*He called them the minute or as soon as he arrived.*
Je vous contacterai **dès** mon retour ou **dès que** je serai de retour.	*I'll be in touch with you as soon as I get back.*
Les billets sont en vente **dès** maintenant.	*Tickets are on sale right now.*
La situation économique s'est mise à changer **dès** les années quatre-vingt-dix.	*The economic situation started to change in the early nineties.*
La bibliothèque ouvre **dès** huit heures.	*The library is open from eight o'clock.*

Vérification et récapitulation (vocabulaire). Complétez les phrases suivantes par les mots qui conviennent, de façon à ce que vos réponses correspondent aux mots *en gras*.

*We didn't see her **last** week but the week **before**.* → Nous ne l'avons pas vue la semaine (1) _____ mais la semaine

(2) _____.

*I met with my friend Claire **the following day**.* → J'ai retrouvé mon amie Claire

(3) _____.

*Take this medication **three times a day**.* → Prenez ce médicament

(4) _____.

*I spoke to her **just a short while ago**.* → Je lui ai parlé

(5) _____.

*Unfortunately, these two courses meet **at the same time**.* → Malheureusement, ces deux cours ont lieu (6) _____.

***In the morning**, I normally get up around seven o'clock.* →

(7) _____, je me lève normalement vers sept heures.

*My **day** was exhausting.* → J'ai eu une (8) _____ épuisante.

Les subordonnées de temps

5 Les subordonnées de temps à l'indicatif

Après une conjonction de temps exigeant l'**indicatif**, le verbe subordonné peut être à n'importe quel temps de l'indicatif, suivant le contexte et le sens. (Pour la concordance des temps au futur, voir Chapitre 11, section 6.)

quand OU lorsque	**Quand** OU **Lorsque** je **reviendrai**, nous irons faire des courses. *When I come back, we'll go shopping.*
au moment où/le jour où[3]	Malheureusement, il y est allé **au moment où/ le jour où** le magasin **était fermé**. *Unfortunately, he went there when* OR *the day [when] the store was closed.*
du moment que	**Du moment qu'**on **est** ensemble, le reste importe peu. *As long as we're together, the rest doesn't matter.*

---

[3] Pour le pronom relatif **où** pris dans le sens de *when*, voir aussi Chapitre 16, sections 5b, 5c, 5d.

dès que OU aussitôt que	Nous achèterons un tapis **dès que** OU **aussitôt que** nous **aurons changé** [futur antérieur] de sofa. *We'll buy a rug as soon as we've changed the sofa.*
tant que OU aussi longtemps que	**Tant que** OU **Aussi longtemps que** tu **as** OU **auras** de la fièvre, tu ne dois pas sortir. *As long as you have a temperature, you are not supposed to go out.*
chaque fois que OU toutes les fois que	**Chaque fois que** OU **Toutes les fois que** sa maman **s'en va**, cet enfant se met à pleurer. *Each OR Every time his mom leaves, this child starts to cry.*
après que OU une fois que	Je rangerai la cuisine **après qu'** OU **une fois qu'**ils **seront partis** [futur antérieur; ET NON: ~~soient partis~~[4]]. *I'll clear the kitchen after OR once they have left.*
pendant que OU alors que OU tandis que[5]	Il a téléphoné **pendant que** OU **alors que** OU **tandis que** nous **étions** absents. *He called while we were away.*
depuis que	**Depuis que** les cours **ont recommencé**, il est très occupé. *Since classes OR Now that classes have started again, he's been very busy.*
comme OU alors que	Hier soir, **comme** OU **alors que** je **rentrais** chez moi, je suis tombé(e) sur un ami que je n'avais pas vu depuis longtemps. *Last night, as I was going home, I ran into a friend I hadn't seen in a long time.*
à peine... que	Nous étions **à peine** assis OU **À peine** étions-nous assis **que** le train **est parti**. [ET NON: ~~quand~~ le train...] *We had barely sat down when the train departed.*
au fur et à mesure que	Normalement, on affiche les résultats **au fur et à mesure qu'**on les **reçoit**. *Normally, the results are posted as they come in.*

---

[4] On rencontre parfois le subjonctif dans les propositions introduites par **après que** (par mimétisme avec **avant que**, voir section 6 ci-dessous), mais cet emploi est à éviter.

[5] **Tandis que** peut être aussi comparatif et signifie alors *whereas*: Elle est charmante, tandis que lui est un peu bourru. (*She's charming, whereas he's rather gruff.*)

6 Les subordonnées de temps au subjonctif

Après une conjonction de temps exigeant le **subjonctif**, on emploie le **subjonctif présent** si l'action du verbe subordonné est <u>simultanée ou future</u> par rapport au verbe principal. Sinon (c'est-à-dire lorsque l'action est déjà accomplie, ou considérée comme telle), on emploie le **subjonctif passé**.[6] (Pour la formation des subjonctifs présent et passé et la concordance des temps au subjonctif, voir Chapitre 12, sections 2 à 4.)

COMPAREZ:

avant que	Viens vite regarder ce beau coucher de soleil **avant qu'**il (ne) **disparaisse**. [subjonctif présent] *Quick, come look at this beautiful sunset before it disappears.*
	MAIS: Viens vite regarder ce beau coucher de soleil **avant qu'**il (n')**ait disparu**. [subjonctif passé] *Quick, come look at this beautiful sunset before it has disappeared* OR *is gone.*
en attendant que	Je regarderai la télévision **en attendant que** tu **reviennes**. *I'll watch television while I wait for you to come back* or *until you come back.*
jusqu'à ce que	Restez ici **jusqu'à ce que** nous **soyons** prêt(e)s à partir. [subjonctif présent] *Stay here until we are ready to leave.*
	MAIS: Je ne lui adresserai pas la parole **jusqu'à ce qu'**il **se soit excusé**. [subjonctif passé] *I won't speak to him until he has apologized.*
il est (grand) temps que	**Il est temps que** tu **finisses** ton doctorat. *It's time for you to finish your Ph.D.*
Le temps que OU D'ici [à ce] que (en début de phrase)	**Le temps qu'**on **revienne** OU **D'ici** [à ce] **qu'**on **revienne** chercher ton sac, le train <u>sera parti</u> depuis longtemps! *By the time we go back to get your bag, the train will be long gone!*
le temps que (souvent après un <u>impératif</u>)	<u>Attendez</u>-moi juste une minute, **le temps que** j'**aille** chercher mes affaires. [subjonctif présent] *Please wait for me just a minute while I go get my things.*

---

[6] AUTREMENT DIT: If the action of the subordinate verb takes place *at the same time* as the main verb, or *in the future*, use the **subjonctif présent**. Otherwise, use the **subjonctif passé**.

> ## N.B. 17-2
> ### «Quand il aura ton âge et qu'il aura voyagé...»
>
> Lorsqu'une subordonnée de temps comprend deux verbes, le second est obligatoirement introduit par **que**.
>
> | | |
> |---|---|
> | **Quand** il aura ton âge et **qu'**il aura voyagé, il sera plus tolérant. | *When he is your age and he has seen the world, he'll be more tolerant.* |

7   Infinitif vs subjonctif/indicatif dans les subordonnées de temps

7a.   **En attendant de**, **avant de**, **il est temps de** + infinitif

Après certaines conjonctions ou locutions de temps exigeant normalement le subjonctif (par exemple, **en attendant**, **avant**, **il est temps**), on emploie l'**infinitif** à la place du subjonctif lorsque les <u>sujets</u> des verbes subordonné et principal sont <u>identiques</u>. Sinon, la subordonnée reste au subjonctif. (Voir aussi Chapitre 12, section 13, et Chapitre 13, section 8.)

COMPAREZ:

Elle a regardé une vidéc sur YouTube **avant de** <u>sortir</u>. [sujets identiques ⟶ infinitif]
She watched a video on YouTube before going out.

MAIS: Je regarderai cette vidéo sur YouTube **avant que** nous (ne) <u>sortions</u>. [sujets différents ⟶ subjonctif]
I'll watch that video on YouTube before we go out.

Elle a lu **en attendant de** <u>s'endormir</u>. [sujets identiques ⟶ infinitif]
She read until she fell asleep.

MAIS: Elle a regardé la télévision **en attendant que** vous <u>rentriez</u>. [sujets différents ⟶ subjonctif]
She watched television until you came home.

7b.   «Après avoir mangé...» (après + infinitif passé)

Dans une subordonnée introduite par **après**, on emploie l'**infinitif passé** à la place de l'indicatif passé lorsque les <u>sujets</u> des verbes subordonné et principal sont <u>identiques</u>. Sinon, le verbe subordonné reste à l'indicatif passé. (Pour l'infinitif passé, voir Chapitre 13, section 2.)

COMPAREZ:

Il a mangé; **après** cela, **il** est sorti. → Il est sorti **après** <u>avoir mangé</u> OU **Après** <u>avoir mangé</u>, il est sorti. [sujets identiques ⟶ infinitif passé]
He went out after he ate. OR *After he ate/After eating, he went out.*

MAIS: **Tom** est rentré; **après** cela, **elle** s'est couchée. → Elle s'est couchée **après que** Tom <u>est rentré</u>. [sujets différents ⟶ passé composé]
She went to bed after Tom came home.

Vérification et récapitulation (subordonnées de temps).

Complétez les phrases suivantes en ajoutant les conjonctions appropriées. Mettez les verbes entre parenthèses aux temps et modes qui conviennent. Ajoutez **de** devant l'infinitif si nécessaire ou **que** devant le verbe conjugué.

We shall leave as soon as you are done. → Nous (1) _____ (partir)
(2) _____ tu (3) _____ (terminer/futur antérieur).

Her parents will be helping her financially until she can work again. → Ses parents l'aideront financièrement (4) _____ elle (5) _____ (pouvoir) reprendre son travail.

They cleared up the whole house before we came back. → Ils ont rangé toute la maison (6) _____ nous (7) _____ (revenir).

At the time you called, I was taking a shower. → (8) _____ tu as appelé, j' (9) _____ (être) sous la douche [OU en train de prendre une douche].

We should say good-bye to them before we leave. → Nous devrions leur dire au revoir (10) _____ (partir).

Quick, say good-bye to them before they leave. → Allez vite leur dire au revoir (11) _____ (partir).

Constructions particulières

8 **«Il y a + durée + [que]...» et «Cela (Ça) fait + durée + [que]...»**

Ces constructions sont synonymes. Elles ont trois significations possibles:

8a. *Ago*

Il y a une année, j'étais encore à Paris.   *A year **ago**, I was still in Paris.*
  [ET NON: ~~Cela (Ça) fait une année, j'étais...~~]

Ils sont arrivés **il y a** dix minutes.

Ils sont arrivés **cela (ça)** fait dix minutes.
  [familier]   *They arrived ten minutes **ago**.*

Il y a dix minutes **qu'**ils sont arrivés.

Cela (Ça) fait dix minutes **qu'**ils sont arrivés.

8b. *For* (ou *in* dans une phrase négative)

Dans une **phrase affirmative**, le verbe est toujours à un <u>temps simple</u>. En revanche, dans une **phrase négative**, le verbe peut être soit à un <u>temps simple</u> (avec de préférence **ne... plus**), soit à un <u>temps composé</u> (avec de préférence **ne... pas**).[7]

COMPAREZ:

PHRASE AFFIRMATIVE

Cela (Ça) fait/Il y a deux jours
   qu'il <u>a</u> [ET NON: <s>a eu</s>] de la fièvre.
He has had a fever for two days.

PHRASE NÉGATIVE

MAIS: **Cela (Ça) fait/Il y a** trois nuits **qu'il**
   <u>ne dort pas/plus</u> OU **qu'il** <u>n'a pas dormi</u>.
He hasn't slept for [in] three nights.

8c. *"It's been years <u>since</u> . . ."*

Quand l'expression *It's been years <u>since</u> . . .* est l'équivalent de *ago*, le verbe introduit par **Il y a...** OU **Cela (Ça) fait... que** est toujours à un <u>temps composé</u>. Toutefois, lorsqu'on insiste sur le fait que quelque chose n'a *pas* eu lieu durant un certain laps de temps et que *since* est l'équivalent de *for/in*, le verbe **négatif** peut être soit à un <u>temps simple</u>, soit à un <u>temps composé</u>.[8]

COMPAREZ:

Cela (Ça) fait/Il y a deux ans **qu'ils** <u>ont terminé</u> leurs études.
*It's been two years since they graduated [i.e., they graduated two years **ago**].*

MAIS: **Cela (Ça) fait/Il y a** deux ans **qu'ils** <u>ne se voient plus</u> OU **qu'ils** <u>ne
   se sont pas vus</u>.[9]
   *It's been two years since they last saw each other [i.e., they have <u>not</u> seen each
   other **for/in** two years].*
   [ET NON: <s>Il y a/Cela fait presque deux ans depuis qu'ils se sont vus.</s>]

---

[7]   AUTREMENT DIT: In French, the rules governing these types of constructions are very different from English. If the subordinate sentence is *affirmative*, the verb introduced by **que** must *always* be in a *simple tense*, whatever the form of the verb may be in English. However, if the subordinate sentence is *negative*, you may use either a *simple tense* (usually with **ne... plus**), or a *compound tense* (usually with **ne... pas**).

[8]   AUTREMENT DIT: When this construction is synonymous with *ago*, the French verb is always a compound tense in the affirmative mode. However, when you insist on the fact that something has *not* taken place within a certain period of time, it is translated in French by a *negative* verb (in either a simple or compound tense).

[9]   Dans le style soutenu, **pas** est parfois omis: **Cela (Ça) fait/Il y a** deux ans **qu'ils** <u>ne se sont vus</u>.
   (Voir Chapitre 8, section 8.)

9 **Depuis**

Les constructions avec **depuis** ont également trois significations possibles:

9a. *For* (ou *in* dans une phrase négative)

Dans une **phrase affirmative**, le verbe est toujours à un <u>temps simple</u>; dans une phrase **négative**, le verbe peut être soit à un <u>temps simple</u> (avec de préférence **ne... plus**), soit à un <u>temps composé</u> (avec de préférence **ne... pas**).

COMPAREZ:

PHRASE AFFIRMATIVE	PHRASE NÉGATIVE
Il <u>a</u> [ET NON: ~~a eu~~] de la fièvre **depuis** deux jours. *He's had a fever for two days.*	MAIS: Il <u>ne fume plus</u> ou <u>n'a pas fumé</u> **depuis** trois ans. *He hasn't smoked for [in] three years.*

9b. *Since*

Lorsque **depuis** ou **depuis que** signifient *since* ou *ever since*, le verbe peut être à une forme <u>simple</u> ou <u>composée</u>, suivant le sens et le contexte.

Il <u>fait</u> très froid **depuis** Noël.	*It's been very cold since Christmas.*
Depuis qu'il <u>a obtenu</u> ce poste, il est très occupé.	*Ever since he got that job, he's been very busy.*
On <u>ne s'est pas vu(e)s</u> OU On <u>ne se voit plus</u> **depuis** des années.	*It's been years since we have last seen each other.*

9c. *Ago*

Depuis peut signifier *ago* lorsqu'on insiste sur l'origine d'une action passée qui sert encore de point de repère temporel (cet emploi un peu particulier représente une nuance et non une différence de sens).

Les suspects <u>auraient quitté</u> la France **depuis** plusieurs jours.	*The suspects are believed to have left France several days ago.*
Les dinosaures <u>ont disparu</u> [OU sont disparus] **depuis** des millions d'années!	*Dinosaurs disappeared millions of years ago!*

Vérification. Traduisez les phrases suivantes en utilisant **depuis, il y a** OU **Cela (Ça) fait**. Ajoutez **que** si nécessaire. Employez les mots entre crochets.

(1) *De Gaulle? He died a long time **ago**!*

_____

(2) *They have known each other **for** ten years.* [se connaître]

_____

(3) *We haven't seen him **since** he moved away.* [On ne le voit plus... / déménager]

_____

(4) *It's been years **since** I last skated [i.e., I have not skated in years].* [patiner / des années]

_____

(5) *I met him a long time **ago**.* [rencontrer]

_____

 # Comment traduire…?

10   Comment traduire *ago*?

10a.   «**Il y a** + durée + [**que**]...» et «**Cela (Ça) fait** + durée + [**que**]...»

*A week **ago**, we were still on vacation.*	**Il y a** une semaine, nous étions encore en vacances. [ET NON: ~~Cela (Ça) fait une semaine, nous étions~~...]
*The train left the station ten minutes **ago**.*	Le train a quitté la gare **il y a/cela (ça) fait** dix minutes. OU **Il y a/Cela (Ça) fait** dix minutes **que** le train a quitté la gare.

10b.   **Depuis**

RAPPEL: Il s'agit ici d'un emploi un peu particulier de **depuis**. (Voir section 9c ci-dessus.)

*They left a long time **ago**.*	Ils sont partis **depuis** longtemps.

[IL VA DE SOI QU'ON PEUT DIRE AUSSI: Ils sont partis il y a longtemps. OU Il y a/Ça (Cela) fait longtemps qu'ils sont partis.]

11   Comment traduire *for* (dans son sens temporel)?

11a.   **Pendant**

Quand *for* est synonyme de *during*, on emploie **pendant**, mais **pendant** est parfois sous-entendu.

*The musicians rehearsed **for** the whole evening.*	Les musiciens ont répété **pendant** [ET NON: ~~pour~~] toute la soirée.
*He worked **for** two solid hours.*	Il a travaillé **pendant** [ET NON: ~~pour~~] deux bonnes heures.
*I slept [**for**] two hours.*	J'ai dormi [**pendant**] deux heures.

11b. Pour

Pour s'emploie pour une <u>durée intentionnelle future</u>, surtout avec des verbes tels que **aller**, **venir** et **partir**.

> *Valerie left **for** three months [i.e., with the intention of staying away for a total of three months].*
> Valérie est partie **pour** trois mois.
>
> *My parents will be coming **for** ten days [i.e., with the intention of staying for a total of ten days].*
> Mes parents viendront **pour** dix jours.

11c. «**Il y a** + durée + **que...**», «**Cela/Ça fait** + durée + **que...**», «**depuis** + durée»

Comme nous l'avons vu précédemment (voir sections 8b et 9a), lorsqu'on emploie ces constructions pour traduire *for* dans une **phrase affirmative**, le verbe subordonné est toujours à un <u>temps simple</u>. Toutefois, dans une **phrase négative**, le verbe peut être soit à un <u>temps simple</u>, soit à un <u>temps composé</u>.

COMPAREZ:

*She has been feeling better **for** two days.*
Elle <u>se sent</u> mieux **depuis** deux jours. OU **Il y a/Cela (Ça) fait** deux jours **qu'**elle se sent mieux.
[ET NON: Elle s'est sentie mieux depuis deux jours. NI: Il y a/Cela (Ça) fait deux jours qu'elle s'est sentie mieux.]

MAIS: *It hasn't rained in this region **for** [in] two years.*
Il <u>ne pleut plus</u>/<u>n'a pas plu</u> dans cette région **depuis** deux ans. OU **Il y a/Cela (Ça) fait** deux ans **qu'**il <u>ne pleut plus</u>/<u>n'a pas plu</u> dans cette région.

12   Comment traduire *in* (dans son sens temporel)?

12a. Au + siècle/printemps

*Molière lived **in** the seventeenth century.*	Molière a vécu **au** dix-septième siècle.
*Many couples get married **in** the spring.*	De nombreux couples se marient **au** printemps.

12b. En + mois/automne/été/hiver/année

*in August, **in** September*	**en** août, **en** septembre
In the summer, he works as a waiter.	**En** été, il travaille comme serveur.
*Classes start **in** the fall.*	Les cours reprennent **en** automne.
*The Bastille was taken **in** 1789.*	La Bastille fut prise **en** 1789.

12c. **En** + temps nécessaire pour accomplir une tâche

*She won the race **in** record time.*	Elle a gagné la course **en** un temps record.

12d. **Dans** + durée future

In two days, I'll be on vacation.	**Dans** deux jours, je serai en vacances.
*I'll be with you **in** just a minute.*	Je suis [ET NON: ~~serai~~] à vous **dans** une minute.

12e. «**Depuis**» ou «**Il y a** ou **Cela (Ça) fait... que...**»

RAPPEL: Lorsque *in* est synonyme de *for* dans une **phrase négative** (*I have <u>not</u> done this in/for such and such a time . . .*), le verbe négatif peut être soit à un temps <u>simple</u>, soit à un <u>temps composé</u>. (Voir sections 8b et 9a ci-dessus.)

*We haven't called each other **in** a long time.*	**Il y a/Cela (Ça) fait** longtemps **qu'**on <u>ne s'est pas téléphoné</u>/qu'on <u>ne se téléphone plus</u>. OU On <u>ne s'est pas téléphoné</u>/On <u>ne se téléphone plus</u> **depuis** longtemps.

13   Comment traduire *since* (dans son sens temporel)?

13a. **Depuis** ou **depuis que**

Lorsqu'on emploie **depuis** ou **depuis que** pour traduire *since,* le verbe peut être soit à une <u>forme simple</u>, soit à une <u>forme composée</u>, suivant le sens et le contexte.

*Lucas has had the flu **since** Thursday.*	Lucas <u>a</u> la grippe **depuis** jeudi.
*We saw her twice **since** she came back.*	Nous l'avons vue deux fois **depuis qu'**elle <u>est rentrée</u>.

13b. "*It's been years <u>since</u> . . .*"

Comme nous l'avons vu précédemment (voir section 8c), quand l'expression *It's been years <u>since</u> . . .* est l'équivalent de *ago,* on emploie **Il y a** ou **Cela (Ça) fait... que** + un verbe <u>composé</u> à la forme <u>affirmative</u>. En revanche, lorsqu'on insiste sur le fait que quelque chose n'a <u>pas</u> eu lieu durant un certain laps de temps et que *since* est l'équivalent de *for/in,* le verbe **négatif** peut être soit à un <u>temps simple</u>, soit à un <u>temps composé</u>.

COMPAREZ:

*It's been two weeks **since** they left. = They left two weeks **ago**.*
Cela fait/Il y a deux semaines **qu'**ils <u>sont partis</u>.
[ET NON: Cela fait/Il y a deux semaines ~~depuis qu'ils sont partis~~.]

MAIS: *It's been three years **since** they last saw their cousins. = They have <u>not</u> seen their cousins **for/in** three years.*

Il y a/Cela (Ça) fait trois ans **qu'**ils <u>n'ont pas vu</u> OU **qu'**ils <u>ne voient plus</u> leurs cousins.

[ET NON: Il y a/Cela (Ça) fait trois ans ~~depuis qu'ils ont vu leurs cousins.~~]

Vérification et récapitulation (*ago, for, in, since*).

Traduisez les phrases suivantes. Employez les mots entre crochets, le cas échéant.

(1) *He came back two weeks **ago**.* [rentrer]

_____

(2) *We're leaving **for** two days.* [partir]

_____

(3) *I've been studying French **for** four years.*

_____

(4) *She worked in Tokyo **for** three years.*

_____

(5) *He hasn't been back to this region **in** three years.* [revenir]

_____

(6) *My twin brothers were born **in** 2001.* [frères jumeaux / naître]

_____

(7) *Louis XVI reigned **in** the eighteenth century.* [régner / dix-huitième siècle (m.)]

_____

(8) *I'm going home **in** a few days.* [rentrer chez moi]

_____

(9) *I finished my exam **in** one hour.* [terminer]

_____

(10) *It has been two months **since** she had her baby.* [avoir son bébé]

_____

(11) *She has been very busy **since** the birth of her baby.* [être occupée / la naissance de son bébé]

_____

(12) *They haven't spoken to each other **since** their divorce.* [se parler]

_____

18

Le passif et les tournures passives

La voix passive

1 Définition et formation

1a. Définition

La **voix active** indique que le sujet fait l'action exprimée par le verbe. La **voix passive** indique au contraire que le sujet subit l'action exprimée par le verbe.

COMPAREZ:

VOIX ACTIVE	VOIX PASSIVE
Un comité **évaluera** les candidats. *A committee will evaluate the candidates.*	Les candidats **seront évalués** par un comité. [futur passif] *The candidates will be evaluated by a committee.*
La police **a retrouvé** le criminel. *The police found the criminal.*	Le criminel **a été retrouvé** par la police. [passé composé passif] *The criminal was found by the police.*

Normalement, seuls les **verbes transitifs** ayant un complément d'objet direct peuvent se mettre au passif. À quelques rares exceptions près,[1] lorsqu'un verbe n'a pas de complément d'objet direct, ou lorsqu'il est intransitif ou pronominal, il ne peut pas être tourné à la voix passive. Notez que les verbes **valoir**, **pouvoir** et **avoir** n'ont pas de passif non plus.

---

[1] EXCEPTIONS: Les verbes **obéir/désobéir à qqn** et **pardonner à qqn** existent en effet au passif: Il n'a aucune autorité; il n'**est** jamais **obéi** de personne. (*He doesn't have any authority; he is never obeyed by anyone.*) Ils **ont été pardonnés** [dans le sens juridique du terme]. (*They were pardoned.*)

1b. Formation

On forme le passif en conjuguant le verbe **être** (à n'importe quel temps), auquel on ajoute le participe passé du verbe transitif. Dans le passage de la voix active à la voix passive (voir Tableau 1 ci-dessous), l'objet direct du verbe actif devient le **sujet** du verbe passif, tandis que le **sujet** du verbe actif devient le complément d'agent du verbe passif (généralement introduit par la préposition **par**; pour la préposition **de**, voir section 2 ci-dessous). Toutefois, si le sujet du verbe actif est **on** ou **quelqu'un**, **des gens** ou **ils** (dans un sens générique), le complément d'agent reste sous-entendu, comme en anglais.

COMPAREZ:

Rodin a sculpté cette statue. → Cette statue a été sculptée par **Rodin**.
Rodin sculpted this statue. → *This statue was sculpted by Rodin.*

MAIS: **On** a OU **Ils** ont modifié les horaires pour l'été. → Les horaires ont été
modifiés pour l'été.
They modified the schedule for the summer. → *The schedule was modified for
the summer.*

1c. Accord du participe passé des verbes passifs

Aux temps composés, le participe passé de l'auxiliaire **être** (été) reste invariable, mais le participe passé qui le suit s'accorde toujours avec le sujet.

Elle **a été nommée** Secrétaire d'État.	*She was named Secretary of State.*
Ces belles forêts **ont été** complètement **détruites** par le feu.	*These beautiful forests were completely destroyed by fire.*

Tableau 1

DE LA VOIX ACTIVE À LA VOIX PASSIVE

TEMPS	VOIX ACTIVE	VOIX PASSIVE
présent	Paul **répare** souvent ma voiture. *Paul often repairs my car.*	→ Ma voiture **est** souvent **réparée** par Paul. *My car is often repaired by Paul.*
futur	Paul **réparera** ma voiture. *Paul will repair my car.*	→ Ma voiture **sera réparée** par Paul. *My car will be repaired by Paul.*
imparfait	Paul **réparait** souvent ma voiture. *Paul would often repair my car.*	→ Ma voiture **était** souvent **réparée** par Paul. *My car would often be repaired by Paul.*

(suite)

passé composé	Hier, Paul **a réparé** ma voiture. *Yesterday, Paul repaired my car.*	→ Hier, ma voiture **a été réparée** par Paul. *Yesterday, my car was repaired by Paul.*
plus-que-parfait	Paul **avait** déjà **réparé** ma voiture. *Paul had already repaired my car.*	→ Ma voiture **avait** déjà **été réparée** par Paul. *My car had already been repaired by Paul.*
subjonctif présent	Il faudrait que Paul **répare** ma voiture. *Paul should repair my car.*	→ Il faudrait que ma voiture **soit réparée** par Paul. *My car should be repaired by Paul.*
subjonctif passé	C'est bien que Paul **ait réparé** ma voiture. *It's nice that Paul repaired my car.*	→ C'est bien que ma voiture **ait été réparée** par Paul. *It's nice that my car was repaired by Paul.*
conditionnel présent	On m'a promis que Paul **réparerait** ma voiture. *They promised me that Paul would repair my car.*	→ On m'a promis que ma voiture **serait réparée** par Paul. *They promised me that my car would be repaired by Paul.*
conditionnel passé	J'espérais que Paul **aurait réparé** ma voiture. *I was hoping that Paul would have repaired my car.*	→ J'espérais que ma voiture **aurait été réparée** par Paul. *I was hoping that my car would have been repaired by Paul.*
infinitif présent	Ce pauvre Paul doit souvent **réparer** ma voiture. *Poor old Paul often has to repair my car.*	→ Ma voiture doit souvent **être réparée** par ce pauvre Paul. *My car often has to be repaired by poor old Paul.*

N.B. 18-1
Ne confondez pas...

Ne confondez pas le passé composé <u>actif</u> d'un verbe conjugué avec l'auxiliaire **être**, et le présent <u>passif</u> d'un verbe normalement conjugué avec l'auxiliaire **avoir**.

COMPAREZ:

D'habitude, les résultats des examens oraux **sont affichés** [présent <u>passif</u>] dès le lendemain.
Usually, the results of the oral examinations are posted the very next day.

MAIS: Pierre et son frère **sont sortis** [passé composé <u>actif</u>] il y a cinq minutes.
Peter and his brother went out five minutes ago.

Vérification. Tournez les phrases suivantes au passif. Faites tous les changements nécessaires.

(1) On a enfin découvert la cause de l'accident.

_____

(2) Le maire accueillera les lauréats à l'Hôtel de Ville.

_____

2   Le complément d'agent du verbe passif

Lorsqu'il est exprimé, le complément d'agent du verbe passif (généralement introduit par _by_ ou _with_ en anglais) est normalement précédé de la préposition **par** en français. EXCEPTIONS: On emploie **de**[2] à la place de **par** lorsque le verbe est pris dans un <u>sens figuré ou affectif</u>, lorsque son participe passé a une simple fonction d'<u>adjectif</u>, ou lorsque l'agent n'est qu'<u>apparent</u>. En revanche, si l'agent n'est pas spécifié ou pas spécifique (**on** ou **quelqu'un**, des **gens**, etc.), il reste sous-entendu, comme en anglais.

COMPAREZ:

PAR	DE
Les termes du contrat n'ayant pas été respectés **par** monsieur Durand, il fut poursuivi en justice. _Because the terms of the contract had not been respected by Mr. Durand, he was brought to court._	MAIS: Michel est respecté **de** tous ses collègues. [**respecter** a ici un sens affectif ➞ **de**] _Michael is respected by all his colleagues._
La valeur de ces meubles d'époque a été appréciée **par** le commissaire-priseur. _The value of these genuine antiques was appraised by the auctioneer._	MAIS: Cet acteur est très apprécié **du** public. [**apprécier** a ici un sens affectif ➞ **de**] _This actor is very much appreciated by the public._
Pour son récital, le ténor était accompagné **par** un très jeune pianiste. _For his recital, the tenor was accompanied by a very young pianist._	MAIS: Ils étaient accompagnés **de** leurs enfants. [**enfants** n'est pas considéré ici comme un véritable agent ➞ **de**] _They were accompanied by their children._

---

[2] RAPPEL: Lorsque le complément d'agent est **de**, les articles définis **le** et **les** se contractent avec **de**, mais les articles commençant par la lettre d (**du, de l', de la, des**) disparaissent: **Le** premier ministre accompagnait le président. ➞ Le président était accompagné **du** [de + le] premier ministre. MAIS: **Des** journalistes de plusieurs pays entouraient le président. ➞ Le président était entouré **de** [ET NON: ~~des~~] journalistes de plusieurs pays.

Dommage que la soprano soit couverte **par** l'orchestre, car elle a une très belle voix.	MAIS: Les champs étaient couverts **de** neige. [**couverts** a une fonction d'adjectif ➝ **de**]
Too bad the soprano is covered by the orchestra, because she has a most beautiful voice.	*The fields were covered with snow.*
Les champs ont été inondés **par** la rivière.	MAIS: Nous sommes inondés **d'**appels. [sens figuré ➝ **de**]
The fields were inundated by the river.	*We are inundated by phone calls.*

PAR CONTRE: Cette chapelle a été construite au XVe siècle. [l'agent est sous-entendu]
  This chapel was built in the fifteenth century.

Vérification. Complétez les phrases suivantes par la préposition **par** ou **de**.

This house was built by my grandfather. ➝ Cette maison a été construite
(1) _____ mon grand-père.

Since their son's death, they've been overwhelmed with grief. ➝ Depuis la mort de leur fils, ils sont accablés (2) _____ chagrin.

3   Comment traduire un passif anglais lorsque l'agent n'est pas spécifié?

Lorsque l'agent du verbe passif anglais n'est pas spécifié, on peut soit tourner le verbe à la voix active en employant le pronom **on**, soit mettre la phrase à la voix passive, mais sans agent. Cette deuxième option n'est évidemment possible que si le verbe actif français a un complément d'objet direct [c.o.d.]. (Voir section 4 ci-dessous).

COMPAREZ:

A thief was arrested.	**On a arrêté** un voleur. OU **Un voleur a été arrêté.**
The kitchen has been completely remodeled.	**On a** complètement **refait** la cuisine. OU **La cuisine a été** complètement **refaite.**
She was interviewed about the situation in the Middle East.	**On l'a interviewée** sur la situation au Proche-Orient. OU **Elle a été interviewée** sur la situation au Proche-Orient.

4 Le passif anglais est-il toujours possible en français?

Le passif est beaucoup plus fréquent en anglais qu'en français, mais il n'est pas toujours traduisible littéralement. Pour savoir si un passif anglais peut se traduire par un passif français, il faut savoir si le <u>sujet</u> du verbe passif anglais peut être <u>complément d'objet direct</u> du verbe français. Si c'est le cas, le passif est possible en français; sinon, il faut employer une tournure active.[3]

COMPAREZ:

The officer will be tried by a military tribunal. → L'officier **sera jugé** par un tribunal militaire.
  [Le passif est possible en français comme en anglais, car on dit **juger qqn.**]

MAIS: *He was granted permission to leave a little earlier.* → On lui a accordé la permission [c.o.d.] de partir un peu plus tôt.
  [ET NON: ~~Il a été accordé la permission~~... Le passif n'est pas possible en français parce qu'on dit **accorder une permission à qqn.**]

This soldier was wounded during the war. → Ce soldat **a été blessé** pendant la guerre.
  [Le passif est possible en français comme en anglais, car on dit **blesser qqn.**]

MAIS: *She was asked to come back tomorrow.* → On lui a demandé de revenir demain.
  [ET NON: ~~Elle a été demandée~~... Le passif n'est pas possible en français parce qu'on dit **demander qqch à qqn.**]

N.B. 18-2
"I was mocked..." vs **«On s'est moqué de moi...»**

ATTENTION: En français, les verbes pronominaux ne se mettent <u>jamais</u> au passif.

*He **was mocked** by everyone.* → Tout le monde **s'est moqué/se moquait** de lui.
  [ET NON: ~~Il était/a été moqué...~~]

---

[3] AUTREMENT DIT: The passive voice is more frequent in English than in French and cannot always be translated literally into French. To know whether a passive sentence in English can be turned into a passive sentence into French, you need to know whether the *subject* of the passive verb in English can be the *direct object* of the French verb; if that is not the case, the passive voice isn't possible in French and you must use the active voice to translate the sentence.

Vérification. Traduisez les phrases suivantes en vous servant des indications entre crochets. Employez la voix passive si possible, sinon, mettez les phrases à la voix active.

(1) *That novel was written by Balzac.* [écrire un roman]

_____

(2) *I was asked to come a little earlier today.* [demander à qqn de...]

_____

 # Autres moyens d'exprimer le passif tout en l'évitant[4]

5 Verbes pronominaux à sens passif

On emploie un <u>verbe pronominal</u> à la place du passif surtout lorsque le sujet du verbe passif est une <u>chose</u>, ou que l'action exprimée est <u>habituelle</u> ou considérée comme <u>connue</u>. Cet emploi idiomatique est très fréquent, car il permet d'éviter les constructions avec **on**.

This isn't said. → Cela (Ça) ne **se dit** pas. [ET NON: ~~Cela n'est pas dit~~.]
This isn't done. → Cela (Ça) ne **se fait** pas. [ET NON: ~~Cela n'est pas fait~~.]
"Revenge is a dish best eaten cold." → «La vengeance est un plat qui **se mange** froid.» [proverbe]

6 «C'est moi/toi/lui, etc. qui...» (mise en relief)

La mise en relief (**C'est moi/toi/lui**, etc. **qui...**) s'emploie surtout lorsque l'agent du verbe passif en anglais est un <u>pronom</u>. En français en effet, on ne dit pas «quelque chose a été fait par moi/lui/nous, etc.», sauf pour corriger un malentendu.

COMPAREZ:

Est-ce un Picasso? —Oui, **c'est lui qui** a peint ce tableau.
Is this a Picasso? —Yes, this picture was painted by him.
    [ON PEUT DIRE AUSSI: —Oui, ce tableau a été peint **par Picasso**, MAIS PAS: Ce tableau a été peint ~~par lui~~, car il n'y pas de malentendu ici.]

_____

[4] AUTREMENT DIT: In French, there are many idiomatic constructions that express the passive while avoiding the use of the passive voice.

MAIS: Est-ce un Picasso? —Non, ce tableau n'a pas été peint **par lui** mais par Braque.
Is this a Picasso? —No, this picture wasn't painted by him but by Braque.
   [ON PEUT DIRE AUSSI: C'est Braque, et non lui/Picasso, qui a peint ce tableau.]

7   Rendre + adjectif

La construction **rendre** + <u>adjectif</u> correspond à *to make someone sick, happy, sad, etc.* Attention de ne pas employer le verbe **faire** dans cette construction (voir aussi N.B. 18-4 ci-dessous).

Elle a mangé quelque chose qui l'**a rendue** [ET NON: ~~faite~~] malade.	*She ate something that made her ill.*
Cette nouvelle l'a **rendu** [ET NON: ~~fait~~] furieux.	*That news made him furious.*

8   Faire + infinitif (ou faire causatif)

La construction avec le verbe **faire** + <u>infinitif</u> (qu'on appelle **faire causatif**) correspond à *to make/have someone <u>do</u> something.* Notez que le participe passé du verbe **faire** pris dans son sens causatif est toujours <u>invariable</u>.

Nous **avons fait** <u>installer</u> une nouvelle connexion Internet.	*We had a new Internet connection installed.*
Tu n'arriveras jamais à leur **faire** <u>changer</u> d'avis.	*You'll never make them change their minds.*
Elle **a fait** <u>faire</u> sa robe de mariée par un grand couturier. [ON PEUT DIRE AUSSI: Elle **s'est fait** <u>faire</u> sa robe...; voir section 10 ci-dessous.]	*She had her wedding gown made by a famous fashion designer.*

Emplois idiomatiques du verbe **faire causatif**:

Tu as apporté tes photos? Oh, **fais** <u>voir</u> OU **fais**-moi <u>voir</u>!	*You brought your pictures? Oh, let me see!*
Nous vous le **ferons** <u>savoir</u> dès que possible. [ET NON: Nous vous ~~le laisserons savoir~~...]	*We'll let you know [about it] as soon as possible.*
Nous **avons fait** <u>venir</u> le médecin.	*We sent for the doctor.*

N.B. 18-3
«Elle les a fait asseoir...»

Après un **faire causatif**, on omet le plus souvent le pronom réfléchi d'un verbe pronominal.

Elle les **a fait** <u>asseoir</u> au salon.   *She had them sit in the living room.*
   [ET NON: Elle les ~~a fait s'asseoir~~...]

N.B. 18-4
To make: **rendre** vs **faire**

RAPPEL: Lorsque *to make* est suivi d'un <u>adjectif</u> (*to make sb <u>sick</u>, <u>happy</u>,* etc.), employez **rendre**. En revanche, lorsque *to make* est suivi d'un <u>infinitif</u> (*to make sb <u>do</u> sth,* etc.), employez **faire**.

COMPAREZ:

All that beer made him completely drunk!

Toute cette bière l'**a rendu** [ET NON: ~~fait~~] complètement <u>ivre</u>!

She made him drink something warm.

MAIS: Elle lui **a fait** <u>boire</u> quelque chose de chaud.

9   Place et formes des pronoms avec **faire causatif**

9a.   *"He made **her** laugh . . ."*

Si l'infinitif qui suit le verbe **faire causatif** a <u>un seul complément</u> (une <u>personne</u> OU une <u>chose</u>), celui-ci est toujours objet direct [c.o.d.] et le pronom c.o.d. qui le remplace se met toujours <u>devant</u> le verbe **faire** (et non devant l'infinitif qui suit). RAPPEL: Le participe passé du verbe **faire causatif** est toujours <u>invariable</u>.

   Il a fait rire <u>ma petite sœur</u>. → Il **l'**a fait [ET NON: ~~faite~~] rire.
   He made my little sister laugh. → *He made her laugh.*

   Nous avons fait repeindre <u>la maison</u>. → Nous **l'**avons fait [ET NON: ~~faite~~] repeindre.
   We had the house painted. → *We had it painted.*

9b. *"We had **him** remodel **it** ..."*

En revanche, si l'infinitif qui suit le verbe **faire** dans son sens **causatif** a deux compléments (une <u>personne</u> ET une <u>chose</u>), la chose est toujours objet direct [c.o.d.] et la personne toujours objet indirect [c.o.i.]. Si cette personne est un nom, celui-ci est introduit par la préposition **par** (ou **à** si la relation entre cette personne et le sujet du verbe **faire** est plus personnelle). Les pronoms c.o.d. et c.o.i. se placent toujours <u>devant</u> le verbe **faire** (et non devant l'infinitif qui suit).

> Nous avons fait refaire <u>notre cuisine</u> [c.o.d.] **par** <u>un architecte</u> [c.o.i.] → Nous **la lui** avons fait [ET NON: ~~faite~~] refaire.
> *We had an architect remodel our kitchen.* → *We had him remodel it.*

> Elle a fait boire <u>le verre de lait</u> [c.o.d.] **à** <u>son enfant</u> [c.o.i.]. → Elle **le lui** a fait boire. [On emploie «à son enfant» parce que la relation entre «Elle» et «son enfant» est personnelle.]
> *She had her child drink the glass of milk.* → *She had him/her drink it.*

9c. Récapitulation: place et formes des pronoms avec **faire causatif**

COMPAREZ:

Ils ont fait réparer <u>leur toiture</u>.
→ Ils **l'**ont fait réparer.
They had their roof repaired.
→ *They had it repaired.*

MAIS: Ils ont fait réparer <u>leur toiture par un couvreur spécialisé</u>. → Ils **la lui** ont fait réparer.
They had a specialized roofer repair their roof. → *They had him repair it.*

Elle a fait conduire <u>sa fille</u> à l'école.
→ Elle **l'**a fait conduire à l'école.
She had her daughter driven to school. → *She had her driven to school.*

MAIS: Elle a fait faire <u>ses devoirs à sa fille</u>. → Elle **les lui** a fait faire.
She made her daughter do her homework. → *She made her do it.*

Elle fera répéter <u>les acteurs</u> ce soir.
→ Elle **les** fera répéter ce soir.
She'll have the actors rehearse tonight.
→ *She'll have them rehearse tonight.*

MAIS: Elle fera répéter <u>la scène aux acteurs</u> ce soir. → Elle **la leur** fera répéter ce soir.
She'll have the actors rehearse the scene tonight. → *She'll have them rehearse it tonight.*

10 **Se faire** + infinitif

Cette forme pronominale de **faire causatif** indique que le sujet est directement responsable de l'action exprimée par l'infinitif. On emploie aussi **se faire** + infinitif lorsqu'on se réfère à une partie du corps ou à des vêtements. Aux temps composés, le participe passé de **se faire** est toujours invariable.

Vous **vous êtes fait** aider?	*Did you get help?*
Elle vient de **se faire** manucurer.	*She just had her nails done.*
Tu devrais **te faire** pousser la barbe.	*You should grow your beard.*
Il **se fait** faire tous ses costumes sur mesure.	*He has all his suits tailor-made.*
[ON PEUT DIRE AUSSI: Il **fait** faire tous ses costumes...]	

11 **Laisser** + infinitif

Cette construction souligne la tolérance du sujet. Comme avec **faire** + infinitif, le participe passé de **laisser** dans son sens passif est invariable[5] aux temps composés et le pronom objet direct se met toujours devant **laisser** (et non devant l'infinitif qui suit).

Ils nous **ont laissé** dormir chez eux.	*They let us sleep at their place.*
Je ne te **laisserai** pas y aller seul(e).	*I won't let you go there by yourself.*
Laissez-moi faire.	*Let me do it my way.*

Emplois idiomatiques de **laisser** + infinitif:

Laisse/Laissons/Laissez tomber!	*Never mind!* OR *Don't bother!*
Elle m'**a laissé** tomber.	*She walked out on me.*
Il y a beaucoup de **laisser-aller** dans cette administration.	*Things are very lax in this administration.*
la politique du **laisser-faire**	*laissez-faire policy/economics (i.e., noninterventionist policy)*
Laisse-moi OU **Laissez-moi** rire!	*Don't make me laugh!*

---

5 Cette règle qui date de la réforme de l'orthographe de 1990 tarde à s'imposer. C'est pourquoi on rencontre encore les deux orthographes: Ils nous ont laiss**é** OU laiss**é(e)s** dormir chez eux.

N.B. 18-5
Se faire/Se laisser avoir ou se faire rouler [langue familière]

L'expression **se faire avoir** ou **se laisser avoir** appartient à la langue orale populaire (*street French*). Elle est synonyme de **se faire rouler**, qui relève elle aussi du registre familier.

I've been had or *cheated.*   Je me suis fait avoir ou Je me suis laissé avoir
                                    ou Je me suis fait rouler.

N.B. 18-6
"Let me know . . ." et *"Let me see . . ."*

ATTENTION: Ces expressions se traduisent par **faire** (et non **laisser**).

COMPAREZ:

Let me know about it as soon as possible. → **Fais/Faites**-le-moi savoir dès que possible.
   [ON PEUT DIRE AUSSI: Dis/Dites-le-moi dès que possible, MAIS PAS: ~~Laisse/~~
   ~~Laissez-le-moi savoir~~...]

Let me see . . . → Fais/Faites voir... ou Fais-moi/Faites-moi voir...

MAIS: *They didn't let me photocopy the document.* → On ne m'**a** pas **laissé**
   photocopier le document.

12   Se laisser + infinitif

Cette construction pronominale de **laisser** insiste sur la passivité du sujet concernant quelque chose qui l'affecte lui-même. On l'utilise aussi lorsqu'on se réfère à une partie du corps. Aux temps composés, le participe passé de **se laisser** est également invariable.

Pourquoi **t'es-tu laissé** prendre ta place?	*Why did you let someone else take your place?*
Il **se laisse** vraiment aller depuis son divorce.	*He has really let himself go since his divorce.*
Tu devrais **te laisser** pousser les cheveux.	*You should let your hair grow.*

Emplois idiomatiques de **se laisser** + <u>infinitif:</u>

Ne **te laisse** pas <u>faire</u>!   *Don't let yourself be pushed around!*

C'est un petit vin qui **se laisse** <u>boire</u>.   *This is a modest but very drinkable little wine.*

Je **me suis laissé** <u>surprendre</u> par la   *I was caught in the rain/I lost track of*
pluie/l'heure.   *the time.*

Ne **te laisse** pas <u>aller</u> comme cela!   *Pull yourself together!*

Vérification et récapitulation. Traduisez les phrases suivantes de la manière qui convient. Employez les indications entre crochets.

(1) *The plans of the house were designed by him.* [lui / dessiner (passé composé) / les plans (pl.)]

_____

(2) *This construction isn't used in English.* [utiliser]

_____

(3) *They were congratulated by everyone.* [ils / féliciter qqn / tout le monde]

_____

(4) *That scene will always make me laugh.* [Cette scène… / rire]

_____

(5) *They were told to hurry.* [dire qqch à qqn / se dépêcher]

_____

(6) *Will he be able to make her happy?* [Saura-t-il…]

_____

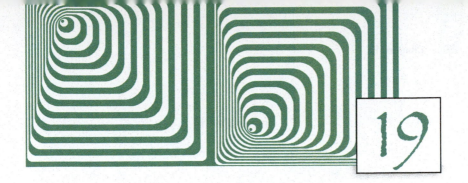

La comparaison

Tableau 1

LE COMPARATIF ET LE SUPERLATIF—VUE D'ENSEMBLE

le comparatif

PLUS/AUSSI/MOINS + <u>ADJECTIF</u> OU <u>ADVERBE</u> + QUE	
Il est **plus** <u>gentil</u> qu'elle.	*He's nicer than she is.*
Je nage **aussi** <u>vite</u> **que** lui.	*I swim as fast as he does.*
Ce film est **moins** <u>drôle</u> **que** l'autre.	*This movie is less funny than the other one.*

PLUS OU DAVANTAGE/AUTANT/MOINS + DE + <u>NOM</u> + QUE	
Il a **plus** OU **davantage de** <u>vacances</u> **que** nous.	*He has more vacation than we do.*
Nous n'avons pas **autant de** <u>loisirs</u> **que** lui.	*We don't have as much free time as he does.*
J'ai **moins de** <u>responsabilités</u> **que** toi.	*I have fewer responsibilities than you do.*

<u>VERBE</u> + PLUS OU DAVANTAGE/AUTANT/MOINS + QUE	
Il <u>travaille</u> **plus** OU **davantage que** moi.	*He works more than I do.*
Elle <u>s'est amusée</u> **autant que** nous.	*She enjoyed herself as much as we did.*
Il <u>gagne</u> **moins que** toi.	*He earns less than you do.*

255

(suite)

le superlatif

LE/LA/LES PLUS ou LE/LA/LES MOINS + <u>ADJECTIF</u> + DE	
Ce peintre est **le plus** <u>connu</u> **de** sa génération.	*This painter is the most famous of his generation.*
Marie est **la moins** <u>patiente</u> **de** nous tous.	*Of all of us, Marie is the least patient.*
LE PLUS ou **LE MOINS** + <u>ADVERBE</u> + DE	
C'est elle qui court **le plus** <u>vite</u> **de** l'équipe.	*Of all the others on the team, she runs the fastest.*
C'est lui qui a agi **le moins** <u>mal</u> **de** tous.	*Of all of them, he's the one who behaved (the) least badly.*
LE PLUS DE ou **LE MOINS DE** + <u>NOM</u> + DE	
C'est lui qui a eu **le plus de** <u>chance</u> **de** toute la famille.	*Of all the members of the family, he's the one who has had the most luck.*
Didier est celui qui a **le moins de** <u>vacances</u> **de** toute la famille.	*Of all the members of the family, Didier is the one who has the least vacation time.*
<u>VERBE</u> + **LE PLUS** ou **LE MOINS** + DE	
De nous tous, c'est lui qui <u>travaille</u> **le plus**, mais c'est aussi celui qui <u>s'en fait</u> **le moins**.	*Of all of us, he's the one who works the hardest, but he's also the one who worries the least.*

Le comparatif

1 Le comparatif concerne un adjectif ou un adverbe

1a. Formes

Lorsque le comparatif concerne un adjectif ou un adverbe, on emploie **plus**, **aussi** ou **moins** devant chaque adjectif ou adverbe (+ **que** lorsque la comparaison est explicite).

Cet article est **plus** court mais **plus** <u>intéressant</u> **que** l'autre.
This article/story is shorter but more interesting than the other one.

Ce roman n'est pas **aussi** <u>prenant</u> ni **aussi** <u>bien écrit</u> **que** le premier.
This novel isn't as captivating or as well written as the first one.

Il apprend **moins** <u>vite</u> **que** sa sœur mais il comprend tout **aussi** <u>bien</u> **qu'**elle.
He learns less quickly than his sister, but he understands just as well as she does.

1b. Place de l'adjectif au comparatif

Au comparatif, l'adjectif se met à sa place habituelle, c'est-à-dire <u>après</u> le nom. Cependant, les adjectifs ordinairement placés <u>devant</u> le nom (**petit**, **gros**, **vieux**, **bon**, **grand**, **joli**, **beau**, **mauvais**, **jeune**, etc.), peuvent se mettre soit <u>devant</u>, soit <u>après</u> le nom.

COMPAREZ:

C'est un restaurant <u>cher</u>. → C'est un restaurant **plus** <u>cher</u> **que** celui où nous allons d'habitude.

This is an expensive restaurant. → This is a more expensive restaurant than the one we usually go to.

MAIS: C'est un <u>grand</u> aéroport. → C'est **un plus** <u>grand</u> aéroport OU C'est un aéroport **plus** <u>grand</u> **que** celui de Boston.

It's a big airport. → This is a bigger airport than the one in Boston.

1c. Adverbes de renforcement

Pour renforcer un comparatif d'infériorité ou de supériorité, on peut ajouter des adverbes tels que **encore**, **bien**, **beaucoup**, **tellement**, **infiniment**, etc. (voir aussi N.B. 19-2 ci-dessous). Pour renforcer une comparaison d'égalité, on peut ajouter **tout**.

Ce cours n'est pas **tellement plus** <u>difficile</u> **que** l'autre.

This class isn't that much more difficult than the other one.

Son dernier film est **infiniment plus** <u>subtil</u> **que** le précédent.

His/Her last movie is infinitely more subtle than the previous one.

La situation est **bien moins** <u>alarmante</u> aujourd'hui **qu'**hier.

Today, the situation is much less alarming than it was yesterday.

2 Le comparatif concerne un nom

2a. Formes

Lorsque le comparatif concerne un nom, on emploie **plus/davantage de**, **autant de**, **moins de** + nom (+ **que** lorsque la comparaison est explicite). Pour renforcer la comparaison, on peut ajouter les mêmes adverbes que ci-dessus (**encore**, **bien**, **beaucoup**, **tellement**, **infiniment**, **tout**, etc.; voir aussi N.B. 19-2 ci-dessous).

Elle a **encore plus** OU **encore davantage d'**<u>amis</u> **que** moi!

She has even more friends than I do!

Il y a **beaucoup moins de** <u>gens</u> **qu'**hier soir.

There are far fewer people than [there were] last night.

Je n'ai pas **autant de** <u>patience</u> **qu'**elle.

I don't have as much patience as she does.

2b. Si le nom est précédé d'un nombre...

ATTENTION: Si le nom est précédé d'un nombre (par exemple dans les comparaisons d'âge, de poids, de grandeur, de prix, etc.), il faut ajouter la préposition **de** devant **moins** et **plus** (+ **que** lorsque la comparaison est explicite).

Elle a <u>deux ans</u> **de moins que** moi.	*She is two years younger than I am.*
Cet iPod coûte <u>vingt euros</u> **de plus que** l'autre.	*This iPod costs twenty euros more than the other one.*

N.B. 19-1
Aussi vs autant

Ne confondez pas **aussi** + <u>adjectif</u> et **autant de** + <u>nom</u>.

COMPAREZ:

Nous sommes **aussi** <u>surpris</u> qu'eux.	*We are as surprised as they are.*
MAIS: Je n'ai pas **autant d'**<u>espoir</u> que vous.	*I don't have as much hope as you do.*

---

3 Le comparatif concerne un verbe

3a. Formes

Lorsque le comparatif concerne un verbe, on emploie ce verbe, suivi de **plus/davantage**, **autant**, **moins** (+ **que** lorsque la comparaison est explicite). Pour renforcer la comparaison, on ajoute les mêmes adverbes que ci-dessus (**encore**, **bien**, **beaucoup**, **tellement**, **infiniment**, **tout**, etc.; voir aussi N.B. 19-2 ci-dessous).

Mon frère <u>mange</u> **beaucoup plus que** moi.	*My brother eats a lot more than I do.*
Michel <u>gagne</u> maintenant **tout autant que** son père.	*Michael now earns just as much as his father does.*
Il y a cent ans, on <u>voyageait</u> **bien moins qu'**aujourd'hui.	*A hundred years ago, people traveled much less than they do today.*

3b. Expressions idiomatiques avec <u>verbe</u> + **autant**

J'aimerais **autant** rester chez moi.	*I would just as soon stay home.*
C'est **autant de** gagné.	*That's something at least.*

4   Remarques sur le comparatif

4a.   «Elle est plus ambitieuse que **moi**…» (**que** + pronom disjoint)

Comme vous l'aurez constaté, lorsque le deuxième terme de la comparaison introduit par **que** correspond à *than she is/than he does*, etc., on emploie d'habitude un simple pronom disjoint (**moi, toi, lui, elle, nous, vous, elles, eux**), sans ajouter de verbe.

Elle est plus ambitieuse **que moi.** [ET NON: ~~que je suis.~~]	*She is more ambitious **than I am.***

4b.   «Elle est **plus** jeune mais **plus** mûre que lui…»

Lorsque le comparatif concerne <u>plusieurs adjectifs ou adverbes</u>, il faut normalement répéter **plus, moins, aussi** devant chaque adjectif ou adverbe. Toutefois, lorsque la comparaison porte sur <u>plusieurs noms</u>, on ne répète que la préposition **de** devant chaque nom. Avec <u>plusieurs verbes</u>, **plus/davantage**, **autant** ou **moins** (+ **que**) se placent uniquement après le <u>dernier</u> verbe, comme en anglais.

COMPAREZ:

Elle est **plus** <u>jeune</u> mais **plus** <u>mûre</u> **que** son frère.	*She is younger but more mature than her brother.*
Il travaille **aussi** <u>vite</u> et **aussi** <u>bien</u> **que** les autres.	*He works as fast and as well as the others.*
MAIS: Ils ont **plus de** <u>CD</u> et **de** <u>DVD</u> **que de** <u>vidéos</u>.	*They have more CDs and DVDs than videos.*
PAR CONTRE: Elle <u>lit</u> et <u>écrit</u> **moins bien que** son frère.	*She reads and writes less well than her brother.*

4c.   Plus vs davantage

Plus et **davantage** sont synonymes, mais **davantage** s'emploie uniquement avec les noms et les verbes. À la fin d'une phrase, on emploie plutôt **davantage** que **plus**.

COMPAREZ:

J'ai **plus** OU **davantage de** <u>travail</u> **que** toi.	*I have more work than you do.*
MAIS: Ce pull est **plus** <u>cher</u> **que** l'autre.	*This sweater is more expensive than the other.*
J'aime bien Marc, mais Craig me plaît **davantage.** [ON ÉVITERA D'ÉCRIRE: … Craig me plaît plus.]	*I like Mark, but I like Craig even more.*

4d. **Aussi/autant** vs **si/tant**

Dans une phrase <u>négative</u> ou <u>interrogative</u>, on emploie souvent **si** et **tant** à la place de **aussi** et **autant**, bien que cette transformation stylistique ne soit pas obligatoire.

Sont-ils **si** malheureux **que** cela?	*Are they really that unhappy?*
Rien ne lui fera **tant** plaisir **que** votre visite.	*Nothing will please her/him as much as your visit.*
Il n'est pas **si** bête **qu'**il en a l'air.	*He's not as dumb as he looks.*

N.B. 19-2

Les adverbes de renforcement

Les adverbes de comparaison ne s'accommodent pas de n'importe quel adverbe de renforcement. On peut dire **beaucoup plus** mais pas ~~beaucoup davantage~~; **bien autant/bien davantage** mais pas ~~tellement autant~~, etc. Seul l'usage détermine l'emploi (il n'y a pas de règle).

---

5   Les subordonnées comparatives

Lorsque la deuxième partie d'une comparaison comprend une <u>proposition complète</u>, on emploie un **pronom neutre** devant le verbe subordonné (**le, y** ou **en**, suivant le cas). Ce pronom neutre ne se traduit pas en anglais. Sa forme dépend de la construction du verbe subordonné (voir ci-dessous). Après **moins... que** et **plus... que**, on ajoute souvent un **ne explétif** devant le verbe subordonné (mais pas après **aussi/autant... que**). Ce **ne explétif** n'a pas de valeur négative, il n'est pas obligatoire et ne se traduit pas non plus.[1] (Pour la différence entre le **ne négatif** et le **ne explétif**, voir Chapitre 8, section 10.)

---

[1] AUTREMENT DIT: When the second part of a comparison is a complete clause, you must use a neutral pronoun (either **le/l'**, or **y**, or **en**) in front of the subordinate verb. The form of this pronoun depends upon the construction of that subordinate verb, but it doesn't translate into English. After **plus que/moins que** (but not after **aussi/autant que**), a **ne explétif** is also often used (it isn't negative, it's not mandatory, and it doesn't translate into English either).

5a. «Ce film est moins intéressant que je **ne le** pensais…»

On emploie le pronom **le/l'** dans la subordonnée comparative lorsqu'on se réfère à un <u>attribut</u> (par exemple: elle est **gentille**; je suis **occupée**), ou lorsque le verbe subordonné est <u>transitif</u>. (Voir Chapitre 3, section 3.)

> Ce film n'est pas <u>intéressant</u>. Je pensais qu'il était <u>intéressant</u>. → Ce film est **moins** <u>intéressant</u> **que** je **ne le** pensais.
> *This film isn't interesting. I thought [that] it was interesting. → This film is less interesting than I thought.*
> [Je pensais quoi? Que le film était intéressant. → **le/l'**; comparaison avec **moins… que** → **ne** explétif.]

> Ils sont très <u>gentils</u>. Ils paraissent très <u>gentils</u>. → Ils sont **aussi** <u>gentils</u> **qu'**ils **le** paraissent.
> *They are very nice. They seem very nice. → They are as nice as they seem.*
> [L'adjectif **gentils** est attribut du sujet **Ils** → **le/l'**; comparaison avec **aussi… que** → pas de **ne** explétif.]

5b. «Il est plus amoureux que je **ne** m'y attendais…»

On emploie le pronom **y** devant le verbe subordonné lorsqu'on se réfère à une <u>chose</u> (abstraite ou concrète) introduite ou dépendant de la préposition **à**. (Voir Chapitre 3, section 6c.)

> Il est amoureux. Je ne m'attendais pas **à** <u>cela</u>. → Il est **plus** amoureux **que** je **ne** m'y attendais.
> *He's in love. I didn't expect this. → He is more in love than I expected.*
> [On dit **s'attendre <u>à</u> qqch** → **y**; comparaison avec **plus… que** → **ne** explétif.]

5c. «Je lui prêterai autant d'argent **qu'**il m'**en** a prêté…»

On emploie le pronom **en** devant le verbe subordonné lorsqu'on se réfère à une <u>quantité</u>. (Voir Chapitre 3, section 7c.)

> Je lui prêterai de l'argent. Lui aussi m'a prêté de l'argent. → Je lui prêterai **autant d'**argent **qu'**il m'**en** a prêté.
> *I will lend him money. He also lent me money. → I will lend him as much money as he lent [to] me.*
> [Il m'a prêté quoi? De l'argent: quantité → **en**; comparaison avec **autant… que** → pas de **ne** explétif.]

Vérification. Traduisez les phrases suivantes en employant les indications entre crochets. Mettez le **ne explétif** partout où c'est <u>possible</u>.

(1) *They have one week of vacation more than we do.* [Ils... / une semaine de vacances]

_____

(2) *This cell phone isn't as small as mine.* [Ce portable / le mien]

_____

(3) *He is more eloquent than I thought.* [éloquent]

_____

(4) *Paul has as much charm as [he has] humor.* [charme (m.) / humour (m.)]

_____

 # Le superlatif

6 ## Le superlatif concerne un adjectif

6a. Formes

Lorsque le superlatif concerne un adjectif, on emploie **le/la/les plus** ou **le/la/les moins** devant <u>chaque</u> adjectif (+ **de** lorsque la comparaison est explicite). L'article défini placé devant l'adjectif s'accorde en genre et en nombre avec le nom qualifié. Notez cependant que d'autres déterminants peuvent introduire un superlatif, notamment les **adjectifs possessifs**. Vous remarquerez également que, contrairement à l'anglais, lorsque le superlatif sert à définir <u>quelqu'un</u>, on emploie toujours **c'est** (ET NON: il/elle est, etc.).

C'est le film **le plus** <u>drôle</u> **de** l'année.
It's the funniest movie of the year.

C'est l'acteur **le plus** <u>riche</u> et **le plus** <u>populaire</u> **d'**Hollywood.
He's the richest and most popular actor in Hollywood.
    [ET NON: Il est l'acteur... dans Hollywood]

«**Ma plus** <u>belle</u> histoire d'amour, c'est vous.»[2]
"My most beautiful love story is you."

_____

[2] Titre d'une célèbre chanson de Barbara, auteur-compositeur, poète et interprète française (1930–1997).

6b. Place de l'adjectif au superlatif

Au superlatif, l'adjectif se met à sa place habituelle, c'est-à-dire <u>après</u> le nom. Dans ce cas, il faut alors <u>répéter l'article défini</u> (**le** film **le** plus drôle). Cependant, les adjectifs ordinairement placés <u>devant</u> le nom (**petit, gros, vieux, bon, grand, joli, beau, mauvais, jeune**, etc.), peuvent se mettre soit <u>devant</u>, soit <u>après</u> le nom.

COMPAREZ:

C'est un restaurant <u>cher</u>. → C'est **le** restaurant **le plus** <u>cher</u> de Paris.

This is an expensive restaurant. → It's the most expensive restaurant in Paris.

MAIS: Il a acheté une <u>jolie</u> maison. → Il a acheté **la plus** <u>jolie</u> maison OU **la** maison **la plus** <u>jolie</u> du quartier.

He bought a nice house. → He bought the nicest house in the neighborhood.

6c. Expressions de renforcement

Pour renforcer un superlatif d'infériorité ou de supériorité, on peut ajouter **de loin, du monde** ou **au monde**.

C'est **de loin son plus** <u>beau</u> roman.

It's by far his most beautiful novel.

Cette voiture de course est **la plus** <u>rapide</u> **au monde** OU **du monde**.

This race car is the fastest in the world.

7 Le superlatif concerne un adverbe

Lorsque le superlatif concerne un adverbe, on emploie **le plus** OU **le moins** <u>devant</u> chaque adverbe (+ **de** lorsque la comparaison est explicite).

C'est elle qui répond toujours **le plus** <u>vite</u> et **le plus** <u>intelligemment</u> **de** la classe.

Of all the students in the class, she always responds the most rapidly and intelligently.

N.B. 19-3

Comment traduire *"as + adverb + as possible"*?

La construction *as + adverb + as possible* peut se traduire soit par un superlatif (**le plus** + <u>adverbe</u> + **possible**), soit par un comparatif (**aussi** + <u>adverbe</u> + **que possible**).

Parlez **le plus** <u>clairement</u> **possible**. OU Parlez **aussi** <u>clairement</u> **que possible**.

Speak as clearly as possible.

8   Le superlatif concerne un nom

Lorsque le superlatif concerne un nom, on emploie **le plus de** OU **le moins de** devant le nom, quel que soit le genre ou le nombre de ce nom. Lorsque la comparaison est explicite, on ajoute **de**. Pour renforcer, on peut également ajouter **de loin**, **du monde** ou **au monde**.

C'est en janvier qu'il y a **le moins de** <u>touristes</u>.	*It's in January that there are the fewest tourists.*
C'est au mois de juillet qu'il y a **de loin** **le plus de** <u>gens</u> sur ces plages.	*It's in July that there are by far the most people on these beaches.*
C'est mon oncle Robert qui a **de loin** **le plus de** <u>relations</u> **de** toute la famille.	*My uncle Robert is the one who has by far the most influential connections in the family.*

9   Le superlatif concerne un verbe

Lorsque le superlatif concerne un verbe, on emploie **le plus** OU **le moins** après le verbe (+ **de** lorsque la comparaison est explicite). Pour renforcer, on peut également ajouter **de loin**, **du monde** ou **au monde**.

C'est elle que j'<u>aime</u> et que j'<u>admire</u> **le plus**.	*She's the one I love and admire the most.*
Vous ne me <u>dérangez</u> pas **le moins du monde**.	*You're not disturbing me in the least.*

10   Remarques sur le superlatif

10a. «C'est **la plus** jeune et **la plus** intelligente...»

Si la comparaison au superlatif concerne <u>plusieurs adjectifs ou adverbes</u>, on répète **le/la/les plus**, **le/la/les moins** devant <u>chaque</u> adjectif ou adverbe. Toutefois, lorsque la comparaison porte sur <u>plusieurs noms</u>, on ne répète que la préposition **de**.

COMPAREZ:

Myriam est **la plus** <u>jeune</u> et **la plus** <u>intelligente</u> de la famille.	*Myriam is the youngest and the most intelligent member of the family.*
MAIS: C'est à Paris que nous avons vu **le plus d'**<u>expositions</u> et **de** <u>films</u> passionnants.	*It's in Paris that we saw the greatest number of fascinating exhibits and movies.*

10b. «À minuit **au** plus tard…» (contraction avec **à** et **de**)

L'article défini au superlatif se contracte avec les prépositions **à** et **de**.

Je rentrerai à minuit **au plus** <u>tard</u>.	*I'll be home by midnight at the latest.*
Cet hôtel est proche **du plus** <u>joli</u> port de la région.	*This hotel is close to the nicest harbor in the region.*

10c. «Ce portable est le moins cher que nous **ayons**…»

Lorsqu'un superlatif est suivi d'une subordonnée relative, celle-ci se met de préférence au <u>subjonctif</u>, surtout lorsqu'on veut souligner la rareté ou l'exception (voir aussi Chapitre 16, section 9).

Ce portable est **le moins** <u>cher</u> que nous **ayons**.	*This cell phone is the least expensive one [that] we have.*

10d. *"She's **the happiest** . . ."* vs *"She's **happiest** . . ."*

Lorsque le superlatif exprime une comparaison entre des choses ou des personnes <u>différentes</u> (*she's the happiest of women*), son article défini s'accorde en genre et en nombre avec l'adjectif. En revanche, lorsqu'il exprime une comparaison entre <u>divers degrés d'une même qualité</u> (*she's happiest in Paris*), son article défini reste au <u>masculin singulier</u>, même si l'adjectif qui suit est au féminin et/ou au pluriel.[3]

COMPAREZ:

Depuis qu'elle est amoureuse, Annick est **la** plus heureus<u>e</u> des femmes.
*Since she has fallen in love, Annick is **the happiest** of women.*
   [comparaison entre des femmes différentes ➞ accord entre l'article et l'adjectif]

MAIS: C'est à Paris qu'Annick est <u>le</u> plus heureus<u>e</u>.
   *Annick is **happiest** when she's in Paris.*
   [comparaison entre divers degrés de bonheur ➞ article masculin]

---

[3] AUTREMENT DIT: Ordinarily, when the superlative of the adjective expresses a comparison among *different people or things*, its definite article agrees with the adjective. However, when the adjective expresses a comparison among *varying degrees of the same quality*, its definite article remains in the masculine singular, *even if the adjective that follows is feminine and/or plural.*

10e. «Ils sont richissimes...» (le superlatif absolu)

Le superlatif absolu s'exprime à travers un grand nombre d'adverbes et d'adjectifs hyperboliques. Certains sont très idiomatiques. Notez qu'en principe, les adjectifs comme **désolé, excellent, unique, principal, extraordinaire, formidable, fantastique**, etc. ne se mettent pas au superlatif car ils l'expriment déjà.

Cette voiture est **très/extrêmement** chère.	*This car is very/extremely expensive.*
C'est **absolument/totalement** faux.	*This is absolutely/totally false.*
Vous avez **parfaitement** raison.	*You're absolutely right.*
Il est **diablement** OU **incroyablement** beau.	*He's incredibly handsome!*
Tu es **rudement** gentil(le). [familier]	*You're awfully nice.*
Elle est **drôlement** jolie! [familier]	*She's really pretty!*
Vous êtes **trop** aimable.	*You're too kind.*
Ce chiot est mignon **tout plein**. [familier]	*This puppy is cute as could be.*
Ces gens sont **richissimes**.	*These people are incredibly rich.*
Cela se produit parfois, mais c'est **rarissime**.	*It can happen, but it's most unusual.*
Regarde ce **minuscule** sac du soir!	*Look at that tiny evening purse!*
Je suis **désolé(e)**! [ET NON: ~~très désolé(e)~~]	*I'm very sorry!*
Tu es **formidable** OU **fantastique**! [ET NON: ~~Tu es le plus formidable~~ NI ~~le plus fantastique!~~]	*You're the greatest!*

Vérification. Traduisez les phrases suivantes. Employez les mots indiqués entre crochets.

(1) *This is the biggest hotel in town.* [hôtel (m.)]

_____

(2) *It's the least interesting play [that] I've seen this season.* [pièce (f.) / interressant / cette saison]

_____

(3) *She's the most charming of their three daughters.* [charmant / leurs trois filles]

_____

(4) *Caroline is most amusing when she is with her friends.* [C'est avec ses amis que Caroline... / amusant]

_____

(5) *I need the smallest cell phone you have.* [avoir besoin de qqch / portable (m.) / vous]

_____

(6) *This kind of diamond is extremely rare.* [Ce genre de diamant...]

_____

 # Les comparatifs et superlatifs irréguliers

11 ## Formes des comparatifs et superlatifs irréguliers

Certains adjectifs et adverbes très usités (**bon/bien, mauvais/mal, petit, peu, beaucoup**) ont une forme particulière au comparatif et au superlatif. (Voir Tableau 2 ci-dessous; pour les expressions idiomatiques avec **pis, mieux** et **meilleur**, voir les sections 12c et 13 ci-dessous.)

Leur pain est **bon**. *Their bread is good.*	→ Leur pain est **meilleur** ici qu'au supermarché. *Their bread is better here than at the supermarket.*	→ C'est **le meilleur** pain que j'aie jamais mangé! *It's the best bread I've ever eaten!*
Il parle **bien** français. *He speaks French well.*	→ Il parle français **mieux** que moi. *He speaks French better than I do.*	→ C'est lui qui parle français **le mieux**. *He's the one who speaks French the best.*

 ### Tableau 2

COMPARATIFS ET SUPERLATIFS IRRÉGULIERS

adjectifs

	COMPARATIFS	SUPERLATIFS
bon(s)/bonne(s)	→ meilleur(e)(s)	→ le/la/les meilleur(e)(s)
mauvais(e)/(es)	→ plus mauvais(e)/(es) → pire(s)	→ le/la/les plus mauvais(e)/(es) → le/la/les pire(s)
petit(e)(s)	→ plus petit(e)(s) → moindre(s)	→ le/la/les plus petit(e)(s) → le/la/les moindre(s)

adverbes

	COMPARATIFS	SUPERLATIFS
bien	→ mieux	→ le mieux
mal	→ plus mal [ou pis]	→ le plus mal [ou le pis]
peu	→ moins	→ le moins
beaucoup	→ plus ou davantage	→ le plus

12 Remarques sur les comparatifs et superlatifs irréguliers

12a. Bien meilleur vs bien/beaucoup mieux

Ne confondez pas **bien meilleur**, qui est un adjectif, avec **bien mieux** ou **beaucoup mieux**, qui sont des adverbes.

COMPAREZ:

Les fraises du marché sont non seulement beaucoup moins chères mais **bien** [ET NON: ~~beaucoup~~] **meilleures**.	*Strawberries from the market are not only a lot cheaper, but also much better.*
MAIS: Elle va **bien mieux** OU **beaucoup mieux**.	*She's feeling much better.*

12b. Plus mauvais vs pire

Les adjectifs comparatifs **plus mauvais** et **pire** sont en principe synonymes, mais **pire** suggère quelque chose de plus catastrophique. Cette nuance s'applique également au superlatif (**le pis**, voir section 12c ci-dessous). Par contre, lorsque **mauvais** a le sens de *defective* ou *faulty* ou *spoiled*, son comparatif est **plus mauvais**.

COMPAREZ:

Le temps aujourd'hui est encore **plus mauvais** OU **pire** qu'hier.	*Today's weather is even worse than yesterday's.*
MAIS: «Le remède est parfois **pire** que le mal.» [proverbe]	*The cure is sometimes worse than the illness.*
Ces abricots sont **les plus mauvais** que j'aie jamais achetés.	*These apricots are the worst [that] I've ever bought.*
MAIS: **La pire** des choses pour elle en ce moment serait de perdre son travail.	*The [absolute] worst thing for her right now would be to lose her job.*
Cet ordinateur est encore **plus mauvais** [ET NON: ~~pire~~] que le mien.	*This computer is even worse [i.e., it functions even less well] than mine.*

12c. Emplois idiomatiques de **pis**

L'adverbe **pis** est devenu rare et littéraire (ne le confondez pas avec l'adjectif **pire**, voir section 12b ci-dessus). Dans la langue courante, **pis** ne s'emploie plus guère que dans certaines expressions très idiomatiques.

aller de mal en pis	L'économie **va de mal en pis**. *The economy is going from bad to worse.*
le pis, c'est que…	**Le pis, c'est que** Michel a perdu son travail. *The worst is that Michael lost his job.*
tant pis!	Je n'ai pas fini mes devoirs mais **tant pis**! Je les finirai demain. *I haven't finished my homework but too bad! I'll finish it tomorrow.*
il n'y a rien de pis	**Il n'y a rien de pis** que la mort d'un enfant. *There's nothing worse than the death of a child.*
qui pis est	Ils ont cambriolé l'appartement, et **qui pis est**, ils ont vandalisé tout ce qu'ils n'ont pas pu emporter. *They burglarized the apartment, and what's worse, they destroyed everything they couldn't take with them.*
un pis-aller	Cette solution n'est qu'**un pis-aller**. *This solution is only a makeshift one.*
mettre les choses au pis	En **mettant les choses au pis**, nous arriverons à minuit. *At the very worst, we'll get there at midnight.*

12d. **Plus petit** vs **moindre**

L'adjectif comparatif **plus petit** (*smaller*) a un sens plus concret que **moindre** (*lesser*), qui est plus littéraire et suggère un jugement de valeur.

COMPAREZ:

Ma chambre est **plus petite** que la tienne.	*My room is smaller than yours.*
MAIS: Ce tableau-ci a une **moindre** valeur que celui-là.	*This painting has a lesser [artistic] value than that one.*
J'ai besoin d'une **plus petite** voiture.	*I need a smaller car.*
MAIS: On peut faire mieux à **moindres** frais.	*One/You can do better for less [money].*

Les superlatifs **le/la/les moindre(s)** signifient *the least, the slightest*.

Je n'(en) ai pas **la moindre** idée.	*I don't have the slightest idea [about it].*
C'est **la moindre** des choses. [idiomatique]	*It's the least I can do/Don't mention it.*

13 Expressions idiomatiques avec mieux ou meilleur

meilleur marché (invariable)	J'achète toujours mes légumes dans ce magasin: ils sont bien **meilleur marché**. *I always buy my vegetables in this shop; they are much cheaper* OR *a far better deal here.*
faire de son mieux OU au mieux OU pour le mieux	**Faites de votre mieux.** OU **Faites au mieux.** OU **Faites pour le mieux.** *Do the best you can.*
faire mieux de (au conditionnel) + <u>infinitif</u>	Elle **ferait mieux de** <u>partir</u> tout de suite. *She'd better leave right away.*
tant mieux!	Ils ont gagné à la loterie? **Tant mieux** pour eux! *They won the lottery? Lucky/Good for them!*
qqch OU rien de mieux	Tu n'as **rien de mieux** à faire?! *Don't you have anything better to do?!*
ce qui se fait de mieux OU ce qu'il y a de mieux	Ce modèle est **ce qui se fait de mieux** OU **ce qu'il y a de mieux** sur le marché. *This is the best model available on the market.*
	Je n'aime pas ces bottes; vous n'auriez pas **quelque chose de mieux** par hasard? *I don't like these boots; you wouldn't have anything better, by any chance?*
faute de mieux (en fin de phrase)	Ils n'avaient plus d'asperges, alors j'ai pris des courgettes, **faute de mieux**. *They didn't have any asparagus left, so, for lack of something better, I bought zucchini.*
au mieux	**Au mieux**, vous arriverez à Paris à midi. *At best/At the earliest, you'll arrive in Paris at noon.*
le mieux	**Le mieux** est de le laisser tranquille. *Better leave him alone.*
	Le mieux est l'ennemi du bien [proverbe]. *Leave well alone alone.*

Autres façons d'exprimer la comparaison

14 Adjectifs de comparaison

Les adjectifs de comparaison les plus courants sont **supérieur** (à), **inférieur** (à), **pareil** (à), **semblable** (à), **identique** (à), **égal** (à), **comparable** (à), **différent** (<u>de</u>) et **tel... tel...**, etc.

Vous vous trompez d'étage: Monsieur Laroche habite à l'étage **supérieur**.	*You're on the wrong floor; Mr. Laroche lives one flight up.*
Ce roman est bien **supérieur/inférieur au** précédent.	*This novel is much better/worse than the previous one.*
Ta situation est **identique à** la mienne.	*Your situation is identical to mine.*
C'est du pareil au même. [idiomatique]	*It's just* OR *all the same.*
Cet appartement est très **différent des** autres. [ET NON: différent ~~que les autres~~]	*This apartment is very different from the other ones.*

15 Constructions avec **même** et **plutôt**

15a. **Le/la/les même(s)... que** (*the same . . . as*)

J'ai **la même** voiture **que** toi.	*I have the same car as you have.*

15b. **De même que** (*as well as, like*)

Chaque jour, *Le Figaro*, **de même que** *Le Monde*, publie de nombreux articles sur la politique américaine.	*Every day,* Le Figaro, *like* Le Monde, *publishes numerous articles on American politics.*

15c. **Plutôt (que de/d')** (*rather [than]* OR *instead [of]*)

Tu devrais aller te coucher **plutôt que** d'essayer de terminer ton essai ce soir.	*You should go to bed rather than try to finish your essay tonight.*
Allons **plutôt** nous promener!	*Let's go for a walk instead!*

N.B. 19-4
"I'd rather stay . . ."

Une expression telle que *I'd rather* + *infinitive* se traduit par **préférer** ou **aimer mieux** (au conditionnel) + infinitif.

I'd rather OR *I would just as soon stay with you.*

Je **préfèrerais** ou J'**aimerais mieux** rester avec toi/vous.

16 Constructions avec **comme** (*as* OR *like*)

16a. Comme

Faites **comme** vous voulez/voudrez.

Do as you wish.

Mon grand-père est un original: il ne fait jamais rien **comme** les autres.

My grandfather is quite a character; he never behaves like anyone else.

N.B. 19-5
Comme + nom: *like* vs *as*

Ne confondez pas **comme** dans le sens de *like*, avec **comme** dans le sens de *as* [sans article].

COMPAREZ:

Il travaille **comme un fou**. [idiomatique]

He works like crazy.

MAIS: Il travaille **comme serveur**.

He works as a waiter.

16b. Comme si

Comme si est toujours suivi soit de l'**imparfait**, soit du **plus-que-parfait**. (Voir aussi Chapitre 14, section 8c.)

Elle a réagi **comme si** elle n'en avait jamais entendu parler.

She reacted as if she had never heard of OR *about it.*

Tableau 3

EXPRESSIONS IDIOMATIQUES AVEC COMME

boire comme un trou	*to drink like a fish* OR *to indulge in binge drinking*
être aimable comme une porte de prison	*to be very grumpy* OR *to be like a bear with a sore head*
être bavarde comme une pie	*to be as chatty as a magpie*
être beau comme un dieu	*to be as handsome as a Greek god*
être bête comme ses pieds	*to be as dumb as a post* OR *thick as a brick*
c'est bête comme chou* OU *simple comme bonjour	*it's as easy as pie*
être blond comme les blés	*to have flaxen hair*
être doux comme un agneau	*to be as gentle as a lamb*
être ennuyeux comme la pluie	*to be as dull as dishwater*
être fier comme Artaban	*to be as proud as a peacock*
être fort comme un bœuf	*to be as strong as an ox*
être franc comme l'or	*to be as frank* OR *candid as a child*
être gai comme un pinson	*to be as happy as a lark*
être gentil comme tout	*to be awfully nice*
être heureux comme un poisson dans l'eau	*to be as happy as a clam* OR *as a bug in a rug*
être jolie comme un cœur	*to be as pretty as a picture*
être laid comme un pou[4] OU un singe OU comme les sept péchés capitaux	*to be as ugly as sin*
être malin comme un singe	*to be as wily as a fox*
être riche comme Crésus	*to be fabulously rich*
être sage comme une image	*to be as good as gold [i.e., extremely well-behaved]*
être sourd comme un pot[5]	*to be as deaf as a post*
fumer comme un pompier	*to smoke like a chimney*
manger comme quatre/comme un ogre	*to eat like a horse*
manger comme un oiseau/moineau	*to eat like a bird*
mentir comme un arracheur de dents OU mentir comme on respire	*to lie through one's teeth*
se porter comme un charme	*to be as fit as a fiddle*
se ressembler comme deux gouttes d'eau	*to be as alike as two peas in a pod*
travailler comme un fou/une folle	*to work like crazy*

---

[4] Literally, **pou** means *louse.*
[5] Literally, **pot** means *pot, pan, jar,* or *jug.*

17 L'idée de progression

17a. De plus en plus ou de moins en moins, etc.

Il est **de moins en moins** facile à vivre.	*He's been less and less easy to live with.*
Cette région connaît **de plus en plus de** chômage.	*This region is experiencing more and more unemployment.*
Il va **de mieux en mieux**.	*He feels better and better.*

17b. Plus... plus ou moins... moins, etc.

ATTENTION: Cette construction s'utilise <u>sans article</u> en français.

Plus il fait de sport, **mieux** il se sent.
The more he exercises, the better he feels.
   [ET NON: ~~Le plus~~ il fait de sport, ~~le mieux~~ il se sent.]

«**Plus** on est de fous, **plus** on rit.» [proverbe]
"The more, the merrier."

Moins je le vois, **mieux** je me porte!
The less I see him, the better I feel!
   [ET NON: ~~Le moins~~ je le vois, ~~le mieux~~ je me porte!]

17c. D'autant plus ou d'autant moins... que

Je suis **d'autant plus** ravi(e) de cette bonne nouvelle **que** je ne m'y attendais pas.	*I'm all the more delighted by this good news as I wasn't expecting it.*

17d. Autant pour... que pour...

Je les admire **autant pour** leur intelligence **que pour** leur créativité.	*I admire them as much for their intelligence as for their creativity.*

17e. Autant... autant...

Cette expression très idiomatique s'utilise pour souligner un contraste entre deux choses.

Autant j'ai aimé son dernier roman, **autant** j'ai détesté le précédent.	*I loved her/his latest novel as much as I hated the previous one.*
Autant ce plat-ci est épicé, **autant** celui-là est fade.	*This dish is as spicy as that one is bland.*

   [ON PEUT DIRE AUSSI: Ce plat-ci est **aussi** épicé **que** celui-là est fade.]

17f. Au fur et à mesure que...

Cette expression idiomatique est l'équivalent de **plus... plus...**

> **Au fur et à mesure que** le conflit s'étend, la situation humanitaire se détériore.
> *As the conflict spreads, the humanitarian situation gets worse.*
>
> [ON PEUT DIRE AUSSI: **Plus** le conflit s'étend, **plus** la situation humanitaire se détériore.]

Vérification et récapitulation. Traduisez les phrases suivantes en employant les mots entre crochets.

(1) *We are wearing the same sweater.* [porter / pull (m.)]

_____

(2) *People use the Web more and more.* [Les gens / se servir de qqch / le Web]

_____

(3) *We'd better stay here tonight.* [faire / rester]

_____

(4) *If I had twenty euros more, I would buy this bag.* [Si j'avais... / vingt euros / acheter (conditionnel présent) / sac (m.)]

_____

(5) *He's feeling better and better.* [Il va...]

_____

(6) *She's a far better cook than I am.* [cuisinière (f.)]

_____

(7) *Take the train rather than the bus.* [Prenez... / le train / le bus]

_____

(8) *He drinks like a fish.*

_____

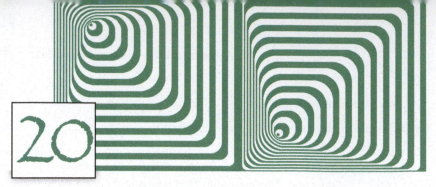

Les indéfinis

Les indéfinis expriment des idées générales ou non précisées de qualité, de quantité, de ressemblance ou de différence. Parmi les indéfinis figurent des adjectifs, des pronoms, des adverbes, quelques noms, ainsi que diverses locutions verbales. (Pour les particularités ou difficultés grammaticales des indéfinis les plus courants, voir sections 1 à 20 ci-dessous; pour certaines locutions verbales indéfinies, voir section 21.)

1 Aucun et aucunement

1a. **Aucun** (adjectif et pronom)

Qu'il soit adjectif ou pronom, **aucun(e)** est ordinairement au <u>singulier</u>, sauf si le nom auquel il se rapporte n'existe qu'au pluriel.[1] Il s'accorde en <u>genre</u> avec le nom qu'il qualifie ou auquel il renvoie.

COMPAREZ:

Je **n'**ai **aucune** idée. → Je n'en ai **aucune**.
I have no idea whatsoever. → I have none [not a single one].

MAIS: Des vacances? Non, malheureusement, nous n'en avons **aucunes** avant Noël.
  Vacations? No, unfortunately, we have none [at all] before Christmas.

1b. **Aucunement** (*in no way, not in the least*)

L'adverbe **aucunement** est synonyme de **nullement** (voir section 8c ci-dessous).

  Je te dérange? —**Aucunement**.   *Am I bothering you? —Not a bit/Not in the least.*

---

[1] Pour les noms toujours (ou presque toujours) au pluriel, voir Chapitre 21, section 3, Tableau 1. Notez toutefois que dans la langue soutenue, on rencontre parfois **aucuns** et **nuls** (au pluriel) devant des noms existant au singulier: **Aucune parole** ne <u>fut</u> prononcée. OU **Aucunes paroles** ne <u>furent</u> prononcées. (*Not a word was uttered.* OR *No words were uttered.*)

N.B. 20-1
Accord du verbe avec aucun sujet

Lorsque **aucun(e)** est sujet, le verbe est toujours à la 3ᵉ personne du <u>singulier</u>, même lorsque **aucun(e)** est suivi d'expressions plurielles telles que **d'entre nous/vous/eux (elles)** ou **de nous/vous/d'eux (d'elles)**. Toutefois, lorsque **aucun(e)** est <u>répété</u> <u>devant plusieurs noms sujets</u>, le verbe peut se mettre soit au singulier, soit au pluriel.

COMPAREZ:

Aucun de nous n'<u>est</u> libre ce soir [ET NON: ~~sommes libres~~].
None of us is free tonight.

MAIS: **Aucune** parole ni **aucun** geste amical ne <u>pourra</u> OU ne <u>pourront</u> la consoler.
Neither a kind word nor a gesture of friendship will make her feel any better.

---

2 Autre, autrui, autrement, (d')autre part...

2a. **D'autres** vs **des autres** (adjectif et pronom)

Employez **d'autres** [ET NON: ~~des autres~~], sauf si **des autres** correspond à la contraction **de** + **les autres**. (Voir Chapitre 2, section 3c.)

COMPAREZ:

Vous avez suivi **d'autres** cours de français? → Vous en avez suivi **d'autres**?
Have you taken other French courses? → *Have you taken others?*

MAIS: As-tu besoin de ces assiettes-ci ou **des autres**? [avoir besoin <u>de</u> + **les autres**]
Do you need these plates or the others?

2b. «**L'un(e)**... **l'autre**...» (pronoms)

Les expressions combinant **l'un(e)/les un(e)s** et **l'autre/les autres** sont fréquentes.

Aimez-vous **les uns les autres.**	*Love one another.*
Ils se méfient **les uns des autres.** [ON DIT: se méfier <u>de</u> qqn]	*They don't trust one another.*
J'ai deux chats; **l'un et l'autre** sont siamois.	*I have two cats; both of them are Siamese.*
Nous avons vu plusieurs films, tous meilleurs **les uns que les autres.**	*We saw several movies, each one better than the next.*

2c. Autrui (pronom)

Ce pronom, toujours au singulier, appartient à la langue soutenue.

> Pourquoi vous préoccupez-vous du jugement d'**autrui**?
> *Why do you worry about other people's judgment?*

> Ne faites pas à **autrui** ce que vous ne voulez pas qu'on vous fasse.
> LITERALLY: *Do not do unto others what you do not want them to do unto you.*
>   [*Do unto others as you would have them do unto you.*]

2d. Autrement (*differently/otherwise*)

L'adverbe **autrement** peut signifier *differently* ou *otherwise*, suivant le contexte.

COMPAREZ:

Les choses se sont passées tout **autrement**.
Things happened quite differently.

MAIS: Réveille-moi à sept heures, **autrement** je serai en retard.
     Wake me up at seven, otherwise I'll be late.

2e. Autre part (*somewhere else*)

Autre part est une locution adverbiale synonyme de l'adverbe **ailleurs**.

> Ce restaurant est trop bruyant. Allons   *This restaurant is too noisy. Let's go eat*
>   manger **autre part** [OU ailleurs].   *somewhere else.*

2f. «D'une part... d'autre part...»

Ces adverbes permettent d'établir des contrastes entre deux termes (*on the one hand . . . , on the other hand . . .*). Pris seul toutefois, l'adverbe **d'autre part** signifie **d'ailleurs** ou **par ailleurs** (*besides, what's more*).

COMPAREZ:

D'une part, il est ravi d'avoir obtenu ce poste à Kyoto, mais **d'autre part** (**de l'autre**), il est triste de devoir partir si loin.
On the one hand, he's delighted to have been offered this job in Kyoto, but on the other hand, he's sad to have to go so far away.

MAIS: Je ne peux pas sortir ce soir; **d'autre part**, je n'ai pas d'argent.
     I cannot go out tonight; what's more/besides, I don't have any money.

3 Certain

3a. **Certain** (adjectif: *some* vs *definite*)

Placé <u>devant</u> le nom, l'adjectif **certain(s)/certaine(s)** a le sens de *some* (si le nom est pluriel, il s'emploie <u>sans</u> article). Placé <u>après</u>, il a le sens de *definite*.

COMPAREZ:

Il a toujours manifesté <u>un</u> **certain** intérêt pour elle. [sg. ➝ article]
He has always been somewhat interested in her.

MAIS: Il manifeste un intérêt **certain** pour elle.
He's definitely interested in her.

3b. «D'un **certain** âge» vs «d'un âge **certain**»

Ne confondez pas ces deux expressions idiomatiques (et humoristiques).

COMPAREZ:

Mme Renaud est une personne d'un **certain** âge, mais son mari est déjà d'un âge **certain**.
Mrs. Renaud is getting on in years, but her husband is definitely past his prime.

3c. **Certains** (pronom: *some*)

Le pronom **certain(e)s** est toujours au <u>pluriel</u>; il s'accorde en <u>genre</u> avec le nom auquel il renvoie.

Ces médicaments sont efficaces mais **certains** provoquent des somnolences.
These medications are effective, but some [of them] cause drowsiness.

N.B. 20-2
Some: **certain(e)s ou quelques?**

Lorsque *some* est l'équivalent de ***some of/a few of***, employez **certains/certaines** (et non **quelques**). (Pour les différences entre *a few*, *few*, et *a few of*, voir N.B. 20-4 ci-dessous.)

COMPAREZ:

*I have **some** questions to ask you.* ➝ J'ai **quelques** questions à vous poser.

MAIS: ***Some** [of the] questions were difficult.* ➝ **Certaines** [ET NON: ~~Quelques~~] questions étaient difficiles.

*I bought **some** books.* ➝ J'ai acheté **quelques** livres.

MAIS: ***Some** [of them] look interesting.* ➝ **Certains** semblent intéressants.

4   Chaque et chacun

4a. **Chaque** (adjectif)

L'adjectif **chaque** est <u>invariable</u>. Il est toujours <u>singulier</u>.

Chaque étudiant OU étudiant**e** suivra quatre cours.	*Each student will take four courses.*
Chaque fois qu'on se téléphone, on cause pendant des heures.	*Every time we call each other, we chat for hours.*

4b. **Chacun** (pronom)

Le pronom **chacun(e)** est toujours <u>singulier</u>. Lorsqu'il est <u>sujet</u>, le verbe est à la 3ᵉ personne du <u>singulier</u>, même lorsque **chacun(e)** est suivi d'expressions plurielles telles que **d'entre nous/vous/eux** (**elles**) ou **de nous/vous/elles** et **d'eux** (**elles**). (Voir aussi Chapitre 21, section 24d.)

Ces bouquets de roses sont à quatre euros **chacun** [ET NON: ~~chaque~~].	*These bouquets of roses cost four euros each.*
Chacune d'entre nous <u>avait</u> [ET NON: ~~avions~~] apporté un cadeau.	*Each one of us had brought a gift.*

Le pronom **chacun** peut aussi désigner **n'importe qui**, **tout le monde**. Il est alors <u>masculin</u>, sauf si on se réfère explicitement et *exclusivement* à des femmes. On le retrouve dans plusieurs expressions idiomatiques (voir section 4c ci-dessous).

COMPAREZ:

Chacun pourra contribuer au débat.	*Everybody will be able to take part in the debate.*

MAIS: Dans cette université de femmes, **chacune** des étudiantes doit suivre un cours de sciences.
At this women's college, each of the students must take a science course.

4c. Expressions idiomatiques avec **chacun**

Chacun OU À **chacun** sa place.	*Each one in his proper place.*
Chacun OU À **chacun** ses droits.	*To each his own rights.*
Chacun OU À **chacun** son goût/ses goûts.	*To each his own/It's a matter of personal taste.*
Chacun OU À **chacun** son métier. [proverbe]	*To each man his own trade.*
Chacun OU À **chacun** son tour!	*One at a time/Wait your turn!*
Chacun pour soi.	*Every man for himself.*

4d. Formes du possessif après **chacun**

➤ Lorsque **chacun(e)** est <u>sujet</u>, on utilise toujours **son/sa/ses/le sien**, etc. ou **soi**, même lorsque **chacun(e)** est suivi d'expressions plurielles telles que **d'entre nous/vous** ou **de nous/vous**, etc. (Voir aussi Chapitre 21, section 24d.)

Chacun [d'entre nous/eux] partira de <u>son</u> côté.	*Each [of us/them] will go his own way.*
Chacune [de vous/d'elles] est rentrée chez **soi**.	*Each one [of you/them] went home.*

➤ Toutefois, lorsque **chacun(e)** n'est pas sujet mais renvoie à des sujets comme <u>ils</u> ou <u>elles</u>, on peut employer ou bien **son/sa/ses/le sien/soi**, etc., ou bien **leur/leurs/le leur**, etc. Par contre, lorsque **chacun(e)** renvoie à des sujets comme <u>nous</u> ou <u>vous</u>, on emploie respectivement **notre/nos**, etc., et **votre/vos**, etc. comme en anglais.

COMPAREZ:

Ils sont partis **chacun** de **son** OU de **leur** côté. *They each went their own way.*	MAIS: **Nous** sommes partis **chacun** de **notre** côté. *We each went our own way.*
Elles sont rentrées **chacune** chez **soi** OU chez **elles**. *They each went home.*	MAIS: **Vous** êtes rentrées **chacune** chez **vous**. *You each went home.*

5 Chose

5a. **Chose** (nom)

Le nom **chose** a diverses significations suivant le contexte. Certaines sont très idiomatiques (voir section 5c ci-dessous).

Je viens de penser à une **chose** [quelque **chose**]...	*I've just thought of something...*
J'ai tout plein/un tas de **choses** à faire.	*I have lots [of things] to do.*
[Voilà une] bonne **chose** <u>de</u> faite.	*That's one thing out of the way.*
Ce sont des **choses** qui arrivent.	*It's one of those things. [Things like that happen.]*

5b. **Autre chose de** mieux, pas **grand-chose de** nouveau, **quelque chose de** beau

Lorsque **chose** est suivi d'un adverbe ou d'un adjectif, il faut insérer la préposition **de/d'**. Notez que l'adjectif est obligatoirement au <u>masculin singulier</u>.

Je n'ai pas **grand-chose** <u>de</u> nouveau [ET NON: ~~nouvelle~~] à te raconter.	*I have little new to tell you.*
J'ai **quelque chose** <u>d</u>'original/**de** mieux à vous montrer.	*I have something original/better to show you.*

5c. Expressions idiomatiques avec **chose**

avant toute **chose**	*above all else*
bien/mal prendre **la/les chose(s)**	*to take things well/badly*
C'est **chose** faite. [idiomatique]	*It's done.*
C'est bien peu de **chose**!	*It's nothing much really!*
Ce n'est pas **grand-chose**!	*It isn't much!*
de deux **choses** l'une: soit… soit…	*You have one of two choices: either . . . or . . .*
Dis-leur **bien des choses** (de ma part).	*Give them my regards.*
Elle te <u>fait dire</u> **bien des choses**.	*She sends her regards.*
en mettant les **choses** au mieux/pis	*at best/at worst*
être **tout** chose	*to feel out of sorts/strange/off*
Il suffit de **peu de chose**.	*It doesn't take much.*
La **chose** est grave.	*The situation is serious.*
parler **de choses et d'autres**	*to speak of this and that*
Il n'y a pas une **chose** <u>de</u> vrai.	*There isn't a single word of truth.*

6 | Différent et divers

Lorsque les adjectifs **différent(e)s** et **divers(es)** sont placés <u>devant</u> un nom pluriel, ils correspondent à *various/several* (le nom s'emploie alors <u>sans</u> article). Placés <u>après</u>, ils signifient *different*.

COMPAREZ:

Ils ont changé d'avis pour **différentes/diverses** <u>raisons</u>. [pas d'article]
They changed their minds for various/several reasons.

MAIS: Ils ont changé d'avis pour des <u>raisons</u> **différentes/diverses**.
   They changed their minds for different reasons.

7 Même

7a. **Même** (adjectif)

Placé <u>entre</u> l'article et le nom, l'adjectif **même(s)** indique la ressemblance (*the same*). Placé <u>après</u> le nom ou après un pronom tonique suivi d'un trait d'union (**moi-même**, etc.), il signifie *itself, myself,* etc. Ne le confondez pas avec l'adverbe **même**, qui est invariable (voir section 7c ci-dessous).

COMPAREZ:

Il faut tout le temps leur dire <u>les</u> **mêmes** <u>choses</u>!
I/We have to tell them the same things over and over again!

MAIS: Ses <u>alliés</u> **mêmes** [OU **eux-mêmes**] le critiquent ouvertement.
His allies themselves openly criticize him.

Il est arrivé en **même** temps que moi.
He arrived at the same time as I did.

MAIS: Ce sont ses paroles **mêmes**.
These are his/her very words.

7b. **Même** (pronom)

Le pronom **même(s)** s'accorde en genre et en nombre avec le nom auquel il renvoie.

Tu vois ce joli sac? J'ai acheté **le même** l'autre jour.

Do you see this nice bag? I bought the same one the other day.

J'aime bien tes lunettes; j'ai vu **les mêmes** chez mon opticien.

I really like your glasses; I saw the same ones at my optician's.

7c. **Même** (adverbe)

L'adverbe **même** est invariable et signifie *even*. Il peut se placer <u>devant</u> ou <u>après</u> le nom (à l'écrit, on le mettra de préférence <u>après</u>), mais toujours <u>devant</u> l'adjectif (avec la signification de *even **if***).

COMPAREZ:

Même ses alliés OU Ses alliés **même** l'abandonnent.
Even his allies are abandoning him.

MAIS: La violence, **même** justifiée, est intolérable.
Violence, even if justified, is intolerable.

Vérification. Complétez les phrases suivantes par les formes appropriées de **aucun, autre, certain, chacun, chose, différent, divers** et **même** (plus tout autre mot nécessaire), de façon à ce que vos réponses correspondent aux éléments *en gras*. Utilisez le vocabulaire entre crochets, le cas échéant.

*I don't have **any homework at all** for tomorrow.* → Je n'ai (1) _____ pour demain.

*He doesn't have **any friends at all**.* → Il n'a (2) _____.

*I remember this movie well, but not **the others**.* → Je me souviens bien de ce film, mais pas (3) _____.

*I don't want these scissors; please give me **the others**.* → Je ne veux pas ces ciseaux; donne-moi (4) _____, s'il te plaît.

*He talked to **several people**.* [personnes (f. pl.)] → Il s'est adressé à (5) _____.

*She is **kindness itself**.* [gentillesse (f.)] → Elle est (6) _____.

*This book met with **great** [= definite] **success**.* → Ce livre a rencontré (7) _____.

*It's **one of those things**.* [arriver] → Ce sont (8) _____.

*These posters cost ten euros **each**.* → Ces affiches (f. pl.) sont à dix euros (9) _____.

*We don't have **much planned** for this weekend.* [prévu] → Nous n'avons pas (10) _____ pour ce week-end.

8 Nul et nullement

8a. **Nul** (adjectif et pronom)

Qu'il soit adjectif ou pronom, **nul(s)/nulle(s)** appartient plutôt au registre soutenu. Il est ordinairement au masculin ou féminin <u>singulier</u>, sauf si le nom auquel il se rapporte n'existe qu'au pluriel (voir note 1, p. 276). Dans la langue familière cependant, l'adjectif **nul** signifie **très mauvais**.

COMPAREZ:

Nulle ville n'est aussi belle que Paris.
No city is as beautiful as Paris.

MAIS: **Nulles** vacances n'ont été aussi agréables que celles que nous avons passées à Corfou.
No vacation was ever as pleasant as the one we spent in Corfu.

Nul n'a le droit d'abandonner ces gens à leur sort.
No one has the right to abandon these people to their fate.

MAIS: Je suis **nul(le)** en maths. [familier]
I'm terrible at math.

8b. Nulle part (*nowhere*)

L'adverbe **nulle part** a le sens de *nowhere/not anywhere*. Il est l'opposé de **quelque part** (*somewhere*).

Où diable étais-tu à deux heures
ce matin? —**Nulle part!**

*Where in the world where you
at two a.m. this morning?
—Nowhere!*

8c. Nullement (*in no way*)

L'adverbe **nullement** appartient au registre soutenu et correspond à *not in any way/in no way*, etc.

Cela n'implique **nullement**
qu'ils aient tort.

*This in no way implies that
they are wrong.*

9 On

9a. On = quelqu'un, tout le monde, chacun, n'importe qui

Lorsque le pronom sujet **on** signifie **quelqu'un**, **tout le monde**, **chacun** ou **n'importe qui**, il est toujours <u>masculin singulier</u>. La tournure avec **on** correspond souvent à un passif en anglais (voir Chapitre 18, section 3) ou à un tour impersonnel [**on** doit = **il** faut].

Quand **on** est jeune, **on** est souvent naïf.   *When you're young, you're often naïve.*

Quand **on** n̲'a pas ce qu'on aime [notez le   *When you don't have what you like,*
n̲' de négation], il faut aimer ce qu'**on** a.   *you must like what you have.*

«**On** a souvent besoin d'un plus petit que   *You often need someone smaller than*
soi.» [La Fontaine]   *yourself.*

On m'a volé mon portable.   *My cell phone has been stolen.*

On ne déplore aucune victime.   *Fortunately, there have been no
casualties.*

On doit faire attention.   *One has to be careful.*
[= **Il** faut faire attention]

9b. **On** = quelqu'un de précis/connu

Toutefois, lorsque le pronom sujet **on** se réfère à quelqu'un de précis ou de connu, l'accord du participe passé se fait en fonction de la ou des personnes représentées.

Qu'avez-vous fait hier soir, Claire et Mélanie? —**On** est all**ées** au cinéma. [langue familière]

What did you do last night, Claire and Melanie? —We went to the movies.

Alors les enfants, **on** a été sag**es**? **On** a fini ses devoirs? [langue familière]

So, kids, were you good? Did you finish your homework?

N.B. 20-3
L'on

Après **et, ou, où, lorsque, que, à qui, à quoi** et **si**, on ajoute souvent l'article **l'** devant **on** dans la langue <u>soutenue</u> (cet ajout n'est pas obligatoire et ne se traduit pas).

Y a-t-il un restaurant **où l'on** puisse encore manger à cette heure?

Is there a restaurant where we might still eat at this hour?

Mieux vaut savoir **à qui l'on** achète sa voiture d'occasion.

You'd better know from whom you're buying a used car.

---

10   Personne (pronom)

10a. **Personne** dans une phrase négative

Dans une phrase négative, le pronom indéfini **personne** (accompagné d'un **ne** de négation mais jamais de **pas**) signifie *nobody, no one, [not] anybody/anyone*. Bien que **personne** soit masculin, son adjectif peut se mettre au féminin si l'on désigne <u>explicitement</u> une femme.

Je <u>n</u>'ai vu **personne**.

I didn't see anyone.

Personne <u>ne</u> s'est aperçu de rien.

Nobody/No one noticed anything.

Personne <u>n</u>'est aussi dou**é<u>e</u>** que Céline.

Nobody is as gifted as Céline.

10b. «Personne **d'**intéressant…»

Lorsque **personne** est suivi d'un adjectif ou d'un adverbe, il faut insérer la préposition **de/d'** (comme pour **autre chose, grand-chose, quelque chose**, voir section 5b ci dessus). Notez également que l'adjectif est toujours au <u>masculin</u> <u>singulier</u>.

> Je <u>n'</u>ai rencontré **personne <u>d'</u>**intéressant   *I didn't meet anybody interesting.*
> [ET NON: ~~d'intéressante~~].
>
> Tu n'as trouvé **personne <u>de</u>** <u>mieux</u>   *Didn't you find anyone better*
> qu'elle?   *than her?*

10c. **Personne** dans une phrase affirmative

On rencontre parfois **personne** dans une phrase <u>affirmative</u>, notamment après le verbe **nier**, ainsi qu'après **comme** ou **avant que**.

> Il <u>nie</u> avoir parlé à **personne**.   *He denies having spoken to anyone.*
>
> Elle joue du piano <u>comme</u> **personne**.   *She plays the piano like no one else.*
>
> Il s'est enfui <u>avant que</u> **personne** ne[2] le   *He left before anyone could find him.*
> découvre.

11   **Plusieurs et maint(s)**

Plusieurs peut être adjectif ou pronom. Il est toujours pluriel et signifie *several*. En revanche, **maint(s)/mainte(s)** est uniquement adjectif. Il relève du style soutenu et signifie *a great many*. Paradoxalement, il s'emploie aussi bien au singulier qu'au pluriel. Toutefois l'expression **à maintes reprises** (*on many/several occasions*) est toujours au pluriel.

COMPAREZ:

Plusieurs personnes m'en ont parlé.
Several people talked to me about it.

MAIS: **Maintes** personnes m'en ont parlé. OU **Mainte** personne m'en a parlé.
        A great many people talked to me about it.

        Nous l'avons vu à **plusieurs** OU à **maintes** reprises.
        We saw him on several occasions.

---

[2] Ce **ne** n'est pas négatif mais <u>explétif</u>. (Sur cette différence, voir Chapitre 8, section 10.)

12 Quelconque

L'adjectif **quelconque** a plusieurs sens déterminés par le contexte.

COMPAREZ:

Il est parti pour une raison **quelconque**.
He left for some reason or other.

MAIS: J'ai trouvé ce film tout à fait **quelconque**.
I found this movie really mediocre.

As-tu une **quelconque** idée [OU une idée **quelconque**] de l'endroit où se trouve ce restaurant?
Do you have any idea at all where this restaurant is?

MAIS: C'est quelqu'un de **quelconque**.
He/She's ordinary.

13 Quelques vs quelque

13a. **Quelques** (adjectif pluriel: *a few*)

Au pluriel, l'adjectif indéfini **quelques** a le sens de **plusieurs** et correspond à *some/a few*. (Pour la différence entre **quelques** et **certains/certaines**, voir N.B. 20-2 ci-dessus.)

Allons prendre un café. J'ai **quelques** minutes avant mon train.	*Let's go for coffee. I have a few minutes before my train leaves.*
Est-ce que je peux t'emprunter **quelques** livres?	*May I borrow a few books from you?*

> ### N.B. 20-4
> #### *A few* vs *few* vs *a few of*
>
> Ne confondez pas *a few* (**quelques/des**), *few* (**peu de**) et *a few of* (**certains**).
>
> COMPAREZ:
>
> He has ***a few*** friends in high places. → Il a **quelques/des** amis en haut lieu.
>
> MAIS: He has ***few*** friends in high places. → Il a **peu d'**amis en haut lieu.
>
> PAR CONTRE: ***A few/Some of*** his friends work in high places. → **Certains** de ses amis travaillent en haut lieu.

13b. **Quelque** (adjectif singulier: *some/a certain/a little/any*)

Au <u>singulier</u>, l'adjectif indéfini **quelque** appartient plutôt à la langue soutenue et correspond à *some/a certain /a little/any*.

Si vous changez d'avis pour **quelque** raison, prévenez-moi.[3]	*If you change your mind for some reason or other/for any reason whatsoever, let me know.*
J'ai **quelque difficulté** à le croire.	*I have a certain difficulty believing him*

Dans la langue courante, **quelque** au <u>singulier</u> s'emploie dans plusieurs expressions adverbiales courantes telles que **quelque part** (*somewhere*), **quelquefois** (en <u>un seul mot</u>; *sometimes, from time to time*; voir aussi section 14 ci-dessous), **quelque peu** (*somewhat*) et **depuis quelque temps** (*lately, in a while, for some time*).

J'ai dû laisser mon agenda **quelque part**, mais je ne sais plus où.	*I must have left my calendar somewhere, but I don't remember where.*
Je me demande **quelquefois** où j'ai la tête.	*Sometimes I wonder if my head's screwed on properly.*

13c. **Quelque** (adverbe: *about/roughly/some*)

L'adverbe **quelque** (invariable) signifie **à peu près** (*about/roughly/some*). Il relève lui aussi de la langue soutenue.

Il y avait **quelque** cent-mille manifestants.	*There were roughly one hundred thousand demonstrators.*

14 Quelquefois vs quelques fois

ATTENTION: L'adverbe indéfini **quelquefois** (en <u>un seul</u> mot) correspond à **parfois** (*sometimes, every now and then, from time to time*), tandis que l'expression **quelques fois** (en <u>deux</u> mots) correspond à **plusieurs fois** (*a few times*).

COMPAREZ:

Il nous rend **quelquefois** visite.
He comes to visit us every now and then/from time to time.

MAIS: Nous n'allons à l'opéra que **quelques fois** par an.
We only go to the opera a few times a year.

---

[3] ON PEUT DIRE AUSSI: pour **une** raison **quelconque** OU une raison **ou une autre** OU pour **n'importe quelle** raison OU pour **la moindre** raison OU pour **quelque** raison **que ce soit**…

15   Quelqu'un, quelques-un(e)s

15a.   Quelqu'un vs quelques-un(e)s

Au <u>singulier</u>, le pronom indéfini **quelqu'un** est toujours <u>masculin</u>, même s'il se réfère à une femme. Au <u>pluriel</u>, les pronoms **quelques-uns** et **quelques-unes** (notez le trait d'union) s'appliquent aussi bien à des personnes qu'à des choses et s'accordent en genre avec le nom auquel ils renvoient.

COMPAREZ:

Marie, c'est **quelqu'un** que tu connais bien?
Is Marie someone you know well?

MAIS: **Quelques-unes** des compagnies aériennes proposent des vols au rabais.
A few of the airlines are offering discount fares.

Il y a **quelqu'un**?
Is anybody there/home?

MAIS: Tu as fini tous les exercises? —Non, je n'en ai fait que **quelques-uns**.
Did you finish all the exercises? —No, I only did a few [of them].

15b.   «Quelqu'un de gentil» vs «quelques-un(e)s de gentils/gentilles»

Lorsque **quelqu'un** est suivi d'un adjectif ou d'un adverbe, il faut ajouter la préposition **de/d'** (comme pour **autre chose**, **grand-chose**, **quelque chose**, **personne**, voir sections 5b et 10b ci-dessus). Après **quelqu'un de**, l'adjectif est toujours au <u>masculin singulier</u>. Toutefois, après **quelques-uns/quelques-unes de**, l'adjectif (toujours au pluriel) s'accorde en genre avec le nom représenté.

COMPAREZ:

Isabelle est **quelqu'un <u>de</u>** <u>gentil</u> et **de** très <u>compétent</u>.
  [ET NON: ~~quelqu'une gentille et très compétente~~]
Isabelle is someone [who is] nice and very competent.

MAIS: Regarde ces photos, il y en a **quelques-unes <u>de</u>** très <u>bonnes</u>!
Look at these pictures, some of them are quite good!

Vérification.   Complétez les phrases suivantes par **quelques**, **quelqu'un**, **quelques-un(e)s**, **quelquefois** ou **quelques fois** (plus tout autre mot nécessaire), de façon à ce que vos réponses correspondent aux éléments *en gras*. Ajoutez la préposition **de/d'** si nécessaire. Employez le vocabulaire entre crochets le cas échéant.

*Aisha is **someone really gifted**.* [très doué] → Aisha est (1) _____.

*They live **a few** kilometers from here.* → Ils habitent à (2) _____ kilomètres d'ici.

*Do you still see her **sometimes**?* → Tu la vois encore (3) _____?

*I only saw her **a few times** these past few months.* → Je ne l'ai vue que
(4) _____ ces derniers mois.

*Do you have one-dollar bills? —Yes, I still have **a few** left.* → Tu as des billets d'un
dollar? —Oui, il m'en reste encore (5) _____.

*Have you seen these dresses? **Some of them** are **quite elegant**.* [très élégant] → Tu as
vu ces robes? Il y en a (6) _____.

16 Quel que vs quelque... que + subjonctif

Ces constructions sont toutes deux suivies du **subjonctif**. Elles correspondent à
regardless of, whatever, however, no matter what, etc. Leurs emplois diffèrent selon
la nature et la fonction des mots qu'elles introduisent.

16a. «Quels que soient leurs prix...»

La construction avec **quel que** (en *deux* mots) + subjonctif est courante.
Elle introduit toujours un sujet. Le verbe qui suit est généralement le verbe **être**
(mais les verbes **pouvoir** ou **devoir** sont aussi possibles). **Quel** s'accorde en
genre et en nombre avec le sujet; si ce sujet est un nom, celui-ci se met après le
verbe; s'il s'agit d'un pronom, il se met à sa place habituelle, c'est-à-dire devant
le verbe.[4]

COMPAREZ:

Méfiez-vous des médicaments vendus en ligne, **quels que** [ET NON: ~~quelques~~]
 soient leurs prix. [**quels** s'accorde avec le sujet prix (m. pl.); il s'agit d'un
 nom ⇢ après le verbe]
*Beware of medications sold online, regardless of their prices [= whatever their prices
 may be].*

MAIS: Les sondages, **quels qu'**ils soient, alimentent forcément la polémique électorale.
 [**quels** s'accorde avec le sujet ils; il s'agit d'un pronom ⇢ devant le verbe]
 *Regardless of what they are [= whatever they may be], polls are bound to fuel
 electoral polemics.*

---

[4] AUTREMENT DIT: **Quel que** (in *two* words) + subjunctive is very common. It always introduces a
 subject (noun or pronoun). The verb in the subjunctive is usually **être** (but **pouvoir** and **devoir** are
 also used). **Quel** agrees in gender and number with the subject. If it is a noun, it goes after the verb;
 if it is a pronoun, it stays in its usual place (i.e., before the verb).

16b. «**Quelque** compétents **qu'**ils soient…» [style soutenu]

La construction **quelque** (en *un* mot)**… que** + subjonctif appartient au style soutenu. Elle s'emploie de part et d'autre d'un adjectif isolé, d'un adverbe ou encore d'un nom complément, mais jamais d'un nom sujet. **Quelque** est invariable, SAUF devant un nom pluriel.[5]

COMPAREZ:

Quelque compétents **qu'**ils soient, les gens commettent parfois des erreurs.
   [compétents est adjectif ➡ **quelque** (invariable);
   N'ECRIVEZ PAS: ~~quels que/quelques~~ compétents…]
However competent they may be [Regardless of how competent they are], people
   sometimes make errors.

MAIS: **Quelques** torts **qu'**elle ait envers lui, il lui pardonnera toujours.
      [torts (m. pl.) est un nom complément d'objet direct de ait ➡ **quelques**
      (accord)]
      Regardless of how much she hurts him, he will always forgive her.

16c. Récapitulation: **quel que** vs **quelque… que**

Ces deux constructions sont d'autant plus difficiles à distinguer en français qu'elles correspondent à des tournures quasiment identiques en anglais. Comment les différencier? Le principe est le suivant: si la construction concerne un sujet, employez **quel… que** (en *deux* mots) + verbe (généralement **être**) au subjonctif. Pour tous les autres cas, employez **quelque… que** + subjonctif.[6]

COMPAREZ:

Regardless of what they may be [Whatever they are], these errors are negligible.
Quelles qu'elles soient, ces erreurs sont négligeables.
   [elles (ces erreurs, f. pl.) est sujet ➡ **quelles qu'**]

MAIS: *These people are very kind, regardless of how strict they may appear*
      [= however strict they may appear, although they may appear strict].
      Ces gens sont tout à fait gentils, **quelque** sévères **qu'**ils paraissent.
      [sévères est adjectif ➡ **quelque** (invariable)]

---

[5] AUTREMENT DIT: The construction with **quelque** (in *one* word)**… que** is more formal, although it is found in both oral and written French. It is used with an isolated adjective, an adverb, or a noun (as long as that noun is *not a subject*). **Quelque** is invariable, EXCEPT before a plural noun.

[6] AUTREMENT DIT: These two constructions are very difficult to distinguish in French. The rule of thumb is as follows: if the construction concerns a *subject*, use **quel… que** (in *two* words) + subjunctive. For all other cases, use **quelque… que** + subjunctive.

He will always be wrong in their eyes, regardless of his arguments
   [whatever his arguments may be].
Il aura toujours tort à leurs yeux, **quels que** soient ses arguments.
   [<u>arguments</u> (m. pl.) est sujet ➡ **quel<u>s</u> que**]

MAIS: *He will always be wrong in their eyes, regardless of the arguments he presents*
      [whatever arguments he may present].
      Il aura toujours tort à leurs yeux, **quelque<u>s</u>** arguments (m. pl.) **qu'**il avance.
      [<u>arguments</u> (m. pl.) n'est pas sujet mais c.o.d. du verbe <u>avance</u>; il s'agit d'un
      nom pluriel ➡ **quelque<u>s</u>** (au pluriel)]

16d.   *"Regardless of + noun"*

Avec *regardless of + noun*, on a en réalité le choix entre **quel que** et **quelque …
que**: tout dépend de la tournure que l'on donne à sa phrase. C'est le cas
particulièrement lorsque le nom (en français) est introduit par une <u>préposition</u>.

   *They want to buy that studio, **regardless of its price** [whatever its price may be].*
   Ils veulent acheter ce studio, **quel que** soit son prix OU **à** **quelque** prix **qu'**il soit.
      [ON DIT: **être à** un prix ou à un autre]
   *All foreign nationals have to obtain a visa, **regardless of their nationality**.*
   Tous les ressortissants étrangers doivent obtenir un visa, **quelle que** soit leur
      nationalité OU **de** **quelque** nationalité **qu'**ils soient.
      [ON DIT: **être d'**une nationalité ou d'une autre]

Vérification.   Complétez les phrases suivantes par **quelque, quelques** ou
quel(s) que/quelle(s) que, de façon à ce que vos réponses correspondent aux
éléments **en gras**.

*The **few** difficulties they encountered didn't stop them.* → Les (1) _____
difficultés qu'ils ont rencontrées ne les ont pas empêchés de réussir.

***Regardless of** their serious differences of opinion [= Regardless of how serious their
differences of opinion may be], all political factions have agreed to sit down at the
negotiating table.* → (2) _____ graves que soient leurs différends, toutes les
factions politiques ont accepté de s'asseoir à la table des négociations.

***Regardless of** his reasons [= Whatever his reasons may be], he was wrong to act like
this.* → (3) _____ soient ses raisons, il a eu tort d'agir ainsi.

*You won't be able to change your ticket, **regardless of the reason**.* → Vous ne
pourrez pas changer votre billet, (4) pour _____ raison que ce soit.

17   Rien

17a. Place du pronom **rien**

Lorsque le verbe est à un temps composé, le pronom **rien** se met à la même place que **pas**, c'est-à-dire entre l'auxiliaire et le participe passé. ATTENTION: On n'emploie jamais **pas** avec **rien**, sauf dans l'expression idiomatique ci-après (voir N.B. 20-5 ci-dessous).

Il n'a **rien** dit. [ET NON: ~~Il a dit rien.~~]   *He didn't say anything/He said nothing.*

Nous n'aurions **rien** remarqué.   *We wouldn't have noticed anything.*

N.B. 20-5
«Ce n'est pas rien!»

Cette expression idiomatique appartient à la langue familière. Elle signifie **c'est quelque chose** (d'extraordinaire, de difficile, etc.).

Se lever à quatre heures du matin tous   *Getting up at four in the morning every*
les jours, **ce n'est pas rien**!   *day is no picnic!*

17b. «Cela ne me dit **rien de** bon...»

Comme pour **autre chose, grand-chose, quelque chose, personne, quelqu'un,** etc. (voir sections 5b, 10b et 15b ci-dessus), lorsque **rien** est suivi d'un adjectif ou d'un adverbe, il faut insérer la préposition **de/d'**, et l'adjectif est toujours au masculin singulier.

Vous n'avez **rien <u>de</u>** mieux à faire?   *Don't you have anything better to do?*
Cela ne me dit **rien <u>de</u>** bon. [idiomatique]   *This doesn't bode well.*
   [ON PEUT DIRE AUSSI: Cela ne me dit
   rien qui vaille.]

17c. «**Rien de** plus beau...» (**rien** affirmatif)

Le pronom **rien** peut être pris dans un sens affirmatif. Il appartient alors au registre soutenu et signifie **quelque chose**. On le trouve souvent dans les questions rhétoriques, en conjonction avec l'adverbe **jamais** (dans le sens de *ever*). Aux temps composés, **rien** dans son sens affirmatif peut se mettre soit devant, soit après le participe passé. (Pour **rien de tel que**..., voir section 18c ci-dessous.)

COMPAREZ:

Avez-vous jamais **rien** vu OU jamais vu **rien de** plus beau?
Have you ever seen anything quite as/more beautiful?

MAIS: Je n'ai **rien** vu.
[ET NON: ~~Je n'ai pas vu rien.~~]
I didn't see anything.

17d. **Un rien** (nom)

Le nom **rien** (qui fait **riens** au pluriel) a diverses significations, souvent très idiomatiques.

Ajoute **un rien** de sel.	*Add a touch more salt.*
C'est un **bon à rien**/une **bonne à rien**.	*He/She's a good-for-nothing.*
Il y avait **un rien** d'ironie dans ta voix…	*There was a hint of irony in your voice. . .*
Tu t'énerves toujours pour **des riens**!	*You always get so worked up about nothing!*
Tu y seras en **un rien** de temps.	*You'll be there in no time.*
Un rien l'habille.	*She looks good in anything.*
Un rien la fait pleurer.	*Any little thing makes her cry.*

17e. «On la reconnaît **rien qu'**à son parfum…» (*just by . . .*)

L'expression adverbiale **rien qu'à** est très idiomatique. Elle s'emploie avec le verbe **reconnaître** et signifie *just by [the way] . . .*

On la reconnaît **rien qu'à** son parfum.	*You recognize her just by her perfume/by her perfume alone.*
On le reconnaît **rien qu'à** sa démarche.	*You recognize him just by the way he walks.*

18 Tel

18a. **Tel** (*such*)

Qu'il soit adjectif ou pronom, **tel(s)/telle(s)** correspond généralement à *such* ou à *like/just as*, etc. Il s'accorde en genre et nombre avec le nom qu'il qualifie ou auquel il renvoie.

Une **telle** attitude est admirable.	*Such an attitude is admirable.*
Je me méfie de **tels** compromis.	*I do not trust such compromises.*
Tel père, **tel** fils.	*Like father, like son.*
Annie est restée **telle** qu'elle était.	*Annie is still the same as she used to be.*

18b. **Tel quel** (*as is, in its original state, etc.*)

L'expression **tel quel** s'accorde en genre et en nombre avec le nom auquel elle renvoie.

Ils ont acheté leur <u>appartement</u> **tel quel**. *They bought their apartment as it was/in its original state.*

La <u>chambre</u> était dans un désordre indescriptible, mais je l'ai laissée **telle quelle**. *The room was in a total mess, but I left it as it was.*

18c. «**Rien de tel** qu'une bonne bière...» (*there's nothing quite like . . .*)

Dans l'expression «**rien de tel que**» (*there's nothing quite like . . .*), **tel** est toujours <u>invariable</u>.

Rien de tel qu'une bonne bière quand on a soif! *There's nothing quite like a nice beer when you're thirsty!*

Il n'y a **rien de tel que** les voyages pour vous changer les idées. *There's nothing quite like travel to boost your morale.*

18d. **Un tel/Untel, tel et tel** (*so-and-so*)

Dans le sens de *so-and-so/what's-his/her-name*, on emploie soit **un tel**, soit **une telle** (ou encore **Untel** ou **Unetelle** en un seul mot) selon que la personne à laquelle on se réfère est un homme ou une femme. Lorsque la locution **tel et tel** dans le sens de *so-and-so* est <u>sujet</u>, le verbe est généralement au singulier.

Un tel (Untel)/Tel et tel m'a dit que Paul avait été muté.
What's-his-name told me that Paul had been transferred.

Il paraît **que madame Unetelle**, notre voisine du dessus, vend son appartement.
I heard that Mrs. What's-her-name, our neighbor from upstairs, is selling her apartment.

19 Tout

19a. **Tout** (adjectif)

L'adjectif **tout**(**e**) peut être qualificatif (*whole/entire*) ou indéfini (*all/any/each/every*). Il fait **tous/toutes** au pluriel.

Toute l'université était en émoi.	*The entire university was in turmoil.*
Tout passager [sg.] doit présenter un passeport valable.	*All passengers [pl.] must present valid passports.* OR *Every passenger must present a valid passport.*
Je ne prends ce médicament que **tous** les <u>deux</u> jours.	*I take this medication only every other day.*
Pour **toute** demande [noter le sg.] de visa, veuillez vous rendre au prochain guichet.	*For all visa applications [note the pl.], please go to the next window.*

N.B. 20-6

Tout devant un nom de ville ou de personne

Tout est <u>invariable</u> devant un nom de <u>ville</u>, ainsi que devant un nom de <u>personne</u> lorsqu'on désigne par là l'œuvre de cette personne.

Tout Paris a fêté le 14 Juillet.[7]	*The entire city of Paris celebrated the 14th of July.*
Elle a lu **tout** Marguerite Duras et **tout** Zola.	*She read all of Marguerite Duras and all of Zola.*

19b. **Tout** (pronom)

Le pronom **tout/toute** fait **tous/toutes** au pluriel. Aux temps composés, il se place <u>devant</u> le participe passé.

Tout est calme ce soir.	*Everything is calm tonight.*
Il n'est pas compliqué: il mange de **tout**.	*He's not difficult; he eats everything.*
Avez-vous **tous** lu cet article?	*Did you all read this article?*
Il ne reste plus une seule maison, elles ont **toutes** brûlé!	*There isn't a single house left; they all burned down!*

---

[7] Lorsqu'on se réfère à la fête nationale française (*Bastille Day*), le mois s'écrit (exceptionnellement) avec une <u>majuscule</u> (le 14 Juillet). Il va de soi que dans «Ma petite sœur est née le 15 [ou le 14, le 16] juillet/août/avril, etc.», le mois s'écrit avec une minuscule.

19c. «**Tout ce** qui est sur la table…»

Lorsque le pronom **tout** précède un pronom relatif comme **qui**, **que**, **dont**, etc., il faut insérer un <u>ce</u> après **tout** (voir aussi Chapitre 16, section 12b).

Donne-moi **tout** <u>ce</u> **qui** est sur la table.	*Give me everything [that's] on the table.*
Le vol a été annulé, c'est **tout** <u>ce</u> **que** je sais.	*The flight was canceled, that's all I know.*
Ce sac est bien pratique; je peux y mettre **tout** <u>ce</u> **dont** j'ai besoin.	*This bag is really handy; I can put in it everything I need.*

19d. **Tout**[8] (nom: *a whole/an ensemble/in all*)

Le **tout** est d'être patient.	*The main thing is to be patient.*
Il y avait en **tout** trois-cents personnes.	*There were in all three hundred people.*

19e. L'accord de **tout** adverbe

L'adverbe **tout** est invariable SAUF devant un nom ou adjectif <u>féminin</u> commençant par une <u>consonne</u> ou un <u>h</u> aspiré[9]. Pour savoir si **tout** est adverbe, il suffit de le remplacer par un autre adverbe.

COMPAREZ:

Nous sommes **tout** tristes de te voir partir.
We're really sorry to see you leave.
   [ON POURRAIT DIRE: Nous sommes **très** tristes de te voir partir.]

Le camembert, c'est **tout** autre chose que le chèvre!
Camembert is quite different from goat cheese!
   [ON POURRAIT DIRE: c'est **absolument** autre chose…]

MAIS: Déjà **toute** petite, elle voulait devenir présidente.
      Even as a very small child, she wanted to become president.
      [L'adjectif **petite** est féminin et commence par une consonne ⟶ accord.]

---

[8]   Le nom **tout** fait **touts** au pluriel, mais cette forme est rarissime.

[9]   Only usage allows you to distinguish between an *aspirate* and a *mute* (*non aspirate*) **h**. Most dictionaries indicate the *aspirate* **h** with an asterisk (*) or with the sign «'» in phonetic translations. REMINDER: An *aspirate* **h** acts like a consonant: there can be no *elision* or *liaison* before it. **H** aspiré: l<u>a</u> haine (*hatred*) [ET NON: l'haine], les <u>h</u>aricots [ET NON: «~~lézaricots~~»]. **H** muet: l'homéopathie (*homeopathy*) [ET NON: ~~la homéopathie~~]; les heures [on prononce «lézeures»].

TOUT (adverbe) **invariable**		TOUT (adverbe) **variable**
devant n'importe quel <u>masculin</u>	devant un <u>féminin</u> commençant par une **voyelle** ou un **h muet**	devant un <u>féminin</u> commençant par une **consonne** ou un **h aspiré**
Il était **tout** étonné/**tout** surpris. *He was very/quite surprised.*	Elle était **tout** <u>é</u>tonnée. *She was very/quite surprised.*	MAIS: Elle était **toute** <u>s</u>urprise. *She was very/quite surprised.*
Ils sont **tout** heureux/**tout** contents. *They're very/quite happy.*	Elles sont **tout** <u>h</u>eureuses. *They're very/quite happy.*	MAIS: Elles sont **toutes** <u>c</u>ontentes.[10] *They're very/quite happy.*
Ils sont **tout** embarrassés/**tout** honteux. *They are very/quite ashamed.*	Elles sont **tout** <u>e</u>mbarrassées. *They are very/quite ashamed.*	MAIS: Elles sont **toutes** <u>h</u>onteuses.[10] *They are very/quite ashamed.*

19f. «**Tout** malade **qu'**il est/soit…» (*sick as he may be*)

La construction avec **tout** + <u>adjectif</u>/<u>nom</u> + **que** appartient au registre soutenu.[11] Elle a le sens de **même si**. Elle peut être suivie soit de l'indicatif, soit du subjonctif. **Tout** s'accorde selon les règles exposées dans la section 19e ci-dessus.

Il sera obligé de passer son concours demain, **tout** malade **qu'**il est [OU soit].	*He will have to take his entrance examination tomorrow, sick as he may be [even if he's sick].*

19g. **Tout en** + participe présent

La construction avec **tout en** + participe présent exprime la <u>simultanéité</u> de deux actions souvent contradictoires, ou encore la <u>concession</u>. (Voir aussi Chapitre 10, section 2a.)

Elle conduit **tout en parlant** au téléphone.	*She drives while talking on the phone.*
Tout en prétendant le contraire, il est très jaloux.	*Even though he pretends otherwise, he very jealous.*

---

[10] La phrase «**Elles sont toutes contentes/honteuses**» peut aussi signifier "*All of them are happy/ashamed.*" Dans certains cas, seul le contexte permet de distinguer entre l'adjectif (*all of them are*) et l'adverbe (*they are **all/completely** happy/ashamed*).

[11] Cette construction est l'équivalent de **quelque… que** + <u>subjonctif</u> (voir section 16b ci-dessus), de **bien que/quoique** + <u>subjonctif</u> (voir Chapitre 12, section 10) et de **si… que** + <u>subjonctif</u> (voir Chapitre 14, section 8g).

19h. **Tout** (et ses variantes) dans les locutions idiomatiques

à **tout** hasard	*just in case/on the off chance*
à **tout** prix	*at any cost*
à **tout** prendre	*on the whole/all in all*
avoir **tout** d'une star, etc.	*to look every inch the star, etc.*
avoir **tout** pour réussir/pour soi	*to have everything going for you*
C'est **tout** bête/simple. [langue familière]	*It's as easy as pie.*
de **toute** manière/façon, en **tout** cas	*anyway/in any case*
des opinions **toutes** faites	*cut-and-dried opinions*
être de **tout** repos/ne pas être de **tout** repos	*to be really easy/to be no picnic*
être gentil **tout** plein OU comme **tout**	*to be really awfully sweet*
être **tout** en larmes/pleurs	*to be in tears*
être **tout** en sueur	*to be dripping with sweat*
être **tout** feu **tout** flamme	*to be wildly enthusiastic*
être **tout** ouïe/sourire [invariable]	*to be all ears/smiles*
être **tout** yeux, **tout** oreilles [invariable]	*to be all eyes, all ears*
jouer **le tout** pour **le tout**	*to stake one's all/to bet everything*
pour **tout** dire	*in all honesty*
rouler à **toute** vitesse	*to drive like a bat out of hell*
se sauver à **toutes** jambes	*to run away as fast as your legs will carry you*
somme **toute**	*when all is said and done*
tout à coup/**tout** d'un coup	*suddenly*
tout à fait	*sure/absolutely/completely*
tout à l'heure	*shortly/in a little while*
tout au plus	*at the most*
tout compris	*all included*
tout compte fait	*on the whole/all things considered*
tout de suite	*straightaway/right there/right with you/immediately/right now*
tout le monde	*everyone/everybody*
Tout travail/**Toute** peine mérite salaire. [proverbe]	*All work [effort] deserves to be rewarded.*

20 Formes du possessif avec les noms collectifs

Pour éviter d'avoir à choisir entre le masculin et le féminin, l'anglais familier emploie couramment les pronoms *their/them* avec des <u>noms collectifs singuliers</u> tels que *everybody, everyone, nobody, somebody*. Ce n'est pas le cas du français, qui utilise toujours **son/sa/ses/soi**, etc., quel que soit le niveau de langue. (Pour les formes du possessif après **chacun d'entre nous/vous**, etc., voir section 4d ci-dessus.)

Someone has parked "their" [= his/her] car in front of my garage. [OR RATHER:
  People have parked their car in front of my garage.]
Quelqu'un a garé **sa** [ET NON: ~~leur~~] voiture devant mon garage.

Vérification. Complétez les phrases suivantes par la forme de **rien**, **tel** ou **tout** (plus tout autre mot nécessaire), de façon à ce que vos réponses correspondent aux mots *en gras*.

*It rained **all** night.* → Il a plu (1) _____ la nuit.

*There is **nothing quite like** a nice hot bath to relax.* → Il n'y a (2) _____
un bon bain chaud pour se détendre.

***All of them** perished at sea.* → Ils ont (3) _____ péri en mer.

***Everything** they told you is false.* → (4) _____ qu'ils t'ont dit est faux.

***Such** heat waves are more and more frequent.* → De (5) _____ canicules
(f. pl.) sont de plus en plus fréquentes.

***The main thing** is to keep your cool.* → (6) _____ est de garder ton sang-froid.

*They were **quite** surprised to see us.* → Ils étaient (7) _____ étonnés de
nous voir.

*They **all** seemed surprised to see us.* → Ils étaient (8) _____ étonnés de
nous voir.

*My friends were **quite** embarrassed.* → Mes amis étaient (9) _____ confus.

*My sisters were **quite** annoyed.* → Mes sœurs étaient (10) _____ contrariées.

21 Locutions verbales indéfinies

Il existe de nombreuses locutions verbales indéfinies. Vous trouverez ci-dessous les
expressions les plus courantes.

comme si de rien n'était	Elle m'a regardé(e) **comme si de rien n'était**. *She looked at me as if nothing at all was the matter.*
Dieu sait comment!	Il a réussi son examen, **Dieu sait comment!** *He passed his exam, God only knows how!*
Dieu sait pourquoi!	Elle a refusé de répondre, **Dieu sait pourquoi!** *She refused to answer, God only knows why!*
Dieu sait qui!	Il fréquente **Dieu sait qui!** *God only knows who[m] he hangs around with!*
Dieu sait quoi!	Mon chat est malade; il a dû manger **Dieu sait quoi!** *My cat is sick; it must have eaten God only knows what!*
Dieu sait où!	**Dieu sait où** j'ai laissé ma carte de crédit! *God only knows where I left my credit card!*
je ne sais quel, etc.	Il a dû faire encore **je ne sais quelle** bêtise! *He must yet again have done some dumb thing or another!*

je ne sais qui	Elle a rencontré **je ne sais qui**. *She met someone or other.*
je ne sais quoi	Elle a ce petit **je ne sais quoi** qui la rend irrésistible. *She has that certain little something that makes her irresistible.*
n'importe comment	Il travaille **n'importe comment**! [langue familière] *He works in a really careless way!*
n'importe où	Tu laisses toujours traîner tes affaires **n'importe où**! *You always leave your things all over the place!*
n'importe quand	Appelle-moi **n'importe quand**. *Call me any time.*
n'importe quel, etc.	Regardons **n'importe quel** film, ça m'est égal. *Let's watch any old movie, I don't care.*
n'importe qui	Demande à **n'importe qui**. *Ask anyone [at all].*
n'importe quoi	Offre-lui **n'importe quoi**, sauf des bonbons, elle n'aime pas ça. *Give her anything, except candy; she doesn't like that.* Elle dit **n'importe quoi**. [langue familière] *She has no idea what she's saying/She's just talking off the top of her head.*
Il n'y a pas de quoi!	*Don't mention it!*
où que + subjonctif [*wherever*]	Tu trouveras toujours des gens prêts à t'aider, **où que** tu ailles. *You'll always find people ready to help you, wherever you may go.*
qui que ce soit OU quiconque	Je ne veux pas voir **qui que ce soit** OU **quiconque**. *I don't want to see anyone at all.* Il cuisine mieux que **quiconque** [OU **qui que ce soit** OU **n'importe qui**]. *He's a better cook than anyone else.*
quoi que [en <u>deux</u> mots] + subjonctif [voir aussi N.B. 20-7 ci-dessous]	Il est exaspérant. **Quoi qu'**on fasse pour lui, Monsieur n'est jamais content! *He's exasperating. Regardless of what we do for him, His Highness is never happy!* Il fait trop chaud pour faire **quoi que ce soit**. *It's too hot to do anything [at all].*

N.B. 20-7

Quoi que + subjonctif vs **quoique** + subjonctif

Ne confondez pas **quoi que** (en <u>deux</u> mots) + subjonctif, qui signifie *regardless of what [one does, etc.]*, et **quoique** (en <u>un seul</u> mot) + subjonctif, qui signifie *although/even though*.

COMPAREZ:

Il a tort, **quoi qu'**on en dise. [ET NON: ~~quoiqu'~~]
He's wrong, whatever/regardless of what people say [about it].

MAIS: **Quoique** Laura n'ait que dix-sept ans, elle est déjà très mûre pour son âge.
Although/Even though Laura is only seventeen, she's already very mature for her age.

Vérification. Complétez les phrases suivantes de façon à ce que vos réponses correspondent aux mots *en gras*. Employez le vocabulaire entre crochets, le cas échéant.

*I'm too tired to do **anything at all** tonight.* → Je suis trop fatigué(e) pour faire (1) _____ ce soir.

*Ask me **anything at all** but not that!* → Demande-moi (2) _____, mais pas ça!

*I want you to call me, **wherever you are**.* → Je veux que tu m'appelles, (3) _____ tu sois.

*I refuse to see **anyone at all**.* → Je refuse de voir (4) _____.

*You can visit me **any time**.* → Tu peux venir me voir (5) _____.

*He never listens to her, **whatever** she says.* → Il ne l'écoute jamais, (6) _____ elle dise.

*He always acts as **if nothing at all had happened**.* → Il fait toujours (7) _____.

*The French, **regardless of who** OR **what they are**, love to talk politics.* → Les Français, (8) _____, aiment parler politique.

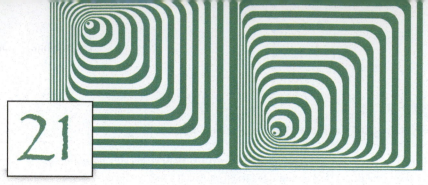

21

 Pluriels et accords

Le pluriel—cas particuliers

1 Bœuf, œuf et os...

La prononciation de **bœuf** (*ox*) et **œuf** (*egg*) n'est pas pareille au singulier et au pluriel. C'est le cas aussi du mot **os** (*bone*), bien que son orthographe ne change pas au pluriel.

un œuf [comme dans «neuf»] → des oeuf**s** [comme dans «bleu»]
un bœuf [comme dans «neuf»] → des boeuf**s** [comme dans «bleu»]
un os [comme dans «noce»] → des o**s** [comme dans «eau»]

2 «Tous les lundi<u>s</u> soir... » vs «tous les soir<u>s</u>...»

Après un nom de jour, les mots **matin**, **après-midi** et **soir** sont généralement <u>invariables</u> (tous les lundi<u>s</u> **soir**). Pris seuls cependant, **matin** et **soir** prennent un <u>s</u> au pluriel, tandis qu'**après-midi** s'écrit avec OU sans <u>s</u> (on a le choix). RAPPEL: Pour indiquer une <u>habitude</u> correspondant aux expressions *Mondays, Sundays, afternoons, nights,* etc., on utilise le <u>singulier</u> en français.

COMPAREZ:

Nous nous réunissons tous les lundi<u>s</u> **matin** et tous les mercredi<u>s</u> **après-midi**.
We meet every Monday morning and every Wednesday afternoon.

MAIS: «Tous les **matin<u>s</u>** du monde» est un film d'Alain Corneau.
   "All the Mornings of the World" is a movie by Alain Corneau.

Il passe ses **après-midi** OU **après-midi<u>s</u>** devant son ordinateur.
He spends his afternoons in front of his computer.

MAIS: Viens nous voir un de ces **soir<u>s</u>**.
   Come see us some evening.

PAR CONTRE: **Le lundi** [ET NON: ~~Les lundis~~], je prends le bus.
      [On] Monday<u>s</u>, I take the bus.

3   Des devoirs de vacances...

Certains noms n'existent qu'au pluriel, ou s'emploient <u>principalement</u> au pluriel.

Tableau 1

NOMS (PRESQUE TOUJOURS) AU PLURIEL

arrhes (f. pl.)	*deposit*
ciseaux (m. pl.)	*scissors* [MAIS: un ciseau = *a chisel*]
devoirs (m. pl.)	*homework* [MAIS: un devoir = *a duty, an academic paper,* OR *a piece of homework*]
environs/alentours (m. pl.)	*vicinity, surroundings*
fiançailles (f. pl.)	*engagement*
frais (m. pl.)	*cost, charge, fees* [MAIS: **le** frais = *fresh air* OR *a cool place*]
funérailles/obsèques (f. pl.)	*funeral*
gens (m. pl.)	*people* [voir aussi section 14 ci-dessous]
grands-parents (m. pl.)	*grandparents*
honoraires (m. pl.)	*[doctor's or lawyer's] fees*
lunettes (f. pl.)	*glasses* [MAIS: une lunette = *a telescope, a round window,* OR *an opening*]
mœurs (f. pl.)	*mores, customs, habits*
nouvelles (f. pl.)	*news* [MAIS: une nouvelle = *a piece of news* OR *a short story*]
représailles (f. pl.)	*reprisals, retaliations*
Pâques (f. pl.)	*Easter* [MAIS ON DIT (AU SINGULIER): <u>la</u> Pâque juive (*Passover*); <u>la</u> Pâque grecque (*orthodox Easter*)]
petits-enfants (m. pl.)	*grandchildren* [voir aussi N.B. 21-2 ci-dessous]
pourparlers (m. pl.)	*negotiation talks*
vacances (f. pl.)	*vacation* [MAIS: <u>une</u> vacance de poste = *a job vacancy*]
victuailles (f. pl.)	*victuals, food*

---

4   Noms et adjectifs possédant deux pluriels

4a. Pluriels en -**als** et -**aux**

Le nom et adjectif **idéal**, ainsi que les adjectifs **final** et **glacial**, ont deux terminaisons possibles au masculin pluriel.

avoir un idéal → avoir des idé**als** OU idé**aux** (*to have ideals*)[1]
un ami idéal → des amis idé**als** OU idé**aux** (*ideal friends*)
un examen final → des examens fin**als** OU fin**aux** (*final exams*)
un vent glacial → des vents glaci**als** OU glaci**aux** (*ice-cold winds*)

---

[1]   *Ideals* n'existant qu'au pluriel en anglais, **un grand idéal** et **de grands idéals/idéaux** se traduisent tous deux par *high ideals*.

4b. Aïeul, ciel, œil, ail et **banal**

Les noms **aïeul**, **ciel**, **œil** et l'adjectif **banal** ont deux formes au pluriel, mais chacune correspond à un <u>sens différent</u>. En revanche, les deux pluriels du mot **ail** sont <u>synonymes</u>.

COMPAREZ:

un aïeul → des **aïeul<u>s</u>** (*grandparents*)   MAIS: des **aïeu<u>x</u>** (*ancestors*)
le ciel → les **ciel<u>s</u>** (*skies*)[2]   MAIS: les **cieu<u>x</u>** (*heaven [lit. or fig.]*)
un œil → des **<u>y</u>eux** (*eyes*)   MAIS: des **œil<u>s</u>**-de-bœuf
          (*bull's-eye/round dormer windows*)

un objet banal → des objets **banal<u>s</u>**   MAIS: des fours **banau<u>x</u>** (*communal*
  (*banal objects*)   *village ovens [in the Middle Ages]*)

PAR CONTRE: un ail → des **ail<u>s</u>** OU des **aul<u>x</u>** [**aulx** se prononce comme «eau»]
          (*heads of garlic*)

5 Noms composés

5a. Cerfs-volants et sèche-cheveux...

Seuls les <u>adjectifs</u> et les <u>noms</u> prennent la marque du pluriel dans les noms composés unis par un trait d'union[3] (par exemple: des **rouge<u>s</u>-gorge<u>s</u>** [*robins*]). Lorsque le nom est composé d'un verbe (des **garde**-fous [*railings*]), d'une préposition (des **arrière**-gardes [*rearguards*]) ou d'un préfixe (des **anti**-inflammatoires, [*anti-inflammatories*]), ces éléments restent invariables.[4]

COMPAREZ:

un arc-en-ciel/des arc<u>s</u>-en-ciel (*rainbow/s*) [**ciel** (sg.): il n'y a qu'un seul ciel]
un cerf-volant/des cerf<u>s</u>-volant<u>s</u> (*kite/s*)
un chou-fleur/des chou<u>x</u>-fleur<u>s</u> (*cauliflower/s*)
un rouge-gorge/des rouge<u>s</u>-gorge<u>s</u> (*robin/s*)
un wagon-lit/des wagon<u>s</u>-lit<u>s</u> (*sleeping car/s*)

---

[2] Le mot **ciels** s'emploie aussi bien pour les paysages que la météorologie. Il se retrouve également dans l'expression **ciels de lit** (*canopies*). ON DIRA POURTANT: **aller au <u>ciel</u>** (= **au paradis**) (*to go to heaven*), **être au septième <u>ciel</u>** (*to be in seventh heaven*), MAIS: «Notre Père qui êtes/es aux **cieux**» (*Our Father who art in Heaven*). Le mot **cieux** constitue en quelque sorte un pluriel emphatique (littéraire et figuré) du mot **ciel**.

[3] The 1990 French Academy recommendations to eliminate the hyphen in some French composed nouns have not been widely adopted. Composed nouns listed in section 5a are therefore given in their original spelling (with the hyphen).

[4] Vous remarquerez que certains mots composés singuliers comprennent un nom au pluriel: un compte-goutte<u>s</u> (*a dropper*), un sèche-cheveu<u>x</u> (*a blowdryer*), etc. À l'inverse, certains autres mots composés pluriels comportent un nom au singulier: des gratte-ciel (*skyscrapers*), des pare-brise (*windshields*). Les rectifications de l'orthographe de 1990 recommandent de mettre le nom au pluriel uniquement lorsque le mot composé est lui-même au pluriel (un sèche-cheve<u>u</u>/des sèche-cheveu<u>x</u>, un pare-bris<u>e</u>/des pare-brise<u>s</u>, un porte-cl<u>é</u>/des porte-clé<u>s</u>). Cette orthographe simplifiée tardant à s'imposer, elle est simplement signalée entre crochets dans les exemples.

MAIS: un/des **aller-retour** (*roundtrip ticket/s*) [billet(s) pour <u>aller et revenir</u>]
un **couvre**-lit/des **couvre**-lit<u>s</u> (*bedspread/s*) [pièce(s) d'étoffe pour <u>recouvrir</u> les lits]
un/des **gratte**-ciel (*skyscraper/s*) [bâtiment(s) qui «grattent» le ciel]
  [ON RENCONTRE AUSSI: des **gratte**-ciel<u>s</u> (avec un **s**)]
un/des **lave**-linge (*[clothes] washer/s*) [machine(s) pour <u>laver</u> le linge]
  [ON RENCONTRE AUSSI: des lave-linge<u>s</u> (avec un **s**)]
un/des **sans**-abri (*homeless person/people*)
  [ON RENCONTRE AUSSI: des sans-abri<u>s</u> (avec un **s**)]
un/des **sèche**-cheveux (*hairdryer/s*) [appareil(s) pour <u>sécher</u> les cheveux]
  [ON RENCONTRE AUSSI: un sèche-cheve<u>u</u> (sans **x** au sg.)]
un **tire**-bouchon/des **tire**-bouchon<u>s</u> (*corkscrew driver/s*) [instrument(s) pour <u>tirer</u> les bouchons]
  [ON RENCONTRE AUSSI: des tirebouchon<u>s</u> (en un seul mot)]

5b. Mesdames, mesdemoiselles, messieurs...

Pour **madame**, **mademoiselle** et **monsieur**, qui sont des mots composés soudés (c'est-à-dire sans trait d'union), les <u>deux</u> parties du mot changent au pluriel.

Madame (Mme/Mme [<u>sans</u> point]) → **Mes**dame<u>s</u> (Mmes/Mmes)
Mademoiselle (Mlle/Mlle [<u>sans</u> point]) → **Mes**demoiselle<u>s</u> (Mlles/Mlles)
Monsieur (M<u>.</u> [ET NON: ~~Mr.~~]) → **Mes**sieur<u>s</u> (MM.)
un **bon**homme (*a guy*) [prononcez «bonnomme»] → des bon<u>s</u>homme<u>s</u> [prononcez «bon-zomme»]

6 Noms propres et noms de marque

6a. «Les **Picasso** de la période bleue...»

Lorsqu'un nom propre désigne les œuvres d'un artiste ou d'un écrivain, ce nom demeure <u>invariable</u>.

des Renoir (*Renoirs [works by Renoir]*), des Picasso (*Picassos [works by Picasso]*), des Titien (*Titians*), des Balzac (*novels by Balzac*), etc.

6b. «Des **Chevrolet** et des **Jaguar**» vs «des **bic<u>s</u>** et des **frigidaire<u>s</u>**»

Les objets désignés par leur marque ou leur fabricant prennent une <u>majuscule</u> et sont <u>invariables</u>. Toutefois, certains objets devenus très *familiers* s'écrivent maintenant avec une <u>minuscule</u> et prennent généralement un **s** au pluriel.

des Cadillac; des Chevrolet; des Jaguar; des Renault; des Toyota; des Fiat; des Jeep; des Vespa [OU vespa<u>s</u>] (*Vespa motorcycles*); des Frigidaire [OU frigidaire<u>s</u>]; des Bic [OU bic<u>s</u>] (*Bic pens*), etc.

[MAIS: des Coca/des Coca-Cola OU des coca (invariable, même avec une minuscule)]

6c. Des **camembert**s̲ et des **bourgogne**s̲…

Les produits de consommation d'usage courant, tels que les fromages, les vins et les alcools désignés par un nom de lieu s̲a̲n̲s̲ ̲m̲a̲j̲u̲s̲c̲u̲l̲e̲, prennent un **s̲** au pluriel.

des brie**s̲**, des camembert**s̲**, des cantal**s̲**, des gruyère**s̲**, des emmenthal**s̲**, des roquefort**s̲**, des cognac**s̲**, des champagne**s̲**, des bourgogne**s̲**, etc.

[M A I S: des vins de B̲ourgogne (*wines from the Burgundy region*)]

6d. Les **Bonaparte** vs les **Bourbon**s̲

Au pluriel, les noms propres de personnes, de villes ou de pays sont ordinairement i̲n̲v̲a̲r̲i̲a̲b̲l̲e̲s̲. EXCEPTIONS: les noms d'anciennes f̲a̲m̲i̲l̲l̲e̲s̲ ̲r̲é̲g̲n̲a̲n̲t̲e̲s̲ dont la gloire est l̲o̲i̲n̲t̲a̲i̲n̲e̲ (par exemple: les Capétiens, les Bourbons, les Tudors, mais pas les Bonaparte ni les Windsor…), ainsi que les noms de personnages de l'A̲n̲t̲i̲q̲u̲i̲t̲é̲ ou de la B̲i̲b̲l̲e̲ représentant des t̲y̲p̲e̲s̲ prennent un **s̲** au pluriel.[5]

COMPAREZ:
les deux Montréal (le Montréal anglais et le Montréal français), les deux Belgique (la flamande et la wallonne), les Habsbourg, les Hohenzollern, les Bonaparte, les Romanov, les Windsor, les Grimaldi, les Goncourt (*the Goncourt brothers*), les Clinton [ET NON: ~~Clintons~~], les Sarkozy, etc.

MAIS: les César**s̲**, les Horace**s̲**, les Curiace**s̲**, les Capétien**s̲**, les Plantagenêt**s̲**, les Capulet**s̲**, les Montaigu**s̲**, les Médici**s̲**, les Guise**s̲**, les Bourbon**s̲**, les Stuart**s̲**, les Tudor**s̲**, etc.

7 Des **barman**s̲ et des **cappuccino**s̲…

Les noms étrangers d'usage courant suivent les mêmes règles que la majorité des mots f̲r̲a̲n̲ç̲a̲i̲s̲ et prennent donc un **s̲** au pluriel (même si cette forme n'existe pas dans la langue d'origine).[6]

des barma**n̲s̲** (*barmen*), des cappuccino**s̲**, des confetti**s̲**, des conquistador**s̲**, des lasagne**s̲**, des libretto**s̲**, des leitmotiv**s̲** (*leitmotifs*), des lied**s̲** (OU lieder), des panini**s̲**, des pizza**s̲**, des sandwich(e)**s̲**, des scénario**s̲**, des spaghetti**s̲**, des whisky**s̲** [OU whisk**ies̲**], etc.

---

[5] AUTREMENT DIT: Contrary to what is the case in English, proper names of places and people in French are *invariable*. EXCEPTIONS: Names of *very ancient and celebrated former ruling families*, or characters from *antiquity* or the *Bible* representing **types** of people, take an **s̲** in the plural.

[6] You can, of course, use the plural form of the original languages (*scenarii, libretti, leitmotive*), although it might sound a little affected. However, you should not mix both languages. Thus, you can write **barmans** (*à la française*), or **barmen** (*à l'anglaise*), BUT NOT: ~~barmens~~.

8   ## Amours et grandes orgues…

ATTENTION: Au singulier, **amour** et **orgue** sont <u>masculins</u>. Au pluriel toutefois, **amours** (dans le sens de *passion sensuelle*) est <u>féminin</u> et relève de la langue soutenue (ironique ou littéraire). Quant à **orgues**, il est <u>féminin pluriel</u> *seulement* lorsqu'il désigne un instrument <u>unique</u> mais de dimension imposante (on parle alors de pluriel emphatique).[7]

COMPAREZ:
Entre eux, c'est le grand amour.
Between them, it's love with a capital L.

MAIS: Mes premi<u>**ères**</u> amours furent plutôt tumultueuses. [style soutenu ironique]
        My first love was a rather tumultuous affair.

Il jouait des rengaines sur un orgue électrique.
He was playing old tunes on an electric organ.

MAIS: Les grand<u>**es**</u> orgu<u>es</u> de la cathédrale de Lübeck sont réput<u>**ées**</u>.
        The great organ of the Lübeck cathedral is famous.

Vérification.   Récrivez ces phrases en mettant les mots **en gras** au pluriel. Faites tous les changements nécessaires.

(1) Regarde **ce chou-fleur, il est énorme**!

_____

(2) **Votre aller-retour n'est plus valable.**

_____

(3) Je préfère **ce brie à ce camembert.**

_____

L'accord de l'adjectif qualificatif— cas particuliers

9   ## Rappels

L'adjectif qualificatif s'accorde normalement en genre et en nombre avec le mot qu'il modifie. Lorsqu'un seul adjectif qualifie plusieurs noms masculins, il se met au <u>masculin pluriel</u>; s'il qualifie plusieurs noms féminins, il se met au <u>féminin pluriel</u>; s'il qualifie à la fois des noms masculins ET féminins, il se met au <u>masculin</u>

---

[7]   AUTREMENT DIT: In the singular, these two words are always *masculine*. In the plural however, **amours** (meaning *sensual passion*) is often used in the *feminine* in literary writing. As for **orgues**, it is only used in the *feminine plural* when it refers to a <u>single, very large instrument</u> (the plural in this case is simply emphatic).

pluriel (même s'il n'y a qu'un seul nom masculin et plusieurs noms féminins). En revanche, si les noms sont coordonnés par **ou** ou **ni**, l'accord se fait selon le sens.

COMPAREZ:

un pull et un manteau chaud**s** / une écharpe et une veste chaud**es**
a warm sweater and a warm coat / *a warm scarf and a warm jacket*

MAIS: une veste et un manteau léger**s** [m. + f. ➡ m. pl.]
      a light jacket and a light coat

PAR CONTRE: Vous préférez un express ou un thé léger**r**? [seul le thé est léger]
           Do you prefer an espresso or a light [cup of] tea?

10   «Un **bel** enfant, un **fol** amour, un *nouvel* amant...»

Lorsque **beau, fou, mou, nouveau** et **vieux** se trouvent <u>devant</u> un nom singulier commençant par une <u>voyelle</u> ou un **h** muet, ils font **bel, fol, mol, nouvel** et **vieil**.

COMPAREZ:

un **beau** livre (*a beautiful book*)   MAIS: un **bel** <u>e</u>nfant (*a beautiful child*)
un monde **fou** (*a mad world/a big crowd*) MAIS: un **fol** <u>a</u>mour (*mad love*)
un caramel **mou** (*a piece of chewy toffee*) MAIS: un **mol** <u>e</u>ffort (*a languid effort*)
un **nouveau** cours (*a new course*)   MAIS: un **nouvel** <u>a</u>mi (*a new [male] friend*)
un **vieux** manteau (*an old coat*)   MAIS: un **vieil** <u>h</u>omme (*an old man*)

11   «Les première et deuxième questions de l'examen...»

Lorsqu'un nom pluriel est qualifié par deux adjectifs coordonnés par **et**, ceux-ci peuvent, selon le sens, se mettre au singulier.

COMPAREZ:

Les premièr**e** et deuxièm**e** question**s** de l'examen étaient faciles.
The first and second questions on the exam were easy [the first one and the second one].

MAIS: Les plus riche**s** et célèbre**s** acteur**s** d'Hollywood s'étaient tous donné rendez-vous à Cannes. [Les acteurs sont à la fois riches et célèbres ➡ pluriel.]
      The richest and most famous actors in Hollywood were all at the Cannes [Film] Festival.

12   «Un kilo de tomates bien mûres...»

Lorsque l'adjectif qualifie un nom complément d'un autre nom, l'accord se fait selon la logique.

Mettez-moi un kilo de tomates bien mûr**es**.   *Let me have a kilo of really ripe tomatoes.*
[Ce sont les tomates qui sont mûres.]

J'ai acheté une douzaine d'oeufs tout frai**s**.   *I bought a dozen of really fresh eggs.*
[Ce sont les œufs qui sont frais.]

13 «Elles ont l'air content [OU contentes]…»

Avec l'expression **avoir l'air** + adjectif, l'adjectif s'accorde soit avec le mot **air** (m. sg.), soit avec le sujet. Cependant, lorsque le sujet est un nom de chose, l'adjectif s'accorde toujours en genre et en nombre avec cette chose.

Elle a l'air conten**t** [OU content**e**].
She looks [seems] happy.
MAIS: Ces incidents ont l'air grave**s** [ET NON: ~~grave~~].
These incidents look [seem] serious.

14 «Ce sont de vieilles gens charmants…»

ATTENTION: Le nom **gens** (*people*) est masculin pluriel. Toutefois, et fort paradoxalement, s'il est immédiatement précédé d'un adjectif qualificatif, celui-ci se met au féminin pluriel. En revanche, si l'adjectif est placé après, il s'accorde au masculin pluriel.[8]

COMPAREZ:

Ce sont des **gens** charmant**s**.
[l'adjectif est après **gens** ⟶ m. pl. (charmant**s**)]
These are charming people.
MAIS: Ces vie**illes** **gens** habitent à côté de chez moi.
[l'adjectif est devant **gens** ⟶ f. pl. (vieilles)]
These old people live next door to me.

PAR CONTRE: Ces vie**illes** **gens** sont charmant**s**.
[l'adjectif placé devant **gens** est féminin pluriel (**vieilles**); celui placé après est masculin pluriel (**charmants**)]
These old people are charming.

EXCEPTION: Si **jeunes gens** (pluriel de **jeune homme**) est lui-même précédé d'un adjectif, celui-ci s'accorde au masculin (et non au féminin) pluriel.
Qui sont ces beaux [ET NON: ~~belles~~] **jeunes gens**?
Who are these handsome young people?

15 «Deux demi-douzaines…» vs «deux heures et demie…»

Devant un nom ou un autre adjectif, l'adjectif **demi-** (suivi d'un trait d'union) est invariable. Après le nom (et sans trait d'union), **demi** est toujours au singulier et s'accorde en genre avec ce nom.

COMPAREZ:

Achète-moi une **demi-**douzaine d'œufs.   MAIS: Nous avons attendu deux heures
Buy me one half-dozen eggs.   et **demie**.
                                                                        We waited [for] two-and-a-half hours.

---

[8] AUTREMENT DIT: **Gens** (*people*) is normally masculine plural. However, paradoxically, when an adjective is placed underlined before it, that adjective must be in the *feminine plural*. If, on the other hand, an adjective is placed after **gens**, it stays in the *masculine plural*.

> ## N.B. 21-1
> ### La mi-août, la mi-temps vs le mi-temps
>
> Lorsque l'adjectif **mi-** (suivi d'un trait d'union) se trouve placé devant un **nom de mois**, celui-ci devient <u>féminin</u>. C'est aussi le cas devant **temps**. Toutefois, si l'on se réfère à <u>un travail</u> à mi-temps, on dira **un mi-temps**.
>
> COMPAREZ:
>
> L'Assomption a lieu à **<u>la</u> mi-août**.
> *The feast of the Assumption takes place in the middle of August.*
>
> L'équipe a joué **un<u>e</u>** premi**<u>ère</u> mi-temps** exceptionnelle.
> *The team played exceptionally well during the first half.*
>
> MAIS: Je cherche **<u>un</u> mi-temps** [ou un travail à mi-temps] pas trop loin de chez moi.
>   *I am looking for a part-time job not too far from home.*

16 «Marcher nu-pieds...» vs «marcher pieds nu<u>s</u>...»

Placé <u>devant</u> un nom, l'adjectif **nu-** (toujours suivi d'un trait d'union) est <u>invariable</u>. Placé <u>après</u> (et <u>sans</u> trait d'union), il s'accorde normalement.

COMPAREZ:

Ils allaient **nu-**tête. MAIS: Ils allaient tête **nu<u>e</u>**.	*They were without a hat.*
Il marchait **nu-**pieds. MAIS: Il marchait pieds **nu<u>s</u>**.	*He was walking barefoot.*

17 «Une **grand-mère**/deux **grand(s)-mères**» vs «deux **grand<u>s</u>-pères**»

➤ Devant un nom <u>féminin singulier</u>, l'adjectif **grand** suivi d'un trait d'union est <u>invariable</u>:

une **grand-maman/mère**, une **grand-**tante, une **grand-**messe, **grand-**chose, etc.

➤ Devant un nom <u>féminin pluriel</u>, l'adjectif **grand** suivi d'un trait d'union peut soit rester invariable, soit se mettre au *masculin* pluriel:

des **grand-**mères OU des **grand<u>s</u>-**mères.

➤ Devant un nom <u>masculin pluriel</u>, l'adjectif **grand** suivi d'un trait d'union s'accorde:

des **grand<u>s</u>-**pères, des **grand<u>s</u>-**oncles.

RAPPEL: Sans trait d'union, l'adjectif **grand** s'accorde comme n'importe quel autre adjectif.

COMPAREZ:

Mes deux **grand**-mères [OU **grands**-mères] et mon arrière-**grand**-tante ont pu
assister au mariage de ma sœur. [ET NON: Mes deux ~~grandes~~-mères et mon
arrière-~~grande~~-tante]
*My two grandmothers and my great-great-aunt were able to attend my sister's
wedding.*

MAIS: Mes deux **grands**-pères et tous mes arrière-**grands**-oncles sont nés en Sicile.
My two grandfathers and all my great-great-uncles were born in Sicily.

Il n'a jamais **grand**-chose à dire. [ET NON: ~~grande~~-chose]
He never has much to say.

MAIS: Depuis qu'il a gagné le gros lot, il mène la **grande** vie.
Since he hit the jackpot, he has been living lavishly.

N.B. 21-2
«*Grandchild/grandchildren*» vs «*petit-fils/petite-fille/petits-enfants*»

Petits-enfants (*grandchildren*) n'existe qu'au pluriel en français. Pour traduire
grandchild, utilisez soit **petit-fils** (*grandson*), soit **petite-fille** (*granddaughter*), selon
le cas. Notez bien que les traits d'union sont déterminants pour le sens de ces mots.

COMPAREZ:

Cette grand-mère aime beaucoup ses **petits-enfants**. [trait d'union]
This grandmother really loves her grandchildren.

MAIS: Cette dame n'aime pas les petits enfants. [sans trait d'union]
This lady doesn't like young children.

Sa **petite-fille** a six ans. [trait d'union]
His/Her granddaughter is six years old.

MAIS: Sa petite fille a six ans. [sans trait d'union]
His/Her little girl is six years old.

---

18 «Tableaux **kitch**, gens **snob** et robes **chic**...»

Les adjectifs d'origine étrangère tels que **kitch/kitsch** et **standard**, ainsi que
l'adjectif **chic** [registre familier], sont invariables. Notez toutefois que **snob**,
normalement invariable, fait parfois **snobs** au pluriel.

Ces tableaux sont horriblement **kitch**.	*These paintings are terribly kitschy.*
C'est une recette **standard**.	*This is a standard recipe.*
Elle porte toujours des robes très **chic**.	*She always wears very chic [elegant] dresses.*
Les **snob** [OU **snobs**] sont insupportables.	*Snobs are unbearable.*

19 «Deux crèm**e** s'il vous plaît…»

Lorsque des noms ou adjectifs désignent une façon d'accommoder un plat ou une boisson, ils sont <u>invariables</u>.

des truite**s** **meunière** [= à la mode meunière]	*trout in a light batter sautéed in butter*
des pomme**s** de terre **béchamel**	*potatoes in a béchamel sauce*
des tarte**s** **Tatin**	*caramelized upside-down apple pies*
deux café**s** **crème** OU deux **crème**	*two coffees with milk* [OR SOMETIMES: <u>cream</u>]

EXCEPTION: On peut écrire des tomate**s** **provençale** OU **provençale<u>s</u>** (*tomatoes with onions, garlic and herbs*).

20 «Ces fleurs sentent bon…»

Lorsqu'un adjectif modifie un <u>autre adjectif</u> ou un <u>verbe</u> (*autre* que **être, paraître, sembler, avoir l'air**, etc.), il est <u>invariable</u> car il fonctionne alors comme un adverbe.

COMPAREZ:	
Ces fleurs sentent **bon**.	*These flowers have a lovely scent.*
Les **nouveau**-nés exigent des soins constants.	*Newborns require constant care.*
Ces chaussures coûtent **cher**.	*These shoes cost a lot.*
MAIS: Ces chaussures <u>sont/paraissent</u> chèr**es**.	BUT: *These shoes <u>are/seem</u> expensive.*

21 «Ce sont des gens bien…»

Les adverbes employés comme adjectifs restent invariables.

Ce sont des gens **bien**.	*These are good/nice/competent, etc., people.*
Il ne reste que des places **debout**.	*The only thing left is standing room.*

22 Les adjectifs de couleur

22a. «Jupe **blanche** et sandales **rouge<u>s</u>**…»

Employés <u>seuls</u>, les adjectifs de couleurs les plus courants (bleu, blanc, rouge, rose, vert, noir, jaune, etc.) s'accordent en genre et en nombre avec le nom qu'ils qualifient ou auquel ils se rapportent.

les maillots jaune**s** du Tour de France	*the yellow jerseys of the Tour de France*
des plantes vert**es**	*house plants*
une jupe blan**che**	*a white skirt*
des sandales roug**es**	*red sandals*

22b. «Des yeux **bleu clair**, une robe **bleu-vert...**»

Lorsqu'une couleur est exprimée à l'aide de <u>deux mots</u>, ceux-ci restent <u>invariables</u>. Si ces mots sont <u>tous deux</u> des adjectifs de <u>couleur</u>, ils sont reliés par un <u>trait d'union</u> (bleu-vert, gris-bleu, jaune-orange). (Pour les objets bicolores ou tricolores, etc., voir section 22d ci-dessous.)

COMPAREZ:

des yeux bleu**s**	MAIS: des yeux **bleu clair**
blue eyes	*light-blue eyes*
une robe vert**e**	MAIS: une robe **bleu-vert**
a green dress	*a blue-green dress*

22c. «Cheveux **auburn** et yeux **noisette...**» (adjectifs de couleur invariables)

Les adjectifs de couleur d'<u>origine étrangère</u> ou dérivés de <u>noms de choses</u> sont invariables.

➤ couleurs d'origine étrangère:	auburn, kaki (*khaki*)
➤ couleurs dérivées de noms:	aubergine (*eggplant*), cerise (*cherry*), corail (*coral*), émeraude (*emerald*), marron (*dark-brown*), noisette (*hazel*), orange (*orange*), safran (*saffron*), etc. (Pour **châtain**, voir N.B. 21-3 ci-dessous.)
➤ EXCEPTIONS:	rose (*pink*), mauve (*mauve*), écarlate (*scarlet*) et pourpre (*crimson*) s'<u>accordent</u> comme des adjectifs courants.

COMPAREZ:

une femme rouss**e**	MAIS: des cheveux **auburn**
a red-headed woman	*auburn hair*
des chaussures beige**s**	MAIS: des chemises **kaki**
beige shoes	*khaki shirts*
des yeux vert**s**	MAIS: des yeux **marron/noisette**
green eyes	*dark-brown/hazel eyes*
des robes jaune**s**	MAIS: des robes **orange**
yellow dresses	*orange dresses*

> ## N.B. 21-3
> ### «Il a les cheveux **châtains**...» vs «Elle a une chevelure **châtain**...»
>
> L'adjectif **châtain** (*chestnut brown/auburn*), qui s'emploie aussi bien pour les cheveux que pour les moustaches, les favoris (*sideburns*) ou les sourcils (*eyebrows*), s'accorde au masculin pluriel mais reste invariable au féminin (singulier et pluriel).
>
> COMPAREZ:
>
> Il est **châtain** OU Il a les cheveux **châtains**.
> *He has chestnut brown/auburn hair.*
>
> MAIS: Elle est **châtain**. ou Elle a une chevelure **châtain**. [ET NON: châtaine]
> *She has chestnut brown/auburn hair.*
>
> Elle a de belles boucles (f. pl.) **châtain**. [ET NON: châtaines][9]
> *She has beautiful chestnut brown/auburn locks.*

22d. «Des drapeaux **bleu, blanc, rouge**...» vs «des drapeaux **bleus, blancs et rouges**...»

Pour les objets bicolores ou tricolores, les adjectifs de couleur restent invariables, car l'accord entraînerait une modification du sens.

COMPAREZ:

des drapeaux **bleu, blanc, rouge**
blue, white <u>and</u> red flags [three-colored flags]

MAIS: des drapeaux **bleus, blancs** et **rouges**
blue, white <u>or</u> red flags [three types of flags]

des maillots **vert** et **jaune**
green <u>and</u> yellow t-shirts

MAIS: des maillots **verts** et **jaunes**
green <u>or</u> yellow t-shirts

Vérification.
Accordez l'adjectif entre parenthèses de la manière qui convient.

Le salon était décoré de coussins (1) _____ (multicolore) et de tentures (*wall-hangings*) (2) _____ (rouge et or).

As-tu lu le (3) _____ (nouveau) éditorial du *Monde*?

Apportez-nous trois cafés (4) _____ (crème) et deux cafés (5) _____ (noir).

Mon rendez-vous est à trois heures et (6) _____ (demi).

---

[9] NE CONFONDEZ PAS: «Il est **brun**/Elle est **brune**» (*He/She has brown* OR *dark hair*) et «Il/Elle est **châtain**» (*He/She has chestnut brown or auburn hair*). Pour traduire «*a brunette*», on peut dire: une brune OU une femme châtain. Tout dépend, en français, de la nuance de brun des cheveux de la personne.

Elle avait mis une robe (7) _____ (blanc) très (8) _____ (chic).

Ce (9) _____ (vieux) homme élégant porte toujours un (10) _____ (beau) œillet (m.) à sa boutonnière (*a beautiful carnation in his buttonhole*).

 # L'accord du verbe—cas particuliers

23 Sujets multiples: verbe au singulier ou au pluriel?

23a. Sujets coordonnés par **et**

RAPPEL: Comme en anglais, lorsque plusieurs noms sujets au singulier sont coordonnés par **et**, le verbe s'accorde au pluriel.

La sécheresse et la pollution **sont** dangereu<u>ses</u> (f. pl.) pour le climat.	*Drought and pollution are dangerous for the climate.*
Paul, Mélanie, Martine et Marie **sont** bien arrivé<u>s</u>.	*Paul, Melanie, Martine, and Marie arrived safely.*

23b. Énumération de sujets identiques

Dans les **énumérations de sujets identiques**, lorsque le sujet, pour des raisons stylistiques, n'est exprimé qu'<u>une seule fois au singulier</u>, le verbe s'accorde néanmoins au <u>pluriel</u>.

Un premier et un deuxième <u>coureur cycliste</u> **viennent** de franchir la ligne d'arrivée.	*A first and a second cyclist have just crossed the finish line.*

23c. Gradation de sujets juxtaposés

Lorsque des sujets juxtaposés forment un <u>crescendo</u> (ou decrescendo) de mots appartenant à la même famille lexicale, le verbe s'accorde avec <u>le sujet le plus proche</u> (comme en anglais). En revanche, si ces sujets sont coordonnés par **et**, le verbe s'accorde évidemment au pluriel.[10]

COMPAREZ:

Il est si bon acteur que son regard, son expression, <u>sa voix</u> même **était** différent<u>e</u>.

*He's such a good actor that his eyes, his expression, even his voice **was** different.*

MAIS: Il est si bon acteur que <u>son regard</u>, <u>son expression</u> et <u>sa voix</u> **étai<u>ent</u>** différent<u>s</u>.

*He's such a good actor that his expression, his smile, **and** his voice **were** different.*

---

[10] AUTREMENT DIT: When multiple subject nouns form a crescendo (or decrescendo) of closely related nouns, the verb agrees with the subject closest to it (this is also the case in English). Of course, if the subjects are coordinated by **et**, the verb is always in the plural.

23d. Sujets coordonnés par **comme**, **ainsi que**, **de même que** (*like/as well as*)

Lorsque **comme** (ou **tout comme**), **ainsi que** et **de même que** sont synonymes de **et**, l'accord se fait au <u>pluriel</u>. Cependant, lorsque ces expressions introduisent une <u>comparaison</u> (généralement entre deux virgules), l'accord se fait avec <u>le premier sujet</u>, comme en anglais.

COMPAREZ:

Ma mère **comme** mon père <u>préfèrent</u> passer Noël en famille.
*My mother as well as my father **prefer** to spend Christmas with the family.*

MAIS: Ma mère, **comme** mes grands-parents, <u>préfère</u> passer Noël en famille.
         *My mother, like my grandparents, **prefers** to spend Christmas with the family.*

23e. Sujets coordonnés par **ou** et **ni**

Lorsque des sujets au <u>singulier</u> sont coordonnés par **ou** et **ni**, l'accord se fait généralement au <u>pluriel</u>, *sauf* si ces sujets sont **mutuellement exclusifs** (l'un mais <u>pas</u> l'autre).[11] Notez toutefois qu'avec **l'un ou l'autre**, le verbe est toujours au <u>singulier</u>, tandis qu'avec **ni l'un ni l'autre**, il peut être soit au <u>singulier</u>, soit au <u>pluriel</u>.

COMPAREZ:

Mon père ou ma mère **viendront** me chercher à l'aéroport.
My father or my mother will pick me up at the airport.
[l'un et l'autre peuvent venir ➡ verbe au pluriel]

MAIS: Est-ce la droite ou la gauche qui **a gagné** au second tour des élections?
         Was it the left or the right that won in the runoff election?
         [un seul parti peut gagner au second tour ➡ verbe au singulier]

Ni le vent ni la pluie ne les **ont empêché(e)s** de partir en mer.
Neither wind nor rain prevented them from going out to sea.

MAIS: L'un ou l'autre **gagnera**.
         Either one or the other will win.

Ni l'un ni l'autre n'**a** OU n'**ont gagné**.
Neither one nor the other won.

23f. «*Les Misérables* **est** un roman de Victor Hugo...»

Comme en anglais, lorsque le sujet est un titre d'œuvre au pluriel ou contenant deux ou plusieurs éléments coordonnés, le verbe s'accorde toujours au <u>masculin singulier</u>.

---

[11] To know whether or not subjects are mutually exclusive, replace **ou** or **ni** by **et**. If the sentence is logically possible, the subjects are <u>*not*</u> mutually exclusive.

Les Misérables est un roman de Victor Hugo.
Les Misérables *is a novel by Victor Hugo.*

Le Rouge et le Noir de Stendhal **fut publié** en 1830.
The Red and the Black, *by Stendhal, was published in 1830.*

Vérification. Accordez le verbe entre parenthèses au temps indiqué et à la forme qui convient.

Ni le candidat centriste, ni celui de la gauche n' (1) _____ (réussir / passé composé) à convaincre les électeurs puisque c'est celui de droite qui a gagné.

Les Enfants du Paradis (2) _____ (être / présent) un film de Marcel Carné et Jacques Prévert.

La gentillesse, la générosité, l'hospitalité de ces gens (3) _____ (être toujours / passé composé) légendaire.

Tom et ses trois sœurs (4) _____ (partir / passé composé) ce matin.

24 Accord avec les noms collectifs et les quantités

24a. **Beaucoup** de gens, **la plupart** des Français…

Comme en anglais, lorsqu'un sujet <u>pluriel</u> est précédé d'une expression de **quantité indéfinie au singulier** (assez de, beaucoup de, peu de, un certain nombre de, bien des, la plupart des, etc.), le verbe s'accorde au <u>pluriel</u>.

> Un grand nombre de Français de l'étranger **ont voté** lors du premier tour.

> *Many French expatriates voted in the primary elections.*

> La plupart des jeunes **jouent** au foot dès le premier âge.

> *Most young people play soccer from a very young age.*

24b. **Une dizaine** de personnes, **une foule** de gens…

Comme en anglais, lorsqu'un sujet <u>pluriel</u> est précédé d'une **quantité numérique au singulier** (une dizaine, une douzaine, une trentaine, une centaine, etc.), d'un **nom collectif au singulier** (une foule, un tas, etc.), d'un **pourcentage** ou d'une **fraction** (30 %, la majorité, la moitié, le quart, etc.), l'accord peut se faire SOIT avec cette quantité, SOIT avec le nom qui suit. Tout dépend de la logique de la phrase ou de l'élément sur lequel on insiste. EXCEPTIONS: Avec **millier** (*thousand*), **million** (*million*) et **milliard** (*billion*), l'accord se fait toujours au <u>pluriel</u>.

COMPAREZ:

Une douzaine d'œufs **coûte** environ un euro cinquante.
[C'est la douzaine qui coûte environ un euro cinquante.]
A dozen eggs costs about one-and-a-half euros.

MAIS: Une douzaine de personnes **ont** déjà **signé** la pétition.
[Ce sont les gens qui ont signé la pétition.]
About twelve people have already signed the petition.

PAR CONTRE: Un million de gens **sont descendus** dans la rue pour protester
contre le gouvernement.
A million people took to the streets to protest against the government.

24c. «Plus d'un...» vs «moins de deux...»

Comme en anglais, lorsque le sujet est précédé de «**plus d'un**» ou de «**un et demi**»,
le verbe s'accorde au <u>singulier</u> (car on insiste sur **un**), tandis qu'avec «**moins de
deux**», l'accord se fait au <u>pluriel</u> (car on insiste sur **deux**). EXCEPTION: Lorsque
«**plus d'un**» est suivi de **millier** (*thousand*), **million** (*million*) et **milliard** (*billion*),
l'accord se fait obligatoirement au <u>pluriel</u>.

COMPAREZ:

Plus d'une personne **a été tuée**.
More than one person was killed.

MAIS: Moins de deux heures **furent** nécessaires pour mettre le plan à exécution.
Fewer than two hours were necessary to carry out the plan.

Une heure et demie **suffira** pour arriver à l'aéroport.
An hour and a half will be enough to get to the airport.

PAR CONTRE: Plus d'un million de gens **ont fui** le pays.
More than one million people [have] fled the country.

24d. «La plupart d'entre vous **ont** réussi...» vs «chacun de vous **a** une bonne note...»

Lorsqu'un sujet tel que **la plupart**, **une douzaine**, **une centaine** est suivi d'une
expression comme **d'entre nous/vous** ou **de nous/vous**, le verbe est à la **3ᵉ**
personne du <u>pluriel</u> (avec **d'entre nous/de nous**, la **1ʳᵉ** personne du <u>pluriel</u> est
aussi possible). En revanche, lorsqu'un pronom sujet tel que **aucun**, **chacun**,
personne, **un (seul)** est suivi d'une expression comme **d'entre nous/vous** ou
d'entre nous/vous, le verbe s'accorde à la **3ᵉ** personne du <u>singulier</u>.

COMPAREZ:

<u>Une douzaine</u> d'entre vous **ont** [ET NON: ~~avez~~] trouvé la bonne réponse.
A dozen of you found the right answer.

MAIS: <u>Un seul</u> d'entre vous **a** [ET NON: ~~avez~~] trouvé la bonne réponse.
Only one of you found the right answer.

<u>La plupart</u> d'entre nous **sont** [OU **sommes**] étudiants.
Most of us are students.

MAIS: <u>Aucun/Personne</u> d'entre nous n'**est** américain. [ET NON: ~~sommes~~]
None of us is American.

Vérification. Complétez les phrases suivantes en mettant les verbes entre parenthèses au temps indiqué et à la forme qui convient. Attention à l'accord des participes passés et des adjectifs, le cas échéant.

La majorité des gens (1) _____ (attendre / présent) le résultat des élections avec une certaine appréhension (*trepidation*).

Une douzaine d'huîtres (2) _____ (coûter / présent) à peu près 25 euros.

30 % de la population (3) _____ (préférer / présent) le train à la voiture.

Est-ce que la plupart d'entre vous (4) _____ (aller / passé composé) à New York ce week-end?

25 À quelle personne faut-il mettre le verbe?

25a. «C'est moi qui **ai** raison…»

Dans l'expression **c'est** (**moi, toi,** etc.) **qui…**, le verbe s'accorde toujours avec le pronom disjoint (**moi, toi,** etc.). (Voir aussi Chapitre 16, N.B. 16-1.)

Ce n'est pas <u>moi</u> qui **suis** [ET NON: ~~est~~] de garde ce week-end.	*I'm not [the one who is] on call this weekend.*
C'est <u>nous</u> qui **apporterons** [ET NON: ~~apporteront~~] le dessert.	*We [are the ones who] will bring dessert.*
C'est <u>toi</u> qui **fais** [ET NON: ~~fait~~] la cuisine ce soir?	*Are you [the one who's] cooking tonight?*

25b. «Lui et moi ne **sommes** pas d'accord…»

Lorsque les pronoms sujets relèvent de personnes grammaticales <u>différentes</u> (**toi** et **lui, toi** ou **moi, mon père** et **moi,** etc.), le verbe, toujours au <u>pluriel</u>, s'accorde selon la hiérarchie suivante (voir aussi Chapitre 8, section 5c):

$$1^{re} \text{ personne} > 2^e \text{ personne} > 3^e \text{ personne}$$

Cette règle vaut aussi pour les pronoms sujets coordonnés avec **ou** et **ni,** pour autant que les sujets ne soient pas mutuellement exclusifs (voir la section 25c ci-dessous).

COMPAREZ:

<u>Lui</u> et <u>moi</u> ne **sommes** pas d'accord. [$3^e + 1^{re} \rightarrow 1^{re}$ personne du pl.]
He and I don't agree.

<u>Toi</u> ou <u>moi</u> **pourrions** leur rendre visite. [$2^e + 1^{re} \rightarrow 1^{re}$ personne du pl.]
You or I could visit them.

MAIS: Ni <u>Lisa</u> ni <u>toi</u> ne **voulez** sortir ce soir? [$3^e + 2^e \rightarrow 2^e$ personne du pl.]
Do neither Lisa nor you wish to go out tonight?

25c. «Est-ce toi ou lui qui **a** gagné le match?»

Dans les cas (plus rares) où les pronoms sujets sont <u>mutuellement exclusifs</u> [l'un mais pas l'autre], le verbe s'accorde généralement avec le pronom le plus proche.

C'est <u>toi</u> ou <u>lui</u> qui **a** gagné le match?   *Did you win the game, or did he?*
Est-ce <u>eux</u> ou <u>nous</u> qui **devons** passer   *Are they supposed to pick her up, or*
   la prendre?   *are we?*

26 C'est vs ce sont

En principe, on emploie **c'est** lorsque le sujet réel qui suit cette expression de mise en relief est au <u>singulier</u>, et **ce sont** lorsque le sujet réel est au <u>pluriel</u>. Dans la langue courante cependant, **c'est** prédomine, notamment dans les expressions **c'est nous/c'est vous**, ainsi que dans les indications de quantité et de prix.

COMPAREZ:

C'est <u>gentil</u>/**C'est** <u>bien</u> de nous aider. (*It's nice/good of you to help us.*)

C'est <u>nous</u> qui avons gagné. (*We [are the ones who] won.*)

C'est <u>cinquante</u> euros. (*It costs fifty euros.*)

C'est <u>deux heures</u> de marche. (*It's a two-hour walk.*)

MAIS: **Ce sont** <u>des choses</u> qui arrivent. (*It's one of those things/Things like that happen.*)
   Ce sont <u>mes amis</u> qui me manquent le plus. (*It's my friends whom I miss the most/My friends are the ones I miss the most.*)

27 L'inversion du pronom sujet

Lorsque **à peine** (*hardly*), **aussi** (*consequently*), **encore**, **peut-être**, **sans doute** sont placés <u>au début d'une phrase</u> (ou après un point-virgule), l'inversion du <u>pronom sujet</u> est obligatoire. Ces constructions relèvent du style soutenu. EXCEPTION: À l'oral, on peut commencer une phrase par **peut-être <u>que</u>** sans faire d'inversion.

À peine étions-<u>nous</u> descendu(e)s à   *We had just stepped onto the platform*
   quai que le train repartit.   *when the train pulled out.*
Fonder une famille, c'est bien; **encore**   *To start a family is all very well, but to do*
   faut-<u>il</u> avoir des revenus décents.   *so you need a decent income.*
Sans doute est-<u>il</u> trop tard pour leur   *It is probably too late to call them.*
   téléphoner.
Peut-être ont-<u>ils</u> raison.   *Maybe they're right.*
[OU **Peut-être qu'<u>ils</u>** ont raison.]

Vérification et récapitulation. Complétez les phrases suivantes en traduisant les mots *en gras*. Employez le vocabulaire et les indications entre crochets, le cas échéant.

*Is she **auburn** or **blonde**?* → Est-elle (1) _____ ou (2) _____?

*I really like these **Renoirs**.* → Ces (3) _____ me plaisent beaucoup.

***Our vacation was too short**.* [être (passé composé) / court]
→ (4) _____.

***The Capetians**, with only a few exceptions, were kings of France from 987 until 1792.* [Capétien] → Les (5) _____, à quelques exceptions près, ont été rois de France de 987 à 1792.

*Her **grandchildren** are five and seven years old.* → Ses (6) _____ ont cinq et sept ans.

*These **little children** are five and seven years old.* → Ces (7) _____ ont cinq et sept ans.

*A million chickens with bird flu **had to be destroyed**.* → Un million de poulets atteints de la grippe aviaire (8) _____ (devoir / passé composé) être détruits.

*I'm the one who **told** you that.* → C'est moi qui te l'(9) _____ (dire / passé composé).

*These tickets cost **a lot**.* → Ces billets coûtent très (10) _____.

*These tickets are too **expensive**.* → Ces billets sont trop (11) _____.

*Look at these **apple-green** t-shirts!* → Regarde ces t-shirts (12) _____!

*You could see **red and blue** flags everywhere.* → On voyait partout des drapeaux (13) _____.

*Neither you nor they **have seen** this movie?* → Ni vous ni eux n'(14) _____ (voir / passé composé) ce film?

***The news isn't good**.* → (15) _____.

*Do you sell **hairdryers**?* → Est-ce que vous vendez des (16) _____?

*These **camemberts** are too **ripe**; they smell very **strong**.* [*ripe*: fait; *strong*: fort] → Ces (17) _____ sont trop (18) _____; ils sentent très (19) _____.

***Maybe they changed** their minds.* [changer (passé composé) / ils] → (20) _____ d'avis.

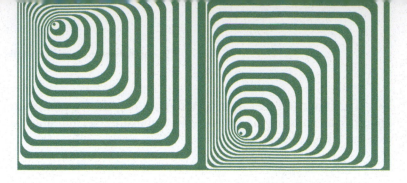

Appendice 1—Prépositions

 Prépositions et noms géographiques

1 | Villes

1a. Localisation, destination et provenance

Devant un nom de ville (ou de village), on emploie les prépositions **à** pour indiquer la localisation ou la destination, et **de/d'** pour la provenance. Toutefois, lorsque l'article défini fait partie du nom (Le Caire, Le Creusot, Le Havre, La Rochelle, La Havane, La Haye [*The Hague*], La Nouvelle Orléans, Les Sables-d'Olonne, etc.), l'article défini <u>masculin</u> se contracte avec ces deux prépositions (**au/aux** et **du/des**, <u>sans</u> majuscule).

COMPAREZ:

aller **à** Paris, **à** Londres, **à** Chicago, **à** Tours, **à** Oslo, etc.
to go to Paris, to London, to Chicago, to Tours, to Oslo, etc.

MAIS: aller **au** Havre, **au** Chambon-sur-Lignon, **aux** Sables-d'Olonne, etc.
          to go to Le Havre, to Le Chambon-sur-Lignon, to Les Sables-d'Olonne, etc.

venir **de** Paris, **de** Londres, **de** Chicago, **de** Tours, **d'**Oslo, etc.
to come from Paris, from London, from Chicago, from Tours, from Oslo, etc.

MAIS: venir **du** Havre, **du** Chambon-sur-Lignon, **des** Eyzies, etc.
          to come from Le Havre, from Le Chambon-sur-Lignon, from Les Eyzies, etc.

N.B. A1-1
Construction du verbe habiter

Le verbe **habiter** se construit <u>avec</u> ou <u>sans</u> la préposition **à**.

J'habite [**à**] Paris.   *I live in Paris.*

J'habite [**au**] 32, rue du Cherche-Midi.   *I live at 32, rue du Cherche-Midi.*

1b. Noms de villes: masculins ou féminins?

Dans la langue *courante*, les noms de ville sont <u>masculins</u>, sauf s'ils se terminent par un **e** ou un **es** muets (Rome, Nantes), ou si l'article défini féminin fait intégralement partie du nom (La Rochelle, La Haye, La Nouvelle Orléans, etc.). Dans la langue *soutenue*, toutefois, les noms de ville sont généralement <u>féminins</u>. EXCEPTIONS: S'ils sont précédés des adjectifs **vieux** (ou **vieil** devant une voyelle), **nouveau** (ou **nouvel** devant une voyelle), **grand** ou **tout**, les noms de ville sont toujours <u>masculins</u>.

ON ÉCRIRA DONC (style soutenu):

Paris fut libéré**e** en août 1944.
Paris was liberated in August 1944.

MAIS: **Tout** Paris [ET NON: ~~Toute~~ Paris] a fêté la libération.
       All Paris celebrated the liberation.

La blan**che** Alger se profilait à l'horizon.
The outline of the white city of Algiers could be seen rising over the horizon.

MAIS: Les rues d**u** viei**l** [ET NON: ~~de la vieille~~] Alger sont très animées.
       The streets of the old part of Algiers are very lively.

2   Pays et continents

2a. Masculins ou féminins?

La plupart des noms de pays et de continents sont précédés d'un article défini en français (pour les exceptions, voir section 2c ci-dessous). Comment savoir si un nom de pays ou de continent est masculin ou féminin? Le principe est le suivant: sont **féminins** la quasi-totalité des noms dont l'<u>équivalent français</u> se termine par un **e** muet (EXCEPTIONS: **le** Cambodg**e**, **le** Mexiqu**e**); sont **masculins** les noms qui se prononcent de façon <u>identique</u> en français et en anglais (EXCEPTIONS: **la** France, l'Ukraine [**f.**]), et ceux dont l'équivalent français se termine par une lettre <u>autre</u> qu'un **e** muet (par exemple, *Japan* → **le** Jap**on**; *Chile* → **le** Chili; *Lebanon* → **le** Lib**an**, etc.).[1]

COMPAREZ:

➤ NOMS FÉMININS (leur équivalent français se termine par un **e** muet):

   America: l'Amériqu**e**; *Argentina:* l'Argentin**e**; *Belgium:* **la** Belgiqu**e**; *China:* **la** Chin**e**; *Germany:* l'Allemagn**e**; *India:* l'Ind**e**; *Spain:* l'Espagn**e**, etc.

   MAIS: *Cambodia* → **le** Cambodg**e**; *Mexico* → **le** Mexiqu**e**

---

[1] AUTREMENT DIT: The general principle is the following: Names of countries and continents are **feminine** if their <u>French equivalent</u> ends in a mute **e** (EXCEPTIONS: **le** Cambodg**e**, **le** Mexiqu**e**); they are **masculine** if their names are pronounced <u>the same way</u> in French and in English (EXCEPTIONS: **la** France, l'Ukraine [**f.**]), or if their French equivalent ends in a letter <u>other than a</u> <u>mute</u> **e** (e.g., *Japan* → **le** Jap**on**; etc.).

➤ NOMS MASCULINS (se prononcent de façon identique dans les deux langues):

le Canada, le Pérou, le Belize, le Danemark, le Mozambique, le Liechtenstein, le Luxembourg, l'Iran, l'Irak/Iraq, etc.

MAIS ON DIT: la France, l'Ukraine (f.)

➤ NOMS MASCULINS (leur équivalent français se termine par une lettre autre qu'un e muet):

Japan: le Jap**on**; *Chile:* le Chil**i**; *Lebanon:* le Lib**an**; *Morocco:* le Mar**oc**; *the United States:* les État**s**-Uni**s**, etc.

2b. Localisation, destination et provenance

Pour indiquer la localisation ou la destination, on emploie **au** devant les noms masculins, **en** devant les noms féminins ou commençant par une voyelle (sauf le Yémen), et **aux** devant tous les noms pluriels. Pour la provenance, on utilise respectivement **du**, **de/d'** (sans article) et **des**.

séjourner **au** Mexique, **en** Suède, **en** Irak/Iraq, **aux** États-Unis, etc.
to spend time in Mexico, Sweden, Iraq, the United States, etc.

revenir **du** Mexique, **de** Suède, **d'**Irak/Iraq, **des** États-Unis, etc.
to come back from Mexico, Sweden, Iraq, the United States, etc.

2c. Noms de pays sans article

Les pays et villes États suivants n'ont pas d'article: **Andorre, Bahreïn, Djibouti, Haïti, Hong Kong, Israël, Monaco** et **Oman**.

Andorre [ET NON: ~~L'Andorre~~] se trouve dans les Pyrénées, entre la France et l'Espagne.
Andorra is in the Pyrenees, between France and Spain.

Oman [ET NON: ~~L'Oman~~] se trouve à l'extrémité orientale de la Péninsule arabique, tandis que **Bahreïn** [ET NON: ~~le Bahreïn~~] est un archipel du golfe Persique.
Oman is on the southern tip of the Arabian Peninsula, while Bahrain is an archipelago on the Persian Gulf.

Pour indiquer la localisation ou la destination devant ces noms de pays, on utilise **au** devant une consonne et **en** devant une voyelle. Pour la provenance, on emploie **du** devant une consonne et **d'** (sans article) devant une voyelle. Pour Hong Kong et Monaco, qui sont des villes États, on utilise respectivement **à** et **de**.

COMPAREZ:

aller **en** Andorre[2], **au** Bahreïn, **au** Djibouti[3], **en** Haïti, **en** Israël, **en** Oman
venir **d'**Andorre, **du** Bahreïn, **du** Djibouti, **d'**Haïti, **d'**Israël, **d'**Oman
MAIS: aller **à** Hong Kong, **à** Monaco/venir **de** Hong Kong, **de** Monaco[4]

---

[2] Toutefois, si l'on se réfère à la capitale du même nom, on dira: aller à Andorre OU venir **d'**Andorre.
[3] Si l'on se réfère à la capitale du même nom, on dira: aller à Djibouti OU venir **de** Djibouti.
[4] La Principauté de Monaco est une agglomération comprenant plusieurs quartiers, dont Monte-Carlo.

3 Îles

3a. Grandes îles européennes

Devant les sept grandes îles européennes précédées de l'article féminin (la Sicile, la Crète, la Sardaigne, la Corse, la Grande-Bretagne, l'Irlande, l'Islande), on emploie la préposition **en** pour la localisation ou la destination, et **de/d'** (<u>sans</u> article) pour la provenance.

aller **en** Sicile, **en** Crète, **en** Sardaigne, **en** Corse, **en** Grande-Bretagne, **en** Irlande, **en** Islande
venir **de** Sicile, **de** Crète, **de** Sardaigne, **de** Corse, **de** Grande-Bretagne, **d'**Irlande, **d'**Islande

3b. Autres îles

Pour la quasi-totalité des autres îles (sans article), y compris les îles qui sont aussi des États, comme Cuba, Madagascar, etc., on emploie **à** pour la localisation ou la destination, et **de/d'** pour la provenance. (Pour les archipels et les départements d'outre-mer [DOM-TOM], voir sections 3c et 3d ci-dessous.)

aller **à** Bornéo, **à** Cuba, **à** Hawaï/Hawaii, **à** Hong Kong, **à** Taïwan, etc.
venir **de** Chypre, **d'**Haïti, **d'**Hawaï/Hawaii[5], **de** Madagascar, **de** Malte, etc.

3c. Archipels

Pour les **archipels**, presque toujours précédés de l'article féminin pluriel **les**,[6] on emploie **aux** pour la localisation et la destination, et **des** pour la provenance.

aller **aux** Açores, **aux** Seychelles, **aux** Baléares, **aux** Philippines, etc.
venir **des** Açores, **des** Seychelles, **des** Baléares, **des** Philippines, etc.

---

[5] The nature of the French **H** in geographical and other names can be very confusing. If the **H** is *aspirate*, there is <u>no</u> *elision* and <u>no</u> *liaison* (examples: venir du Honduras, de Hongrie, du Havre, de La Haye, de La Havane, etc.). If it is *mute*, the elision is obligatory (e.g., venir d'Honfleur, d'Haïti, d'Hawaï/Hawaii, d'Herculanum, d'Hiroshima). But for many geographical names, usage remains hesitant and the **H** is sometimes considered aspirate, sometimes mute, depending on personal (or local) preferences. Thus you can read (and hear): venir de Harfleur OU d'Harfleur; and even: venir de Hambourg OU d'Hambourg, venir de Heidelberg OU d'Heidelberg, etc., even though the Germanic **H** is normally aspirate. Unfortunately, there is no sure way of knowing which is which.

[6] EXEMPLES: les Açores, les Bahamas, les Baléares, les Canaries, les Fidji, les Galápagos, les Hébrides, les Maldives, les Malouines, les Mariannes, les Marquises, les Philippines, les îles Salomon, les Seychelles, etc. [MAIS ON DIT: <u>le</u> Cap-Vert (OU encore: les îles du Cap-Vert), les îles Shetland OU les Shetland (au singulier)]

3d. La France d'outre-mer (DOM-TOM)

- Les îles de **la Guadeloupe**, de **la Martinique** et de **la Réunion**, qui font partie des départements français d'outre-mer (DOM), conservent leur article défini après **à** et **de**. Les autres îles des territoires (ou collectivités) d'outre-mer (TOM), comme Mayotte et Saint-Pierre-et-Miquelon, n'ont pas d'article.
- Pour **la Guyane**, qui n'est pas une île mais un département français d'outre-mer situé sur la côte nord-est du continent sud-américain, on utilise respectivement **en** et **de** (sans article).

COMPAREZ:

aller **à la** Guadeloupe, **à la** Martinique, **à la** Réunion

MAIS: aller **à** Mayotte, **à** Saint-Pierre-et-Miquelon, **en** Guyane

venir **de la** Guadeloupe, **de la** Martinique, **de la** Réunion

MAIS: venir **de** Mayotte, **de** Saint-Pierre-et-Miquelon, **de** Guyane

4 États et provinces du continent nord-américain

4a. Masculins ou féminins?

La plupart des noms d'État et de provinces du continent nord-américain (voir exceptions ci-dessous) sont précédés de l'article défini en français, ce qui n'est pas le cas en anglais. Comment savoir si ces noms sont masculins ou féminins? Le principe est le suivant: les États et provinces dont les noms sont identiques en français et en anglais (l'Alaska, l'Idaho, le Maine, le Manitoba, le New Hampshire, le New Jersey, l'Ohio, l'Ontario, le Québec, etc.) sont **masculins** (EXCEPTION: **la** Saskatchewan). Ceux dont les noms ont été traduits par un équivalent français se terminant par un **e** muet sont **féminins** (EXCEPTION: **le** Nouveau-Mexique).[7]

COMPAREZ:

Le Montana est situé près de la frontière canadienne.
Montana is situated near the Canadian border.

MAIS: **La** Louisiane est située au sud des États-Unis.
Louisiana is situated in the south of the United States.

Les parcs nationaux **du** Nouveau-Mexique attirent de nombreux visiteurs.
New Mexico's national parks attract many visitors.

MAIS: La capitale de **la** Saskatchewan est Regina.
The capital of Saskatchewan is Regina.

---

[7] AUTREMENT DIT: Names of American States and Canadian provinces that are identical in both French and English are **masculine** [EXCEPTION: *Saskatchewan* → **la** Saskatchewan]. Names of states and provinces whose French equivalent ends in **e** are **feminine** [EXCEPTION: *New Mexico* → **le** Nouveau-Mexique].

4b. Localisation, destination et provenance

Pour indiquer la localisation ou la destination, on emploie **au** devant les noms d'État ou de province <u>masculins</u>, et **en** (sans article) devant les noms <u>féminins</u> ou commençant par une <u>voyelle</u>. Pour la provenance, on utilise respectivement **du** et **de/d'** (sans article, bien que l'on trouve aussi **de l'** devant les noms commençant par une *voyelle*).

➤ NOMS MASCULINS:

aller **au** Québec, **au** Nouveau-Brunswick, **au** Wyoming, etc.
venir **du** Québec, **du** Nouveau-Brunswick, **du** Wyoming, etc.

➤ NOMS FÉMININS OU COMMENÇANT PAR UNE VOYELLE:

aller **en** Arkansas, **en** Colombie-Britannique, **en** Floride, **en** Ohio, **en** Ontario
venir **d'**Arkansas [OU **de l'**Arkansas], **de** Colombie-Britannique, **de** Floride, **d'**Ohio [OU **de l'**Ohio], **d'**Ontario [OU **de l'**Ontario], etc.

EXCEPTIONS:

➤ ON DIT: aller **à** Hawaï/Hawaii et venir **d'**Hawaï/Hawaii car cet État est aussi une <u>île</u> (voir section 3b ci-dessus)

➤ ON DIT AUSSI: aller **dans le** Maine [ET NON: ~~au Maine~~]

➤ Pour éviter la confusion entre l'État et la ville du même nom, ON DIT: aller **dans l'État de New York/Washington** et venir **de l'État** de **New York/Washington**. (Si on se réfère aux villes, on dira: aller **à** New York/Washington ou venir **de** New York/Washington.)

➤ Devant les États américains et les provinces canadiennes dont les noms n'ont <u>pas d'équivalent français</u> (c'est-à-dire qui ne sont pas «traduits» en français), on trouve fréquemment la préposition **dans** + <u>article défini</u> (comme s'il s'agissait en fait de simples régions—voir section 5 ci-dessous).

dans l'Idaho [OU **en** Idaho], **dans le** Massachusetts [OU **au** Massachusetts], **dans l'**Ohio [OU **en** Ohio], **dans l'**Alberta [OU **en** Alberta], **dans la** Saskatchewan [OU **en** Saskatchewan], **dans l'**Ontario [OU **en** Ontario], etc.

MAIS ON DIT TOUJOURS: être/aller **au** Québec [ET NON: ~~dans le~~ Québec].

5 Régions

Pour indiquer la localisation ou la destination devant les noms de régions, employez **dans le** devant les noms <u>masculins singuliers</u>, **en** devant les noms <u>féminins singuliers</u> ou commençant par une <u>voyelle</u>, et **dans les** devant tous les noms <u>pluriels</u>. Pour la provenance, employez respectivement **du, de/d'** (<u>sans</u> article) et **des**.

➤ NOMS MASCULINS:
aller **dans le** Béarn, **dans le** Jura, **dans le** Midi, **dans le** Nord, **dans le** Périgord, etc.
venir **du** Béarn, **du** Centre, **du** Languedoc-Roussillon, **du** Midi (*the South of France*), etc.

➤ NOMS FÉMININS OU COMMENÇANT PAR UNE VOYELLE:

aller **en** Anjou, **en** Bretagne, **en** Dordogne, **en** Île-de-France, **en** Toscane, etc.
venir **d'**Anjou, **de** Bretagne, **de** Dordogne, **d'**Île-de-France, **de** Toscane, etc.

➤ NOMS PLURIELS:

aller **dans les** Landes, **dans les** Alpes, **dans les** Pyrénées, etc.
venir **des** Landes, **des** Alpes, **des** Pyrénées, etc.

6   Départements français et arrondissements

Devant les noms de départements français et devant les numéros
d'arrondissement,[8] utilisez **dans** + <u>article défini</u> pour indiquer la localisation et la
destination, et **de** + <u>article défini</u> (attention à la contraction avec **le** et **les**) pour la
provenance. (Pour les départements d'outre-mer, voir section 3d ci-dessus).

aller **dans le** Doubs, **dans l'**Ain, **dans la** Drôme, **dans les** Yvelines, **dans le** sixième
(VIe ou 6e) arrondissement, etc.
venir **du** Doubs, **de l'**Ain, **de la** Drôme, **des** Yvelines, **du** sixième (**du** VIe ou 6e)
arrondissement, etc.

Emplois de quelques prépositions courantes

Tableau 1

QUELQUES PRÉPOSITIONS COURANTES

à (*to, etc.*)
à cause de (*because of*)
à côté de (*next to*)
à la fin de (*at the end of*)
à l'occasion de (*on the occasion of*)
au bord de (*at the edge of*)
au bout de (*at the end of*)
au cours de (*in the course of/during*)
au-dessous de (*below*)
au-dessus de (*above*)
au milieu de/au centre de (*in the
   middle/center of*)
au sujet de/à propos de (*about*)
autour de (*around*)
avant (*before*)
avec (*with*)
chez + personne (*at [someone's house]*)

dans (*in*)
de (*of, etc.*)
derrière (*in the back of*)
devant (*in front of*)
en (*in*)
en bas de/au fond de (*at the bottom of*)
en face de (*across from*)
entre (*between*)
grâce à (*thanks to*)
le long de (*alongside*)
par (*through*)
parmi (*among*)
pour (*for*)
près de (*near*)
sans (*without*)
sous (*under*)
sur (*on*)

---

[8]   An *arrondissement* is a district in cities like Paris, Lyon, Marseille, etc.

7 Rappels et généralités

Les prépositions **à** et **de** se contractent avec les articles définis masculin et pluriel (**le/l'/les**) pour faire **au/aux** et **du/des**. **À** et **de** (prises seules), ainsi que **en**, se répètent <u>obligatoirement</u> devant chacun des termes, SAUF si ceux-ci sont coordonnés par **ou**, s'ils représentent la même personne/chose ou sont étroitement associés. Avec les autres prépositions, la répétition n'est pas obligatoire.

COMPAREZ:

J'ai parlé **à** Jean et **à** sa sœur.
I spoke to John and to his sister.
MAIS: J'ai écrit **à** une amie et collègue pour l'inviter à faire une conférence.
   [pas de répétition]
   I wrote to a friend and colleague to invite her to give a lecture.

J'ai besoin **du** dictionnaire et **de la** grammaire.
I need the dictionary and the grammar.
MAIS: C'est une femme **de** trente ou trente-cinq ans. [pas de répétition]
   She's a thirty- to thirty-five-year-old woman.

Nous ne venons ici qu'**en** été ou **en** automne.
We come here only in the summer or fall.
MAIS: C'est un pull **en** soie et cachemire. [pas de répétition]
   This is a sweater made of silk and cashmere.

Les prépositions étudiées ci-dessous ont de multiples emplois. Seuls les plus courants sont mentionnés. (Pour les prépositions devant un **infinitif**, voir Chapitre 13, sections 6 et 7.)

8 La préposition à

➤ Introduit un nom <u>complément d'objet indirect</u>[9] (pour la liste des verbes construits avec **à**, voir Chapitre 3, Tableau 1 et Chapitre 4, Tableau 1).

J'ai parlé **à** mes parents et **aux** parents de Marie.	*I spoke to my parents and to Marie's.*
Elle s'intéresse **à** l'écologie.	*She's interested in ecology.*

➤ Indique l'<u>appartenance</u> (voir aussi Chapitre 7, section 4).

Ce stylo est **à** moi.	*This pen is mine.*
Ce parapluie appartient **à** Nicole.	*This umbrella belongs to Nicole.*

[Pour le «génitif anglais» (*Nicole's umbrella*), voir section 9 ci-dessous.]

---

[9]   For the differences between direct and indirect objects, see Chapitre 3, note 1, p. 30 and note 2, p. 35.

➤ Marque la <u>destination ou la localisation</u> devant des noms de lieux familiers ou géographiques (voir ci-dessus, sections 1 à 4).

Ils sont restés **à** la maison.	*They stayed home.*
Tu retournes **au** travail?	*Are you going back to work?*

➤ Peut avoir un sens <u>temporel</u> (voir aussi Chapitre 17, section 12a).

à huit heures, **au** printemps [MAIS: **en** été, **en** automne, **en** hiver]
at eight o'clock, in the spring [BUT: in the summer, fall, winter]

au Moyen Âge, **à** la Renaissance, **au** siècle des Lumières, **au** vingt-et-unième siècle
in the Middle Ages, in the Renaissance, during the Enlightenment, in the twenty-first century

à ce soir, **à** demain, **à** lundi, **à** la semaine prochaine, **à** l'année prochaine
see you tonight, tomorrow, Monday, next week, next year

➤ Indique l'<u>usage</u> ou la <u>caractéristique</u> (voir aussi Chapitre 2, section 12c et Chapitre 13, section 6c).

un verre **à** vin ou **à** eau, une tasse **à** café	*a wine glass or water glass, a coffee cup*[10]
une salle **à** manger	*a dining room*
une machine **à** laver	*a washing machine*
une chemise **à** carreaux	*a plaid shirt*

➤ Indique le <u>moyen de transport</u> lorsque celui-ci suppose soit un <u>effort physique</u>, soit qu'on se place <u>à califourchon</u> (*astride*) sur le véhicule (ou l'animal). En revanche, si l'on se trouve <u>dans</u> le véhicule, on emploie **en** ou **dans**, suivant le verbe.

COMPAREZ:

arriver quelque part **à** la voile, **à** la rame, **à** la nage, **à** pied, etc.
to arrive somewhere in a sailboat, in a rowboat, by swimming, on foot, etc.

MAIS: aller quelque part **en** voiture, **en** train, **en** bus, **en** avion, etc.
to go somewhere by car, by train, by bus, by plane, etc.

se rendre quelque part **à** vélo, **à** moto, **à** cheval, **à dos** d'âne [OU de mulet, de chameau, d'éléphant], etc.
to go somewhere by bicycle, by motorcycle, on horseback, by donkey [mule, camel, elephant], etc.

MAIS: se trouver **dans une** voiture, **dans le** train, **dans un** bus, **dans un** avion, etc.
to be in a car, on the train, on a bus, on a plane, etc.

---

[10] NE PAS CONFONDRE: un verre **à** eau (*a water glass*) et un verre **d'**eau (*a glass of water*), un verre **à** vin (*a wine glass*) et un verre **de** vin (*a glass of wine*), une tasse **à** café (*a coffee cup*) et une tasse **de** café (*a cup of coffee*).

➤ Indique la <u>manière</u> ou le <u>moyen</u>, ou encore le <u>prix de vente</u> (avec le verbe **être**).

arriver **à** l'heure/**à** temps	*to arrive on time*
marcher **à** quatre pattes/**à** reculons	*to crawl/to walk backwards*
démarrer **à** toute vitesse	*to speed away*
parler **à** haute et intelligible voix	*to speak loud and clear*
parler **à** voix basse	*to speak in a low or hushed voice*
rouler **à** tombeau ouvert	*to drive at breakneck speed*
être **à** deux euros [la pièce/chacun(e)]	*to cost two euros [each]*

➤ Introduit un <u>infinitif</u> après certains <u>noms</u>, <u>adjectifs</u> et <u>adverbes</u> (voir Chapitre 13, section 6c et N.B. 13-2), ainsi qu'après certains <u>verbes</u> (voir Chapitre 13, Tableau 3).

J'ai une bonne nouvelle **à** vous **annoncer**.	*I have some good news to tell you.*
Il m'a encouragé(e) **à poser** ma candidature.	*He encouraged me to apply.*

9 La préposition de

➤ Introduit un nom <u>complément d'objet indirect</u> (pour la liste des verbes construits avec **de**, voir Chapitre 3, Tableau 2 ou Chapitre 13, Tableau 2).

Je me souviens bien **de** lui.	*I remember him well.*
Nous avons besoin **de** ton aide.	*We need your help.*

➤ Introduit un <u>complément de nom</u> ou marque l'<u>appartenance</u>, notamment lorsque **de** correspond au «génitif anglais» (*Nicole's umbrella*—voir Chapitre 7, section 5), ou lorsqu'on désigne l'auteur d'une œuvre.

C'est le parapluie **de** Nicole.	*This is Nicole's umbrella.*
«Impression, soleil levant» est un célèbre tableau **de** Monet.	*"Impression, Sunrise" is a famous painting by Monet.*

➤ Indique la <u>provenance</u> devant des noms de lieux familiers ou géographiques (voir sections 1 à 6 ci-dessus).

Nous sortons **de** classe à dix heures.	*Our class ends at ten o'clock.*
Ils habitent à 150 kilomètres **de** Nantes.	*They live 150 kilometers from Nantes.*

➤ Indique certaines <u>catégories</u> d'objets ou de personnes (voir Chapitre 2, section 12c et Chapitre 20, sections 5b, 10b, 15b et 17b).

une porte **d'**entrée	*a front door [the main entrance]*
une salle **de** bains	*a bathroom*
une veste **de** ski	*a ski jacket*
quelqu'un **de** gentil	*someone nice*

➤ S'emploie dans les <u>expressions de quantité</u> (voir Chapitre 2, sections 5a et 8), mais aussi pour indiquer les <u>ingrédients</u> d'un plat (voir Chapitre 2, section 9), ou encore la <u>valeur</u> ou la <u>dimension</u> d'un objet.

un verre **de** vin, une tranche **de** pain	*a glass of wine, a slice of bread*
une soupe **de** légumes	*a vegetable soup*
une montre **de** deux-mille euros	*a two-thousand-dollar watch*
un appartement **de** 60m²	*an apartment of 60 square meters*

➤ Indique également la <u>matière</u> dont est fait un objet (mais on peut aussi utiliser la préposition **en**—voir Chapitre 2, section 10).

une veste **de** daim [OU **en** daim]	*a suede jacket*

➤ Indique la <u>manière</u> devant des mots tels que **façon**, **manière**, **ton**, **air**, **œil**, **voix**, etc.

réagir **d'une façon/manière** bizarre [ET NON: <s>dans une</s>]	*to react in a bizarre way/fashion*
parler **d'un ton** [OU **sur un ton**] agressif	*to speak in an aggressive tone of voice*
regarder quelqu'un **de travers**	*to look askance at someone*

➤ Indique la <u>cause</u> d'une réaction émotionnelle ou physique.

pleurer **de** rage, **de** gratitude	*to weep with rage, gratitude*
être à pleurer OU à mourir **de** rire	*to be hilariously funny*
s'étrangler **de** rire, **de** colère, **de** rage	*to choke with laughter, anger, rage*
mourir **de** peur, **de** froid, **de** faim, **de** soif	*to die of fear, cold, hunger, thirst*
tomber **de** sommeil	*to be dead tired*

➤ S'emploie après un <u>superlatif</u> lorsque la comparaison est <u>explicite</u> (voir Chapitre 19, section 6a).

le plus long pont **d'**Europe [ET NON: <s>en</s>]	*the longest bridge in Europe*

➤ Introduit l'<u>agent d'un passif</u> lorsque le verbe est pris dans un sens <u>figuré</u> ou <u>affectif</u>, ou que l'agent n'est qu'<u>apparent</u> (voir Chapitre 18, section 2).

Paul est respecté/aimé **de** tous.	*Paul is respected/loved by all.*
Ma voiture était couverte **de** givre ce matin.	*My car was covered with frost this morning.*

➤ Introduit un <u>infinitif</u> après certains <u>noms</u>, <u>adjectifs</u> et <u>adverbes</u> (voir Chapitre 13, section 6, et N.B. 13-2), ainsi qu'après certains <u>verbes</u> (voir Chapitre 13, Tableau 2).

Il est furieux **d'**<u>avoir</u> perdu ses clés.	*He's furious he lost his keys.*
Tu as besoin **d'**<u>aller</u> te coucher.	*You need to go to bed.*

10 La préposition **dans**

➤ Marque la <u>localisation</u> devant des noms familiers quand, en anglais, les prépositions *in* (ou *on*) sont l'équivalent de *inside*.

mettre quelque chose **dans** un tiroir, etc.	*to put something in [inside] a drawer, etc.*
être **dans** un avion/train/bus, **dans** le métro, etc.	*to be on a plane/train/bus, in the metro, etc.*
se trouver **dans** la rue [MAIS: **sur** le boulevard, l'avenue]	*to be in the street [BUT: on the boulevard, the avenue]*

➤ Marque la <u>localisation ou la destination</u> devant les États et provinces dont les noms n'ont pas d'équivalent français, devant les régions dont les noms sont masculins ou pluriels, ainsi que devant les départements français et les arrondissements (voir sections 4 à 6 ci-dessus).

dans le New Jersey, **dans** l'Alberta [MAIS: **au** Québec, **en** Californie]
dans le Massif central, **dans** les Vosges, **dans** l'Oise, **dans** le XVIIIe (18e) arrondissement à Paris

➤ Marque une <u>durée future</u> (voir Chapitre 17, section 12d).

Je reviens **dans** deux minutes.	*I'll be back in two minutes.*
J'aurai terminé mon diplôme **dans** trois mois.	*I will graduate in three months.*

11 La préposition **en**

➤ Marque la <u>localisation ou la destination</u> devant les pays, États ou provinces dont les noms sont féminins ou commencent par une voyelle (<u>sauf</u> le Yémen), ainsi que devant les grandes îles européennes (voir sections 2 à 5 ci-dessus).

travailler **en** France, **en** Allemagne	*to work in France, in Germany*
retourner **en** Californie, **en** Normandie	*to go back to California, to Normandy*
voyager **en** Corse et **en** Sardaigne	*to travel in Corsica and in Sardinia*

➤ Indique le <u>moyen de transport</u> lorsque le véhicule est <u>fermé</u>. Toutefois, lorsqu'on se réfère à quelqu'un ou à quelque chose <u>à l'intérieur du véhicule</u>, on utilise **dans**.

COMPAREZ:

J'aime voyager **en** avion, **en** voiture et **en** bateau.
I like to fly [or to travel by plane], to travel by car, and by boat.

MAIS: Le bébé derrière moi **dans** l'avion n'a pas cessé de pleurer.
   The baby behind me on the plane didn't stop crying.

Je n'aime pas voyager **en** train ni **en** bus, je préfère l'avion.
I don't like to take the train or the bus; I'd rather fly.

MAIS: J'ai laissé mes gants **dans** [ET NON: ~~sur~~] le train.
   I left my gloves on the train.

➤ Sens <u>temporel</u>: indique les mois, les saisons [<u>sauf</u> le printemps], l'année ainsi que le temps qu'il faut pour accomplir une tâche (voir Chapitre 17, sections 12b et 12c).

Il est né **en** été [ou **en** automne, **en** hiver, MAIS: **au** printemps], **en** juillet, **en** 2002.	*He was born in the summer [in the fall, in the winter,* BUT: *in the spring], in July, in 2002.*
J'ai fini cet exercice **en** cinq minutes.	*I finished this exercise in five minutes.*

➤ Indique la <u>matière</u> dont est fait un objet (mais on peut aussi utiliser **de**—voir section 9 ci-dessus et Chapitre 2, section 10).

un verre **en** cristal [OU **de** cristal]	*a crystal glass*
un sac **en** plastique [OU **de** plastique]	*a plastic bag*

➤ **En + participe présent** indique la <u>manière</u>, la <u>condition d'une action</u>, ou encore la <u>simultanéité</u> de deux actions (gérondif—voir Chapitre 10, section 2a).

En faisant un peu plus de sport, tu te sentirais mieux.	*If you exercised a little more, you'd feel better.*
Prière de fermer la porte **en** partant.	*Please close the door as you leave.*
Je travaille tout **en** écoutant de la musique.	*I work while listening to music.*

12 La préposition **chez**

➤ Indique un <u>lieu de résidence</u> ou un endroit où l'on exerce un <u>commerce</u> ou une <u>activité professionnelle</u>. **Chez** correspond alors souvent à *at + someone's* ou *to + somebody's*.

Vous allez **chez** Vanessa ce soir?	*Are you going to Vanessa's tonight?*
J'ai rendez-vous **chez** le coiffeur.	*I have an appointment at the hairdresser's.*

➤ Permet de <u>se référer à quelqu'un</u> ou <u>à l'œuvre de quelqu'un</u>.

Ce que j'aime **chez** elle, c'est son humour.	*What I like about her is her humor.*
chez Balzac, **chez** Picasso	*in Balzac's work, in Picasso's work*

13 La préposition **par**

➤ Indique soit un <u>endroit</u> soit une <u>phase</u> (psychologique/professionnelle, etc.) par lesquels on passe.

Je suis entré(e) **par** la porte arrière.	*I came in through the back door.*
Il passe **par** une période difficile.	*He's going through a difficult time.*

➤ Indique le <u>moyen</u> ou la <u>cause</u>.

J'ai reçu une lettre **par** avion.	*I received an airmail letter.*
Elle t'a dit cela **par** jalousie.	*She told you that out of jealousy.*
J'ai reçu ce courriel **par** erreur.	*I received this e-mail by mistake.*

➤ Indique l'<u>agent d'un verbe passif</u> (voir Chapitre 18, sections 2, 9b et 9c).

La pyramide du Louvre a été construite **par** Ieoh Ming Pei.	*The Louvre Pyramid was built by Ieoh Ming Pei.*

➤ Peut avoir aussi un <u>sens distributif</u>.

Ce médicament se prend trois fois **par** jour.	*This medication should be taken three times a day.*

14   La préposition **pour**

➤ Correspond souvent à *for*.

Je suis en retard **pour** mon cours.	*I'm late for my class.*
Je t'avais prise **pour** ta sœur jumelle.	*I had mistaken you for your twin sister.*

➤ Exprime le <u>but</u> (voir aussi Chapitre 12, section 9).

Je disais ça **pour** plaisanter, pas **pour** me moquer de toi!	*I was saying this as a joke, not to make fun of you!*

➤ Indique une <u>destination</u> liée à une idée d'intention et de planification.

Est-ce qu'il est déjà parti **pour** Madrid?	*Has he already left for Madrid?*

➤ Sens <u>temporel</u> lié à la notion de <u>durée intentionnelle</u> ou <u>prospective</u> (avec les verbes **partir, aller, s'en aller** et **venir**). Ce sens relativement rare ne doit pas être confondu avec **pendant** (voir Chapitre 17, sections 11a et 11b).

COMPAREZ:

Nous partons **pour** deux semaines.
We're leaving for two weeks [i.e., with the <u>intention</u> of staying away for two weeks].

MAIS: Nous étions en vacances **pendant** [ET NON: ~~pour~~] deux semaines.
We were on vacation for [during] two weeks.

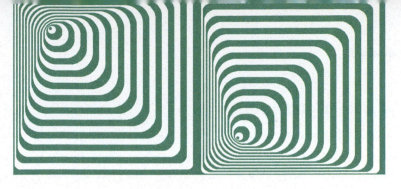

Appendice 2—Verbes pronominaux

1 Conjugaison

Les verbes pronominaux sont construits avec des pronoms personnels réfléchis (**me/m'**, **te/t'**, **se/s'**, **nous** et **vous**). Ceux-ci font intégralement partie de la conjugaison. Leur forme est déterminée par le sujet (je **me**, tu **te**, il/elle **se**, nous **nous**, vous **vous**, ils/elles **se**). Aux temps composés, les verbes pronominaux se conjuguent toujours avec l'auxiliaire **être**. (Pour les règles de l'accord du participe passé, voir Chapitre 10, sections 8 à 10.)

 Tableau 1

CONJUGAISON D'UN VERBE PRONOMINAL

se lever (*to get up*)

INDICATIF		SUBJONCTIF	
présent	**passé composé**	**présent**	**passé**
je me lève	je me suis levé(e)	que je me lève	que je me sois levé(e)
tu te lèves	tu t'es levé(e)	que tu te lèves	que tu te sois levé(e)
il/elle se lève	il/elle s'est levé(e)	qu'il/elle se lève	qu'il/elle se soit levé(e)
nous nous levons	nous nous sommes levé(e)s	que nous nous levions	que nous nous soyons levé(e)s
vous vous levez	vous vous êtes levé(e)(s)	que vous vous leviez	que vous vous soyez levé(e)(s)
ils/elles se lèvent	ils/elles se sont levé(e)s	qu'ils/elles se lèvent	qu'ils/elles se soient levé(e)s
futur simple	**futur antérieur**	CONDITIONNEL	
je me lèverai	je me serai levé(e)	**présent**	**passé**
nous nous lèverons	nous nous serons levé(e)s	je me lèverais	je me serais levé(e)
imparfait	**plus-que-parfait**	nous nous lèverions	nous nous serions levé(e)s
je me levais	je m'étais levé(e)	IMPÉRATIF	
nous nous levions	nous nous étions levé(e)s	lève-toi, levons-nous,	ne te lève pas, ne nous levons
		levez-vous	pas, ne vous levez pas

2 Place du pronom réfléchi

2a. Aux temps simples et composés

Aux temps simples et composés, le pronom réfléchi se place entre le sujet et le verbe conjugué. Lorsque le verbe est à la forme négative, il se place après **ne**.

COMPAREZ:

Je **m'**habille.	Je <u>ne</u> **m'**habille pas.
I'm getting dressed.	*I'm not getting dressed.*
Je **me** suis habillé(e).	Je <u>ne</u> **me** suis pas habillé(e).
I got dressed.	*I didn't get dressed.*

2b. À l'impératif

À l'impératif **affirmatif**, le pronom réfléchi, précédé d'un <u>trait d'union</u>, se place <u>après</u> le verbe (et **te** devient -**toi**). À l'impératif **négatif**, le pronom réfléchi se place <u>devant</u> le verbe.

COMPAREZ:

couche-**toi**, couchons-**nous**, couchez-**vous**
go to bed, let's go to bed, go to bed

MAIS: ne **te** couche pas, ne **nous** couchons pas, ne **vous** couchez pas
    don't go to bed, let's not go to bed, don't go to bed

2c. À l'infinitif

À l'infinitif **présent**, le pronom réfléchi se place <u>devant le verbe</u>. À l'infinitif **passé**, le pronom réfléchi se place <u>devant l'auxiliaire</u>. Lorsque l'infinitif (présent ou passé) est à la **forme négative**, le pronom réfléchi se place <u>après **ne pas**</u>.

J'ai envie de **m'**amuser.	*I feel like having fun.*
Tu as peur de **t'**être trompé(e)?	*Are you worried about having made a mistake?*
Il vaut mieux <u>ne pas</u> **se** coucher trop tard.	*We'd better not go to bed too late.*
Nous regrettons de <u>ne pas</u> **nous** être arrêté(e)s pour visiter la cathédrale.	*We're sorry we didn't stop to visit the cathedral.*

2d. Dans les interrogations par inversion

Dans les interrogations par inversion du sujet/verbe, le pronom réfléchi se place <u>devant</u> le verbe conjugué.

De quoi **te** plains-tu?	*What are you complaining about?*
Où **se** cache-t-il?	*Where is he hiding?*
Pourquoi **vous** moquez-vous de lui?	*Why do you make fun of him?*

2e. Avec les pronoms **y** et **en**

Le pronom réfléchi précède toujours les pronoms **y** et **en**.

Tableau 2

PLACES DES PRONOMS Y ET EN AVEC LES VERBES PRONOMINAUX

me	D		Je ne **m'y** attendais pas. *I wasn't expecting it.*
te	E		Comment **t'y** es-tu pris(e)? *How did you manage [to do this]?*
se	V A	**y**	Elle a beaucoup de travail, mais si elle **s'y** met tout de suite, elle arrivera à tout terminer avant le week-end. *She has a lot of work, but if she starts on it right away, she'll finish everything by the weekend.*
nous	N T		Nous **nous y** ferons. *We'll get used to it.*
vous			Ne **vous y** fiez pas! *Don't trust it.*
me	D		Tu **t'en** souviens? —Comment **m'en** souviendrais-je? Je n'y étais pas! *Do you remember [it]?* *—How could I remember [it]? I wasn't there!*
te	E		
se	V A	**en**	Ils **s'en** vont demain. *They're leaving tomorrow.*
nous	N		Allons-**nous-en**! *Let's go/Let's leave!*
vous	T		Ne **vous en** faites pas. *Don't worry.*

3 Classification des verbes pronominaux

3a. Verbes pronominaux réfléchis et réciproques

Les verbes pronominaux sont **réfléchis** lorsque l'action affecte le sujet lui-même (se lever, se laver, se regarder, etc.). Ils sont **réciproques** lorsque les sujets exercent leur action sur chacun des autres sujets (s'aimer, se parler, s'écrire, etc.). Le pronom réfléchi de ces verbes est tantôt complément d'objet direct [c.o.d.] (je **me** regarde dans le miroir), tantôt complément d'objet indirect [c.o.i.] (ils **se** parlent). Cette distinction est importante pour l'accord du participe passé. (Voir Chapitre 10, sections 8 à 10.)

Tableau 3

QUELQUES VERBES RÉFLÉCHIS ET RÉCIPROQUES COURANTS

VERBES RÉFLÉCHIS

se réveiller (*to wake up*)	se maquiller (*to put on makeup*)
se lever (*to get up*)	s'habiller (*to get dressed*)
se doucher (*to take a shower*)	se dépêcher (*to hurry*)
se laver (*to wash*)	s'asseoir (*to sit down*)
se coiffer (*to comb one's hair*)	se coucher (*to go to bed*)
se brosser les dents (*to brush one's teeth*)	s'endormir (*to go to sleep*)

VERBES RÉCIPROQUES

s'écrire (*to write one another*)	s'aimer, s'adorer (*to love/adore one another*)
s'envoyer qqch (*to send one another sth*)	s'admirer (*to admire one another*)
se téléphoner (*to call one another*)	se détester (*to hate one another*)
se plaire (*to like one another*)	se succéder (*to succeed one another*)

3b. Verbes pronominaux essentiels

Les verbes pronominaux **essentiels** sont des verbes qui n'existent qu'à la forme pronominale. Leur participe passé <u>s'accorde toujours avec le sujet</u>.

Tableau 4

VERBES PRONOMINAUX ESSENTIELS COURANTS
[le participe passé s'accorde avec le sujet]

s'absenter (*to leave town, to be away*)	s'envoler (*to fly away*)
s'abstenir (*to abstain*)	s'évader, s'enfuir (*to escape*)
s'acharner (*to desperately try to do sth*)	s'évanouir (*to faint, to pass out*)
s'affaler [sur un sofa, etc.] (*to slump, to slouch [on a sofa, etc.]*)	s'impatienter (*to get impatient*)
	se lamenter (*to lament, to feel sorry for oneself*)
se bagarrer, se quereller avec qqn (*to have a fight with sb*)	se méfier de qqn ou de qqch (*to distrust sb or sth*)
se chamailler (*to squabble, to bicker*)	se moquer de qqn ou de qqch (*to mock, to make fun of sb or sth*)
se désister (*to withdraw*)	
s'écrier, s'exclamer (*to exclaim, to cry out*)	se raviser (*to change one's mind*)
s'écrouler, s'effondrer (*to collapse*)	se réfugier (*to take refuge*)
s'efforcer de faire qqch (*to strive, to do one's best*)	se repentir (*to repent*)
s'emparer (*to seize*)	se soucier (*to care about, to worry*)
s'empresser autour de qqn (*to fuss about sb*)	se souvenir de qqn ou qqch (*to remember sb or sth* [voir aussi section 4d ci-dessous])
s'empresser de faire qqch (*to hurry*)	se suicider (*to commit suicide*)

3c. Verbes pronominaux idiomatiques

Les verbes pronominaux **idiomatiques** ont un sens particulier à la forme pronominale (voir Tableau 5 ci-dessous). Pour la plupart d'entre eux, il est parfois difficile de savoir si le pronom réfléchi est objet direct ou indirect. Dans ces cas-là, le participe passé s'accorde avec le **sujet** (ces verbes sont précédés d'un astérisque dans le tableau ci-dessous).

Tableau 5

VERBES PRONOMINAUX IDIOMATIQUES
[* indique les verbes dont le participe s'accorde avec le sujet]

VERBES NON PRONOMINAUX	VERBES PRONOMINAUX IDIOMATIQUES
agir (*to act*)	s'agir (*to be about, etc.*) [voir aussi 4a ci-dessous]
aller (*to go*)	*s'en aller (*to go away*)
amuser (*to amuse*)	*s'amuser (*to have fun*)
apercevoir (*to see*)	*s'apercevoir de qqch (*to realize sth*)
attendre (*to wait*)	*s'attendre à qqch (*to expect sth*)
battre (*to beat*)	*se battre (*to fight*)
connaître (*to know*)	s'y connaître (*to be an expert*)
demander (*to ask*)	se demander (*to wonder*)
disputer (*to vie, to contest*)	*se disputer (*to quarrel, to have a fight with sb*)
douter (*to doubt*)	*se douter de qqch (*to suspect sth*)
ennuyer (*to annoy*)	*s'ennuyer (*to be bored*)
entendre (*to hear*)	*s'entendre avec qqn (*to get along*)
faire (*to make/do*)	se faire mal, etc. (*to hurt oneself*) [voir aussi 4b ci-dessous]
	se faire aider, licencier, etc. (*to get help, to get fired*) [sens passif]
	s'en faire (*to worry*)
	*se faire à qqch/s'y faire (*to get used to sth*)
mettre (*to put*)	*se mettre à + infinitif (*to start to do sth*)
occuper (*to occupy*)	*s'occuper de qqn/qqch (*to take care of sb/sth*)
passer (*to pass*)	*se passer (*to take place*)
	*se passer de qqch (*to do without sth*)
plaindre (*to pity*)	*se plaindre de qqch/qqn (*to complain of sth/sb*)
plaire (*to please*)	se plaire (*to like each other*) [voir aussi 4c ci-dessous]
	se plaire à Paris (*to enjoy Paris, to have fun in Paris*)
	se plaire à faire qqch (*to amuse oneself, to delight [in doing sth, etc.]*)
prendre (*to take*)	*s'y prendre (*to manage, to go about a certain way to do sth*)
rappeler (*to remind*)	*se rappeler qqch (*to remember*) [voir aussi 4d ci-dessous]
rendre (*to give back*)	*se rendre quelque part (*to go somewhere*)
rendre compte (*to report to sb, to account for sth*)	se rendre compte de qqch (*to realize sth*)
saisir qqch (*to catch, to grab sth*)	*se saisir de qqch (*to grab hold of/to take up sth*)
servir (*to serve*)	*se servir de qqch (*to use sth*)
tromper (*to deceive*)	*se tromper (*to make a mistake*)
trouver (*to find*)	*se trouver (*to be in a certain place*)
vouloir (*to want*)	s'en vouloir (*to be angry at oneself or each other*) [ON DIT: en vouloir à qqn]

3d. Verbes pronominaux à sens passif

Certains verbes employés à la forme pronominale peuvent avoir un **sens passif** (voir aussi Chapitre 18, section 5).

Ça ne se fait pas.	*This isn't done.*
Ça ne se dit pas.	*This isn't said.*
Ça se voit!	*It's obvious!*
Ça s'écrit comment?	*How do you spell it/How is it spelled?*
Ça ne se porte plus.	*It's out of fashion.*
Ces portables se sont vendu**s** comme des petits pains.	*These cell phones sold out like hotcakes.*

4 Cas particuliers

4a. S'agir de

Ce verbe a plusieurs significations idiomatiques (*to be about, to be called, to be at stake, etc.*) et s'emploie exclusivement à la forme <u>impersonnelle</u> (contrairement à l'anglais). Son sujet est donc toujours le sujet neutre **il**, <u>jamais</u> une chose spécifique, ni une idée, ni une personne [ON NE PEUT DONC PAS DIRE: ~~De quoi s'agit ce film~~? NI ~~Ce film s'agit de...~~].

COMPAREZ:

<u>De</u> quoi s'agit-**il** <u>dans</u> ce film?	*What is this movie about?*
Il s'agit <u>d</u>'un documentaire sur les années cinquante.	*This is a documentary about the fifties.*
L'article <u>dont</u> **il** s'agit est un éditorial du *Monde*.	*The article in question is an editorial from* Le Monde.
Il ne s'agit pas <u>de</u> ça!	*That's hardly the point/It's not about that!*
Qu'est-ce que c'est que ça? —**Il** s'agit <u>d</u>'une bobèche.	*What in the world is this? —This is [called] a candle ring.*
Il s'agit <u>de</u> ton avenir/<u>de</u> ta santé.	*Your future/Your health is at stake.*
Maintenant, **il** s'agit <u>de</u> les convaincre.	*Now, the main thing is to convince them.*
Avec lui, **il** ne s'agit pas <u>de</u> plaisanter!	*With him, you'd better not mess around!*

4b. Se faire vs s'en faire vs s'y faire

Le participe passé des verbes **se faire mal** (*to hurt oneself*), **se faire aider/gronder**, etc. (*to get help, scolded, etc.;* voir Chapitre 18, section 10), et **s'en faire** (*to worry*) est <u>invariable</u>. En revanche, le participe passé de **se faire <u>à</u> quelque chose** [**s'y faire**] (*to get used to something*) <u>s'accorde toujours avec le sujet</u>.

COMPAREZ:

Elle s'est fait [ET NON: ~~faite~~] mal.	*She hurt herself.*
Vous vous êtes fait [ET NON: ~~fait(e)s~~] aider?	*Did you get help [from someone]?*
Elle s'en est beaucoup fait [ET NON: ~~faite~~] pour son fils.	*She worried a lot about her son.*

MAIS: Ils se sont fait<u>s</u> à leur nouvelle vie.   *They got used to their new life.*

4c. Se plaire

Le verbe **se plaire** a diverses significations qu'il ne faut pas confondre, mais son participe passé est toujours <u>invariable</u>, quel que soit son sens.

Elles **se sont plu** [**déplu**] immédiatement.	*They liked [disliked] each other from the start.*
Nadia **s'est** beaucoup **plu** à Paris.	*Nadia was very happy in Paris.*
Ils **se sont plu** à critiquer chacune de nos propositions.	*They took pleasure in criticizing every single one of our proposals.*

4d. Se souvenir vs se rappeler

Bien qu'ils soient synonymes (*to remember, to recall*), ces deux verbes ne sont pas construits de la même manière. On dit **se souvenir <u>de</u> quelque chose**, mais **se rappeler quelque chose** (<u>sans</u> préposition). EXCEPTIONS: Lorsque **se rappeler** a pour complément un infinitif, celui-ci est introduit par **de**, mais uniquement s'il s'agit d'un <u>infinitif *présent*</u>. En revanche, lorsque **se souvenir** et **se rappeler** sont suivis d'une <u>subordonnée</u>, la préposition **de** <u>disparaît</u> dans les deux cas.

COMPAREZ:

Tu te souviens **de** <u>lui</u>?
Do you remember him?

MAIS: —Oui, mais je ne me rappelle plus <u>son nom</u> [ET NON: ~~de son nom~~].
    —*Yes, but I no longer remember his name.*

C'est tout ce **dont** il se souvient.
It's all he remembers.

MAIS: C'est tout ce <u>que</u> je me rappelle.
   It's all I remember.

Je me souviens vaguement **de** leur <u>avoir parlé</u>.
I vaguely remember having talked to them.

MAIS: Elle se rappelle vaguement leur <u>avoir parlé</u>.
   She vaguely remembers having talked to them.

PAR CONTRE: Souviens-toi/Rappelle-toi **de** <u>téléphoner</u> à tes parents.
            [infinitif <u>présent</u> ⟶ **de** pour les deux verbes]
            Remember to call your parents.

Il s'est soudain rappelé/souvenu <u>qu'il devait appeler ses parents</u>. [subordonnée ⟶
   de disparaît dans les deux cas]
He suddenly remembered that he needed to call his parents.

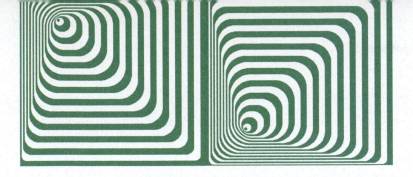

Appendice 3—Temps rares ou littéraires

1   Le passé simple—formation

1a. Verbes réguliers en **-er**

On forme le passé simple à partir du radical du verbe (1re personne du pluriel du présent), auquel on ajoute les terminaisons **-ai, -as, -a, -âmes, -âtes, -èrent**.

chercher (*to search*) → nous cherchons	
je cherch**ai**	nous cherch**âmes**
tu cherch**as**	vous cherch**âtes**
il/elle cherch**a**	ils/elles cherch**èrent**

1b. Verbes réguliers en **-ir/-dre**

On forme le passé simple à partir du radical du verbe (1re personne du pluriel du présent), auquel on ajoute les terminaisons **-is, -is, -it, -îmes, -îtes, -irent**.

finir (*to finish*) → nous finissons	
je fin**is**	nous fin**îmes**
tu fin**is**	vous fin**îtes**
il/elle fin**it**	ils/elles fin**irent**

vendre (*to sell*) → nous vendons	
je vend**is**	nous vend**îmes**
tu vend**is**	vous vend**îtes**
il/elle vend**it**	ils/elles vend**irent**

1c. Autres verbes

Le passé simple de la majorité des autres verbes se forme à partir du participe passé.

➤ Si le participe est en **-u**, les terminaisons sont *généralement* **-us, -us, -ut, -ûmes, -ûtes, -urent** (pour les exceptions, voir section 1d ci-dessous).

avoir (*to have*) ➝ j'ai e**u**	
j'e**us**	nous e**ûmes**
tu e**us**	vous e**ûtes**
il/elle e**ut**	ils/elles e**urent**

vouloir (*to want*) ➝ j'ai voul**u**	
je voul**us**	nous voul**ûmes**
tu voul**us**	vous voul**ûtes**
il/elle voul**ut**	ils/elles voul**urent**

croire (*to believe*) ➝ j'ai cr**u**	
je cr**us**	nous cr**ûmes**
tu cr**us**	vous cr**ûtes**
il/elle cr**ut**	ils/elles cr**urent**

➤ Si le participe est en **-i** , les terminaisons sont *généralement* **-is, -is, -it, -îmes, -îtes, -irent** (pour les exceptions, voir section 1d ci-dessous).

dire (*to say*) ➝ j'ai d**it**	
je d**is**	nous d**îmes**
tu d**is**	vous d**îtes**
il/elle d**it**	ils/elles d**irent**

mettre (*to put*) ➝ j'ai m**is**	
je m**is**	nous m**îmes**
tu m**is**	vous m**îtes**
il/elle m**it**	ils/elles m**irent**

➤ Cas particulier: verbe **être**

être (*to be*)	
je f**us**	nous f**ûmes**
tu f**us**	vous f**ûtes**
il/elle f**ut**	ils/elles f**urent**

1d. Verbes totalement irréguliers

craindre (*to fear*)	→ il craignit, ils craignirent
écrire (*to write*)	→ elle écrivit, elles écrivirent
faire (*to do/make*)	→ il fit, ils firent
mourir (*to die*)	→ elle mourut, elles moururent
naître (*to be born*)	→ il naquit, ils naquirent
tenir (*to hold*)	→ elle tint, elles tinrent
venir (*to come*)	→ il vint, ils vinrent
voir (*to see*)	→ elle vit, elles virent

2 Le passé simple—emplois

Le passé simple, souvent considéré comme l'équivalent <u>littéraire</u> du passé composé, appartient à la langue écrite. Il exprime un <u>événement achevé qui n'a plus aucun contact avec le présent</u>. En dehors de la littérature et des textes d'histoire, il est utilisé dans la presse écrite, surtout à la 3ᵉ personne du singulier ou du pluriel.

Le candidat **acheva** son discours dans un tonnerre d'applaudissements.	*The candidate ended his speech under thunderous applause.*
Louis XVI et Marie-Antoinette **moururent** sur l'échafaud.	*Louis XVI and Marie-Antoinette died on the scaffold.*

3 Le passé antérieur

3a. Formation

On forme le passé antérieur en employant l'auxiliaire **être** ou **avoir** au passé simple, auquel on ajoute le participe passé du verbe. En fait, il suffit de prendre le passé composé et de mettre l'auxiliaire au passé simple.

INFINITIF	→ PASSÉ COMPOSÉ	→ PASSÉ ANTÉRIEUR
fermer (*to close*)	→ il <u>a</u> fermé	→ il **eut fermé**
finir (*to finish*)	→ elles <u>ont</u> fini	→ elles **eurent fini**
partir (*to leave*)	→ il <u>est</u> parti	→ il **fut parti**

3b. Emplois

Le passé antérieur est un temps réservé à l'écrit. Il exprime un <u>événement accompli avant un autre fait passé</u>. Il s'emploie surtout à la 3ᵉ personne du singulier ou du pluriel, notamment dans des propositions subordonnées de temps introduites par des conjonctions telles que **à peine... que**, **après que**, **dès que**, **lorsque**, **quand**, **une fois que**, etc. RAPPEL: En anglais, cette notion d'antériorité ou de succession chronologique n'est pas aussi nette qu'en français, surtout après ces conjonctions de temps.

Dès qu'il **fut arrivé** [passé antérieur], le roi **demanda** [passé simple] à voir ses ministres.	*As soon as he arrived* OR *had arrived, the king asked to see his ministers.*
À peine **eut**-on **entendu** [passé antérieur] l'explosion qu'on **donna** [passé simple] l'alarme.	*Almost immediately upon hearing the explosion, they sounded the alarm.*

4   Le passé surcomposé (langue parlée uniquement)

4a. Formation

Le passé surcomposé est devenu *extrêmement rare*. On le forme en mettant **être** ou **avoir** au passé composé, auquel on ajoute le participe passé du verbe. Le passé surcomposé a donc <u>deux participes passés</u>: celui de l'auxiliaire et celui du verbe! Notez cependant qu'il n'y a pas de passé surcomposé pour les verbes pronominaux.

INFINITIF	→ PASSÉ COMPOSÉ	→ PASSÉ SURCOMPOSÉ
terminer (*to finish*)	→ j'ai terminé	→ j'ai **eu terminé**
partir (*to leave*)	→ il est parti	→ il a **été parti**

4b. Emplois

Le passé surcomposé, qui est l'équivalent du passé antérieur, s'emploie surtout dans la <u>langue parlée</u> par rapport à un passé composé. Tout comme le passé antérieur, il exprime un <u>événement accompli avant un autre fait passé</u>.

COMPAREZ:

STYLE SOUTENU	Ce n'est qu'après qu'il l'**eut quittée** [passé antérieur] qu'elle se **rendit** [passé simple] compte combien elle l'aimait.
LANGUE PARLÉE	Ce n'est qu'après qu'il l'**a eu quittée** [passé surcomposé] qu'elle s'**est rendu** [passé composé] compte combien elle l'aimait. *It is only after he had left her that she realized how much she loved him.*

5   L'imparfait et le plus-que-parfait du subjonctif

5a.   Formation de l'imparfait du subjonctif

L'imparfait du subjonctif se forme à partir de la 2ᵉ personne du singulier du passé simple. Pour les verbes se terminant par:

➤ **-as**, les terminaisons sont **-asse, -asses, -ât, -assions, -assiez, -assent**
➤ **-is**, les terminaisons sont **-isse, -isses, -ît, -issions, -issiez, -issent**
➤ **-ins**, les terminaisons sont **-insse, -insses, -înt, -inssions, -inssiez, -inssent**
➤ **-us**, les terminaisons sont **-usse, -usses, -ût, -ussions, -ussiez, -ussent**

Notez que la 3ᵉ personne du singulier prend toujours un **t** et un accent circonflexe (ou parfois un tréma), sur la dernière voyelle:

être (*to be*) → tu **fus** → que je **fus**se, que tu **fus**ses, qu'il/qu'elle **fût**, que nous **fus**sions, que vous **fus**siez, qu'ils/qu'elles **fus**sent

avoir (*to have*) → tu **eus** → que j'**eus**se, que tu **eus**ses, qu'il/qu'elle **eût**, que nous **eus**sions, que vous **eus**siez, qu'ils/qu'elles **eus**sent

aimer (*to love*) → tu aimas → que j'aim**as**se, que tu aim**as**ses, qu'il/qu'elle aim**ât**, que nous aim**as**sions, que vous aim**as**siez, qu'ils/qu'elles aim**as**sent

finir (*to finish*) → tu finis → que je fin**is**se, que tu fin**is**ses, qu'il/qu'elle fin**ît**, que nous fin**is**sions, que vous fin**is**siez, qu'ils/qu'elles fin**is**sent[1]

venir (*to come*) → tu vins → que je vins**s**e, que tu vins**s**es, qu'il/qu'elle vî**nt**, que nous vins**s**ions, que vous vins**s**iez, qu'ils/qu'elles vins**s**ent

haïr (*to hate*) → tu haïs → que je haï**s**se, que tu haï**s**ses, qu'il/qu'elle haït, que nous haï**s**sions, que vous haï**s**siez, qu'ils/qu'elles haï**s**sent

5b.   Formation du plus-que-parfait du subjonctif

On forme le plus-que-parfait du subjonctif en employant **être** ou **avoir** à l'imparfait du subjonctif, auquel on ajoute le participe passé du verbe.

manger (*to eat*) → que j'eusse mangé, que tu eusses mangé, qu'il/qu'elle eût mangé, que nous eussions mangé, que vous eussiez mangé, qu'ils/qu'elles eussent mangé

aller (*to go*) → que je fusse allé(e), que tu fusses allé(e), qu'il/qu'elle fût allé(e), que nous fussions allé(e)s, que vous fussiez allé(e)(s), qu'ils/qu'elles fussent allé(e)s

---

[1]   Notez ici que la seule différence entre les subjonctifs présent et imparfait est à la 3ᵉ personne du singulier (fin**isse** vs fin**ît**).

ATTENTION: Ne confondez pas la 3ᵉ personne du singulier du passé antérieur de l'indicatif avec la 3ᵉ personne du plus-que-parfait du subjonctif, dans laquelle l'auxiliaire prend un accent <u>circonflexe</u>.

COMPAREZ:

PASSÉ ANTÉRIEUR	PLUS-QUE-PARFAIT DU SUBJONCTIF
après qu'il eut vu	MAIS: avant qu'il n'e<u>û</u>t vu
après qu'elle fut arrivée	MAIS: avant qu'elle ne f<u>û</u>t arrivée

5c. Emplois

Ces deux temps ne se rencontrent guère qu'à l'écrit, dans le <u>style très soutenu</u>. On les trouve dans des phrases au passé, après des verbes et conjonctions exigeant le subjonctif. Notez qu'après **à moins que** et **avant que**, ainsi qu'après les <u>verbes de crainte</u>, le **ne** explétif est <u>obligatoire</u>. Il importe avant tout de reconnaître l'imparfait et le plus-que-parfait du subjonctif, car ils sont fréquents dans la littérature (y compris la littérature contemporaine). Dans la langue courante (orale et écrite), les subjonctifs imparfait et plus-que-parfait sont remplacés respectivement par les subjonctifs présent et passé.

COMPAREZ:

STYLE SOUTENU	Nous avions peur qu'il <u>ne</u> **tombât** malade. [subjonctif imparfait]
STYLE COURANT	Nous avions peur qu'il (ne) **tombe** malade. [subjonctif présent] *We were afraid that he would become ill.*
STYLE SOUTENU	Elle regretta qu'il **fût parti** [subjonctif plus-que-parfait] sans lui donner d'explication.
STYLE COURANT	Elle a regretté qu'il **soit parti** [subjonctif passé] sans lui donner d'explication. *She regretted that he [had] left without giving her any explanation.*

Dans le <u>style très soutenu</u>, le plus-que-parfait du subjonctif a parfois la valeur d'un conditionnel passé, notamment dans des expressions telles que **on eût dit...** (*it looked as though*) ou **il eût été...** (*it would have been*). On parle alors de **conditionnel passé 2ᵉ forme.**

STYLE SOUTENU	Il **eût été** [subjonctif plus-que-parfait] inutile d'insister.
STYLE COURANT	Il **aurait été** [conditionnel passé] inutile d'insister. *It would have been useless to insist.*

6   L'impératif passé

L'impératif passé est *très rare*. Il se construit en mettant l'auxiliaire **être** ou **avoir** à l'impératif, auquel on ajoute le participe passé du verbe. Il n'y a pas d'impératif passé pour les verbes réfléchis. Ce temps correspond à l'expression *Make sure that you/we* ***have done*** *something by a certain time in the future*. Il ne s'emploie cependant jamais avec des pronoms objets ou réfléchis.

Soyez revenu(e)(s) d'ici minuit.

Be back by midnight. OR *Make sure that you are back by midnight.*

Ayez terminé vos devoirs avant que votre père (ne)[2] revienne. [ON NE PEUT PAS DIRE: ~~Ayez les terminés~~...]

Make sure that you have finished your homework before your father comes home.

---

[2]   Il s'agit d'un **ne explétif**. Ici, il n'est généralement pas obligatoire, il n'a pas de valeur négative et ne se traduit pas non plus. (Voir Chapitre 8, section 10.)

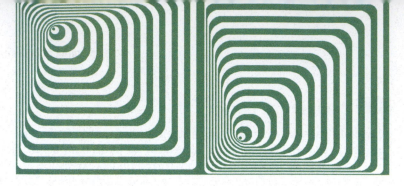

Appendice 4—Tableaux de verbes

L'auxiliaire **être**

Les verbes conjugués exclusivement avec l'auxiliaire **être** sont les verbes pronominaux (comme: **se souvenir**, **se cacher**, **se voir**, etc.), les verbes **naître**, **devenir** et **mourir**, ainsi que certains verbes de mouvement courants, pour autant qu'ils n'aient pas d'objet direct. (Voir Chapitre 9, sections 4 et 5.)

être (*to be*)

INDICATIF		SUBJONCTIF	
présent	**passé composé**	**présent**	**passé**
je suis	j'ai été	que je sois	que j'aie été
tu es	tu as été	que tu sois	que tu aies été
il/elle est	il/elle a été	qu'il/elle soit	qu'il/elle ait été
nous sommes	nous avons été	que nous soyons	que nous ayons été
vous êtes	vous avez été	que vous soyez	que vous ayez été
ils/elles sont	ils/elles ont été	qu'ils/elles soient	qu'ils/elles aient été
futur simple	**futur antérieur**	CONDITIONNEL	
je serai	j'aurai été	**présent**	**passé**
tu seras	tu auras été	je serais	j'aurais été
il/elle sera	il/elle aura été	tu serais	tu aurais été
nous serons	nous aurons été	il/elle serait	il/elle aurait été
vous serez	vous aurez été	nous serions	nous aurions été
ils/elles seront	ils/elles auront été	vous seriez	vous auriez été
imparfait	**plus-que-parfait**	ils/elles seraient	ils/elles auraient été
j'étais	j'avais été	IMPÉRATIF	
tu étais	tu avais été		sois
il/elle était	il/elle avait été		soyons
nous étions	nous avions été		soyez
vous étiez	vous aviez été	INFINITIF	
ils/elles étaient	ils/elles avaient été	**présent**	**passé**
passé simple	**passé antérieur**	être	avoir été
je fus	j'eus été	PARTICIPE	
tu fus	tu eus été	**présent**	**passé**
il/elle fut	il/elle eut été	étant	été
nous fûmes	nous eûmes été		ayant été
vous fûtes	vous eûtes été		
ils/elles furent	ils/elles eurent été		

- Vous remarquerez que le participe **été** est toujours invariable.
- **en être**: Où en êtes-vous? (*What point have you reached/How far are you/have you gone [in your work, etc.]?*)
- ATTENTION: *to be hot/hungry/thirsty/twenty years old* se traduit par **avoir chaud/faim/soif/vingt ans**.

L'auxiliaire **avoir**

Les verbes conjugués avec l'auxiliaire **avoir** comprennent <u>tous les autres verbes</u>, y compris les auxiliaires **être** et **avoir**, les <u>verbes impersonnels</u> et les <u>verbes de mouvement courants</u>, mais uniquement s'ils possèdent un complément d'<u>objet direct</u>. (Voir Chapitre 9, sections 4 et 5.)

avoir (*to have*)			
INDICATIF		**SUBJONCTIF**	
présent	**passé composé**	**présent**	**passé**
j'ai	j'ai eu	que j'aie	que j'aie eu
tu as	tu as eu	que tu aies	que tu aies eu
il/elle a	il/elle a eu	qu'il/elle ait	qu'il/elle ait eu
nous avons	nous avons eu	que nous ayons	que nous ayons eu
vous avez	vous avez eu	que vous ayez	que vous ayez eu
ils/elles ont	ils/elles ont eu	qu'ils/elles aient	qu'ils/elles aient eu
futur simple	**futur antérieur**		
j'aurai	j'aurai eu	**CONDITIONNEL**	
tu auras	tu auras eu	**présent**	**passé**
il/elle aura	il/elle aura eu	j'aurais	j'aurais eu
nous aurons	nous aurons eu	tu aurais	tu aurais eu
vous aurez	vous aurez eu	il/elle aurait	il/elle aurait eu
ils/elles auront	ils/elles auront eu	nous aurions	nous aurions eu
imparfait	**plus-que-parfait**	vous auriez	vous auriez eu
j'avais	j'avais eu	ils/elles auraient	ils/elles auraient eu
tu avais	tu avais eu		
il/elle avait	il/elle avait eu	**IMPÉRATIF**	
nous avions	nous avions eu	aie	
vous aviez	vous aviez eu	ayons	
ils/elles avaient	ils/elles avaient eu	ayez	
passé simple	**passé antérieur**	**INFINITIF**	
j'eus	j'eus eu	**présent**	**passé**
tu eus	tu eus eu	avoir	avoir eu
il/elle eut	il/elle eut eu	**PARTICIPE**	
nous eûmes	nous eûmes eu	**présent**	**passé**
vous eûtes	vous eûtes eu	ayant	eu
ils/elles eurent	ils/elles eurent eu		ayant eu

• ATTENTION: *to be hot/hungry/thirsty/twenty years old* se traduit par <u>avoir</u> **chaud/faim/soif/vingt ans**.

Verbes réguliers du 1er groupe en -er
Modèle: **aimer**

Le 1er groupe comprend tous les verbes en -**er**, <u>sauf</u> **aller**.

Pour les changements orthographiques des verbes en -**ger** (comme **manger**, etc.), en -**cer** (comme **commencer**, etc.), en -**oyer**, -**uyer**, -**ayer** (comme **envoyer**, **ennuyer**, **payer**, etc.), ainsi que pour les verbes **appeler**, **jeter**, **acheter** et les verbes dont l'avant-dernière syllabe de l'infinitif contient **e/é** (comme **espérer**, **se lever**, etc.), voir Chapitre 1, section 2 et Chapitre 11, sections 2c à 2e.

aimer *(to love, to like)*			
INDICATIF		**SUBJONCTIF**	
présent	**passé composé**	**présent**	**passé**
j'aime	j'ai aimé	que j'aime	que j'aie aimé
tu aimes	tu as aimé	que tu aimes	que tu aies aimé
il/elle aime	il/elle a aimé	qu'il/elle aime	qu'il/elle ait aimé
nous aimons	nous avons aimé	que nous aimions	que nous ayons aimé
vous aimez	vous avez aimé	que vous aimiez	que vous ayez aimé
ils/elles aiment	ils/elles ont aimé	qu'ils/elles aiment	qu'ils/elles aient aimé
futur simple	**futur antérieur**	**CONDITIONNEL**	
j'aimerai	j'aurai aimé	**présent**	**passé**
tu aimeras	tu auras aimé	j'aimerais	j'aurais aimé
il/elle aimera	il/elle aura aimé	tu aimerais	tu aurais aimé
nous aimerons	nous aurons aimé	il/elle aimerait	il/elle aurait aimé
vous aimerez	vous aurez aimé	nous aimerions	nous aurions aimé
ils/elles aimeront	ils/elles auront aimé	vous aimeriez	vous auriez aimé
imparfait	**plus-que-parfait**	ils/elles aimeraient	ils/elles auraient aimé
j'aimais	j'avais aimé	**IMPÉRATIF**	
tu aimais	tu avais aimé	**présent affirmatif**	
il/elle aimait	il/elle avait aimé	aime	
nous aimions	nous avions aimé	aimons	
vous aimiez	vous aviez aimé	aimez	
ils/elles aimaient	ils/elles avaient aimé	**INFINITIF**	
passé simple	**passé antérieur**	**présent**	**passé**
j'aimai	j'eus aimé	aimer	avoir aimé
tu aimas	tu eus aimé	**PARTICIPE**	
il/elle aima	il/elle eut aimé	**présent**	**passé**
nous aimâmes	nous eûmes aimé	aimant	aimé
vous aimâtes	vous eûtes aimé		ayant aimé
ils/elles aimèrent	ils/elles eurent aimé		

Verbes réguliers du 2e groupe en -ir
Modèle: **finir**

Le 2e groupe comprend tous les verbes en **-ir** qui prennent **-is/it** et **-iss-** au présent de l'indicatif et dont le participe présent se termine en **-issant**.

finir (*to finish*)

INDICATIF		SUBJONCTIF	
présent	**passé composé**	**présent**	**passé**
je finis	j'ai fini	que je finisse	que j'aie fini
tu finis	tu as fini	que tu finisses	que tu aies fini
il/elle finit	il/elle a fini	qu'il/elle finisse	qu'il/elle ait fini
nous finissons	nous avons fini	que nous finissions	que nous ayons fini
vous finissez	vous avez fini	que vous finissiez	que vous ayez fini
ils/elles finissent	ils/elles ont fini	qu'ils/elles finissent	qu'ils/elles aient fini
futur simple	**futur antérieur**		
je finirai	j'aurai fini	CONDITIONNEL	
tu finiras	tu auras fini	**présent**	**passé**
il/elle finira	il/elle aura fini	je finirais	j'aurais fini
nous finirons	nous aurons fini	tu finirais	tu aurais fini
vous finirez	vous aurez fini	il/elle finirait	il/elle aurait fini
ils/elles finiront	ils/elles auront fini	nous finirions	nous aurions fini
imparfait	**plus-que-parfait**	vous finiriez	vous auriez fini
je finissais	j'avais fini	ils/elles finiraient	ils/elles auraient fini
tu finissais	tu avais fini		
il/elle finissait	il/elle avait fini	IMPÉRATIF	
nous finissions	nous avions fini	finis	
vous finissiez	vous aviez fini	finissons	
ils/elles finissaient	ils/elles avaient fini	finissez	
passé simple	**passé antérieur**	INFINITIF	
je finis	j'eus fini	**présent**	**passé**
tu finis	tu eus fini	finir	avoir fini
il/elle finit	il/elle eut fini		
nous finîmes	nous eûmes fini	PARTICIPE	
vous finîtes	vous eûtes fini	**présent**	**passé**
ils/elles finirent	ils/elles eurent fini	finissant	fini
			ayant fini

• Verbes courants se conjuguant sur **finir**:

accomplir (*to accomplish*)	établir (*to establish*)	obéir/désobéir (*to obey/disobey*)
agir (*to act*)	s'évanouir (*to pass out*)	pâlir (*to turn pale*)
s'appauvrir (*to grow poor[er]*)	faiblir (*to weaken*)	punir (*to punish*)
approfondir (*to go deeply, to get to the core of sth*)	franchir (*to cross*)	ralentir (*to slow down*)
	garantir (*to guarantee, to vouch*)	réfléchir (*to reflect, to think*)
asservir (*to enslave, to subdue*)	grandir (*to grow up*)	réussir (*to succeed*)
bâtir (*to build*)	grossir (*to put on weight, to enlarge*)	rougir (*to turn red*)
se blottir (*to curl up, to bury oneself*)	guérir (*to heal*)	saisir (*to seize, to grasp*)
choisir (*to choose*)	jouir (*to enjoy*)	salir (*to dirty*)
compatir (*to sympathize*)	maigrir/mincir (*to lose weight*)	subir (*to undergo*)
convertir (*to convert*)	maudire (*to curse [sth/sb]*)	vieillir (*to age*)
s'enrichir (*to become rich*)	nourrir (*to feed*)	vomir (*to throw up*)

Verbes du 3ᵉ groupe

Le 3ᵉ groupe comprend <u>tous les autres verbes</u>, c'est-à-dire:

➤ le verbe **aller**;
➤ les verbes en **-ir** dont le participe présent se termine, non en **-issant**, mais en **-ant** (comme cour**ir** → cour**ant**, etc.);
➤ les verbes en **-oir** (comme aper**cevoir**, re**cevoir**, **voir**, voul**oir**, etc.);
➤ les verbes en **-re** (comme écri**re**, met**tre**, rend**re**, répond**re**, etc.).

Un très grand nombre de ces verbes sont <u>irréguliers</u>, ou présentent des <u>difficultés particulières</u>. Vous trouverez ci-dessous, <u>par ordre alphabétique</u>, les tableaux des verbes les plus courants du 3ᵉ groupe.

aller (*to go*)

INDICATIF		SUBJONCTIF	
présent	**passé**	**présent**	**passé**
je vais	je suis allé(e)	que j'aille	que je sois allé(e)
tu vas	tu es allé(e)	que tu ailles	que tu sois allé(e)
il/elle va	il/elle est allé(e)	qu'il/elle aille	qu'il/elle soit allé(e)
nous allons	nous sommes allé(e)s	que nous allions	que nous soyons allé(e)s
vous allez	vous êtes allé(e)(s)	que vous alliez	que vous soyez allé(e)(s)
ils/elles vont	ils/elles sont allé(e)s	qu'ils/elles aillent	qu'ils/elles soient allé(e)s
futur simple	**futur antérieur**	CONDITIONNEL	
j'irai	je serai allé(e)	**présent**	**passé**
nous irons	nous serons allé(e)s	j'irais	je serais allé(e)
imparfait	**plus-que-parfait**	nous irions	nous serions allé(e)s
j'allais	j'étais allé(e)	IMPÉRATIF	
nous allions	nous étions allé(e)s	va, allons, allez	

• ATTENTION: Lorsque la 2ᵉ personne du singulier de l'impératif est suivie du pronom **-y**, **va** prend un **s** (Va à la poste MAIS: Va<u>s</u>-y). L'impératif de **s'en aller** (*to go, to leave*) est va-**t'en**, allons-**nous-en**, allez-**vous-en**.

boire (*to drink*)

INDICATIF		SUBJONCTIF	
présent	**passé composé**	**présent**	**passé**
je bois	j'ai bu	que je boive	que j'aie bu
tu bois	tu as bu	que tu boives	que tu aies bu
il/elle boit	il/elle a bu	qu'il/elle boive	qu'il/elle ait bu
nous buvons	nous avons bu	que nous buvions	que nous ayons bu
vous buvez	vous avez bu	que vous buviez	que vous ayez bu
ils/elles boivent	ils/elles ont bu	qu'ils/elles boivent	qu'ils/elles aient bu
futur simple	**futur antérieur**	CONDITIONNEL	
je boirai	j'aurai bu	**présent**	**passé**
nous boirons	nous aurons bu	je boirais	j'aurais bu
imparfait	**plus-que-parfait**	nous boirions	nous aurions bu
je buvais	j'avais bu	IMPÉRATIF	
nous buvions	nous avions bu	bois, buvons, buvez	

connaître (*to know*)

INDICATIF		SUBJONCTIF	
présent	**passé composé**	**présent**	**passé**
je connais	j'ai connu	que je connaisse	que j'aie connu
tu connais	tu as connu	que tu connaisses	que tu aies connu
il/elle connaît	il/elle a connu	qu'il/elle connaisse	qu'il/elle ait connu
nous connaissons	nous avons connu	que nous connaissions	que nous ayons connu
vous connaissez	vous avez connu	que vous connaissiez	que vous ayez connu
ils/elles connaissent	ils/elles ont connu	qu'ils/elles connaissent	qu'ils/elles aient connu
futur simple	**futur antérieur**	CONDITIONNEL	
je connaîtrai	j'aurai connu	**présent**	**passé**
nous connaîtrons	nous aurons connu	je connaîtrais	j'aurais connu
imparfait	**plus-que-parfait**	nous connaîtrions	nous aurions connu
je connaissais	j'avais connu	IMPÉRATIF	
nous connaissions	nous avions connu	connais, connaissons, connaissez	

- Les rectifications de l'orthographe de 1990 recommandent d'éliminer l'accent circonflexe sur le «i» lorsque celui-ci se trouve devant un «t» et d'écrire: connaitre / il connait / il connaitra / il connaitrait, etc., mais cet usage ne s'est pas encore généralisé.
- Les verbes **apparaître** (*to appear*), **s'y connaître** (*to be well versed in sth*), **disparaître** (*to disappear*) et **paraître** (*to appear, to be published*), se conjuguent sur le même modèle. Toutefois, lorsque le verbe **paraître** signifie **être publié**, la tendance actuelle est de privilégier l'auxiliaire **être** (Son livre est [ou a] paru en 2005). Le verbe **apparaître** peut également se conjuguer soit avec l'auxiliaire **avoir**, soit avec l'auxiliaire **être** (elle **avait** apparu ou elle **était** apparue) mais la tendance actuelle semble privilégier l'auxiliaire **être**, surtout à la 3ᵉ personne du singulier du passé composé (elle **est** apparue).

courir (*to run*)

INDICATIF		SUBJONCTIF	
présent	**passé composé**	**présent**	**passé**
je cours	j'ai couru	que je coure	que j'aie couru
tu cours	tu as couru	que tu coures	que tu aies couru
il/elle court	il/elle a couru	qu'il/elle coure	qu'il/elle ait couru
nous courons	nous avons couru	que nous courions	que nous ayons couru
vous courez	vous avez couru	que vous couriez	que vous ayez couru
ils/elles courent	ils/elles ont couru	qu'ils/elles courent	qu'ils/elles aient couru
futur simple	**futur antérieur**	CONDITIONNEL	
je courrai	j'aurai couru	**présent**	**passé**
nous courrons	nous aurons couru	je courrais	j'aurais couru
imparfait	**plus-que-parfait**	nous courrions	nous aurions couru
je courais	j'avais couru	IMPÉRATIF	
nous courions	nous avions couru	cours, courons, courez	

- Les verbes **accourir** (*to run up, to come running [up]*), **parcourir** (*to travel through, to skim through*) et **secourir** (*to help, to back up*) se conjuguent sur le même modèle.

croire (*to believe*)

INDICATIF		SUBJONCTIF	
présent	**passé composé**	**présent**	**passé**
je crois	j'ai cru	que je croie	que j'aie cru
tu crois	tu as cru	que tu croies	que tu aies cru
il/elle croit	il/elle a cru	qu'il/elle croie	qu'il/elle ait cru
nous croyons	nous avons cru	que nous croyions	que nous ayons cru
vous croyez	vous avez cru	que vous croyiez	que vous ayez cru
ils/elles croient	ils/elles ont cru	qu'ils/elles croient	qu'ils/elles aient cru
futur simple	**futur antérieur**	CONDITIONNEL	
je croirai	j'aurai cru	**présent**	**passé**
nous croirons	nous aurons cru	je croirais	j'aurais cru
imparfait	**plus-que-parfait**	nous croirions	nous aurions cru
je croyais	j'avais cru	IMPÉRATIF	
nous croyions	nous avions cru	crois, croyons, croyez	

devoir (*must, to have to, to owe*)

INDICATIF		SUBJONCTIF	
présent	**passé composé**	**présent**	**passé**
je dois	j'ai dû	que je doive	que j'aie dû
tu dois	tu as dû	que tu doives	que tu aies dû
il/elle doit	il/elle a dû	qu'il/elle doive	qu'il/elle ait dû
nous devons	nous avons dû	que nous devions	que nous ayons dû
vous devez	vous avez dû	que vous deviez	que vous ayez dû
ils/elles doivent	ils/elles ont dû	qu'ils/elles doivent	qu'ils/elles aient dû
futur simple	**futur antérieur**	CONDITIONNEL	
je devrai	j'aurai dû	**présent**	**passé**
nous devrons	nous aurons dû	je devrais	j'aurais dû
imparfait	**plus-que-parfait**	nous devrions	nous aurions dû
je devais	j'avais dû	IMPÉRATIF	
nous devions	nous avions dû	dois, devons, devez	

• L'accent circonflexe du participe passé ne se rencontre qu'à la forme masculine (dû, MAIS: due).

dire (*to say, to tell*)

INDICATIF		SUBJONCTIF	
présent	**passé composé**	**présent**	**passé**
je dis	j'ai dit	que je dise	que j'aie dit
tu dis	tu as dit	que tu dises	que tu aies dit
il/elle dit	il/elle a dit	qu'il/elle dise	qu'il/elle ait dit
nous disons	nous avons dit	que nous disions	que nous ayons dit
vous di<u>tes</u>	vous avez dit	que vous disiez	que vous ayez dit
ils/elles disent	ils/elles ont dit	qu'ils/elles disent	qu'ils/elles aient dit
futur simple	**futur antérieur**	CONDITIONNEL	
je dirai	j'aurai dit	**présent**	**passé**
nous dirons	nous aurons dit	je dirais	j'aurais dit
imparfait	**plus-que-parfait**	nous dirions	nous aurions dit
je disais	j'avais dit	IMPÉRATIF	
nous disions	nous avions dit	dis, disons, di<u>tes</u>	

- ATTENTION: À la 2ᵉ personne du pluriel du présent de l'indicatif et de l'impératif, les verbes **contredire** (*to contradict*), **se dédire** (*to retract or go back on one's word*), **interdire** (*to forbid*), **médire de qqn** (*to speak ill of sb*) et **prédire** (*to predict*) se terminent en **-disez** (vous contre**disez**/contre**disez**; vous vous dé**disez**/dé**disez**-vous; vous inter**disez**/inter**disez**; vous médi**disez**/médi**disez**; vous prédi**disez**/prédi**disez**). Par contre, le verbe **redire** (*to repeat*) se conjugue comme **dire** (vous re**dites**), alors que le verbe **maudire** (*to curse*) se conjugue sur le même modèle que **finir** (vous mau**dissez**).

écrire (*to write*)

INDICATIF		SUBJONCTIF	
présent	**passé composé**	**présent**	**passé**
j'écris	j'ai écrit	que j'écrive	que j'aie écrit
tu écris	tu as écrit	que tu écrives	que tu aies écrit
il/elle écrit	il/elle a écrit	qu'il/elle écrive	qu'il/elle ait écrit
nous écrivons	nous avons écrit	que nous écrivions	que nous ayons écrit
vous écrivez	vous avez écrit	que vous écriviez	que vous ayez écrit
ils/elles écrivent	ils/elles ont écrit	qu'ils/elles écrivent	qu'ils/elles aient écrit
futur simple	**futur antérieur**	CONDITIONNEL	
j'écrirai	j'aurai écrit	**présent**	**passé**
nous écrirons	nous aurons écrit	j'écrirais	j'aurais écrit
imparfait	**plus-que-parfait**	nous écririons	nous aurions écrit
j'écrivais	j'avais écrit	IMPÉRATIF	
nous écrivions	nous avions écrit	écris, écrivons, écrivez	

- Les verbes **décrire** (*to describe*), **prescrire** (*to prescribe*), **proscrire** (*to proscribe*) et **récrire** (*to rewrite, to write [sth] over again*), se conjuguent sur le même modèle.

faire (*to do, to make*)

INDICATIF		SUBJONCTIF	
présent	**passé composé**	**présent**	**passé**
je fais	j'ai fait	que je fasse	que j'aie fait
tu fais	tu as fait	que tu fasses	que tu aies fait
il/elle fait	il/elle a fait	qu'il/elle fasse	qu'il/elle ait fait
nous faisons	nous avons fait	que nous fassions	que nous ayons fait
vous fai<u>tes</u>	vous avez fait	que vous fassiez	que vous ayez fait
ils/elles font	Ils/elles ont fait	qu'ils/elles fassent	qu'ils/elles aient fait
futur simple	**futur antérieur**	CONDITIONNEL	
je ferai	j'aurai fait	**présent**	**passé**
nous ferons	nous aurons fait	je ferais	j'aurais fait
imparfait	**plus-que-parfait**	nous ferions	nous aurions fait
je faisais	j'avais fait	IMPÉRATIF	
nous faisions	nous avions fait	fais, faisons, fai<u>tes</u>	

- **Faire semblant** signifie **prétendre**.
- Les verbes **défaire** (*to undo, to remove, to demolish, to vanquish, etc.*) et **refaire** (*to do/make sth [over] again*) se conjuguent sur le même modèle.

lire (*to read*)

INDICATIF		SUBJONCTIF	
présent	**passé composé**	**présent**	**passé**
je lis	j'ai lu	que je lise	que j'aie lu
tu lis	tu as lu	que tu lises	que tu aies lu
il/elle lit	il/elle a lu	qu'il/elle lise	qu'il/elle ait lu
nous lisons	nous avons lu	que nous lisions	que nous ayons lu
vous lisez	vous avez lu	que vous lisiez	que vous ayez lu
ils/elles lisent	ils/elles ont lu	qu'ils/elles lisent	qu'ils/elles aient lu
futur simple	**futur antérieur**	CONDITIONNEL	
je lirai	j'aurai lu	**présent**	**passé**
nous lirons	nous aurons lu	je lirais	j'aurais lu
imparfait	**plus-que-parfait**	nous lirions	nous aurions lu
je lisais	j'avais lu	IMPÉRATIF	
nous lisions	nous avions lu	lis, lisons, lisez	

- Les verbes **relire** (*to reread, to read sth over again*) et (**ré**)**élire** (*to [re]elect*) se conjuguent sur le même modèle.

mettre (*to put, to set, etc.*)

INDICATIF		SUBJONCTIF	
présent	**passé composé**	**présent**	**passé**
je mets	j'ai mis	que je mette	que j'aie mis
tu mets	tu as mis	que tu mettes	que tu aies mis
il/elle met	il/elle a mis	qu'il/elle mette	qu'il/elle ait mis
nous mettons	nous avons mis	que nous mettions	que nous ayons mis
vous mettez	vous avez mis	que vous mettiez	que vous ayez mis
ils/elles mettent	ils/elles ont mis	qu'ils/elles mettent	qu'ils/elles aient mis
futur simple	**futur antérieur**	CONDITIONNEL	
je mettrai	j'aurai mis	**présent**	**passé**
nous mettrons	nous aurons mis	je mettrais	j'aurais mis
imparfait	**plus-que-parfait**	nous mettrions	nous aurions mis
je mettais	j'avais mis	IMPÉRATIF	
nous mettions	nous avions mis	mets, mettons, mettez	

- **Se mettre à** signifie **commencer**.
- Les verbes **admettre** (*to admit*), **commettre** (*to commit, to expose, to make [a mistake], etc.*), **compromettre** (*to compromise*), **permettre** (*to permit, to allow*), **promettre** (*to promise*), **remettre** (*to put back*), **soumettre** (*to submit, to subdue*) et **transmettre** (*to transmit, to transfer, etc.*) se conjuguent sur le même modèle.

partir (*to leave*)

INDICATIF		SUBJONCTIF	
présent	**passé composé**	**présent**	**passé**
je pars	je suis parti(e)	que je parte	que je sois parti(e)
tu pars	tu es parti(e)	que tu partes	que tu sois parti(e)
il/elle part	il/elle est parti(e)	qu'il/elle parte	qu'il/elle soit parti(e)
nous partons	nous sommes parti(e)s	que nous partions	que nous soyons parti(e)s
vous partez	vous êtes parti(e)(s)	que vous partiez	que vous soyez parti(e)(s)
ils/elles partent	ils/elles sont parti(e)s	qu'ils/elles partent	qu'ils/elles soient parti(e)s
futur simple	**futur antérieur**	CONDITIONNEL	
je partirai	je serai parti(e)	**présent**	**passé**
nous partirons	nous serons parti(e)s	je partirais	je serais parti(e)
imparfait	**plus-que-parfait**	nous partirions	nous serions parti(e)s
je partais	j'étais parti(e)	IMPÉRATIF	
nous partions	nous étions parti(e)s	pars, partons, partez	

- Les verbes **repartir** (*to leave again*) et (**res**)**sortir** (*to go out [again], to leave [again]*) se conjuguent sur le même modèle. Les verbes **mentir** (*to lie*), **sentir** (*to feel, to smell*) et (**servir**) (*to serve, to use*) se conjuguent comme **partir**, mais avec l'auxiliaire **avoir**. En revanche, **répartir** (*to divide up*) se conjugue comme **finir**.

pouvoir (*to be able to, to be allowed to*)

INDICATIF

présent	passé composé
je peux ou puis [littéraire]	j'ai pu
tu peux	tu as pu
il/elle peut	il/elle a pu
nous pouvons	nous avons pu
vous pouvez	vous avez pu
ils/elles peuvent	ils/elles ont pu

futur simple	futur antérieur
je pourrai	j'aurai pu
nous pourrons	nous aurons pu

imparfait	plus-que-parfait
je pouvais	j'avais pu
nous pouvions	nous avions pu

SUBJONCTIF

présent	passé
que je puisse	que j'aie pu
que tu puisses	que tu aies pu
qu'il/elle puisse	qu'il/elle ait pu
que nous puissions	que nous ayons pu
que vous puissiez	que vous ayez pu
qu'ils/elles puissent	qu'ils/elles aient pu

CONDITIONNEL

présent	passé
je pourrais	j'aurais pu
nous pourrions	nous aurions pu

IMPÉRATIF

[pas d'impératif]

- Pour l'impératif, on peut employer le subjonctif en faisant l'inversion du sujet, mais cet emploi est plutôt littéraire: Puisses-**tu** / Puissions-**nous** / Puissiez-**vous** être heureux! *(May you/we be happy!)*

prendre (*to take*)

INDICATIF

présent	passé composé
je prends	j'ai pris
tu prends	tu as pris
il/elle prend	il/elle a pris
nous prenons	nous avons pris
vous prenez	vous avez pris
ils/elles prennent	ils/elles ont pris

futur simple	futur antérieur
je prendrai	j'aurai pris
nous prendrons	nous aurons pris

imparfait	plus-que-parfait
je prenais	j'avais pris
nous prenions	nous avions pris

SUBJONCTIF

présent	passé
que je prenne	que j'aie pris
que tu prennes	que tu aies pris
qu'il/elle prenne	qu'il/elle ait pris
que nous prenions	que nous ayons pris
que vous preniez	que vous ayez pris
qu'ils/elles prennent	qu'ils/elles aient pris

CONDITIONNEL

présent	passé
je prendrais	j'aurais pris
nous prendrions	nous aurions pris

IMPÉRATIF

prends, prenons, prenez

- Les verbes **apprendre** (*to learn*), **comprendre** (*to understand*), **entreprendre** (*to undertake*), **se méprendre sur qqn** (*to misjudge sb*), **reprendre** (*to take back, to go back, to resume sth, etc.*) et **surprendre** (*to surprise*) se conjuguent sur le même modèle.

recevoir (*to receive*)

INDICATIF		SUBJONCTIF	
présent	**passé composé**	**présent**	**passé**
je reçois	j'ai reçu	que je reçoive	que j'aie reçu
tu reçois	tu as reçu	que tu reçoives	que tu aies reçu
il/elle reçoit	il/elle a reçu	qu'il/elle reçoive	qu'il/elle ait reçu
nous recevons	nous avons reçu	que nous recevions	que nous ayons reçu
vous recevez	vous avez reçu	que vous receviez	que vous ayez reçu
ils/elles reçoivent	ils/elles ont reçu	qu'ils/elles reçoivent	qu'ils/elles aient reçu
futur simple	**futur antérieur**	CONDITIONNEL	
je recevrai	j'aurai reçu	**présent**	**passé**
nous recevrons	nous aurons reçu	je recevrais	j'aurais reçu
imparfait	**plus-que-parfait**	nous recevrions	nous aurions reçu
je recevais	j'avais reçu	IMPÉRATIF	
nous recevions	nous avions reçu	reçois, recevons, recevez	

• Les verbes **apercevoir** (*to perceive, to see, to catch sight of*), **concevoir** (*to conceive, to imagine*) et **décevoir** (*to disappoint*) se conjuguent sur le même modèle.

rendre (*to give back, to return, to throw up*)

INDICATIF		SUBJONCTIF	
présent	**passé composé**	**présent**	**passé**
je rends	j'ai rendu	que je rende	que j'aie rendu
tu rends	tu as rendu	que tu rendes	que tu aies rendu
il/elle rend	il/elle a rendu	qu'il/elle rende	qu'il/elle ait rendu
nous rendons	nous avons rendu	que nous rendions	que nous ayons rendu
vous rendez	vous avez rendu	que vous rendiez	que vous ayez rendu
ils/elles rendent	ils/elles ont rendu	qu'ils/elles rendent	qu'ils/elles aient rendu
futur simple	**futur antérieur**	CONDITIONNEL	
je rendrai	j'aurai rendu	**présent**	**passé**
nous rendrons	nous aurons rendu	je rendrais	j'aurais rendu
imparfait	**plus-que-parfait**	nous rendrions	nous aurions rendu
je rendais	j'avais rendu	IMPÉRATIF	
nous rendions	nous avions rendu	rends, rendons, rendez	

• Les verbes **défendre** (*to defend, to forbid*), **dépendre** (*to depend*), **descendre** (*to go down*), **entendre** (*to hear*), **pendre/suspendre** (*to hang [up]*), **perdre** (*to lose*), **répondre** (*to answer*) et **vendre** (*to sell*) se conjuguent sur le même modèle.

savoir (*to know*)

INDICATIF

présent	passé composé
je sais	j'ai su
tu sais	tu as su
il/elle sait	il/elle a su
nous savons	nous avons su
vous savez	vous avez su
ils/elles savent	ils/elles ont su

futur simple	futur antérieur
je saurai	j'aurai su
nous saurons	nous aurons su

imparfait	plus-que-parfait
je savais	j'avais su
nous savions	nous avions su

SUBJONCTIF

présent	passé
que je sache	que j'aie su
que tu saches	que tu aies su
qu'il/elle sache	qu'il/elle ait su
que nous sachions	que nous ayons su
que vous sachiez	que vous ayez su
qu'ils/elles sachent	qu'ils/elles aient su

CONDITIONNEL

présent	passé
je saurais	j'aurais su
nous saurions	nous aurions su

IMPÉRATIF

sache, sachons, sachez

- Notez au subjonctif l'emploi idiomatique de **pas que je sache** (*not that I know of*).

venir (*to come*)

INDICATIF

présent	passé composé
je viens	je suis venu(e)
tu viens	tu es venu(e)
il/elle vient	il/elle est venu(e)
nous venons	nous sommes venu(e)s
vous venez	vous êtes venu(e)(s)
ils/elles viennent	ils/elles sont venu(e)s

futur simple	futur antérieur
je viendrai	je serai venu(e)
nous viendrons	nous serons venu(e)s

imparfait	plus-que-parfait
je venais	j'étais venu(e)
nous venions	nous étions venu(e)s

SUBJONCTIF

présent	passé
que je vienne	que je sois venu(e)
que tu viennes	que tu sois venu(e)
qu'il/elle vienne	qu'il/elle soit venu(e)
que nous venions	que nous soyons venu(e)s
que vous veniez	que vous soyez venu(e)(s)
qu'ils/elles viennent	qu'ils/elles soient venu(e)s

CONDITIONNEL

présent	passé
je viendrais	je serais venu(e)
nous viendrions	nous serions venu(e)s

IMPÉRATIF

viens, venons, venez

- Les verbes **s'abstenir** (*to abstain*), **devenir** (*to become*), **revenir** (*to come back*) et **se** (**re**)**tenir** (*to hold oneself [back], to restrain oneself*) se conjuguent sur le même modèle. Par contre, les temps composés des verbes **prévenir** (*to ward off, to forestall, to anticipate*), **subvenir** (*to provide for*) et **tenir** (*to hold*), se conjuguent avec l'auxiliaire **avoir** (j'**ai** prévenu, nous **avons** subvenu, ils **ont** tenu).

voir (*to see*)

INDICATIF		SUBJONCTIF	
présent	**passé composé**	**présent**	**passé**
je vois	j'ai vu	que je voie	que j'aie vu
tu vois	tu as vu	que tu voies	que tu aies vu
il/elle voit	il/elle a vu	qu'il/elle voie	qu'il/elle ait vu
nous voyons	nous avons vu	que nous voyions	que nous ayons vu
vous voyez	vous avez vu	que vous voyiez	que vous ayez vu
ils/elles voient	ils/elles ont vu	qu'ils/elles voient	qu'ils/elles aient vu
futur simple	**futur antérieur**	CONDITIONNEL	
je verrai	j'aurai vu	**présent**	**passé**
nous verrons	nous aurons vu	je verrais	j'aurais vu
imparfait	**plus-que-parfait**	nous verrions	nous aurions vu
je voyais	j'avais vu	IMPÉRATIF	
nous voyions	nous avions vu	vois, voyons, voyez	

- Les verbes **entrevoir** (*to catch a glimpse*) et **revoir** (*to see again*) se conjuguent sur le même modèle.
- Le verbe **prévoir** (*to foresee, to allow*) se conjugue lui aussi comme **voir**, sauf au futur simple (je prévoirai, nous prévoirons) et au conditionnel présent (je prévoirais, nous prévoirions).

vouloir (*to want*)

INDICATIF		SUBJONCTIF	
présent	**passé composé**	**présent**	**passé**
je veux	j'ai voulu	que je veuille	que j'aie voulu
tu veux	tu as voulu	que tu veuilles	que tu aies voulu
il/elle veut	il/elle a voulu	qu'il/elle veuille	qu'il/elle ait voulu
nous voulons	nous avons voulu	que nous voulions	que nous ayons voulu
vous voulez	vous avez voulu	que vous vouliez	que vous ayez voulu
ils/elles veulent	ils/elles ont voulu	qu'ils/elles veuillent	qu'ils/elles aient voulu
futur simple	**futur antérieur**	CONDITIONNEL	
je voudrai	j'aurai voulu	**présent**	**passé**
nous voudrons	nous aurons voulu	je voudrais	j'aurais voulu
imparfait	**plus-que-parfait**	nous voudrions	nous aurions voulu
je voulais	j'avais voulu	IMPÉRATIF	
nous voulions	nous avions voulu	veuille/veux, veuillons/voulons, veuillez/voulez	

- Pour la différence entre **veuillez** et **ne m'en voulez pas**, voir Chapitre 1, section 4c.

Réponses

Chapitre 1

p. 6: (1) appelle [OU appellerai, mais le futur est moins idiomatique]; (2) mangeons; (3) suis en train de travailler [OU travaille]; (4) est [ET NON: a été]

p. 9: (1) vas; (2) Finissons; (3) veuillez; (4) Mets-toi OU Mettez-vous; (5) Lève-toi OU Levez-vous

Chapitre 2

p. 16: (1) de; (2) le; (3) l'; (4) de la; (5) de la; (6) de l'; (7) le; (8) le

p. 20: (1) les; (2) de; (3) un; (4) du; (5) de l'; (6) de; (7) de; (8) un [seul]; (9) le; (10) l'

p. 24: (1) le; (2) un; (3) une; (4) de; (5) de; (6) Le; (7) une; (8) les; (9) du; (10) de la; (11) une; (12) aux; (13) le; (14) de; (15) le; (16) en OU de; (17) du; (18) de l'; (19) du; (20) le

p. 27: (1) de; (2) de la; (3) un; (4) un; (5) —; (6) un; (7) —; (8) de; (9) —; (10) un; (11) Le; (12) —

p. 29: (1) d'une; (2) de; (3) de; (4) du; (5) de

Chapitre 3

p. 34: (1) le; (2) les; (3) l'; (4) ça; (5) le; (6) l'; (7) —

p. 43: (1) y; (2) en; (3) —; (4) en; (5) en; (6) Y

p. 49: (1) Je leur ai dit bonjour. (2) Je les ai déjà lus. (3) Mon petit frère ne les écoute jamais. (4) Je lui enverrai un courriel. (5) Nous ne le savions pas. (6) J'adore ça. (7) Elle leur a téléphoné. (8) Tu en veux un? (9) Est-ce qu'elle le leur a expliqué? (10) Je ne m'en souviens pas. (11) Elle l'a regardé décoller. (12) Envoie-la-leur.

Chapitre 4

p. 54: (1) qu'eux; (2) qu'elle; (3) lui [Pour *She's still mad at him*, ON PEUT DIRE AUSSI: Elle lui en veut toujours.]; (4) à toi OU à vous; (5) à moi

p. 56: (1) Tu les as vus? (2) Est-ce que tu t'en souviens? (3) Je ne me souviens pas d'eux. (4) Il n'en a pas envie. (5) Est-ce qu'ils en ont à Pâques? (6) Ils ont parlé d'elle à la télévision.

p. 58: (1) Allons-y. (2) Je leur ai parlé. (3) J'y pense. (4) Nous pensons à eux. (5) Il s'intéresse un peu trop à elle. (6) Il s'y intéresse beaucoup.

p. 64: (1) Le film n'a pas plu à mes amis. → Il ne leur a pas plu. (2) Tu penses trop à ton travail. → Tu y penses trop. (3) J'ai rendu les clés à Hélène. → Je les lui ai rendues. (4) Ses parents lui manquent. → Ils lui manquent. [ET NON: Elle manque ses parents. → Elle les manque.] (5) J'ai trouvé de bons DVD pour mes amis. → Je leur ai trouvé de bons DVD.

[OU J'ai trouvé de bons DVD pour eux, mais c'est moins courant.] (6) Il n'a pas parlé de ce chapitre. → Il n'en a pas parlé. (7) Annie s'est assise avec ses amis. → Elle s'est assise avec eux. (8) Est-ce qu'ils vous ont présenté**s** à leurs parents? → Est-ce qu'ils vous ont présenté**s** à eux? (9) Elles jouent souvent au basket. → Elles y jouent souvent. (10) Le docteur a fait prendre deux aspirines à Patrick et l'a envoyé se coucher. → Le docteur lui a fait prendre deux aspirines et l'a envoyé se coucher.

Chapitre 5

p. 69: (1) Ces; (2) celles-là; (3) celui; (4) celles; (5) celui-ci; (6) celui-là; (7) cet; (8) celles; (9) Ces; (10) ceux

p. 73: (1) C'; (2) ce OU cela/ça; (3) Cela/Ça; (4) C'

p. 75: (1) ça/cela; (2) Celui-ci; (3) celui-là; (4) ça; (5) Ça/Cela; (6) ce; (7) celle

Chapitre 6

p. 80: (1) François va-t-il revenir? (2) Puis-je vous demander un service? (3) Paul ne lui a-t-il pas téléphoné?

p. 83: (1) Laquelle; (2) Quels; (3) duquel [ON PEUT DIRE AUSSI: Ils habitent en face d'un restaurant. —Ah oui, lequel?]

p. 87: (1) De quoi; (2) Qu'est-ce que; (3) Qu'est-ce qui [OU Qu'est-ce qu'il]; (4) Que; (5) Qui OU Qui est-ce qui; (6) Qu'est-ce qui

p. 90: (1) Comment va ta/votre mère? OU Comment ta/votre mère va-t-elle? [La tournure: Comment est-ce que ta/votre mère va? est lourde] (2) Pourquoi est-ce que Chloé pleure? OU Pourquoi Chloé pleure-t-elle? [ET NON : ~~Pourquoi pleure Chloé?~~] (3) Combien de croissants est-ce que Michel a achetés? OU Combien de croissants Michel a-t-il achetés? [ET NON: ~~Combien de croissants a achetés Michel?~~] (4) Combien est-ce que ce pull lui a coûté? OU Combien lui a coûté ce pull? OU Combien ce pull lui a-t-il coûté? (5) À quelle heure est-ce que David est parti? OU À quelle heure est parti David? OU À quelle heure David est-il parti? (6) Où est-ce que les Maupoix habitent? OU Où habitent les Maupoix? OU Où les Maupoix habitent-ils? (7) Que fait ton/votre frère? [La tournure: Qu'est-ce que ton/votre frère fait? est lourde]

Chapitre 7

p. 94: (1) notre; (2) leurs; (3) Son; (4) ton; (5) du sien; (6) votre; (7) la nôtre; (8) aux miens; (9) ma; (10) la sienne

p. 95: (1) à moi, pas à elle [OU le mien, pas le sien]; (2) lui; (3) ton; (4) celui de

p. 99: (1) au; (2) à toi/à vous [OU le tien/le vôtre]; (3) le; (4) la; (5) leur; (6) la leur; (7) mon; (8) celui de; (9) l'; (10) mon

Chapitre 8

p. 101: (1) Ne vous levez pas! (2) Je préférerais ne pas manger tout de suite. (3) Il est parti sans nous jeter un regard.

p. 103: (1) les; (2) de; (3) un; (4) de la; (5) du; (6) un [= un seul]; (7) de l'

p. 107: (1) du; (2) du; (3) pouvons [ET NON: ~~peuvent~~]; (4) —; (5) —

p. 108: (1) Il n'y a que toi OU Tu es le seul/la seule; (2) n'avons fait que; (3) ne mange que

p. 111: (1) Je préfère ne pas y aller tout de suite. (2) N'en parlons pas! (3) Nous n'avons pas encore fait OU Nous n'avons (encore) jamais fait sa connaissance. (4) Il est entré sans dire bonjour. (5) Nous n'aurons pas le temps de prendre un café. (6) Elle n'a ni frère ni sœur OU Elle n'a pas de frère ni de sœur. (7) Je n'ai pas de [OU aucuns] devoirs pour demain. (8) Elle n'a ni froid ni sommeil.

Chapitre 9

p. 121: (1) est rentré**e**; (2) avait oublié; (3) jouais; (4) étais; (5) est descendu**e**; (6) a monté; (7) croyais; (8) avais dit; (9) sortions; (10) vient de partir; (11) allions toujours; (12) ont toujours eu

p. 124: (1) est parti; (2) avait; (3) étions; (4) a téléphoné; (5) était; (6) a été; (7) devions; (8) savais

p. 127: (1) me suis levé; (2) faisait; (3) ai pris; (4) suis parti; (5) venais de m'acheter; (6) mourais; (7) avais eu; (8) aurais appelé; (9) est [commentaire d'ordre général ➟ pas de changement]

Chapitre 10

p. 131: (1) en jouant; (2) Ne sachant pas; (3) tout en étant; (4) Ayant vu

p. 133: (1) faire; (2) en courant; (3) avoir déposé

p. 134: (1) ai mis; (2) as vu**es**; (3) est allé**e**; (4) a reçu; (5) a [OU avait] acheté**s**

p. 138: (1) sont descendu**s**; (2) se sont retrouvé**es**; (3) as commandé; (4) se sont chamaillé**s**; (5) est passé**e**; (6) se sont envoyé; (7) se sont envoyé**es**; (8) se sont moqué**s**; (9) ont monté**es**; (10) ai laissé

p. 141: (1) ai jamais entendu**e** [le c.o.d. (l' = Sarah) est sujet de l'infinitif]; (2) est remonté**e** [verbe conjugué avec **être** ➟ accord avec le sujet]; (3) ai acheté [jamais d'accord avec le pronom **en**]; (4) as acheté**es** [le c.o.d. (les cerises) précède le participe ➟ accord]; (5) avons vu**s** [le c.o.d. (Les deux hommes) précède le participe ➟ accord]; (6) avons **vu** [le c.o.d. (Les deux hommes) qui précède le participe n'est <u>pas sujet</u> mais objet de l'infinitif]; (7) a essayé [le c.o.d. (bracelets) n'est <u>pas sujet</u> mais objet de l'infinitif]; (8) a fait [pas d'accord avec **faire** + infinitif (faire causatif)]; (9) ai laissé [ON TROUVE AUSSI: ai laiss**é(e)s**]; (10) se sont revu**s** [le c.o.d. (<u>se</u>) précède le participe ➟ accord]

Chapitre 11

p. 148: (1) aurons fait; (2) vais réserver; (3) aura trouvé; (4) auras décidé; (5) rapporterai; (6) aurai regardé; (7) ne sommes pas près de

p. 152: (1) ferait; (2) aurais pu; (3) auraient été; (4) aimerait; (5) serais; (6) devrions; (7) irais; (8) ne pourraient pas

p. 154: (1) devrais; (2) n'aurais pas pu; (3) n'ai pas pu OU ne pouvais pas; (4) avaient [MAIS ON PEUT DIRE AUSSI: ont]; (5) pourrions; (6) aurions dû; (7) jouais; (8) jouerais; (9) aurais bien aimé; (10) ne voulaient pas OU n'ont pas voulu

Chapitre 12

p. 158: (1) dise; (2) ait dit; (3) fasse

p. 162: (1) soit déjà parti; (2) fasses [ET NON: ~~fassions~~]; (3) reviendra; (4) sache; (5) aient réagi

p. 163: (1) avertisses; (2) puisse; (3) comprenne; (4) sache [OU aie su]

p. 165: (1) soit [OU est, s'il s'agit d'une conviction]; (2) vous trompez; (3) veuillent

p. 167: (1) que j'aille; (2) de partir; (3) que je (ne) parte

p. 168: (1) ayons trouvé; (2) sache; (3) ait

Chapitre 13

p. 172: (1) trouver; (2) avoir trouvé; (3) aimer; (4) être aimé(e); (5) ne pas avoir été choisie OU n'avoir pas été choisie

p. 179: (1) à te raconter; (2) vous reposer; (3) de continuer; (4) que nous venions; (5) de me réveiller; (6) à ajouter; (7) de quoi lire OU quelque chose à lire; (8) de voir; (9) à préparer; (10) avoir pris; (11) de mémoriser; (12) d'aller; (13) d'avoir plu; (14) de ne pas prendre; (15) d'avoir dit

Chapitre 14

p. 183: (1) fais; (2) n'irons pas; (3) prévenez-moi; (4) a téléphoné; (5) devrais

p. 185: (1) ferais; (2) n'était pas; (3) aurait déjà retrouvé; (4) t'avais écouté OU écoutée; (5) n'aurais pas eu

p. 187: (1) sera; (2) étais; (3) appellerais; (4) pourriez

p. 189: (1) sauf si; (2) à moins que; (3) Si jamais; (4) ferons; (5) ne voudrais pas; (6) même si; (7) Si seulement [OU Si au moins]; (8) pourrions

p. 191: (1) à [la] condition de nous prévenir OU à [la] condition que vous nous préveniez; (2) n'aurais pas été; (3) n'aurais pas échoué; (4) En cas d'; (5) pourvu OU à (la) condition qu'il fasse; (6) sinon OU autrement tu risques; (7) En admettant que OU En supposant que OU À supposer que vous acceptiez; (8) au cas où tu aurais

Chapitre 15

p. 201: (1) de ne pas rentrer; (2) elle n'aimait pas; (3) si j'avais vu

p. 204: (1) de me passer son; (2) j'avais; (3) qu'elle sortait; (4) qu'elle revenait; (5) ce qui n'allait pas; (6) s'il était; (7) de venir chez elle; (8) qu'elle lui ferait

Chapitre 16

p. 213: (1) qui; (2) où; (3) dont; (4) que; (5) où

p. 216: (1) dans laquelle OU à laquelle; (2) à qui OU auquel; (3) duquel

p. 218 (haut): (1) veuille OU voudrait; (2) peut [OU pourra]; (3) puisse [OU pourrait]; (4) aie lu [subjonctif passé]

p. 218 (bas): (1) celle que; (2) Ceux qui OU Celles qui; (3) celui dont

p. 221: (1) Ce qui; (2) ce que; (3) ce à quoi; (4) ce qu'; (5) ce que

p. 222: (1) ce qui; (2) celle qui; (3) ce que; (4) celui auquel OU celui à qui; (5) ceux dont; (6) Ce à quoi

p. 224: (1) dont; (2) de qui OU de laquelle [ET NON: ~~dont~~]; (3) duquel

p. 225: (1) De quoi [ET NON: ~~Ce dont~~ parce que *what* est ici interrogatif]; (2) Ce dont [ET NON: ~~De quoi~~ parce que *what* est ici pronom relatif]

Chapitre 17

p. 231: (1) dernière OU passée; (2) précédente OU d'avant; (3) le lendemain OU le jour suivant OU le jour d'après; (4) trois fois par jour; (5) tout à l'heure; (6) en même temps OU au même moment [ET NON: ~~au même temps~~]; (7) Le matin [ET NON: ~~Dans le matin~~]; (8) une journée

p. 235: (1) partirons; (2) dès que OU aussitôt que; (3) auras terminé [ET NON: ~~es terminé~~]; (4) jusqu'à ce qu'; (5) puisse; (6) avant que; (7) (ne) revenions; (8) Lorsque OU Quand OU Au moment où; (9) étais; (10) avant de partir; (11) avant qu'ils (ne) partent

p. 237: (1) De Gaulle? Il est mort depuis longtemps! OU DeGaulle? Il y a longtemps qu'il est mort! OU DeGaulle? Cela (Ça) fait longtemps qu'il est mort! (2) Ils se connaissent depuis dix ans. OU Il y a dix ans qu'ils se connaissent. OU Cela (Ça) fait dix ans qu'ils se connaissent. [ET NON: Ils ~~se sont connus~~ depuis dix ans. NI: Il y a/Cela (Ça) fait dix ans ~~depuis qu'il se sont connus.~~] (3) On ne le voit plus depuis qu'il a déménagé. (4) Je n'ai pas patiné OU Je ne patine plus depuis des années. OU Il y a/Cela (Ça) fait des années que je ne patine plus. OU Il y a/Cela (Ça) fait des années que je n'ai pas patiné. [ET NON: ~~Il y a/Cela (Ça) fait des années depuis que je ne patine plus ou n'ai pas patiné~~]. (5) Je l'ai rencontré il y a longtemps. OU Il y a longtemps que je l'ai rencontré. OU Cela (Ça) fait longtemps que je l'ai rencontré. [OU Je l'ai rencontré ça (cela) fait longtemps, mais cette tournure appartient plutôt à la langue familière.]

p. 241: (1) Il est rentré il y a deux semaines. OU Il y a deux semaines qu'il est rentré. OU Cela (Ça) fait deux semaines qu'il est rentré. [OU Il est rentré cela (ça) fait deux semaines, mais cette tournure appartient plutôt à la langue familière.] (2) Nous partons pour deux jours. (3) Cela (Ça) fait quatre ans que j'étudie le français. OU Il y a quatre ans que j'étudie le français. OU J'étudie le français depuis quatre ans. [ET NON: Cela (Ça) fait/Il y a quatre ans que j'~~ai étudié~~… NI: J'~~ai étudié~~ le français depuis quatre ans.] (4) Elle a travaillé à Tokyo pendant [ET NON: ~~pour~~] trois ans. OU Elle a travaillé trois ans à Tokyo. (5) Il y a trois ans qu'il ne revient plus dans cette région. OU Il y a trois ans qu'il n'est pas revenu dans cette région. OU Cela (Ça) fait trois ans qu'il ne revient plus dans cette région. OU Cela (Ça) fait trois ans qu'il n'est pas revenu dans cette région. OU Il n'est pas revenu dans cette région depuis trois ans. (6) Mes frères jumeaux sont nés en 2001. (7) Louis XVI a régné au dix-huitième siècle. (8) Je rentre chez moi dans quelques jours. (9) J'ai terminé mon examen en une heure. (10) Cela (Ça) fait deux mois qu'elle a eu son bébé. OU Il y a deux mois qu'elle a eu son bébé. OU Elle a eu son bébé il y a deux mois. [OU Elle a eu son bébé cela (ça) fait deux mois, mais cette tournure appartient plutôt à la langue familière.] (11) Elle est [ET NON: ~~a été~~] très occupée depuis la naissance de son bébé. (12) Ils ne se parlent plus OU ne se sont pas parlé depuis leur divorce.

Chapitre 18

p. 245: (1) La cause de l'accident a enfin été découvert**e**. (2) Les lauréats seront accueilli**s** par le maire à l'Hôtel de Ville. OU Les lauréats seront accueillis à l'Hôtel de Ville par le maire.

p. 246: (1) par; (2) de [sens affectif]

p. 248: (1) Ce roman a été écrit par Balzac. [OU Balzac a écrit ce roman. OU C'est Balzac qui a écrit ce roman.] (2) On m'a demandé de venir un peu plus tôt aujourd'hui. [ET NON: ~~J'ai été demandé(e)~~...]

p. 254: (1) C'est lui qui a dessiné les plans de la maison. (2) Cette construction ne s'utilise pas en anglais. [OU On n'utilise pas cette construction en anglais.] (3) Ils ont été félicité**s** par tout le monde. OU Tout le monde les a félicité**s**. (4) Cette scène me fera toujours rire. (5) On leur a dit de se dépêcher. [ET NON: ~~Ils ont été dit~~..., car on dit qqch <u>à</u> qqn.] (6) Saura-t-il la rendre heureuse?

Chapitre 19

p. 262: (1) Ils ont une semaine de vacances de plus que nous. (2) Ce portable n'est pas aussi petit que le mien. OU Ce n'est pas un portable aussi petit que le mien. [OU Ce n'est pas un aussi petit portable que le mien, mais cette tournure est moins courante.] (3) Il est plus éloquent que je <u>ne le</u> pensais. (4) Paul a autant de charme que d'humour.

p. 266: (1) C'est le plus grand hôtel de la ville. OU C'est **l'**hôtel **le** plus grand de la ville. (2) C'est **la** pièce **la** moins intéressante que j'aie vu**e** [subjonctif passé] cette saison. (3) C'est **la** plus charmant**e** de leurs trois filles. [ET NON: ~~Elle est la plus charmante~~...] (4) C'est avec ses amis que Caroline est **le** plus amusant**e**. (5) J'ai besoin du plus petit portable que vous ayez [subjonctif présent]. [OU J'ai besoin du portable le plus petit que vous ayez, mais cette tournure est moins courante.] (6) Ce genre de diamant est extrêmement rare. OU Ce genre de diamant est rarissime.

p. 275: (1) Nous portons le même pull. (2) Les gens se servent de plus en plus du Web. OU Les gens se servent du Web de plus en plus. (3) Nous ferions mieux de rester ici ce soir. (4) Si j'avais vingt euros de plus, j'achèterais ce sac. (5) Il va de mieux en mieux. (6) Elle est bien meilleure cuisinière que moi. [ET NON: ~~une bien meilleure cuisinière que je suis~~...] (7) Prenez le train plutôt que le bus. [ON PEUT DIRE AUSSI: Prenez le train au lieu du bus.] (8) Il boit comme un trou.

Chapitre 20

p. 284: (1) aucun**s** devoirs [**devoirs** est toujours pluriel]; (2) aucun ami; (3) des autres [de + les autres; ON DIT **se souvenir <u>de</u>** qqch/qqn]; (4) les autres; (5) différentes/diverses personnes [ON PEUT DIRE AUSSI: plusieurs personnes]; (6) la gentillesse même; (7) un succès certain; (8) des choses qui arrivent; (9) chacune; (10) grand-chose de prévu [ET NON: de ~~prévue~~]

p. 290: (1) quelqu'un de très doué [ET NON: ~~quelqu'une de très douée~~]; (2) quelques; (3) quelquefois [ON PEUT DIRE AUSSI: de temps en temps/de temps à autre/parfois]; (4) quelques fois; (5) quelques-uns; (6) quelques-unes de très élégantes [ON PEUT DIRE AUSSI: Il y en a quelques-unes qui sont très élégantes. OU Il y en a quelques-unes de très élégantes.]

p. 293: (1) quelques (adjectif ➡ toujours au pluriel); (2) Quelque (<u>graves</u> est adjectif ➡ un seul mot/invariable); (3) Quelles que (<u>raisons</u> (f. pl.) est sujet de <u>soient</u> ➡ deux mots/f. pl.); (4) quelque (<u>raison</u> (f. sg.) est un complément ➡ un seul mot)

p. 301: (1) toute; (2) rien de tel qu'; (3) tous; (4) Tout <u>ce</u> [**ce** est obligatoire entre **tout** et le pronom relatif]; (5) telles; (6) Le tout; (7) tout [adverbe invariable car l'adjectif <u>étonnés</u> est masculin]; (8) tous [pronom ➡ accord]; (9) tout [adverbe invariable car l'adjectif <u>confus</u> est masculin]; (10) toutes [adverbe variable car l'adjectif féminin pluriel <u>contrariées</u> commence par une consonne; toutefois, la phrase peut aussi se traduire par *All of my sisters were annoyed*]

p. 303: (1) quoi que ce soit [ET NON: ~~quoique ce soit~~]; (2) n'importe quoi; (3) où que; (4) qui que ce soit OU quiconque; (5) n'importe quand; (6) quoi qu' [ET NON: ~~quoiqu²~~]; (7) comme si de rien n'était; (8) quels qu'ils soient

Chapitre 21

p. 309: (1) Regarde ces choux-fleurs, ils sont énormes! (2) Vos aller-retour [invariable] ne sont plus valables. (3) Je préfère ces bries à ces camemberts.

p. 316: (1) multicolore<u>s</u>; (2) rouge et or [ET NON: ~~rouges et ors~~]; (3) nouvel [ET NON: ~~nouveau/nouvelle~~]; (4) crème [= avec de la crème/du lait ➡ invariable]; (5) noir<u>s</u>; (6) demi<u>e</u>; (7) blan<u>che</u>; (8) chic [invariable]; (9) vieil [ET NON: ~~vieux~~]; (10) bel [ET NON: ~~beau~~]

p. 319: (1) ont réussi [car l'un et l'autre ont été incapables de convaincre les électeurs]; (2) est; (3) a toujours été [gradation]; (4) sont parti<u>s</u> [ET NON: ~~parties~~]

p. 321: (1) attendent [OU attend]; (2) coûte [c'est la douzaine qui coûte 25 euros]; (3) préfère [OU préfèrent]; (4) sont allé(<u>e</u>)<u>s</u> [ET NON: ~~êtes allé(e)s~~]

p. 323: (1) châtain/auburn [ET NON: ~~châtaine~~]; (2) blond<u>e</u>; (3) Renoir; (4) Nos vacances ont été trop courtes. (5) Capétien<u>s</u> [famille régnante très ancienne ➡ pluriel]; (6) petits-enfants [trait d'union]; (7) petits enfants [sans trait d'union]; (8) ont dû [avec millier, million et milliard, le verbe est toujours au pluriel]; (9) ai dit [le verbe s' accorde avec <u>moi</u>]; (10) cher [l'adjectif modifie le verbe ➡ invariable]; (11) cher<u>s</u> [l'adjectif modifie <u>billets</u> (m. pl.) ➡ m. pl.]; (12) vert pomme [ET NON: ~~verts pommes~~; notez aussi qu'il n'y a pas de trait d'union, car il ne s'agit pas de deux adjectifs de couleur]; (13) rouge et bleu [les drapeaux sont bicolores ➡ <u>rouge et bleu</u> (invariable)]; (14) avez vu [deux sujets, dont un à la 2ᵉ personne ➡ verbe à la 2ᵉ personne du pl.]; (15) Les nouvelles ne sont pas bonnes. [*News* est toujours pluriel en français (nouvelles).] (16) sèche-cheveux [ET NON: ~~sèches~~-cheveux (sèche est un verbe)]; (17) camemberts; (18) fait<u>s</u> [attribut du sujet camemberts ➡ m. pl.]; (19) fort [modifie le verbe <u>sentir</u> ➡ invariable]; (20) Peut-être ont-ils changé OU Peut-être qu'ils ont changé

Index général

(Pour l'index des verbes et de certaines constructions et locutions verbales, voir 390–96)

*La lettre **n** renvoie aux notes. Exemple: **332n10** fait référence à la note 10 de la page 332.

Verbes, constructions et locutions verbales

Includes verbs mentioned in notes in Appendix 4

*La lettre **n** renvoie aux notes.

absenter (s'): conjugaison, *voir* **aimer**, 356; 342
abstenir (s'): conjugaison, *voir* **venir**, 366; 342
accepter: conjugaison, *voir* **aimer**, 356; + **de** + infinitif, 176; + **que** + subjonctif, 159
accomplir: conjugaison, *voir* **finir**, 357
accorder: conjugaison, *voir* **aimer**, 356; + pronom objet indirect, 35
acharner (s'): conjugaison, *voir* **aimer**, 356; 342
acheter: conjugaison, *voir* **aimer**, 356; changements orthographiques, 2, 145
admettre: conjugaison, *voir* **mettre**, 363; **admettre que** (discours indirect), 195; **en admettant que** + subjonctif, 163, 190
admirer (s'): conjugaison, *voir* **aimer**, 356; 342
adorer: conjugaison, *voir* **aimer**, 356; + articles définis vs indéfinis/partitifs, 15; + **ça** vs pronom objet direct, 32–33; + infinitif, 175; + **que** + subjonctif, 158
adresser (s'): conjugaison, *voir* **aimer**, 356; **s'adresser à qqn**/pronom disjoint, 53; *to address a question*, 53n1
affaler (s'): conjugaison, *voir* **aimer**, 356; 342
affirmer: conjugaison, *voir* **aimer**, 356; + **que** (discours indirect), 195
agir (s'): conjugaison, *voir* **finir**, 357; **agir** vs **s'agir de**, 343; construction de **s'agir de**, 344
aider: conjugaison, *voir* **aimer**, 356; + **à** + infinitif, 176
aimer: conjugaison, 356; + articles définis vs indéfinis/partitifs, 15; + **ça** vs pronom objet direct, 32–33; **ce que j'aime chez lui/elle...**, 337; + infinitif, 175; omission du pronom neutre devant **aimer**, 34; + **que** + subjonctif, 158; **s'aimer**, 342; **s'aimer les uns les autres**, 277
ajouter: conjugaison, *voir* **aimer**, 356; + **que** (discours indirect), 195
aller: conjugaison, 358; **aller** (quelque part) **pour** + durée intentionnelle, 338; **Allez, viens**, 8; **ça ne va pas fort**, 75; **ça te va bien**, 75; + infinitif (futur proche), 142; + infinitif complément, 175; le **laisser-aller**, 252; omission de **allons! allez!** au discours indirect, 193; omission de **y** (futur et conditionnel), 39; un **pis-aller**, 269; vs **s'en aller**, 117, 343; **s'en aller pour** + durée intentionnelle, 338; **vais-je**, 79
amuser (s'): conjugaison, *voir* **aimer**, 356; 343; + **à** + infinitif, 176

annoncer: conjugaison, *voir* **aimer**, 356; changements orthographiques, 2; + **que** (discours indirect), 195
apercevoir (s'): conjugaison, *voir* **recevoir**, 365; + **de**, 42, 208; participe passé, 137, 343; **apercevoir** vs **s'apercevoir**, 343
apparaître: conjugaison, *voir* **connaître**, 359
appartenir à: conjugaison, *voir* **venir**, 366; vs **être à**, 95; + pronom objet indirect, 35
appauvrir (s'): conjugaison, *voir* **finir**, 357
appeler (s'): conjugaison, *voir* **aimer**, 356; changements orthographiques, 2, 145
apporter/rapporter: conjugaison, *voir* **aimer**, 356; + pronom objet indirect, 35
apprécier: conjugaison, *voir* **aimer**, 356; **apprécier que** + subjonctif, 158
apprendre: conjugaison, *voir* **prendre**, 364; + **à** + infinitif, 176
apprêter à (s'): conjugaison, *voir* **aimer**, 356; + **à** + infinitif, 143, 176
approcher (s'): conjugaison, *voir* **aimer**, 356; + **de**, 42, 208
approfondir: conjugaison, *voir* **finir**, 357
arrêter/s'arrêter: conjugaison, *voir* **aimer**, 356; + **de** + infinitif, 176
arriver: conjugaison, *voir* **aimer**, 356; + **à** + infinitif, 176; **arriver à l'heure/à temps**, 333; **il arrive que** (verbe impersonnel) + subjonctif, 161; verbe de mouvement, 117
asseoir (s'): 342; accord du participe passé, 136
asservir: conjugaison, *voir* **finir**, 357
attacher (s'): conjugaison, *voir* **aimer**, 356; **s'attacher à qqn/qqch**, 53
attendre: conjugaison, *voir* **rendre**, 365; **attendre de** + infinitif vs **s'attendre à** + infinitif, 177; **attendre que/s'attendre à ce que** + subjonctif, 159; **en attendant que** + subjonctif, 163; **plus/moins... que je ne m'y attendais**, 261; vs **s'attendre à qqch**, 32; **s'attendre à qqch/s'y attendre**, 40; *to wait for sb* vs **attendre qqn**, 32
autoriser: conjugaison, *voir* **aimer**, 356; + **à** + infinitif, 176
avertir: conjugaison, *voir* **finir**, 357; + **qqn de** + infinitif, 176, 201; + **que** (discours indirect), 195
avoir: 355; accord du participe passé des verbes conjugués avec **avoir**, 134, 135, 140–41; **ai-je**, 79; auxiliaire, 116, 117–18, 355; **avoir affaire à qqn**, 36, 54; **avoir beau** + infinitif, 175; **avoir besoin de**, 42, 176, 208; **avoir**